党校研究成果系列

王得新 ◎ 主编

中国经济
热点问题研究

Problems of China's Economic

Development

天津出版传媒集团

天津人民出版社

图书在版编目（CIP）数据

中国经济热点问题研究/王得新主编. -- 天津：
天津人民出版社,2016.8
（党校研究成果系列）
ISBN 978 - 7 - 201 - 10778 - 3

Ⅰ.①中… Ⅱ.①王… Ⅲ.①中国经济 - 研究
Ⅳ.①F12

中国版本图书馆 CIP 数据核字（2016）第 204732 号

中国经济热点问题研究
ZHONGGUO JINGJIREDIANWENTI YANJIU

出　　版	天津人民出版社
出 版 人	黄　沛
地　　址	天津市和平区西康路 35 号康岳大厦
邮政编码	300051
邮购电话	（022）23332469
网　　址	http：//www. tjrmcbs. com
电子信箱	tjrmcbs@ 126. com

策划编辑	王　康
责任编辑	郑　玥
特约编辑	王　玾
装帧设计	汤　磊

制版印刷	高教社（天津）印务有限公司
经　　销	新华书店
开　　本	710×1000 毫米　1/16
印　　张	29.75
插　　页	2
字　　数	300 千字
版次印次	2016 年 8 月第 1 版　2016 年 8 月第 1 次印刷
定　　价	89.00 元

目　录

第一章

艰难转型中的中国经济发展方式

第一节　从转变经济增长方式到转变经济发展方式

一、转变经济发展方式的提出:从转变经济增长方式到转变经济发展方式

　　早在 20 世纪 50 年代中期,苏联的一些学者和经济工作者开始注意到计划经济体制忽视价值规律作用、不重视效率等弊病,指出要重视生产活动中"不惜工本"的问题,并讨论了改变粗放式发展道路的必要性和方法,提出了依据价值规律改革计划经济体制的主张。苏联领导人在制定第九个五年计划(1971—1975 年)时,确定了经济工作的重点是实现增长方式从外延为主到内涵为主的转变。虽然在苏联以后的每一个五年计划中都写入了"由外延增长方式到内涵增长方式的转变"的要求,但这一目标直到 1991 年苏联解体也未能实现。

20 世纪 60 代我国从苏联引入了"外延式增长"和"内涵式增长"的概念,并分析和比较了其优劣。在这些讨论中,开始关注到经济增长过程中资本和劳动力的使用效率,形成了粗放型、集约型、外延型、内涵型等表示经济增长特点的概念。1987 年,党的十三大提出要从粗放经营为主逐步转变到集约经营为主的轨道上。1995 年,党的十四届五中全会明确提出两个具有全局意义的根本性转变,通称"两个转变"——经济体制从传统计划经济体制向社会主义市场经济体制转变,经济增长方式从粗放型向集约型转变。1997 年,党的十五大明确提出:"转变经济增长方式,改变高投入、低产出,高消耗、低效益的状况。"这些提法对指导我国经济发展发挥了重要作用,并使我国经济形成了一个较长的高速增长期。"十一五"规划确定了以经济增长为主线,实现经济增长方式从粗放型向集约型的转变,并且提出了实现这一转变的若干具体措施。在随后的很长一段时间里,国家的正式文件中,都采用"经济增长方式转变"这一提法。

但不应忽视的是,随着我国工业化、城市化进程的加快,一些资源性、结构性、社会性问题逐步凸显,我国社会经济发展面临严峻挑战。显然,在这样的条件下,仅仅从转变经济增长方式角度规范、调整要素市场已远远不能适应客观经济健康、平稳运行的需要,转变方式需要新的思路。

有鉴于此,党的十六大以来党和国家通过进一步深化认识我国经济发展规律,形成了新时期指导经济社会发展全局的科学发展观。党的十七大报告中进一步提出,要把转变经济发展方式作为实现国民经济又好又快发展的重要手段,从而把过去我国一直讲的"转变经济增长方式"正式改为"转变经济发展方式"。此后,中央在正式文件和领导人的讲话中均采用了"转变经济发展方式"的提法,而不再采用"转变经济增长方式"的提法。

综上所述,从"十一五"计划开始提出转变经济增长方式,到党的十七大进一步明确提出转变经济发展方式的新要求,把"增长"改为"发展",用"发展方式"替代"增长方式",这种变动含义深刻,意义深远。"转变经济发展方式"的提法更科学、更符合发展规律、更符合中国社会主义初级阶段经济发展的实际。这是在科学发展观的引领下,认真探索和把握我国经济发展规律基础上提出的重要方针,也是从当前我国经济发展实际出发提出的重大战略。我们要推进经济增长方式的转变,更要着力推进经济发展方式的转变。按照党的十七大报告的要求,努力实现三个转变,逐步形成速度、质量、效益相协调,消费、投资、出口相协调,人口、资源、环境相协调,以及城乡之间和区域发展之间相协调的新格局,将我国的经济社会转入全面科学发展的轨道。

二、经济发展方式的界定

(一)经济发展与经济增长

研究经济发展方式的改变,必须要先探讨什么是经济发展。理论界对于经济发展的概念界定经历了一个逐步丰富的过程,不同时代的经济学家赋予了其不同的内涵。

传统经济理论认为,经济发展等同于经济增长,认为经济发展就是资本的不断积累,从而保持一个源源不断的要素投资。第二次世界大战以后,大部分国家普遍将国内生产总值(GDP)作为评价发展的首要标准,把经济发展等同于 GDP 的增长。

20 世纪 60 年代,经济发展的概念中逐步被添加进社会因素。著名发展经济学家汉斯·辛格指出增长和发展是两个不同的概念。所谓增长就是人均产品量的增加,它通常以人均实际国民生产总值的增长率来表示;发展包含了增长,不仅包含人均产品量的增加,而且还包括社会经济结构和人民生活质量的改善。

20世纪60—70年代,由于全球性环境污染、资源短缺、经济发展不平衡等问题越来越突出,经济发展的概念中被进一步添加了自然环境因素,主张人与自然的和谐发展。1962年,蕾切尔·卡逊的《寂静的春天》一书以大量的污染事实,说明人类一方面在创造高度文明,另一面又在毁灭自己的文明,并指出环境问题如不解决人类将生活在幸福的坟墓中;1972年,梅多斯等人的报告《增长的极限》指出,如果世界现有的人口、工业化、环境污染、粮食生产、损耗资源等方面的发展趋势不变,那么世界就将在未来100年内的某时达到增长的极限,然后崩溃为凄凉和枯竭的生活。1980年,世界自然保护联盟提出了"可持续发展"概念。

20世纪80年代以后,经济发展的概念又被进一步完善,提出认为发展是以人的价值、人的需要和人的潜力的发挥为中心,促进生活质量的提高和社会每位成员的全面发展。1983年,佩鲁发表的《新发展观》中提出,"整体的""内生出""综合的""关心文化价值"的新发展理论,1987年世界环境与发展委员会提出了"可持续发展战略"。诺贝尔奖获得者、印度学者阿玛蒂亚·森在1999年出版的《以自由看待发展》一书中提出,发展就是扩展自由,自由是发展的首要目的,也是促进发展不可缺少的重要手段。尽管人们追求财富、收入、技术进步、社会现代化,但它们最终只属于工具性的范畴,是为人的发展服务的,最高的价值标准是人的实质自由。

(二)经济发展方式的含义

目前,学界对经济增长方式的界定比较明确,一般是指通过生产要素变化包括数量增加、结构变化、质量改善等,是实现经济发展的方法、手段和模式,其中不仅包含经济增长方式,而且包括结构(经济结构、产业结构、城乡结构、地区结构等)、运行质量、经济效益、收入分配、环境保护、城市化程度、工业化水平以及现代化进程等诸多方面的内容。转变经济发展方式,不仅要突出经济领域中"数量"的变化,更强调和追求经济运行中"质量"的提升和"结构"的优化。其鲜明特征在于:顾及可持续性,顾及经济结构调整、优化和产业升级,顾及就业、消费、分配等一系列社会需要等;转变经济发展方式,既要求从粗放型增长转变为集约型增长,又要求从通常的增长转变为全面、协调、可持续的发展。转变经济发展方式,是经济的数量型扩张向质量型发展的理念升华,是科学发展观的重要内容和题中应有之义。这就决定了转变经济发展方式必须坚持以科学发展观为统领,以实现科学发展为出发点。

(三)我国经济发展方式转变的基本要求

党的十七大报告提出了以走中国特色新型工业化道路为指向、以扩大内需特别是消费需求为方针、以促进经济增长"三个转变"为主要内容的加快转变经济发展方式的基本要求。即促进经济增长由主要依靠投资、出口拉动向依靠消费、投资、出口协调拉动转变,由主要依靠第二产业带动向依靠第一、第二、第三产业协同带动转变,由主要依靠增加物质资源消耗向主要依靠科技进步、劳动者素质提高、管理创新转变。

2010年2月,在中央党校省部级主要领导干部深入贯彻落实科学发展观、加快经济发展方式转变专题研讨班上,胡锦涛就加快经济发展方式转变重点工作提出八点意见,构成了发展方式转变基本内涵。

第一,加快推进经济结构调整,把调整经济结构作为转变经济发展方式的战略重点,按照优化需求结构、供给结构、要素投入结构的基本要求,加快调整国民收入分配结构,加快调整城乡结构,加快推进城市化,加快调整区域经济结构和国土开发空间结构,既着眼于化解过去积累的矛盾和问题,又为经济不断迈上新台阶、长期保持平稳较快发展创造条件。

第二,加快推进产业结构调整,适应需求结构变化趋势,完善现代产业体系,加快推进传统产业技术改造,加快发展战略性新兴产业,加快发展服务业,促进三次产业在更高水平上协同发展,全面提升产业技术水平和国际竞争力。

第三,加快推进自主创新,紧紧抓住新一轮世界科技革命带来的战略机遇,更加注重自主创新,加快提高自主创新能力,加快科技成果向现实生产力转化,加快科技体制改革,加快建设宏大的创新型科技人才队伍,谋求经济长远发展主动权,促成长期竞争优势,为加快经济发展方式转变提供强有力的科技支撑。

第四,加快推进农业发展方式转变,坚持走中国特色农业现代化道路,加快构建粮食安全保障体系,加快构建现代农业产业体系,加快推进农业科技创新,加快推进农业经营体制机制创新,大幅提高农业综合生产能力,大幅降低农业生产经营成本,大幅增强农业可持续发展能力,全面提高农业现代化水平,扎实推进社会主义新农村建设。

第五,加快推进生态文明建设,深入实施可持续发展战略,大力推进资源节约型、环境友好型社会建设,加快推进节能减排,加快污染防治,加快建设资源节约技术体系和生产体系,加快实施生态工程,推动整个社会走上生产发展、生活富裕、生态良好的文明发展道路。

第六,加快推进经济社会协调发展,针对社会发展和民生领域的突出问题,大力推进以改善民生为重点的社会建设,加快提高教育现代化水平,加快实施扩大就业的发展战略,加快社会保障体系建设,加快发展面向民生的公益性社会服务,更好推进经济社会协调发展。

第七,加快发展文化产业,在重视发展公益性文化事业的同时,坚持经济效益与社会效益相统一。深化文化体制改革,加快公共文化服务设施建设,加快发展经营性文化产业,加快开拓文化市场。

第八,加快推进经济发展方式转变,坚持对外开放的基本国策,坚持互利共赢的开放战略,统筹好国内发展和对外开放,加快调整出口贸易结构,加快调整进口贸易结构,加快提高利用外资的质量和水平,加快实施"走出去"战略,不断提高开放型经济水平。

三、经济增长方式与经济发展方式的关系

转变经济增长方式和转变经济发展方式这两个概念,既有区别又有联系,经济增长是手段,经济发展是目的;经济增长是基础,经济发展是结果。

(一)两者的区别

(1)指导思想不同。经济增长方式以经济总量的增长为指导,注重经济增长的速度与总量的扩张。它的理论支撑由马歇尔提出的生产要素创造价值论和当代经济增长模型(哈罗德—多马模型、新古典模型、索洛模型)构成。经济发展方式的指导思想是科学发展观,注重经济质量的提高与经济结构的改善。科学发展观第一要义是发展,核心是以人为本,基本要求是全面协调可持续,根本方法是统筹兼顾。

(2)理论基础不同。经济增长方式的理论依据有马克思的扩大再生产理论(马克思的外延与内涵式经济增长方式、扩大再生产理论和苏联、东欧的一些学者论述)、西方经济学的要素配置与利用理论、非均衡增长理论(佩雷、纳克斯等人)、增长的涓滴理论等。经济发展方式的理论依据有马克思的人的需要与全面发展理论、均衡发展理论、福利经济学、分享经济理论(魏茨曼等人)、创新理论(诺思等人的制度创新理论、熊彼特等人的技术创新理论)、可持续发展理论(人口与资源和环境协调理论、增长代价理论、回归理论、生态发展理论)等。

(3)概念内涵不同。转变经济增长方式,主要侧重于要求经济从粗

放型向集约型转变,而转变经济发展方式则侧重于经济发展和社会发展的均衡与协调,关注资源的有效循环利用和环境保护;转变经济发展方式要以转变经济增长方式为基础,但发展方式的许多问题属于经济的外部性范畴,不能仅仅用资源配置效率来衡量,还要用发展的协调性、公正性、可持续性来衡量。不仅要靠不断完善市场经济体制来推动,而且要在政治、文化、社会体制的演进中来实现。

(4)目标取向不同。从发展经济学角度来看,经济增长侧重于经济数量的扩张,经济发展侧重于经济结构的改善;经济增长着眼于经济的短期变化,经济发展着眼于经济的长期变化;经济增长属于战术目标,经济发展属于战略目标。经济增长是手段,经济发展是目的,经济增长方式只能解决经济发展中的"标",而经济发展方式能够治本。经济增长方式转变的取向是由粗放型增长向集约型增长转变,主要体现为由要素分散向聚集、资源利用由数量向效率转变;而经济发展方式转变的取向是按经济结构、自然资源、环境状况、公众福利水平、经济发展阶段、社会发展战略实施转变。当前我国转变经济发展方式的主要取向,一是提高自主创新能力,建设创新型国家;二是推动产业结构优化升级,大力推进信息化与工业化融合,发展服务业,加强基础产业和基础设施建设;三是实行城市反哺农村、工业反哺农业,推进社会主义新农村建设;四是加强能源资源节约和生态环境保护,增强可持续发展能力;五是推动区域协调发展,缩小区域发展差距;六是加快发展社会事业,全面改善人民生活。

(5)衡量的指标体系不同。经济增长方式的衡量指标主要有要素投入的数量及配备比例、经济增长速度、经济总量实现翻番的时间、人均GDP的数量。转变经济发展方式的衡量指标体系,不仅应包括各类经济效益指标,而且应包括政治、社会、生态等非经济的进步方面的指标。如人口总数和净增率、国内发展指数、城市化水平、三次产业结构、居民居住条件、每千人口医生数、人口平均预期寿命、政府廉政指数等；发展指标，如公共教育经费占 GDP 的比重、国民平均受教育年限、在校大学生占适龄人口的比重等；社会公平与稳定指标，如基尼系数、恩格尔系数、国民幸福指数、可持续经济福利指数、收入差距警戒线、收入阶层结构标准、贫困发生率、社会保障覆盖率等；环境指标，如自然资源和能源利用效率、环境污染综合指数等。发展指标是一系列反映生存质量的数据，有代表性的是人类发展指数[①]。

（二）两者的联系

经济增长方式与经济发展方式又是相互联系的。第一，二者都是发展经济的方式，经济增长方式侧重于经济数量的增加，经济发展方式侧重于经济质量的提高和经济结构的改善，二者构成经济增长数量与质量、总量与结构的统一。第二，经济发展方式包含经济增长方式，经济发展方式也讲求经济增长质量，追求集约型、效益型增长就是又好又快的经济增长方式。第三，二者相互促进，集约型的经济增长方式能促进经济发展，而经济发展方式转变能使经济增长方式更有效、更持续。转变经济发展方式的核心内容是转变经济增长方式。转变经济发展方式既要求从粗放型增长转变为集约型增长，又要求从通常的增长转变为全面、协调、可持续的发展。

---

① 人类发展指数 HDI（Human Development Index）主要参照指标：人均预期寿命、成人识字率、入学率和人均 GDP。

第二节　转变经济发展方式"知易行难"

一、我国转变传统经济发展方式的探索

在新中国成立后的六十多年的经济发展经历中,加快经济增长始终是中国面临的一个主要课题。中国人近百年因落后而挨打的记忆,成为赶超和加快经济增长的最大动力。因此,谋求经济增长几乎贯穿了新中国发展的各个阶段。

(一)1949—1978 年:中国经济增长方式的选择

从新中国成立初期一直到改革开放,中国在实现经济增长的道路上基本采取的是粗放型的经济增长方式。这种选择一是受技术水平约束而不得不作出的。中国长期的闭关锁国不仅使中国丧失了进行工业革命的机会,特别是因此拉开了与发达的资本主义国家的技术差距。这带来的直接结果是中国在百年间受尽了发达资本主义国家欺凌。新中国成立时,中国具有的现代工业的比重只有 7.9%[①],许多工业品都冠以一个"洋"字。这样的技术水平决定了新中国的经济增长方式只能走粗放之路。从增长的难易程度来看,新中国成立时的经济基础非常薄弱,经济发展的起点也非常低。在这样的形势下,最容易实施的经济增长方式就是粗放型经济增长。因为相对于技术来说,当时的中国经济增长所需要的

---

① 参考百度文库,《中国经济增长方式转变》, http://wenku. baidu. com/link? url = Aq6cLAkWgXxBQnt9Dtn9xbWBrj5fEfllgAZQkuiuctDmYkOHJV0Ex371i1ntdXG47F9Z6RG2qYzFMfzJP 5pnvS12wNTfS – xqdFJYJ5PdWDu。

生产要素中,劳动力资源非常丰富,自然资源也可以说是"地大物博",因此所选择的只能是以投入大量的劳动力和自然资源来实现经济增长。二是受产业结构影响作出的。新中国成立之初,中国的产业结构处于较低的水平,超过70%的劳动力还在农业部门,因此还属于典型的农业国。第三产业很不发达,特别是为生产服务的第三产业更是落后。在这样的产业结构下实现经济增长只能是粗放的。

三十多年的粗放的经济增长,虽然使中国的经济面貌发生的较大的变化,建起了一个相对的完整的工业体系,"一五"期间的积累率达到了24.2%,"二五"期间的积累率达到了30.8%,年均经济增长也超过的6%。[①] 但是为此付出的代价也是巨大的,一些没有按照经济规律办事的做法,使得经济结构失衡、人民消费水平不高、资源环境消耗巨大。

(二)1978年至今:改革开放以来调整经济结构和改善增长方式的探索

1. 20世纪80年代提出转变经济增长方式

改革开放以后,在拨乱反正初期,中央就强调要扭转"文化大革命"造成的企业管理混乱、经济效益低下的局面。1979年春召开的中央经济工作会议即提出用三年时间做好国民经济"调整、改革、整顿、提高"的工作部署,压缩工业基本建设规模,加强农业和提高轻工业比重。1981年在"进一步调整国民经济"的过程中,又进一步提出,要"走出一条速度比较实在、经济效益比较好,人民可以得到更多实惠的新路子"[②]。1982年召开的党的十二大,提出要在第六个五年计划期间"厉行节约,反对浪费,把全部经济工作转到以提高经济效益为中心的轨道上来"。着重于提高

---

① 林毅夫:《解读中国经济》,北京大学出版社,2012年,第97、100页。

② 转引自吴敬琏:《经济增长模式抉择》,上海远东出版社,2013年,第118页。

经济效益,这是"六五"计划的一个显著特点。"七五"计划也继续秉承了这一理念,要求"坚持把提高经济效益特别是提高产品质量放到十分突出的位置上来,正确处理好质量和数量。"经过国民经济的两次调整,我国经济结构有了一定的改善,受破坏的农业有所发展,以消费为主的服务业有了较快发展。但是两次调整仅仅修正了传统增长方式的结果,并未触及产生这些消极后果的本源,加之意识形态的斗争,一切又很快回到原状。

20 世纪 80 年代中后期,我国所有制结构调整,多种所有制共同发展,以乡镇企业为代表的民营经济异军突起,迅猛发展。1987 年乡镇企业的总产值相当于当时农业总产值的 101.8%①。从 1988 年第 4 季度开始,全国开始出现经济增长过热、信贷规模过大、货币发行过多等经济问题,从而导致国民经济结构的矛盾开始加剧,社会供求总量失衡,不得不进行治理整顿。为此在十三届三中全会上,中央提出了治理经济环境、整顿经济秩序的改革方针,并开始着手调整经济发展的速度和规模。

2. 20 世纪 90 年代提出两个"根本转变"

1992 年,中国掀起了新一轮追求速度的发展浪潮,新开工投资项目过多,在建规模偏大,结构性矛盾更加突出。1995 年 9 月,中共中央在十四届五中全会上谈正确处理社会主义现代化建设中的若干重大关系时再次谈到速度与效益的关系,"正确处理速度和效益的关系,必须更新发展思路,实现经济增长方式从粗放型向集约型的转变。这种转变的基本要求是,从主要依靠增加投入、铺新摊子、追求数量,转变到主要依靠科学技术和提高劳动者素质上来,转变到以经济效益为中心的轨道上来。这一思想,早在改革开放之初就明确提出,虽然取得了一定进展,但总体效果

---

① 郭纪元、张青年:《乡镇企业:现代化基点与主线》,社会科学文献出版社,1994 年,第 7 ~ 28 页。

还不明显"。1996 年第八届全国人大通过的《关于国民经济和社会发展"九五"计划和 2010 年远景目标纲要的报告》再次把"实现经济增长方式从粗放型向集约型转变"规定为"九五"的一项基本工作任务。

3. 新世纪提出的"新型工业化"道路

进入新世纪以来,经过对新中国成立六十多年来正反两方面的经验总结和对世界经济发展认识的深化,以 2000 年第十个五年计划为标志,形成了新型工业化道路的基本思路和方针政策,完成了关于工业化认识上的转变,把结构调整和经济结构升级规定为五年经济发展"主线"。2002 年十六大报告进一步明确"走出一条科技含量高、经济效益好、资源消耗低、环境污染少、人力资源优势得到充分发挥的新型工业化路子"的要求。而 2005 年 10 月,党的十六届五中全会通过的《中共中央关于制定国民经济和社会发展第十一个五年规划的建议》分析我国"十一五"时期面临的国内外环境时,认为国内面临的困难和问题之一就是:粗放型经济增长方式没有根本转变,经济结构不够合理,自主创新能力不强,经济社会发展与资源环境的矛盾日益突出。进而提出,必须加快转变经济增长方式。我国土地、淡水、能源、矿产资源和环境状况对经济发展已构成严重制约。

4. 明确提出转变经济发展方式

2007 年党的十七大报告中,正式将过去一直使用的转变经济增长方式改为转变经济发展方式。

二、我国经济发展方式转变的成效与问题

需要充分认识到的是我国转变经济发展方式取得的成果。经过多年努力,我国转变经济发展方式已经取得了一定成果:转变经济发展方式的

理念已经深入人心;开始形成有利于转变经济发展方式的体制,阶梯电价、阶梯水价等制度已经在全国范围内推广;有利于转变经济发展方式的新技术不断被应用到实践中;民生改善力度有所加大,教育、医疗、住房等群众反映强烈的问题正逐步得以化解。

但是,我们也应客观地看待我们在转变方式上存在的问题,传统经济发展方式造成了一系列消极影响:

(一)国内民间消费增长乏力,难以拉动内需

GDP 支出结构中长期趋势:投资比重逐步上升;居民消费比重持续下降。表 1-1 和图 1-1 反映了 1978 年以来我国居民消费、固定资本形成和政府消费占 GDP 比重变动情况。可以看出,我国政府消费占 GDP 比重稳定在 13%~15% 之间,居民消费比重在 20 世纪 80 年代保持了 50% 以上的比重,其中 1982 年达到 55%,从 90 年代开始下滑到 50% 以下,1994 年降至 45%,与此同时固定资本形成比重开始上升,1993 年达到 38%,其他年份多维持在 34% 以上。进入 2000 年以后,固定资本形成率一路上升,2004 年以后达到 40% 以上,至 2013 年更是高达 47%,而居民消费比重则一路下滑至 40% 以下,2010 年最低为 35%。以投资与消费之间的不平衡为例,在过去的 10 年内,投资占 GDP 的比重已从 21 世纪初的 40% 左右上升至 2013 年接近 50% 的水平,而消费占 GDP 的比重则下滑至 40% 以下,而 10 年前这一比重则为 45%。

表 1-1　1978 年以来我国居民消费、固定资本形成和政府消费占 GDP 比重变动情况

年份	居民消费支出(亿元)	固定资本形成总额(亿元)	国内生产总值(亿元)	政府消费支出(亿元)	居民消费比重(%)	固定资本形成比重(%)	政府消费比重(%)
1978	1759.1	1073.9	3645.2	480.0	0.48	0.29	0.13
1979	2011.5	1153.1	4062.6	622.2	0.50	0.28	0.15

续表

1980	2331.2	1322.4	4545.6	676.7	0.51	0.29	0.15
1981	2627.9	1339.3	4891.6	733.6	0.54	0.27	0.15
1982	2902.9	1503.2	5323.4	811.9	0.55	0.28	0.15
1983	3231.1	1723.3	5962.7	895.3	0.54	0.29	0.15
1984	3742.0	2147.0	7208.1	1104.3	0.52	0.30	0.15
1985	4687.4	2672.0	9016.0	1298.9	0.52	0.30	0.14
1986	5302.1	3139.7	10275.2	1519.7	0.52	0.31	0.15
1987	6126.1	3798.7	12058.6	1678.5	0.51	0.32	0.14
1988	7868.1	4701.9	15042.8	1971.4	0.52	0.31	0.13
1989	8812.6	4419.4	16992.3	2351.6	0.52	0.26	0.14
1990	9450.9	4827.8	18667.8	2639.6	0.51	0.26	0.14
1991	10730.6	6070.3	21781.5	3361.3	0.49	0.28	0.15
1992	13000.1	8513.7	26923.5	4203.2	0.48	0.32	0.16
1993	16412.1	13309.2	35333.9	5487.8	0.46	0.38	0.16
1994	21844.2	17312.7	48197.9	7398.0	0.45	0.36	0.15
1995	28369.7	20885.0	60793.7	8378.5	0.47	0.34	0.14
1996	33955.9	24048.1	71176.6	9963.6	0.48	0.34	0.14
1997	36921.5	25965.0	78973.0	11219.1	0.47	0.33	0.14
1998	39229.3	28569.0	84402.3	12358.9	0.46	0.34	0.15
1999	41920.4	30527.3	89677.1	13716.5	0.47	0.34	0.15
2000	45854.6	33844.4	99214.6	15661.4	0.46	0.34	0.16
2001	49435.9	37754.5	109655.2	17498.0	0.45	0.34	0.16
2002	53056.6	43632.1	120332.7	18759.9	0.44	0.36	0.16
2003	57649.8	53490.7	135822.8	20035.7	0.42	0.39	0.15
2004	65218.5	65117.7	159878.3	22334.1	0.41	0.41	0.14
2005	72958.7	74232.9	184937.4	26398.8	0.39	0.40	0.14
2006	82575.5	87954.1	216314.4	30528.4	0.38	0.41	0.14
2007	96332.5	103948.6	265810.3	35900.4	0.36	0.39	0.14
2008	111670.4	128084.4	314045.4	41752.1	0.36	0.41	0.13

续表

2009	123584.6	156679.8	340902.8	45690.2	0.36	0.46	0.13
2010	140758.6	183615.2	401512.8	53356.3	0.35	0.46	0.13
2011	168956.6	215682.0	473104.0	63154.9	0.36	0.46	0.13
2012	190584.6	241756.8	519470.1	71409.0	0.37	0.47	0.14
2013	212187.5	269075.4	568845.2	79978.1	0.37	0.47	0.14

数据来源:《中国经济统计年鉴》。

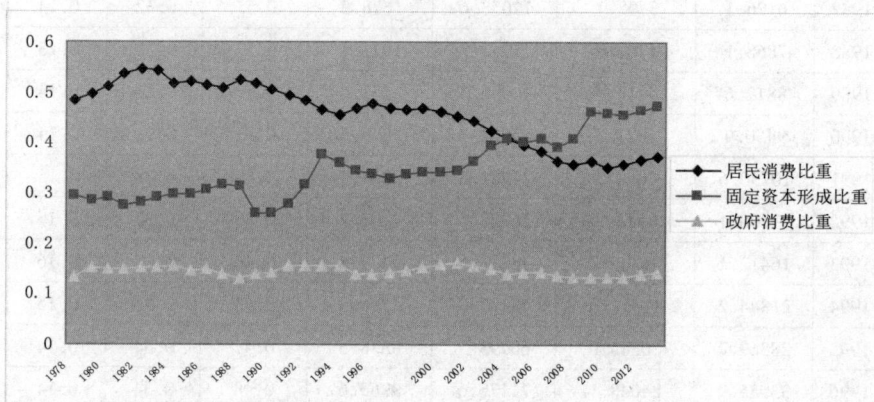

图 1 - 1　1978 年以来我国居民消费、固定资本形成和政府消费占 GDP 比重变动情况

数据来源:根据 2014 年中国经济统计年鉴相关数据计算。

　　我国居民消费低于世界平均水平。现阶段我国居民消费水平较低、增速较慢、消费能力较弱,消费结构有待优化升级。根据国际货币基金组织和世界银行的估计,最终消费率的国际平均水平在百分之七十左右,其中居民消费率为百分之六十左右,素以高储蓄率闻名的东亚国家的最终消费率也在百分之六十五以上。2000—2008 年,全球年均消费率为77.8%。在发达国家中,美国、日本、德国和英国的年均消费率分别为85.7%、74.6%、77.6% 和 84.1%;发展中国家的印度、巴西、印度尼西亚和埃及的年均消费率分别为71.9%、80.4%、72.0%和85.5%；亚洲国家的年均消费率为70.3%。① 中国居民消费率不仅低于发达国家水平，而且其发展趋势也与其他国家相左。与世界平均水平相比，我国的消费率明显偏低，投资率和净出口比重则明显偏高。

中国的居民最终消费率则始终处于低迷状态，长期停留在50%以下，并自2004年起降至40%以下。各国居民消费率均保持平稳甚至小幅上升的态势，整体居民消费率也保持平稳；而中国居民消费率水平则从2000年起步入下降通道。与发达国家相比，中国居民消费呈现出水平低同时发展趋势向下的特征。

（二）对国际市场原燃材料依赖过多

依靠高投入、高耗能迅速实现工业化和城市化的发展模式，我国成为了世界上对原材料产品需求最多的经济体之一。大量的贸易顺差背后掩盖了很多种类的原材料产品需要依赖于进口的事实。原材料产品的进口在我国整体对外贸易中占据了非常重要的地位。以原油为例，2013年我国原油和成品油的进口额分别为2196.6亿美元和320.3亿美元，而全年一般贸易进口总值为11099亿美元②，这意味着仅仅原油和成品油两项就约占一般贸易进口总额的23%。在很多原料大宗商品上我国对于国际市场的依存度已经非常高，2010年原油表观消费量③首次突破4亿吨，对外依存度达到53.8%，此后总量虽有所回落，但对外依存度依然上升，2012年达到56.6%，2013年达57.4%。④ 中国石油和化学工业联合会最

---

① 韩永文：《经济增长要向依靠消费、投资、出口协调拉动转变》，《宏观经济研究》，2007年第11期。

② 根据《中国统计年鉴2014》和《2013年国民经济和社会统计公报》数据计算。

③ 指当年产量加上净进口量。公式：表观消费量＝当年进口量－当年出口量＋当年生产量。

④ http://www.china-consulting.cn/data/20140225/d11041.html。

近发布的一份题为"我国天然气发展面临的不确定因素"的报告显示，2014年我国天然气表观消费量为1800亿立方米，同比增长7.4%，其中进口天然气580亿立方米，对外依存度达32.2%。[①] 中国钢铁工业协会数据显示，中国铁矿石的对外依存度进一步提高到78.5%，同比提高9.7个百分点，除此以外，铜精矿、铝土矿均有较高的对外依存度，见表1-2。

表1-2 2013年我国石油等主要原材料进口依存度

品名	石油	天然气	铁矿石	铜精矿	铝土矿
依存度	57.4%	32%	78.5	68%	63.7%

数据来源：海关总署及相关行业发展报告。

在一个国家既存的要素禀赋格局下，这种高耗能的经济发展方式加深了其对国际市场的依赖，由此也增加了国际市场风险的不确定性对国内经济稳定增长的影响，尤其是石油进口和铁矿石进口的风险对国内经济的冲击更是明显。

（三）高技术产业的低附加值陷阱，创新能力不足

发展高新技术产业越来越成为我国产业结构调整升级的一个方向，不少地方政府部门不惜代价实行各种优惠政策，从实践来看，许多地方更多地表现为概念的炒作、雷同式的布局、低层次的竞争、技术的盲目引进、缺乏有效的核心技术支撑，等等，这也就导致了升级版的 GDP 主义。因为无序发展带来的资源浪费和战略性发展机遇的缺失，后果将非常严重。以光伏产业为例，2013年末遭遇哀鸿遍野的困境。数据显示，浙江374个中小光伏企业中，至少有50%处于半停产状态；而在拉晶和切片等环节，停工的企业甚至达到70%~80%[②]，已经破产转行的企业也不在少数，

---

① http://live.wallstreetcn.com/livenews/detail/229685。

② 李桂琴：《抱团抗诉 光伏"入冬"自救》，《中国经营报》，2011年12月5日。

这种状况令人深思。

在一些高科技企业,我们所从事的工作和经济活动在性质上和传统制造业没有本质的区别。国际经验表明,一个国家在高技术产业链低端活动的成功,比如在装配线上拧螺丝这样的活动,并不会必然带来在这些高技术产品高端活动上的成功。事实上,在不少的高技术企业里,我们仍旧处在价值链的老位置上,仍旧被固定在组装、加工、制造的低附加值环节。高技术企业陷入"低附加值陷阱"中,根本原因是缺乏核心技术。因此,我国的企业不得不将每部国产手机售价的20%、计算机售价的30%、数控机床售价的20%~40%支付给国外的专利持有者,[①]这说明高技术产品组装线没有改变中国产业活动的性质,产业升级的目标也不可能在这种路径下实现。

(四)经济增长对投资依赖大,产能过剩问题突出,劳动生产率低下

产能过剩一直是近年来中国产业发展的"痼疾"。产能利用情况最为直接的指标即为产能利用率(capacity utilization),被定义为长期均衡中的实际产量与最佳生产能力之间的差异。美国、日本等国家很早就开始对产能利用率指标进行工业统计和跟踪分析,是用于反映工业经济实力和工业经济走势的一个主要月度指标。可惜中国国家统计局没有编制和公布这个指标。

虽然中国没有产能过剩的指标,但无论是属于高耗能的电解铝、钢铁制造,还是新兴产业的光伏太阳能和风电,以及造船和钢铁业中高端产品的硅钢,均被业界公认为"产能过剩"。

就传统行业而言,根据国家工业和信息化部在其发布的《2012年中

---

① 徐冠华:《中国经济转型面临三道难题》,http://news.hexun.com/2012-05-31/141984491.html。

国工业经济运行上半年报告》中指出,中国钢铁行业产能过剩一点六亿吨以上。水泥产能过剩超过三亿吨。这些年,有色金属行业的电解铝的无序扩张也导致了长期产能过剩的风险的产生。其产能利用率在 2007 年将近百分之九十,由于盈利丰厚,吸引了许多企业新建大规模产能。各地一窝蜂而上的结果是产能扩张太快,行业产能利用率迅速降低,近两年已经降至 65%。钢铁制造行业产能过剩已持续好几年,在 2007 年前,粗钢产能利用率在 83% 以上,但 2007 年后产能利用率整体下了一个台阶,再也没有回到 80%,即长期产能过剩的表现。然而,中国企业的增产意愿仍然强烈。据中国钢铁相关网站"中联钢网"统计,2014 年中国有 24 座新增高炉投入运行,年设计产能为 3500 万吨。虽然与 2013 年新增加的 7000 万吨相比减少了约一半,但在行情低迷的情况下,产能仍将持续被增强。

不仅如此,新兴产业也出现了产能过剩的问题。据报道,风力发电机组制造业目前产能闲置逾 40%;光伏产业产能也严重过剩,据工信部下属的光伏产业联盟对所属 160 多家企业的统计,产能已经达到了 35 吉瓦,全国光伏企业总产能在四十吉瓦上下,比世界其他国家的总装机量还多。

产能过剩在企业层面的影响如企业净利率降低、负债增加、应收账款的增加,导致银行不良资产增加,进而将风险传递到银行业。

而反观我国的劳动生产率,宏观层面上看,反映经济发展质量的 TFP(全要素生产率),改革开放以来,中国的 TFP 通过变化生产结构和引进外国技术有了比较快的提高,但是,随着这类适应性效率提高因素的逐渐消退,而新的、内生性的技术创新又没有得到发展,TFP 增长明显放缓。据清华大学白重恩教授的研究,中国 1979—2007 年 TFP 年均增长率达到

3.72%,而 2008—2012 年则下降到 2.21%[①]。也就是说,近几年,代表效率改善的全要素生产率指标出现了恶化的态势,国民经济的潜在增长率也因此出现明显的下降。

(五)过于依赖"两高一资",导致资源浪费、环境恶化

在旧的粗放型增长方式下,经济成长过于依赖高污染、高能耗和资本密集型产业。我国工业内部结构重型化,服务业发展严重滞后,带来了不可再生资源和环境破坏问题没有得到有效的控制。从供给来看,中国的发展主要依靠增加要素投入,增加物质消耗,而不是效率改进。从1995—2010 年,城乡就业人员从 6.8 亿增加到 7.6 亿;固定资产投资从 2 万亿元增加到 25 万亿元;物质消耗更是大量增加。2010 年,中国的消费量占世界的比重:水泥 53%,铁矿石 48%,煤炭 47%,钢和铅 45%,锌和铝 41%,铜 39%,镍 35%,而中国创造的国内生产总值只占全世界的9.3%。可见,中国的经济效率并不高。我国单位国内生产总值能耗是世界平均水平的 2.65 倍,吨钢可比能耗、火电供电煤耗、水泥综合能耗分别高出世界平均水平 15%、20% 和 24%[②],化学需氧量、二氧化硫排放全球第一。二氧化碳排放 2008 年超过美国位列世界第一。这种依靠高投资、大消耗取得的经济发展,特别是工业发展,创造了大量物质产品和经济收入,丰富了人们的生活。与此同时,由于大量的能源和资源消耗,也生产了大量的废水、废气、废渣,破坏了自然生态,污染了生存环境。这也是中国目前最为严重的经济和社会问题之一。如果连生存都成为问题,国内生产总值的增长又有何用?

---

① 吴敬琏:《直面大转型时代——吴敬琏谈全面深化改革》,生活·读书·新知三联书店,2014 年,第 123 页。

② 张曙光:《中国的环境成本到底有多高》,http://news.hexun.com/2013－07－25/156464810.html。

2013 年我国中东部地区先后遭遇多次大范围持续雾霾天气,给人们生产生活造成了严重影响。其影响范围、持续时间、雾霾强度历史少见。世界污染最严重的 10 个城市之中有 7 个在中国,虽然空气污染有诸多原因,但是我们发现,雾霾最严重的京津冀地区是重工业集中的地区。2013年,全国的淘友们花了 8.7 亿元用在对抗雾霾的用品上,共买了 450 万次。这还仅仅是淘宝网上的统计数据,线下的消费没有包括在内。

中国的水体污染也不容忽视。环保部公布的《2012 年中国环境状况报告》显示,198 个城市 4929 个地下水监测点位中,较差和极差水质的监测点比例达 57.3%。长江、黄河、珠江等十大流域的国土面积中,劣 V 类水质断面比例为 10.2%。在监测的 60 个湖泊(水库)中,富营养化状态的占 25%。广州 2012 年首次公布 50 条河涌水质,其中劣 V 类水质 39 条,占公布河涌数的 78%。

土壤污染已成公害。据农业部发布的 2010 年《我国稻米质量安全状况及发展对策研究》称,我国 1/5 的土地受到重金属污染,其中镉污染的耕地涉及 11 个省的 25 个地区,湖南、江西等长江以南地区更为突出,昔日的"鱼米之乡"发生了"镉米"危机。与土壤和水体污染密切相关的是农作物污染。全国十多个省小麦和水稻都已检出重金属污染。其中,小麦籽粒中镉平均含量 2.55mg/kg,为国家食品卫生标准的 25.5 倍,汞、铬、锌的含量分别达到国家食品卫生的 12.98 倍、6.12 倍和 1.32 倍。某水稻主产区稻米中镉和铅的超标率达 100% 和 71.43%。蔬菜中的超标现象也相当普遍,在北方某城市郊区的污灌区,根茎类、茄果类、瓜类蔬菜的铅、镉、砷污染指数超过 3.00。在动物方面,通过食物链的污染,肉、蛋、奶、水产品的质量问题更为严重。可见,食品安全问题已经成为影响国人健康的重大问题。

从微观经济层面看,粗放型经济发展方式造成资源短缺和环境破坏变得愈来愈严重。在一些地区,甚至是人类生存所必要的条件——空气、土壤和淡水也不能得到保障。从社会层面看,由于资本对劳动的比例失调,贫富差距趋于扩大,劳动大众由于无法享有增长带来的福利成果而愤懑,使社会稳定受到威胁。

三、经济发展方式转变知易行难的原因分析

上述经济发展上存在的问题,反映出"转方式"效果还是不尽如人意。转变经济发展方式"久推难转""转而不快",充分反映了转变的艰巨性,制约经济发展方式转变的因素有很多,从比较宏观的视角来看,可以归结为观念问题、体制问题和发展阶段的限制。

（一）经济发展阶段的制约

转变经济发展方式之所以艰难,原因是多方面的。从客观上看,我国仍处在社会主义初级阶段,发展水平、特别是科技创新能力和服务业发展水平相对落后,可供选择的发展手段相对较少,回旋的空间相对有限。我国地域辽阔,发展不平衡,有些地区经济发展方式已经悄然发生了一些可喜的变化,但有些地区仍处在发展的初期阶段,发展模式比较粗放,总体上看,转变经济发展方式效果仍不理想。

必须看到,中国目前的经济发展方式也是一定历史阶段的产物。在积贫积弱的中国进行现代化建设,首要的工作是量上的扩张。在第一产业超过40%的改革开放初期,不可能走提高劳动力素质、科技创新和管理创新的道路。经济发展方式不能超越历史发展阶段,但可以缩小这一历史阶段。我国目前正处在一个类似于西方国家从第一次产业革命的增长模式转变为第二次产业革命增长模式的过程中。世界经验显示,工业化初期和中期阶段,经济增长的主要动力往往来自于要素数量的扩张。

工业化国家的经济增长模式的转型,在第一次产业革命后不久就开始了,人力资本积累、技术进步和效率提高在增长中的作用愈来愈大,到 19 世纪后期现代增长全面展开。不过,即使在西方国家的经济理论界,人们清楚地认识到早期经济增长模式已经转变为现代经济增长模式,也是 20 世纪 50 年代以后的事情。如表 1-3,日本的劳动生产率和全要素增长率实质性变化发生于 20 世纪 50 年代末。

表 1-3　日本工业化历程中的增长动力

	资本收入份额 (%)	年平均增长率(%)		全要素生产率的 贡献
		劳动生产率	全要素生产率	
1888—1900	0.33	2.1	0.2	10
1900—1920	0.39	2.7	0.3	11
1920—1937	0.43	2.3	1.1	48
1958—1970	0.33	8.2	1.4	54
1970—1990	0.28	3.8	1.7	45

数据来源:张军扩、余斌、吴振宇:《追赶接力:从数量扩张到质量提升》,中国发展出版社,2014 年,第 24 页。

　　长期以来,基于经济发展所处的历史阶段和整体技术水平的限制,我国经济增长主要通过增加生产要素的投入和物质消耗的粗放型增长的方式来实现。计量分析表明,TFP 增长率的变动趋势为:工业化初期和中期阶段随经济发展而逐步提高,在后期则稳定甚至下降。

　　应该看到,中国目前的经济发展方式也是一定历史阶段的产物。经济发展方式不能超越历史发展阶段,但可以缩小这一历史阶段。

　　(二)发展理念上单纯追求国内生产总值带来的负面影响

　　一直以来,我们在追求经济发展时主要采用的指标是经济增长。它是指在一个较长的时间跨度上,一个国家人均产出(或人均收入)水平的持续增加,或者是指一个国家或地区在一定时期内的总产出与前期相比实现的增长。因此,经济增长仅仅强调的是数量增长。这种单纯追求经济的数量增长带来一些负面的影响。具体表现在:①单纯追求 GDP 会忽视发展经济的目的。我们发展的目的是为了满足广大人民群众日益增长的物质文化需要,而为了增长的增长则把增长或追求 GDP 当作目的,这就会忽视很多有利于人民身体健康的公共事业。②单纯追求 GDP 导致为了增长而不择手段,由此引起各地的过度建设和重复建设,而且还对粗放式的经济增长提供了一定的激励,结果是污染环境,使资源不堪重负。③单纯追求 GDP 还会导致创新能力不足。如果 GDP 被当作唯一的目标或主要的目标,这会使地方政府形成以 GDP 为导向的政绩观,因此数量扩张成为经济增长的目标,提高质量或者为此需要的技术创新被忽视,其结果就是集中于制造环节这一产业链条的低端,严重地影响了经济增长的质量。

（三）现有的体制机制对发展方式转变的影响

目前的情况是,社会主义市场经济体制已经初步建立,但是政府主导经济增长的状况却没有根本的变化。而现存的经济体制,正是在于政府主导,在于经济体制尚未实现由计划体制向市场体制的根本转变。因而在经济生活中相当多的领域,计划体制的力量仍很强大,甚至发挥着主导作用。在宏观调控中,有时计划体制还得到固化和强化,成为深化改革的阻力。由于政府有制定优先发展产业规划和各种审批的权力,企业就会有通过游说和贿赂、而不是通过改进技术和提高效率来增加盈利的行为动机。例如,以追求 GDP 增长速度为首要目标,以扩大投资规模为重要途径,以土地批租和重化工业项目为主要任务,以资源配置的行政控制和行政干预为重要手段。表现为招商引资饥不择食,不惜成本,不顾环保,不计民生,一味追求立竿见影的项目。只要能引进项目,个别地方政府什么优惠条件都会答应,甚至与国家大的方针政策相悖,搞土政策,制造项目繁荣。又由于官员将政绩做给上级看,"面子"工程往往成为一些地方政府的第一选择。这就直接导致了一些地方政府过于依赖投资来拉动地区经济的短期行为,热衷于"短平快"项目,唯 GDP 至上的政绩观比比皆是,以牺牲环境为代价。

现有的经济体制对发展方式转变的影响表现在多个方面。以目前的财税体制为例,我国的财税体制实行的是分税制,经济收入方面的考虑迫使各级政府追求产值的增长,要去发展那些产值大、税收多的重化工业,或者是低水平的加工业,而不是按照经济效益的标准去规划、去发展产业。再比如,资源要素价格长期扭曲,价格压得很低,粗放型发展有着巨大市场,无形中助长了高投入、高能耗、高污染、低效率的行业扩张。

此外,经济体制的路径依赖也不应低估。人们一旦选择了某个体制,由于规模经济、学习效应、协调效应以及适应性预期等因素的存在,会导致该体制沿着既定的方向不断得以自我强化,惯性的力量会使这一选择不断自我强化,形成一定的锁定效应。对于经济发展方式而言,体制机制的路径依赖体现得非常明显。这些体制机制问题是长时期存在的,其运行惯性十分强大。

第三节　转变经济发展方式箭在弦上

一、传统经济发展方式难以为继

(一)改善生存环境和加速建设的矛盾日益尖锐

21 世纪以来,在初步实现小康的基础上,我国已经进入全面建设小康社会、工业化和城市化双加速的新发展阶段。在这个阶段,既要加速建设,又要满足老百姓消费结构升级和改善生活质量的要求。但是,加快建设和老百姓消费热点转向买房、买车,客观上必然消耗更多资源,加大污染排放,给资源、环境和社会带来新的压力。这就迫切要求转变经济发展方式,使建设规模、经济增长与资源环境承载能力相适应,与群众改善生活质量和生存环境的要求相适应。

(二)我国经济高速增长的资源环境代价过高已难以为继

改革开放三十多年来,我国经济保持了年均9.7%的高速增长,但是在粗放的增长方式下,土地、淡水、矿产资源和生态环境的承载能力受到严峻挑战。目前,我国人均资源紧缺,绝大多数资源的人均占有量低于世界平均水平,但是资源消耗量或自然资产损失量却排在世界前列。环境质量处于"局部有改善、整体在恶化"的局面。如果转变经济发展方式没有大的起色,这种局面只会延续,不会发生根本性好转。

(三)区域发展格局不合理,加大资源环境压力

一个突出表现是区域产业特色不突出。在钢铁、电解铝、水泥、电石、炼焦等高耗能、高污染产业领域,存在严重的低水平重复建设,不仅造成了资源配置效率低下,而且恶化了一些地区的生态环境。

另外,经济活动在一些地区过分集中。在京津冀、长三角、珠三角等经济密度较大地区的个别地方出现了过度发展的迹象。人口和经济活动向这些地方集中带来一系列环境和生态问题。再如,地区之间竞争秩序混乱。经济发达地区资源和环境压力逐步增大,有些地区成为资源高消耗地区和生态脆弱区。经济欠发达地区产业升级缓慢,高投入、高消耗和高排放的增长方式削弱了本来就脆弱的资源环境承载能力。

(四)劳动力、土地等要素成本快速上升

总体来说,我国劳动力总量还比较大,供给相对比较充裕,低成本优

势还可以维持一段时间。但也要看到,在劳动力供给总量过剩并未根本改变的情况下,结构性短缺矛盾日益突出。城市熟练技术工人供不应求,局部地区开始出现普通劳动力短缺现象,劳动力价格快速上涨。并且随着劳动年龄人口供给增长率下降,中国的"人口红利"正逐步消失。自2012年以来,我国劳动年龄人口已经连续三年出现绝对数量下降。国家统计局数据显示,2012年15~59岁劳动年龄人口93727万人,比上一年减少345万人。2013年,国家统计局将劳动年龄人口的统计范围调整为16~60岁。统计结果显示,16~60岁的劳动年龄人口为91954万人,比上年末减少244万人,占总人口的比重为67.6%。2014年,统计局以16~60岁的劳动年龄人口为统计对象,结果发现劳动年龄人口数量比上年末又减少了371万人,总数为91583万人,占总人口的比重为67.0%。

与此同时,工业化、城市化和农村发展的土地供给都趋于紧张,土地成本不断上涨的趋势将长期维持。只有提高劳动者素质,加大人力资本对经济增长的贡献,提升高端产业的附加值和技术含量,才能应对要素成本上升带来的挑战。

(五)人口老龄化速度超常加快

一方面,中国在人均GDP水平较低时,就迈入了老龄化的门槛。公开资料显示,发达国家进入老龄化社会时,人均GDP大致为5000~10000美元;发展中国家进入老龄化社会时,人均GDP大约在两千美元:而中国进入老龄化社会时,人均GDP只有一千美元左右。另一方面,人口老龄化的发展速度超常。根据国外有关机构资料,65岁以上老年人比重从7%升到14%所经历的时间:法国为115年,瑞典为85年,美国为68年,而中国估计只要27年。人口老龄化既会降低国民储蓄总水平,也会提高人口赡养负担,影响社会财富的增长。中国这种"未富先老"的人口结构变动态势,对加快转变经济发展方式提出了紧迫要求。只有努力提高劳动生产率和高附加值产业的比重,才有助于解决人口老龄化带来的诸多问题。

（六）后危机时代世界经济领域竞争加剧

一是后金融危机时期,国际经济结构和消费模式发生重大变化。一方面低碳经济正在催生新产业成长和结构性变革;另一方面发达国家居民收入和消费行为的变化,正在改变全球性生产—消费格局。要求我们必须调整产业发展模式。二是国际金融危机推动新一轮产业分工格局的调整。美国吸取经济过度虚拟化的教训,重新推行"再工业化",推出《振兴美国制造业框架》,以制造业促进就业、以出口拉动增长。这将会对业已形成的世界分工格局产生影响,为此必须加快产业升级步伐。三是新产业、新技术成为竞争点。美国最近推出《美国创新战略》,提出要充分发挥创新潜力,使研发投入占 GDP 的比重达到 3%,促进科技在国家优先领域取得重大突破,带动一批新兴产业发展。2009 年的研发投入为 1654 亿美元,同比增长 12.5%。欧盟新近公布的《欧洲 2020 战略》,突出了以创新、绿色增长和就业为重点,在创新方面要增加研发投入,把研发经费占欧盟 GDP 的比重从目前的 1.9% 提高到 3%,并提出发展以知识和创新为主的智能经济目标。日本推出《未来开拓战略》(2009),将低碳革命上升为国家战略,强调把太阳能发电、普及环保型汽车、推动家电节能作为解决经济衰退和气候变化双重危机的"新三大神器"。可见,以技术创新推动新产业发展,成为竞争的新焦点、发展的新路径。

二、宏观经济进入重要的转折期,转变经济发展方式的条件已经具备

从政策环境来看,2012 年以来中国经济增长明显放缓,进入了"7 时

代",这与我国政府的宏观调控、外需不足有关,更与淡化 GDP 倾向、主动调低经济增速有关,"调结构""转方式"成为当前和未来我国政府长期的任务。另一方面,我国进入了全面改革的新时代,经济改革与法治政府建设被提上日程,有望从根本上突破体制机制上的约束,实现经济转型。

更为重要的是,中国人均 GDP 正式迈入 7000 ~ 10000 美元阶段,这也成为推动社会、经济结构转型的关键因素。转变经济发展方式的内生力量正在形成——中国的经济增长进入到了阶段转换时期,增速放缓,经济发展由数量追赶向质量追赶转换:

(一)一些重大比例关系正在发生逆转

1. 消费增长将成为终端需求增长的主要动力

终端需求的总量和结构发生全面变化。从增长链条看,消费、出口和基础设施建设是经济体的终端需求,生产性投资是引致需求。终端需求的变化影响投资,进而决定整个经济需求和生产体系的变动。

从国际经验看,追赶的中后期,后发国家的消费率都会出现明显上升。消费占内需的比重,日本从 1960 年的 66.3% 上升到 2011 年的 80.2%,韩国从 1991 年的 61.1% 上升到 2011 年的 69.4%。[1] 随着我国工业化、城市化发展速度下降,基础设施、制造业投资增速放缓,将有更多剩余用于消费。居民收入增加、收入分配状况改善和社会保障水平的提高,也将进一步提高居民消费率。

---

[1] 张军扩、余斌追、吴镇宇:《追赶接力:从数量扩张到质量提升》,中国发展出版社,2014年,第16页。

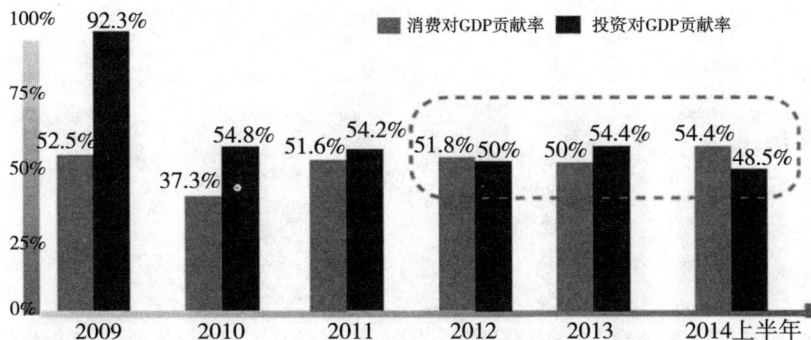

图 1-2　2009—2014 年上半年投资、消费对 GDP 的贡献率

数据来源:国家统计局网站。

2. 居民消费需求正处于从住行向服务升级的转换期

追赶型消费升级呈现从衣食到耐用消费品,到住行,再到服务的升级路径。从人口总量和结构变化的特点看,我国房地产需求可能达到峰值。按发达国家汽车发展规律推算,我国千人汽车拥有量增速将在 2020 年前逐步进入饱和期。随着住行需求逐步满足居民消费需求将更多地转向服务类。图 1-3 显示,2013 年以来我国服务业所占的比重渐渐超过了第二产业;图 1-4 显示,第二产业第三产业对经济增长的贡献率 2012 年以来已经十分接近,2013 年分别为 48.3% 和 46.8%,拉动经济增长分别为 3.7 和 3.6 个百分点。反映出经济增长的重心正在发展转移,发展方式的转变正在启动。

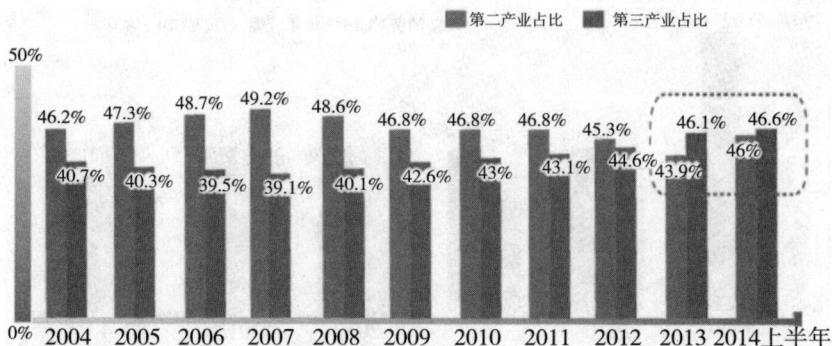

图 1 - 3　2004—2014 年上半年二、三产业占比情况

数据来源：国家统计局网站。

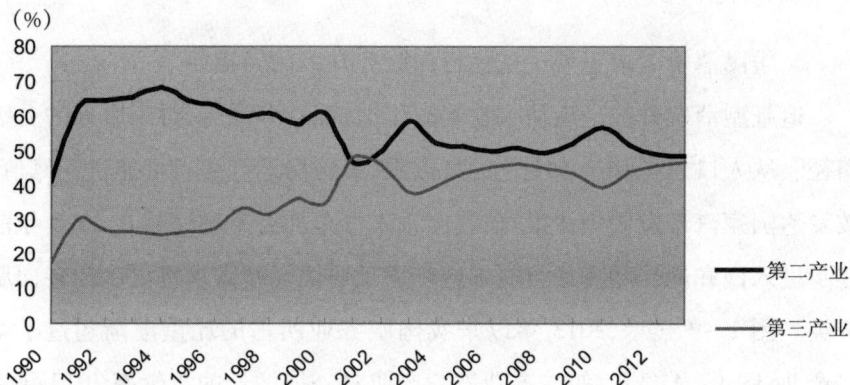

图 1 - 4　1990—2013 年第二产业第三产业对经济增长的贡献率

数据来源：《中国统计年鉴 2013》。

3. 净出口对经济的拉动作用减弱

　　劳动力等生产要素成本不断攀升，传统出口优势面临新兴国家的竞争压力。随着出口产品升级，我国与发达国家之间的错位竞争将演变为同质竞争，抢占国际市场的难度增加。我国出口增长率从过去十年的平均 23％ 下降到百分之十左右，从 2012 年以后我国出口增长率已滑到 1 位

数,2014 年出口增长率为 6.1%,由图 1－5 可以看出,净出口对经济的贡献率在 2003 年以后明显下降,而在 2009 年以后一直是负值。

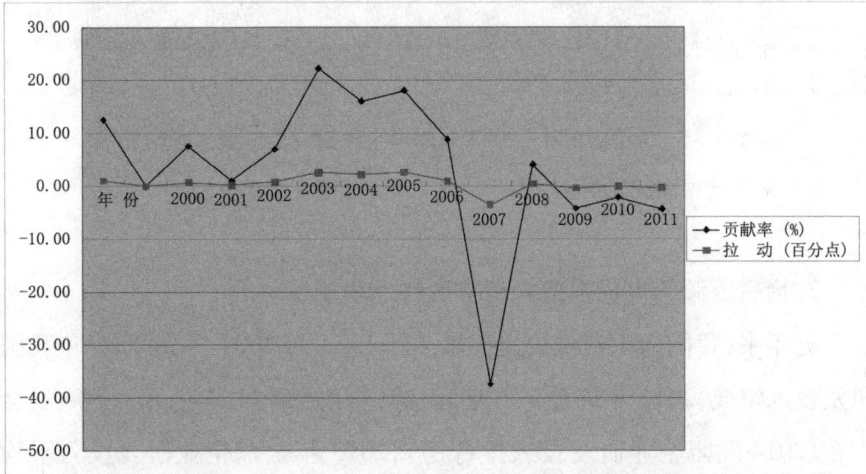

图 1－5　2000—2013 年净出口对经济增长的贡献率

数据来源:《中国经济统计年鉴 2013》。

（二）供给侧的比较优势正在发生转换

1. 劳动力数量优势降低但人力资本优势仍将长期存在

在数量降低的同时,我国劳动力供应结构正在优化,现有劳动力的效率提升和人力资本积累的空间增大。劳动力供给结构的变化为技术密集型产业的发展提供了新优势。本科生和研究生累积的人力资源逐年上升（如图 1－6）,工程师和科研人员数量已在全球领先。我国在大量使用工程师和技术人员的 ICT、基因工程领域已出现国际一流的企业。

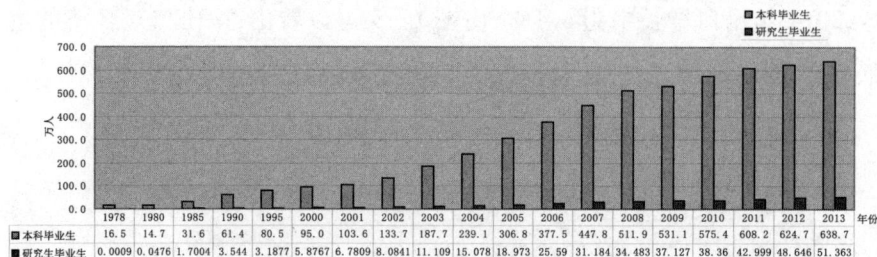

图例：本科毕业生、研究生毕业生

	1978	1980	1985	1990	1995	2000	2001	2002	2003	2004	2005	2006	2007	2008	2009	2010	2011	2012	2013
本科毕业生	16.5	14.7	31.6	61.4	80.5	95.0	103.6	133.7	187.1	239.1	306.8	377.5	447.8	511.9	531.1	575.4	608.2	624.7	638.7
研究生毕业生	0.0009	0.0476	1.7004	3.544	3.1877	5.8767	6.7809	8.0841	11.109	15.078	18.973	25.59	31.184	34.483	37.127	38.36	42.999	48.646	51.363

图 1-6   我国 1978—2013 年本科生和研究生毕业人数情况

数据来源：《中国统计年鉴 2013》。

2. 物质资源约束加强但知识资源快速积累

近年来,我国知识资源快速积累。图 1-7 为 2004 年到 2013 年我国研发投入情况,2012 年突破 1 万亿元,2013 年达到 1184 亿元。据欧委会发布《2014 欧盟企业研发投入排行榜》,2013 年全球企业研发投入平均增长 4.9% ,其中韩国增长最快为 16.6% ,其次是中国增长了 9.8% ,中国台湾增长 7.5% ,日本增长 5.5% ,美国增长 5.0% ,欧盟增长 2.6% 。该排行榜覆盖了全球 2500 家企业,占全球企业研发投入总额的 90% 以上,其中欧盟有 633 家企业,美国有 807 家企业,日本有 387 家企业,中国有 199 家企业。经费投入强度突破 2% ,表明我国科技实力不断增强。高研发投入也产生成果,2011 年我国科技论文和专利申请量双双位于世界第一。2012 年中国专利申请数量超过德国,仅次于美国和日本。新能源、ICT、基因工程、材料领域已经涌现出一批国际领先的企业和研究机构。

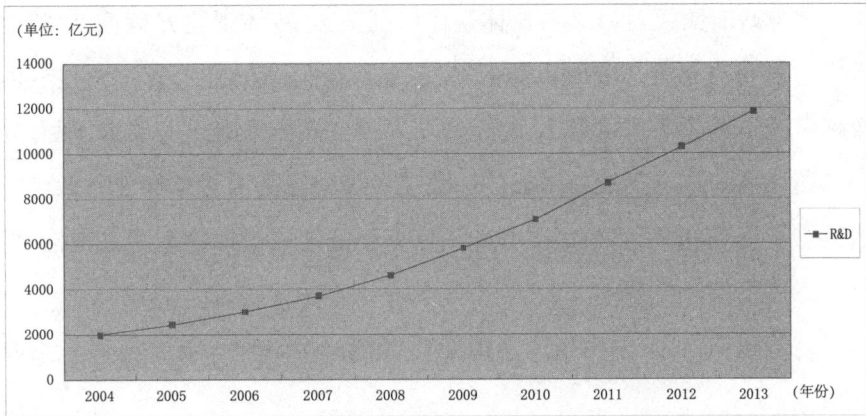

(单位: 亿元)

图 1-7 2004—2013 年我国 R&D 投入情况

数据来源:《中国统计年鉴 2013》。

3. 创新型经营人才形成规模,市场开拓能力增强

经过多年的市场经济建设,我国科技和经营人才呈现规模化增长。企业家创新和开拓国际市场的能力增强,购买国外技术和企业、整合全球供应链的成功案例有很多,无论是在传统制造业还是互联网等高技术领域,都拥有一批创新意识强和具有全球化视野的企业家。

第四节 经济发展方式转变须破除体制障碍

一、坚持科学发展观,树立新的政绩观

科学发展观决定了我国经济建设的价值取向,是我国经济发展的指导思想。全面落实科学发展观的要求,就是要彻底摒弃数量扩张作为经济发展的目标的旧思想和老做法,直接体现在政绩观的改变上。尽管近

年来地方政府频繁对政绩考核体系作出调整,一些体现地方特色、反映地方紧迫任务的考核办法也相继推出,但从最近公布的部分省份调整后的政绩考核指标体系可以看出,对照转变发展方式体系提出的要求,现有政绩考核体系的缺陷仍然是明显的。政绩考核中经济增长指标独一无二的地位有所下降,但仍然是最重要的指标。经济发展指标体系需要重构,可以考虑以下指标体系:

经济增长指标:国内生产总值指标、财政收入指标、城乡居民人均收入指标;

经济发展结构指标:民营经济发展指标、产业结构升级指标;

经济潜力指标:科技经费支出指标、人力资本指标;

环境资源指标:单位国内生产总值能耗指标、单位国内生产总值污染物排放指标;

市场监管和开放度指标:垄断行业产品服务价格指数、食品药品安全指数、交通运输成本指数。[①]

二、正确划分政府与市场的边界,规范政府的行为

一项基本的要求就是各级政府都应尽量减少对市场的直接介入,政府应以经济调节、市场监管、社会管理、公共服务为基本职能。但要实现上述要求,需要有一种外在的力量通过强力地制衡、约束政府,迫使政府能够主动进行改革,从而推动中国经济增长方式的改变。否则,要想实现中国经济发展方式的改变、调整经济结构,几乎不可能取得成功。

---

① 李海舰、原磊、王燕梅:《发展方式转变的体制与政策学》,社会科学文献出版社,2012年,第 207 页。

　　政府看得见的手与市场看不见的手如何结合,如何正确划分政府与市场边界,这个问题在世界范围内都没有完全得到解决。中国模式的一个重要特征,就是地方政府间的相互竞争对经济增长的促进作用。但地方政府间相互竞争对经济增长有多大的积极作用,评价不一。道理很简单,政府间的相互竞争在产生一些积极作用的同时,有可能会带来一些弊端。甚至从长远看,这些弊端效应逐步显现,有可能超过其积极作用。政府与市场边界不清晰,并不意味着在这方面无所作为,政府与市场的一些基本规则应当遵守。例如,政府的经济调节应当有明确的界定,而不应随心所欲。政府应当减少甚至完全退出对微观经济的干预。政府有责任提供由透明规则和公正执法构成的市场秩序,营造稳定的宏观经济环境、稳定的货币发行和稳定价格总水平。政府不应规定个别商品的价格,否则就会破坏市场通过相对价格变化有效配置资源的基本机制。政府只有遵循上述基本规则,才会减少政府看得见的手对经济无规则干预所产生的负面影响。

　　要进一步转变政府职能,加快推进政企分开,减少政府对微观经济活动的干预,加快建设法治政府和服务型政府。要继续优化政府结构、行政层级、职能责任,降低行政成本,坚定地推进大部门制改革,在有条件的地方探索省直接管理县(市)的体制。健全科学决策、民主决策、依法决策机制,加强行政问责制,完善政府绩效评估制度,提高政府公信力。抓紧出台政府投资条例、企业投资项目核准和备案管理条例。明确界定政府投资范围,及时修订调减投资核准目录,提高国家核准项目的规模标准,缩小投资审核范围,下放投资审核权限。加强和规范地方政府融资平台管理,防范投资风险。规范国有企业投资行为,注重提高经济效益和社会效益。鼓励扩大民间投资,放宽市场准入,支持民间资本进入基础产业、基础设施、市政公用事业、社会事业、金融服务等领域。

进一步加大政治体制改革。约束政府行为,从更深层次出发就是建设一个能够有效约束政府行为的政治体制。各级政府必须依法行政,各级人大必须对政府的预算进行严格的监督审查,严格控制政府过高的行政支出。政府出台涉及民生的重大项目,必须有广泛的民意基础等等。而要做到这些,又涉及深层次的普选等政治体制改革内容。

三、全面深化改革,释放制度红利

党的十八大报告指出:"深化改革是加快转变经济发展方式的关键。"这就进一步明确了加快转变经济发展方式的主要着力点。如果没有体制机制上的重大突破,就不可能有发展方式的根本性转变。从转变经济发展方式的基本要求出发,深化改革的关键作用主要表现在以下六个方面:

（一）深化国有企业改革,打造合格的市场主体

深化国有企业股份制改造,积极引入国内外有实力的战略投资者,形成多元投资主体,改善公司治理结构,健全现代企业制度。继续推动国有资本调整和国有企业重组,优化国有经济布局和结构,做好政策性关闭破产,国有经济要从一般性竞争领域退出,逐步向关系国民经济命脉的重要行业和关键领域集中,增强国有经济控制力和影响力。深化铁路、邮政等垄断行业改革,实行政资分开、政企分开,引入竞争机制,积极推进特许经营模式。加快开展国有资本经营预算制度试点,规范国家与国有企业的分配关系,体现政府的所有者权益。破除体制障碍,推进公平准入并改善融资条件,鼓励、支持、引导非公有制经济发展。

（二）深化财税、金融体制改革,提供制度与政策环境

优化财税等政策设计与制度安排,为转变经济发展方式提供优良的

政策环境。建立有利于科学发展的财税制度,加快建立健全资源有偿使用制度和生态环境补偿机制。要进一步理顺各级政府间财政分配关系,完善省以下财政管理体制,积极推行"省直管县"和"乡财县管"等财政管理改革,完善地方税制,逐步建立财力向基层倾斜的机制,增强基层政府提供公共服务的能力,引导地方政府由过于重视发展工业项目向重视生态环境保护和基础设施建设方面转变。继续运用出口退税和关税政策限制"两高一资"和相关资源性产品出口,推进资源税、燃油税改革,加快扩大增值税转型试点,研究制定在全国范围内实施的方案,为转变经济发展方式提供良好税收环境。继续深化银行业改革,加快商业银行股份制改造,按照市场经济原则,完善银行内部法人治理结构,使其真正成为企业化运作的商业银行,切实提高银行自身经营效率,促进转变经济发展方式。

(三)推进科技体制改革,提高自主创新能力

增强自主创新能力是转变经济发展方式的基本动力。有效的科技体制将为科技进步与增强自主创新能力提供制度保障。要大力推进科技体制市场化改革,统筹不同所有制单位的科研投入,改变长期存在的所有制歧视和部门壁垒问题,支持教育体制改革,推动科技教育事业真正面向世界、面向市场、面向现代化。要全面落实国家中长期科技发展规划,实施基础研究、高技术研究和科技支撑计划,推进国家创新体系建设,重点建设一批国家实验室、国家工程中心,加强科技基础能力建设。要加快建立以企业为主体、市场为导向、产学研相结合的技术创新体系,要加大知识产权保护力度,引导和支持创新要素向企业集聚。要创新产业研发资金的投入机制,扩大创业风险投资试点范围,促进科技成果向现实生产力转化。

(四)加强环境资源制度建设,增强可持续发展能力

深化资源性产品价格和要素市场改革,构建能源资源等生产要素投入的约束机制,这是转变经济发展方式的基本条件。这对抑制过度需求、增加有效供给,对推动结构调整、促进资源节约和环境保护具有重要作用。要从我国部分资源短缺、居民收入差距较大的实际出发,既考虑资源稀缺程度、抑制不合理需求,又考虑保障低收入群众基本生活和保持价格总水平基本稳定,逐步理顺煤电油气水和矿产等资源类产品价格关系,完善重要商品、服务、要素价格形成机制。大力推进节能减排,加强节能环保,发展生产要素市场,建立反映资源稀缺程度和市场供求关系的要素和资源价格形成机制,逐步取消垄断行业产品的行政定价机制,相应建立与完善价格调整听证制度。建立落后产能的退出机制,加快淘汰高耗能行业落后产能。着力推进建筑节能、高效照明产品推广等十大重点节能工程,增强节能能力。开发和推广节约、替代、循环利用资源和治理污染的先进适用技术,提高科技进步对节能减排的贡献。

(五)加大社会领域的改革

包括收入分配和户籍制度、社会保障制度等方面改革。应不断提高居民收入水平,合理调节收入分配结构,促进分配公平,能释放消费潜力。同时发展文化教育和高层次的服务业,使人们具有更高的消费能力。

(六)提高对公共产品与服务的供给

培育扶持和依法管理社会组织,支持、引导其参与社会管理和服务。改革基本公共服务提供方式,引入竞争机制,扩大购买服务,实现提供主体和提供方式多元化。推进非基本公共服务市场化改革,增强多层次供给能力,满足群众多样化需求。

参考书目:

1. 吴敬琏:《中国增长模式抉择》,上海远东出版社,2013 年。

2. 吴敬琏:《直面大转型时代——吴敬琏谈全面深化改革》,生活·读书·新知三联书店、生活书店出版有限公司,2014 年。

3. 张军扩、余斌、吴镇宇:《追赶接力:从数量扩张到质量提升》,中国发展出版社,2014 年。

思考题:

1. 如何理解经济发展方式转变的内涵?

2. 中国经济发展方式转变的主要障碍有哪些?

3. 转变经济发展方式的关键是什么?

第二章

"蛋糕"如何分——收入分配问题

进入 21 世纪以来,在我国经济"蛋糕"快速做大的进程中,如何合理地分好"蛋糕",成为社会各界日益热议的重大民生问题。人民网舆情监测室舆情监测平台显示,收入分配话题居民群众关心话题排行首位,并且"收入分配"话题连续 5 年排名靠前,2015 年收入分配排名第一,投票数上升至 53 万,再创新高。

收入分配制度是经济社会发展中一项根本性、基础性的制度,是社会主义市场经济体制的重要基石。伴随着经济体制改革的推进,我国的收入分配制度经历了深刻的历史变迁。我们看到,一方面收入分配制度的改革与体制创新相辅相成,成功地激发了潜在的经济活力,使中国在由计划经济向市场经济转轨的过程中,仍能获得持续的高速增长;另一方面,在经济高速增长的同时,收入分配差距扩大的态势日益严重,给经济发展和社会稳定造成的负面影响逐渐显现。

第一节 转型时期我国收入分配制度变迁的历程

党的十一届三中全会以后,我国掀起了一场以激励机制的改革和分配制度的变革为开端的改革开放浪潮。回顾我国收入分配制度三十多年的改革历程,围绕着打破平均主义,增强激励机制,提高效率,先后采取了一系列政策和措施。以公有制为主体、多种所有制经济共同发展被确定为我国的一项基本经济制度,由此在分配方式上也就逐步确定了以按劳分配为主体、多种分配方式并存的分配制度。这种分配格局的形成经历了一个不断发展变迁的过程。大体来看,我国的收入分配制度变迁历程可分为以下三个阶段。

一、否定分配制度上的高度集中和平均主义,初步确立"先富带后富"策略

时间上是从党的十一届三中全会开始一直到 1984 年 10 月党的十二届三中全会。这一阶段分配理论上的重大突破就是批判和否定了在分配制度上的高度集中和平均主义的弊端,初步确立起"先富带后富"的策略。十一届三中全会在回顾了新中国成立以来经济建设的经验教训后,指出我国经济管理体制的严重缺陷是权力过于集中。这种高度集中的经济体制在分配上的表现就是在计划上大包大揽,财政上统收统支。社会上普遍存在"干多干少一个样,干好干坏一个样"现象,"大锅饭"盛行,平均主义严重,"共同富裕"变成了"同步富裕"。十一届三中全会重新确立了解放思想、实事求是的思想路线,为从中国的实际出发进行分配制度改革指明了前进的方向。正是在这一思想的指导下,邓小平总结分配制度

在这之前的历史经验教训,明确指出,平均主义与"大锅饭"实际上是共同落后、共同贫穷。他创造性地提出要允许和鼓励一部分地区、一部分企业、一部分工人农民,由于辛勤努力成绩大而收入先多一些,生活先好起来,并且强调"这是一个大政策,一个能够影响和带动整个国民经济的政策"。

1982年党的十二大报告指出,因为我国生产力水平低而且不平衡,所以在很长时间内需要多种经济形式并存。1984年召开的党的十二届三中全会通过的《中共中央关于经济体制改革的决定》,第一次提出了要让一部分地区和一部分人通过诚实劳动和合法经营先富起来,然后带动更多的人走向共同富裕。这一阶段分配政策改革的实践以我国的农村为突破口,从1978年安徽凤阳分地开始,随着联产承包责任制的推广,农民长途贩运花生、大米,成为首批个体经营户。农村多种经营发展起来后,也使得农民有一部分农副产品通过买卖交易获得经济收入,而这种交易成为了个体经营的雏形。20世纪80年代初,全国农村普遍实行了家庭联产承包责任制,这种责任制是实行集体经济组织中分散经营和统一经营相结合的经营形式,它在分配上实行了"交足国家的、留够集体的、剩下的全是自己的"分配形式。显然,家庭联产承包责任制在分配上明确划分了国家、集体、个人的权力、责任和利益关系,最有效地将农民的收入同他们的劳动成果挂起钩来,从而使那部分"辛勤努力"的农民先富起来。正是由于家庭联产承包责任制创造性地贯彻了按劳分配原则,极大地调动了农民的生产积极性和主动性,使得农民收入得到大幅度提高,农村经济获得极大发展。农村分配制度改革的成功为以后我国分配制度改革起到了极大的促进作用。

二、按劳分配与商品经济相结合,初步确立按劳分配为主体的多
种分配方式

　　这一阶段从 1984 年 10 月党的十二届三中全会开始到 1992 年邓小平视察南方为止。分配理论上的突破主要表现在以下两方面:一是提出了"社会主义有计划的商品经济"的新概念,使按劳分配与商品经济联系起来。马克思当时所设想的未来社会实行的按劳分配的前提是产品经济,而现实中的社会主义经济却还是一种商品经济。党的十二届三中全会确立了社会主义经济仍然是一种商品经济,指出:"改革计划体制,首先要突破把计划经济同商品经济对立起来的观念……是在公有制基础上有计划的商品经济。"①这个概念的提出为我国分配制度的改革开辟了广阔的道路。二是提出了社会主义初级阶段的新理论,使我国分配制度改革有了客观的依据。1987 年召开的党的十三大第一次全面地论述了我国正处在社会主义初级阶段,指出正确认识这一点是建设有中国特色社会主义的首要问题,同时,我国正处于社会主义初级阶段也是制定和执行正确的路线和政策的根本依据。党的十三大正是从社会主义初级阶段这一实际出发,确立了一系列具有长远意义的经济发展指导方针,其中在所有制和分配制度上指出:"社会主义并不要求纯而又纯,绝对平均。在初级阶段,尤其要以公有制为主体的前提下发展多种经济成分,在以按劳分配为主体的前提下实行多种分配方式",并再次强调要"在共同富裕的目标下鼓励一部分人通过诚实劳动和合法经营先富起来"②。

　　在上述理论的指导下,1984 年以后党在分配上对国有企业进行了更

---

　　①② 《中共中央文件选编》,中共中央党校出版社,1992 年,第 291 页。

深入的改革,使按劳分配这一主体分配方式能更好地调动劳动者的积极性和提高企业效益。十一届三中全会后,我国推出了一系列改革措施,先后实行了工资奖励制度、浮动工资及企业工资总额包干浮动的个人收入分配制度。为了使职工的工资和企业经济效益的提高更好地挂起钩来,1985 年初国务院《关于国营企业工资改革问题的通知》提出从当年开始,在国营大中型企业中实行职工工资总额同企业经济效益按比例浮动的办法,即实行"工效挂钩"模式。这不仅极大地调动了企业生产经营者的积极性,增强了企业的活力,而且较好地克服了企业由于分配自主权的扩大而出现的分配方面的短期行为。1987 年党的十三大报告明确指出,对于城乡合作经济、个体经济和私营经济,都要继续鼓励它们发展。在这样的政策之下,我国的乡镇企业、个体私营企业和"三资"企业获得了迅速的发展,这些形式的企业中,除了实行按劳分配这一分配形式外还实行了其他多种分配形式。多种分配方式并存,有力地促进了各种生产形式的发展,为我国经济的迅速发展提供了不可低估的活力和动力。实践证明,在这一阶段,我国从社会主义初级阶段出发,探索以按劳分配为主体、多种分配方式并存的新分配制度,获得了极大的成功。

三、分配制度与市场经济相结合,确立按劳分配与按生产要素贡献参与分配并存的分配制度

此阶段从 1992 年初邓小平南方谈话至今。在这一阶段,分配理论取得了巨大的突破。首先,确立了个人收入分配制度要体现效率优先、兼顾公平的原则。改革开放以来,我们对于公平与效率的认识经历了一个逐步深化的过程。党的十三大报告指出:"在促进效率提高的前提下体现社会公平",这是"效率优先、兼顾公平"的雏形。这一原则的确立意味着个

人收入分配将主要遵循市场调节的原则,为个人收入分配的市场化奠定了理论基础。其次是突破了分配领域"姓公姓私"的传统认识,提出和实行把按劳分配和按生产要素分配结合起来的理论和政策。在改革开放以前,受极"左"思想的影响,人们普遍认为社会主义社会是建立在生产资料公有制之上的,因而与按生产要素分配无疑是水火不相容的。改革开放以来,这种认识逐步得到改变,按生产要素分配逐步得以确立。党的十四届三中全会通过的《中共中央关于建立社会主义市场经济体制若干问题的决定》中提出要"鼓励城乡居民储蓄和投资,允许属于个人的资本等生产要素参与分配"。1997年,党的十五大报告进一步指出:"坚持按劳分配为主体、多种分配方式并存的制度,把按劳分配和按生产要素分配结合起来……规范收入分配,使收入差距趋向合理,防止两极分化。"①党的十五大关于完善分配结构和分配方式在理论上的新概括,不仅是对改革开放以来我国分配制度改革取得的成果在理论上的总结与创新,并指明了社会主义市场经济条件下个人收入分配制度进一步改革的目标。

2002年,党的十六大确立了劳动、资本、技术和管理等生产要素按贡献参与分配的原则,解决了其他生产要素能不能和怎么样参与收入分配的问题,是我国分配制度改革的重大突破。党的十六大还提出:"我国的分配制度改革要以共同富裕为目标,扩大中等收入者比重,提高低收入者收入水平。"②

这指明了今后我国要努力形成的收入分配新格局,即中等收入者占人口的多数,并占有大部分收入和财富的格局。2006年,党的十六届六中全会针对收入分配领域存在的主要问题,提出要坚持以按劳分配为主

---

① 参见《中国共产党第十五次全国代表大会文件汇编》,人民出版社,1997年。
② 党的十六大报告。

体、多种分配方式并存的分配制度,加强收入分配宏观调节,在经济发展的基础上,更加注重社会公平,着力提高低收入者收入水平。2007 年党的十七大针对收入分配领域存在的突出问题强调:"要逐步提高居民收入在国民收入分配中的比重,提高劳动报酬在初次分配中的比重;初次分配和再分配都要处理好效率和公平的关系,再分配更加注重公平。"[①]

综观转型期收入分配制度的变迁,可以看出,我国分配制度改革的历程是伴随着经济体制改革的深入而逐步展开的,它经历了由平均主义"大锅饭"到打破平均主义,合理拉开收入差距到贫富分化呼唤新的公平正义分配制度的否定之否定的过程。分配制度的演变,是我国体制改革和经济实践的必然选择,是一个渐进的演变历程,应该肯定分配制度的变迁极大地促进了经济增长,同时也带来居民收入的巨大差距和严重的分配不公。因此可以说,我国市场化的分配制度改革既为转型期国家的改革积累了宝贵的、值得借鉴的经验,同时在实践中也有许多问题值得我们认真反思。

第二节　收入分配格局与存在的突出问题

一、收入分配格局的含义

收入分配是指社会在一定时期内创造出来的生产成果,根据一定的分配政策和分配规律,在分配主体之间进行分配的经济活动。广义上的

---

① 胡锦涛:《高举中国特色社会主义伟大旗帜 为夺取全面建设小康社会新胜利而奋斗》,《人民日报》,2007 年 10 月 25 日。

收入分配指的是国民收入的分配,通过初次分配和再分配最终形成政府、企业、个人的收入,狭义的收入分配指的是个人收入的分配,包括工资收入和其他福利收入、政府补贴性收入在内的个人总收入,而个人总收入在扣除所得税后为个人可支配收入。

收入分配格局是指各分配主体在分配收入中所占的份额和由此形成的比例关系。在社会主义市场经济体制下,分配主体包括政府部门、企业部门和居民部门,三者在国民收入分配领域的相互关系构成我国的收入分配格局。按收入分配过程分,又被划分为初次分配格局和再分配格局。初次分配是指通过要素市场按照各生产要素对国民收入在各要素所有者之间进行分配。再分配主要由政府按照一定原则,通过财政税收、扶贫及社会保障统筹等方式来进行。由于初次分配主要是建立在市场机制自发起作用基础上的分配,很难实现社会所追求的公平目标,为此再分配被用来校正初次分配的偏差就显得非常必要。然而,随着市场经济的发展,人们注意到再分配对公平的作用也是有限的,第三次分配就应运而生了。第三次分配是指通过社会救助、社会捐赠等非强制方式进行的分配。在现阶段,它对收入分配影响很小,但从长期来看,其影响会逐渐增强。

二、收入分配格局中的突出问题:两个比例下降

国家统计局公布的资金流量表数据显示,自 1992 年以来,我国的劳动者报酬、居民可支配收入占 GDP 的比重一直处于缓慢下降通道中,分别从 1992 年的 54.6% 和 68.3%,下降到 2008 年的 48% 和 57%,明显低

于众多发达国家和新兴市场经济体。[①] 在此背景下,党的十八大报告提出,发展成果由人民共享,必须深化收入分配制度改革,努力实现居民收入增长和经济发展同步、劳动报酬增长和劳动生产率提高同步,提高居民收入在国民收入分配中的比重,提高劳动报酬在初次分配中的比重。关于两个比重,党的十八大报告指出,提高居民收入在国民收入分配中的比重,提高劳动报酬在初次分配中的比重。两个比例下降反映了我国收入分配格局的不合理性。

(一)居民收入占国民收入的比重偏低

已公布的资金流量表(实物交易部分)数据显示,在 1992—2000 年,初次分配和再分配中居民、政府和企业分配格局虽有波动但变化不大,居民、政府和企业部门收入分配平均占比分别为 65.33∶16.84∶17.83 和 67.48∶18.38∶14.14,2000 年以后,居民部门收入份额呈持续下降趋势;企业和政府部门收入份额则不同程度地都呈上升趋势。在初次分配中,居民、政府和企业部门分配收入占比从 2000 年的 67.15∶13.13∶19.72 变化为 2012 年的 61.65∶15.63∶22.73。居民部门收入占比下降了 5.5 个百分点;而政府和企业部门收入占比分别提高了 2.5 和 3.0 个百分点。从再分配情况看,居民、政府和企业部门分配收入占比从 2000 年的 67.54∶14.53∶17.93 发展到 2012 年的 61.99∶19.54∶18.47。经再分配后,居民部门收入占比下降了 5.55 个百分点;而政府和企业部门收入占比分别提高了 5.01 和 0.54 个百分点。

如图 2-1,可以较为直观地看出现阶段我国国民收入初次分配格局的变动趋势。1999 年以后国民收入向企业倾斜,占比明显增加,直到

---

① 李稻葵、刘霖林、王红领:《GDP 中劳动份额演变的 U 型规律》,《经济研究》,2009 年第 1 期。

2008 年以后有所下降。居民收入在国民收入分配中的比重总体呈现下降趋势,最低值在 2008 年达到 58.66%,2009 年以后有所缓解,而政府部门的收入总体呈现先下降后上升趋势,2000 年以后出现转折。2000 年以后再分配的结果是居民收入略低于初次分配的比重,2011 年和 2012 年稍有改观,企业收入占比明显下降了 3~4 个百分点,而政府的收入比重明显提高了 4~5 个百分点。

随着国民收入分配中居民收入占比的不断下降,近年来我国居民消费也倾向下降,消费率持续走低,投资与消费不平衡问题更加突出;民众生活水平不能随着经济快速发展得到有效改善,影响民众分享改革与发展成果;使政府的权力得以扩张,不利于市场经济的发育和调动民间的生产和投资积极性。因此,通过提高劳动收入在 GDP 中的比重和政府转移支付,从而提高居民收入水平,实现政府收入、企业收入与居民收入的合理均衡增长,不仅有利于扩大内需,提高人民的生活水平,同时不利于激发人民群众投资创业热情,通过"民富"促进"国强",并为政府收入增长提供永不衰竭的源头活水。

表 2-1 1992—2013 年国民收入分配和再分配格局(%)

年份	企业政府		政府部门		住户部门	
	初次分配	再分配	初次分配	再分配	初次分配	再分配
1992	18.0	13.4	15.9	17.9	66.1	68.7
1993	22.0	18.1	15.6	17.2	62.4	64.7
1994	21.8	18.6	13.3	14.5	64.9	66.9
1995	23.2	19.7	12.4	14.1	64.4	66.2
1996	20.0	16.4	12.8	14.6	67.2	69.0
1997	21.8	17.7	12.5	14.3	65.7	68.0
1998	20.5	17.5	12.9	14.2	66.6	68.3

续表

1999	20.7	19.2	13.1	14.1	66.2	66.7
2000	21.2	19.4	13.1	14.5	65.7	66.1
2001	23.1	50.6	12.7	15.0	64.2	64.4
2002	23.4	21.1	14.0	16.3	62.6	62.6
2003	24.2	21.9	13.7	16.1	62.1	62.0
2004	26.9	24.3	13.9	16.6	59.2	59.1
2005	26.6	23.7	14.1	17.4	59.3	58.9
2006	26.9	23.7	14.3	17.9	58.8	58.4
2007	27.5	23.9	14.6	18.8	57.9	57.3
2008	28.3	24.5	14.1	18.3	57.6	57.2
2009	27.3	23.8	13.9	17.5	58.8	58.7
2010	26.9	23.6	14.6	18.0	58.5	58.4
2011	25.8	21.9	15.0	18.8	59.2	59.3
2012	24.7	20.6	15.5	19.2	59.8	60.2
2013	24.1	19.8	15.2	18.9	60.7	61.3

数据来源：《中国统计年鉴 2014》。

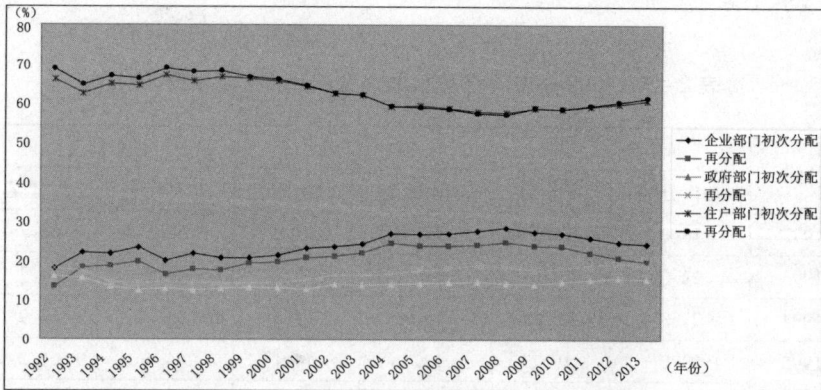

图 2-1 1992—2013 年国民收入分配格局

(二)劳动报酬在初次分配中的比重

劳动报酬总量占社会财富增加值总量比重的大小被称作劳动报酬率,也称为"分配率"。劳动报酬率通常被用来衡量一个国家或地区初次分配公平状况的重要指标,这一比率的比值越高,说明国民收入初次分配越公平,反之则说明国民收入初次分配越不公平。

1992 年以来,初次收入分配格局中劳动者报酬占 GDP 的比重呈现先上升后下降的态势,1992—2002 年有小幅上升,自 2003 年以后开始下降。有研究显示,1990 年中国劳动者报酬年均增长率为 16.38%,具有相对较快的增长速度,但却仍然低于按当年价格计算的 GNP 增长率 0.18 个百分点[1],这表明中国劳动者的报酬并没有获得与 GNP 相同速度的增长。2006 年以后比重运行在 50% 以下。中国社会科学院发布的《社会蓝皮书:2013 年中国社会形势分析与预测》显示,在成熟市场经济体中,初次分配后,劳动者报酬占 GDP 的比重,美国接近于 70%,其他国家和地区普遍在 54% ~65% 之间。显然,我国劳动者报酬比重低于世界多数国家平均水平。与此不同的是,包括固定资产折旧和营业盈余在内的资本收入和生产税净额虽然占国民收入的份额相对较小,但其占比在稳健上升,如资本收入占比由 1990 年的 33.3% 上升到了 2012 年的 42.79% ,2004—2007 年甚至连续四年超越了劳动者报酬在收入分配格局中的比重;相应的,生产税净额也由 1990 年的 12.99% 上升到了 2012 年的 17.66% ,个别年份如 2008 年达到了 15.73% 。[2]因此,在初次收入分配格局中,资本要素更具有分配优势,而劳动要素所获得的分配份额在不断降低。

当然也应该看到,自 2006 年以来,在合理稳定地提高劳动者报酬的

---

[1][2] 李子联:《中国收入分配格局:从结构失衡到合理有序》,《中南财经政法大学学报》,2015 年第 3 期。

方针指导下,职工工资增长机制和最低工资制度得到不断完善和落实,政府对企业工资分配的宏观指导逐步增强,我国初次分配格局中劳动者报酬占比呈下降的趋势有所遏制,2012 年比重有所上升。但仍低于美国同期水平 10 个百分点以上;生产税净额占比基本稳定在 15%,高出美国同期水平 7 ~ 8 个百分点;企业总营业盈余占比不断下降,但与美国同期水平相比,平均高 5%。[③]

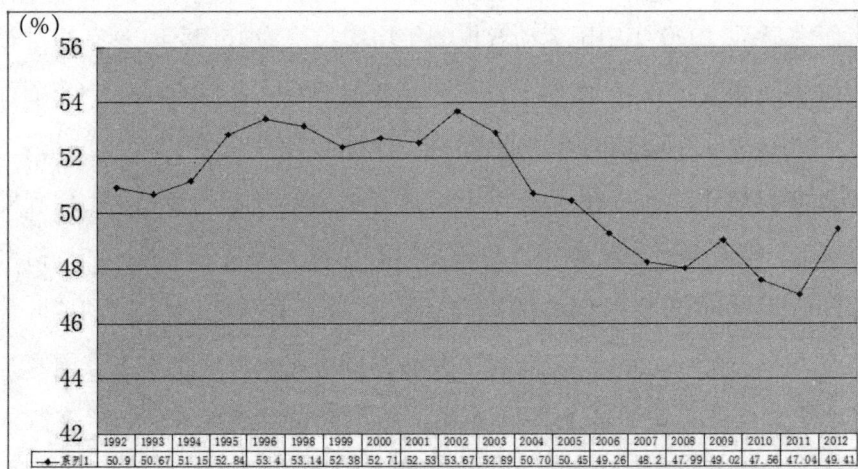

图 2 - 2　1992 年以来劳动者报酬占 GDP 比重变动情况

数据来源:2000 年(不含 2000 年)以前的数据来源于石瑞勇《现阶段我国国民收入初次分配公平状况评析》,载《经济学导刊》2015 年第 12 期;2000 年以后数据根据《中国统计年鉴》相关数据计算整理。

（三）两个比重下降的原因

居民收入与劳动报酬两个比重偏低有一定的关联性,因为根据历年

---

③　易定红、张维闵、葛二标:《中国收入分配秩序:问题、原因与对策》,《中国人民大学学报》,2014 年第 3 期。

统计年鉴的资金流量表计算,我国居民80%以上的收入来源于劳动者报酬,从财产性收入总量看,我国居民部门财产性收入占初次分配总量的比重一直较低,1994年占比最高为5.79%,此后呈逐年下降趋势,2006—2012年维持在百分之二点五左右。居民部门收入份额下降与初次分配中劳动者报酬占比持续走低有关。

首先,初次分配中劳动者报酬占比不断下降,与特定历史条件下我国遵循效率优先、兼顾公平的原则,实行偏向企业和资本的分配制度相关。劳动力、土地资源、资金等基本生产要素价格被人为扭曲性压低,是居民部门初次分配劳动者报酬占比下降的主要影响因素。劳动报酬的下降影响最大的是普通劳动者,主要包括制造业、批发零售业的职工,进城打工的农民工,农民特别是自然条件比较差的地区的农民,他们没有获得与所付出劳动等额的报酬。此外,实行市场化改革之后,我国收入分配由按劳分配为主逐步向按劳分配和按要素分配相结合的方式转变,资本、土地、技术知识等要素获得收入在居民个人收入中所占比重日益增大,也导致劳动者报酬占比相对下降。其深层次原因与产业结构变化有关,是资本有机构成提高或者说"资本深化"导致了劳动份额的减少与波动。加之不合理的城乡二元体制、工资形成机制不健全、劳资双方集体谈判、政府协调管理的工资形成机制尚未形成等制度性缺陷,这种状况难以在短期内改变。

对此观点有学者不予认同,认为按照国际上通用的正确统计口径,即工薪收入或雇员报酬占GDP的比重计算,我国工薪收入占GDP的比重近年来并未下降,而是一直在稳定上升。财政部课题组基于国际经验实证数据依模型方法估测的"期望值"分析,也得出了现阶段我国劳动者(雇员)薪酬比重并不低的结论。许多学者观察到资金流量表存在的缺陷,即在资金流量表内未体现没有纳入一般预算管理的制度外收入(如地方政府的土地出让金、国有垄断行业部门的利润等），在对资金流量表数据进行相应调整后得出结论认为，政府部门各种形式的收入和国有企业利润的快速增长挤占和抑制了居民部门可支配收入的合理增长。

其次，政府制度外收入过多。制度外收入是指政府及其所属机构凭借行政权力或垄断地位，采取非税收入形式收取的既未纳入预算内又未纳入预算外制度管理的各项政府收费的总称。在我国，政府制度外收入不仅广泛存在，而且规模巨大。财政部财科所课题组王小鲁计算得出，2008 年政府制度外收入占 GDP 的比例约为百分之二十一左右；①社科院数量经济与技术经济研究所的学者测算，2009 年我国制度外收入平均为当年 GDP 的 15.44%，根据他们的估计，2012 年我国政府的制度外收入在一点八一万亿元左右。②

财政收入增长较快的原因是，近年来我国第二和第三产业实现了快速发展，同时二、三产业承担了较高的税负。现阶段我国税负低的第一产业增长较慢，税负高的二、三产业增幅较大，使得三次产业的整体税负上升，财政收入增长超过 GDP 增长。

再次，再分配过程对居民收入分配的调节作用不明显，部分年份甚至起到"逆调节"的作用，政府调节后的再分配格局没有明显改善，根本原因在于政府转移支付不足。如从表 2-1、图 2-2 可以看出，政府二次分配以后收入大大提高，占比上升 4~5 个百分点，说明政府在再分配过程中收大于支，而居民收入再分配后的结果在大多数年份不升反降，反映出政府角色的错位和政府收入调节职能的缺失。据统计，2006—2011 年

---

① 王小鲁：《我国国民收入分配现状、问题及对策》，《国家行政学院学报》，2010 年第 3 期。
② 王宏伟、李平、樊明太：《我国国民收入分配中政府收支的规模与结构》，《西部论坛》，2012 年第 6 期。

OECD 国家公共医疗支出和公共教育支出占 GDP 的比重分别为 11.9%和 5.3%,我国仅分别为 4.8% 和 3.0%。[①] 政府对低收入者保障力度不够,社会保障制度还不完善,覆盖面还比较窄,保障水平比较低,特别是农村和城镇农民工的社会保障制度还不健全,城乡部分低收入家庭享受的社会保障不足。

三、努力提高"两个比重"充分体现了由国强向民富的分配观念的转变

党的十七届五中全会的公报指出:"我们国家收入差距的扩大,就是因为在收入分配中资产收入、经营性收入比重太大,劳动报酬收入比重太小,所以差距在扩大。"改革开放三十多年来,我国经济持续高速增长,社会财富的蛋糕不断做大,同时也出现了收入分配差距扩大的问题。收入差距已接近社会所能忍受的"红线",分配不公已成为中国经济社会向前发展的一大障碍,"分好蛋糕促和谐"势在必行。

2006 年党的十六届六中全会提出,要"加强收入分配宏观调控,在经济发展的基础上,更加注重社会公平"。2007 年党的十七大进一步明确指出,要"初次分配和再分配都要处理好效率和公平的关系,再分配更加注重公平"。2010 年 4 月在全国劳动模范和先进工作者表彰大会上,胡锦涛强调要"不断增加劳动者特别是一线劳动者的劳动报酬,让广大劳动群众实现体面劳动"。党中央高度重视调节收入分配,出台了一系列政策措施,2010 年以来全国各地纷纷上调最低工资收入标准。但目前,收入

---

① 易定红、张维闷、葛二标:《中国收入分配秩序:问题、原因与对策》,《中国人民大学学报》,2014 年第 3 期。

差距拉大的问题还未得到解决,影响着科学发展观的落实和社会和谐发展。党的十七届五中全会全面、系统地构建起了一个保障和改善民生的规划体系和政策体系。从中可以使广大人民群众更加清晰地看到党中央对民生的高度重视,顺应了广大人民群众进一步提高生活水平的期盼。

居民收入占比低,从理论上看是积累基金与消费基金比例不合理,积累率过高,导致经济增长依赖投资,而居民收入水平低,消费倾向和消费水平低。劳动报酬占比低,从理论上看是按劳分配与按要素分配关系处理问题,反映在现实经济生活中主要是劳动者的工资增长赶不上国民经济增长和企业利润增长,导致劳动力市场扭曲。此外,随着市场经济的发展,居民收入分配差距不断扩大的问题越来越突出,收入和财产集聚度越来越高;各级政府之间,中央政府预算内收入占比大,超过地方政府,而地方政府非预算收入较大;企业之间,垄断行业收入较高。因此,调整收入分配格局必须与调节收入分配差距结合在一起。

努力提高居民收入在国民收入分配中的比重。一是必须处理好积累与消费的关系,在现实经济生活中就是处理好投资和消费的关系,加快形成消费、投资、出口协调拉动经济增长的新局面;二是提高财政支出中对居民转移支付的比重,着力保障和改善民生,建立健全基本公共服务体系,健全覆盖城乡居民的社会保障体系;三是增加财产性收入,居民收入比重的提高也可以来自经营净收入和财产性收入比重的提高。为此,应拓宽投资渠道,保护合法私人财产,鼓励创业,努力使人们获得更多的经营收入和财产性收入;四是运用财政政策手段和货币政策手段,结构性调整居民税收负担和适时地、适当地提高存贷款利率;五是在国民收入分配总量中应明确政府、企业、居民三者合理的分配比例。

努力提高劳动报酬在初次分配中的比重。一是必须处理好各生产要素之间的分配关系,进一步改革完善分配制度和分配政策;二是提高劳动要素的价格,尊重并承认劳动对经济发展的贡献率,而目前的问题是,在初次分配中强资本、弱劳动普遍存在并被强化;三是处理好企业内部各主体间的分配关系,使企业内部的分配要向劳动者适度倾斜。努力提高劳动报酬在初次分配中的比重,当然也包括提高劳动报酬的绝对量,主要通过提高最低工资标准,建立正常的工资增长机制,使劳动者的工资增长与国民经济增长和企业利润增长同步,推行工资集体协商制度等措施来实现。调节收入分配差距总取向,是以共同富裕为目标,扩大中等收入者的比重,提高低收入者的收入水平,调节控制过高收入,逐步形成高收入者和低收入者占少数,中等收入者占多数的中间大、两头小的"橄榄形"收入分配格局。这种格局需要通过增加对低收入居民的扶持,规范分配秩序,加强对垄断行业收入分配的监管,取缔非法收入,鼓励社会捐助等方式来实现的。

第三节 收入分配差距对经济社会发展的影响

一、我国收入分配差距的主要表现

(一)社会成员的总收入分配状况

1. 基尼系数

根据世界银行测算,20 世纪 60 年代我国基尼系数大约为 0.17 ~ 0.18,80 年代为 0.21 ~ 0.27,从 2000 年开始已越过 0.4 的警戒线,并逐年上升。按照国家统计局最新公布的城乡统一的全国居民收入的基尼系数,2003 年是 0.479,此后的几年稳中有升,2008 年达到 0.491,从 2009 年开始稍有回落,到 2012 年的四年间依次为 0.490、0.481、0.477 和

0.474,均超过了世界银行基尼系数的警戒线(0.45)。国家统计局的数据也显示,2008年以来我国收入分配差距迅速上升的趋势得到扭转,并逐步降低,但仍处于较高的水平。收入差距过大已经是一个不争的事实。

从国际比较的视角看,中国已经是收入差距最大的国家之一了。根据OECD公布的数据,2011年其34个成员国平均基尼系数为0.314。基尼系数最低、收入差距最小的国家是:斯洛文尼亚、丹麦、挪威、捷克、斯洛伐克,基尼系数最高、收入差距最大的国家是:智利、墨西哥、土耳其、美国、以色列。在34个成员国中,有15个国家基尼系数在0.3以下,有16个国家在0.3~0.4之间,只有3个国家在0.4以上。按税前和转移支付前收入计算的基尼系数平均为0.457,比税后基尼系数高0.143。在OECD国家中,税后的收入差距要明显小于税前的收入差距,税收和转移支付的调节对于缩小退休年龄段人群之间的收入差距起到十分关键的作用。

欧盟统计局公布的数据显示,2011年欧盟27国基尼系数为0.307,欧元区15国为0.308。基尼系数最低、收入差距最小的国家有:挪威、冰岛、斯洛伐克、瑞典、捷克,基尼系数最高、收入差距最大的国家有:土耳其、保加利亚、葡萄牙、西班牙、希腊。所有国家基尼系数均在0.4以下,有17个国家不到0.3。

世界银行在世界发展指标数据库中公布了发展中国家基尼系数。自2005年以来,基尼系数较低、收入差距较小的国家有:斯洛伐克、白俄罗斯、乌克兰、哈萨克斯坦、塞尔维亚等中、东欧国家,不到0.3;基尼系数较高、收入差距较大的国家有:南非、巴西、哥伦比亚、智利、洪都拉斯等非洲和拉美国家,在0.5以上。在5个金砖国家中,南非基尼系数最高,为0.631;巴西次高,为0.547;中国、俄罗斯分别为0.425和0.401;印度最低,在0.4以下。

2. 欧西玛指数

据世界银行网站可获得、可对比的数据显示,我国 20% 的高收入层的收入份额高于美国等发达国家和白俄罗斯等转型国家,低于拉美国家和一些非洲国家。而最低的 20% 的低收入人群收入份额除了与美国水平相当以外,普遍低于发达国家,也低于部分拉美国家和转型国家,高于巴拿马(3.3%)、哥伦比亚(3.2%)、厄瓜多尔(4.1%)等拉美国家。

表 2-2 世界主要国家收入分配情况(2010 年)

国家	美国	德国	英国	墨西哥	白俄罗斯	印尼	中国
20% 最高收入占比(%)	46	39.1	44.1	52.8	36.9	43.7	47.7
20% 最低收入占比(%)	4.7	8.3	5.8	4.9	9.0	7.6	4.7

数据来源:世界银行网站。

(二)城乡差距

城乡居民之间收入差距依然较大。2001 年城镇人均可支配收入与农村人均纯收入的比为 2.9:1,到 2009 年持续扩大到 3.33:1。尽管中央从 2006 年开始全面取消农业税,不断增加对农民的各项补贴,努力提高农村居民特别是低收入群体的收入水平,但城乡收入比到 2012 年也仅缩小到 3.1:1。如果再加上城镇居民所享受到的隐形补贴,中国可能属于世界上城乡收入差距最大的国家之列。城乡收入差距扩大是中国收入分配恶化最重要的决定因素之一。

城乡收入差距是经济发展过程中"二元经济"的集中体现,因此理解城乡收入差距需要在发展经济学的框架下进行。行业差距则不仅与经济增长有关,也与经济转型关系紧密(如行政垄断等)。

(三)行业差距

在计划经济年代,行业工资水平由政府统一规定,行业间收入差距相对较小,这种相对平等的行业收入分配格局一直延续到了 1990 年代初。国家统计局数据显示,1990 年,工资最高的行业(金融保险业)与工资最低的行业(农林牧副渔业)平均工资之比为 1.3∶1,行业差距较小。1990 年以来,随着市场改革的深化,行业间收入差距的扩大有不断加快的趋势。从金融保险行业与农林牧副渔行业的差异来看,二者的工资差距自 1990 年以来大幅上升,国家统计局公布的统计数据显示,1995 年达到 2.23∶1,2000 年为 2.63∶1,2005 年为 4.88∶1,2008 年为 4.77∶1,2012 年为 4.2∶1。

行业差距是中国收入差距扩大的重要原因。从行业特征上看,高收入行业或者为垄断行业,或者为知识密集型行业。知识密集型行业的高收入主要是由个人努力程度和能力所决定的,而垄断行业的高收入(如金融、电力等)则主要依靠行业进入管制来获取超额利润,并在此基础上让员工享受高收入、高福利。相比较而言,所有低收入行业(如建筑、批发零售住宿餐饮等)均为高度竞争的传统行业,激烈的市场竞争使得这些行业难以获得超额收益。

(四)地区之间收入差距日趋严重

据统计资料,我国东、中、西部的人均收入比由 1978 年的 1.37∶1.18∶1,扩大为 2000 年的 2.42∶1.2∶1。2008 年,我国东、中、西部地区城镇居民人均年收入比达到 1.51∶1.01∶1,农村居民全年纯收入比为 1.88∶1.27∶1[①]。另有学者指出,2000 年东部地区人均 GDP 是中部地区人均 GDP 的 1.98 倍,西部地区是中部地区人均 GDP 的 77%。到 2010 年,东部地区人均 GDP 是中部地区人均 GDP 的 1.74 倍,西部地区是中部

---

① 何玉长:《国民收入分享的结构性失衡及其对策》,《毛泽东邓小平理论研究》,2011 年第 4 期。

地区的80%①,差距虽有所缩小,但仍然较大。2014年,31个省份人均可支配收入排名第一的上海(47710元)是排名最后的甘肃(20804元)的近二点三倍。地区差距的产生既有历史的原因,也有地理、产业政策、资源状况等原因。地区之间收入差距的扩大意味着区域发展的不平衡,这依然是我国经济社会发展所面对的突出问题。

二、居民收入分配差距产生的社会影响

（一）收入分配不断恶化威胁到社会经济的和谐发展

收入差距拉大使得民众不满情绪日益积累。收入差距过大会使民众的相对剥夺感增强,威胁社会稳定和社会安全。而收入分配领域的社会公平关系到一个社会的和谐和稳定,关系到政权存在的合法性问题。公平的缺乏对任何社会来说都具有严重的危害性。收入差距急剧增大,就会使得社会失去平衡、失去效率。严重的社会不公,明显的两极分化,势必导致社会成员、社会群体和社会阶级之间剧烈的利益矛盾,直至暴力冲突。一旦社会尖锐的利益冲突演化成剧烈的政治冲突,社会和谐就随之失去了制度的保障。因此,任何时代、任何社会为了避免社会动荡,寻求社会安定,都应设法解决社会的分配不公和收入差距问题。另外,收入差距过大和收入分配过于不平等,显然也违背了我国当初改革所提出的"共同富裕"的目标,更不符合社会主义国家的本质特征。

（二）收入差距持续扩大,不利于经济的持续健康发展

首先,不利于启动民需。由于边际消费趋向递减规律,收入越不平

---

① 程恩富、刘伟:《社会主义共同富裕的理论解读与实践剖析》,《马克思主义研究》,2012年第6期。

等,社会总消费需求就会越少。由于收入差距持续拉大,贫者愈贫、富者愈富的"马太效应"现象已成为现实,低收入群体不断扩大,他们的消费能力难以提升,致使相对于民间消费需求不足而言,消费品市场呈现供过于求,企业就会逐步缩减产量,这就导致就业岗位减少和失业增加;失业的增加又会进一步降低有效需求,致使民间投资需求持续不振。

其次,抑制了产业结构的升级。产业结构升级有赖于需求结构升级,需求旺盛的产业会实现持续的创新升级,而需求不足的产业将会呈现萎缩低迷。需求结构是由收入水平决定的,随着收入水平的提高,人们的需求结构会不断地优化,从而促进产业结构升级。国民收入分配结构影响投资结构,由于中国分配格局长期失衡,中、低收入群体日益扩大,无法与高速发展的经济社会结构相匹配,他们的消费能力受到抑制,需求欲望难以得到满足,很多技术含量低、附加值低的产品始终充斥着市场,无法通过消费市场的自发调节机制实现落后产能的淘汰,产业整体素质不高,进而影响企业技术结构和产品结构的优化升级。同时,分配格局不合理也制约了第三产业对经济增长的拉动作用。

三、正确看待我国收入差距过大问题

收入分配问题是社会经济关系及其变动在财富分享方面的反映,应从社会经济发展和改革的长过程和大格局中来研究和把握。

(一)我国的收入分配问题是经济社会快速发展中出现的问题,是人们生活水平普遍提高基础上产生的问题

我国的经济体制改革就是从改革收入分配、强化对经济主体的激励切入的。干多干少一个样、干好干坏一个样的平均主义"大锅饭"已彻底被历史所抛弃,在极大地促进社会经济快速发展的同时也使人们的收入

水平迅速提高。从老"三大件"到新"三大件"再到新新"三大件",从寻呼机昙花一现到手机普及再到网络时代……人们生活改善的速度超出了三十多年前最大胆的预测。经过改革开放三十多年的持续快速发展,我国国内生产总值已跃居世界第二位,人民生活水平显著提高。但与经济总量快速增长相比,居民收入增长还显滞后;相对于居民收入的平均数明显提高而言,居民中的大多数收入还比较低。

(二)必须认识到我国收入分配上的差距有些是由于市场竞争的必然结果,是市场经济体制改革带来的

随着我国社会主义市场经济体制不断完善,按劳分配为主体、多种分配方式并存的收入分配制度逐步确立,市场机制在收入分配中的基础性作用越来越明显。在市场经济条件下,由于人们所拥有的劳动、资本、技术和管理等生产要素存在差异,把握机会、利用资源的能力有所不同,必然会出现收入差距扩大的情况。除了这种正常的市场竞争,生产要素在市场中的地位不平等也会带来收入分配问题。比如,资本因其稀缺而处于强势地位,劳动力因其丰富而处于弱势地位,如果缺乏法规制度的调整和制约,在市场机制的作用下,就会出现企业利润侵蚀劳动工资的问题。

(三)经济发展阶段的制约客观上使收入分配问题的出现难以避免

中国经历了由平均主义倾向的计划经济向市场经济的快速转型,正逐步从低收入国家向高收入国家演进。处于这一发展阶段的国家一般会经历收入分配状况恶化的阶段,这是与一般经济规律相吻合的。其一,一般而言工业的劳动收入份额既低于农业,也低于服务业,当经济主体由农业发展到工业,再发展到服务业时,会经历劳动收入份额先降低后升高的过程。我国目前正处于加快工业化发展的阶段,产业结构实现了由农业主导向工业主导的转变,服务业发展还不充分,这导致国民经济分配中劳动收入份额保持在相对较低的水平。其二,根据库兹涅茨曲线,经济发展

水平和收入分配公平性之间存在"倒 U"型关系,在经济由不发达阶段向发达阶段发展的过程中,不平等程度一般都会上升,随着经济的进一步发展,又会慢慢下降。我国 2014 年人均 GDP 为 7000 美元,已进入中等收入国家行列。我国短时期内,从一个低收入国家实现了向中等收入国家的跃进,就不可避免地会出现以基尼系数升高为代表的收入分配问题。

（四）不合理的收入分配差距首先来自体制改革的不到位

与成熟的市场经济国家相比,我国的社会主义市场经济体制改革还不够深入,产生了若干特殊的体制机制问题,影响到收入分配格局。改革是一个渐进的过程,它不可能一下子就带来一个完美的体制,也不可能使所有人均等受益。目前,不仅收入分配领域的改革尚未完成,直接制约了合理收入分配关系的形成,在其他方面改革不平衡、不到位的情况也在深刻影响着收入分配。诸如资源和要素价格不合理所导致的利益分享不公、行政性垄断所导致的企业利润过高和行业收入差距过大、二元结构问题所导致的城乡收入差距等,都需要通过进一步深化改革来解决。此外,在医疗、教育、住房等民生领域曾不同程度存在的泛市场化问题,也对收入分配带来不良影响。其次,不合理不合法收入加剧收入分配问题。在新旧体制交替的过程中,存在比较多的制度和法律漏洞,为少数人捞取不合理不合法收入提供了可乘之机。当前,以间接税为主的税制结构在调节收入分配方面的作用较为薄弱,对调节居民收入差距有重要作用的个人所得税和财产税的发展还很不充分,征管水平亟待提高。在财政支出方面,经济建设的比重过高,社会福利事业的投入比重较低,调节收入分配的能力有限。财政投资利贫导向不明显,在教育、医疗、儿童营养等有助于改善收入分配的项目上的支出虽提高较快,但力度仍然不够,社会保障制度碎片化和差异化发展,城乡间和人群间的待遇存在较大差别,不仅不能有效发挥缩小收入差距的再分配功能,反而在一定程度上拉大了收入差距。

总之,我国收入分配问题的成因错综复杂,但归结起来主要是两个方面:一是发展的全面性、协调性、普惠性不够,导致收入分配问题和经济结构问题伴生、交织;二是改革和体制转轨过程中存在诸多可以避免和难以避免的问题,导致市场失灵和政府失灵并存、叠加。

第四节　深化收入分配改革的目标和战略举措

一、充分认识收入分配领域改革的复杂性和艰巨性

(一)平衡公平与效率的关系是世界性的难题

自阿瑟·奥肯于 1975 年在其名著《平等与效率的重大抉择》中提出有关平等与效率的两难选择问题以来,国外理论界有关二者关系的研究很难说已经取得了重大突破。[①] 公平和效率之争因其与社会发展和人们的生活息息相关,始终处在理论界和社会舆论的焦点视野内。公平是关于多元主体间社会关系的价值判断,经济意义上的公平包括起点公平(占有权、分配权的平等)、过程公平(机会均等和公平竞争)和结果公平(共同富裕)。公平是历史的、相对的,不是永恒的,公平是社会历史发展的产物,不同社会、不同阶级甚至不同的人,对公平的理解是不同的。效率是指社会资源配置中投入与产出、所费与所得的对比关系,源于普遍存在的稀缺性与人类欲求的无限性之间的矛盾。公平与效率是政府经济活动所

---

① 刘承礼:《公平与效率问题:基于中外文献的比较研究》,《中国经济问题》,2009 年第 1 期。

追求的目标,它们具有一致性,效率是公平的物质前提,公平是经济效率提高的保证。但要同时达到这两个目标,是较为困难的,有时甚至是不可能的,即公平与效率之间存在矛盾,具有一定替代关系。公平与效率是人类社会共同追求的目标,而它们在实践中又很难并行不悖地兼得,要取得公平与收入的平衡就像踩钢丝般困难。

效率与公平,是现代社会的两难问题,同时又是世界上任何国家、任何类型的执政党都必须应对的问题。两者关系处理的好坏,直接关系到执政党的权力地位。一方面,促进经济发展,提高经济效率,先把蛋糕做大,是多数执政党的战略选择。能否促进和保障生产力的持续发展和人民生活水平的提高是衡量执政党执政绩效的最基本、最直观的标准,是执政党获取政治支持的重要根源。另一方面,力求在市场经济范围内实现公平、机会均等和照顾弱者的理想。许多政党都认识到,单靠市场是解决不了收入和财富的分配问题的,缺乏有效的调节机制必然会导致严重的收入差距和社会不公平,其结果是社会动荡,效率也就无从谈起了。正是基于这种认识,法国社会党提出了"要市场经济,不要市场社会"。

回顾改革开放以来,初次分配效率优先、再分配兼顾公平,是我国分配领域改革的一大特点。党的十七大首次提出"初次分配和再分配都要处理好效率和公平的问题,再分配要更加注重公平",把"公平"列为对初次分配的要求,这是一个显著变化。而在《关于深化收入分配制度改革的若干意见》中,"继续完善初次分配机制"和"加快健全再分配调节机制"被列为平行并重的两个章节,体现出初次分配与再分配双管齐下、共同发力的改革意图。

(二)在收入分配改革多元诉求中取得共识的难度大

收入分配改革事关各方切身利益,一直备受社会各界关注。而改革的重中之重是协调利益结构关系。首先,分配涉及个人、企业、事业单位、政府机关等多个主体,存在着利益需求的多样性和利益分配观念的多样性,要取得大家都认可、大家都满意的结果谈何容易?此外,改革可能会触及不同利益集团的根本利益,使收入分配改革受阻。中国的改革过程中产生了不同的利益集团,比如垄断行业不合理的高收入、灰色收入、黑色收入增多;部门利益、行业利益、地区利益增大,并且具有普遍性的趋势,分配制度的改革不同程度地触动了它们的利益,遇到了不小的阻力。打破利益关系制约,解决收入分配领域的矛盾和问题,是一项复杂艰巨的工程。由发改委牵头制定收入分配整体方案的调研工作自2004年就已开始,但是直到2013年2月国务院才批转《关于深化收入分配制度改革的若干意见》,而有关方案的配套细则却还没有出台。收入分配改革的难度、改革复杂性和艰巨性可见一斑。如果缺少大刀阔斧的决心,没有背水一战的精神,突破利益格局将是很难的。

(三)收入分配制度改革"牵一发而动全身"

就我国收入分配问题本身来看,复杂性和艰巨性是尤其突出的。收入分配不公平、不平等问题不是单纯的收入差距问题,收入差距只是表面现象,它背后反映的是更深层次的问题,这涉及市场机制、政府作用、劳资博弈、要素分配甚至分配理论等问题。一项政策的推出,可能会难以兼顾对两类收入分配问题的调节,也可能调节了收入分配,但对经济发展造成不利影响。例如,降低垄断部门工资有助于缓解居民收入分配不均,但可能会降低居民部门总体收入份额。因此,政策选择要综合考虑收入分配调节效果、对经济的影响以及推行的难度。在二次分配环节中,收入分配政策主要集中在财政收入和支出两个方面。在收入方面,我们已经进行的几类税种改革对收入调高补低的目的是非常鲜明的,但税制改革涉及各个层次经济主体的利益,需谨慎推进。

综合以上分析可以看出,收入分配问题虽然源于经济层面,与民生息息相关,却与诸多社会、政治问题纠结在一起,对其进行的调节是一项复杂的系统工程和较为长期的任务。深化收入分配制度改革是一项复杂的系统工程,不能期望它毕其功于一役;同时,它也是完善社会主义市场经济体制的一个组成部分,需要与其他的相关改革协同互动、相辅相成,而不可能单兵突进。

二、深化收入分配制度改革的总体要求和主要目标

(一)总体要求

全面贯彻落实党的十八大精神,以邓小平理论、"三个代表"重要思想、科学发展观为指导,立足基本国情,坚持以经济建设为中心,在发展中调整收入分配结构,着力创造公开公平公正的体制环境,坚持按劳分配为主体、多种分配方式并存,坚持初次分配和再分配调节并重,继续完善劳动、资本、技术、管理等要素按贡献参与分配的初次分配机制,加快健全以税收、社会保障、转移支付为主要手段的再分配调节机制,以增加城乡居民收入、缩小收入分配差距、规范收入分配秩序为重点,努力实现居民收入增长和经济发展同步,劳动报酬增长和劳动生产率提高同步,逐步形成合理有序的收入分配格局,促进经济持续健康发展和社会和谐稳定。

(二)主要目标

(1)城乡居民收入实现倍增。到2020年实现城乡居民人均实际收入比2010年翻一番,力争使中低收入者收入增长更快一些,人民生活水平全面提高。

(2)收入分配差距逐步缩小。城乡、区域和居民之间收入差距较大的问题得到有效缓解,扶贫对象大幅减少,中等收入群体持续扩大,"橄榄型"分配结构逐步形成。

（3）收入分配秩序明显改善。合法收入得到有力保护,过高收入得到合理调节,隐性收入得到有效规范,非法收入予以坚决取缔。

（4）收入分配格局趋于合理。居民收入在国民收入分配中的比重、劳动报酬在初次分配中的比重逐步提高,社会保障和就业等民生支出占财政支出比重明显提升。

三、深化分配改革的战略举措

（一）继续完善初次分配机制提高工资性收入比例

初次分配是收入分配的第一个环节,是整个社会分配公平与否的基础和决定因素,它更能体现人们机会和权利的平等。如果这一环节出了问题,后续的再分配调节便很难矫正到位,因此初次分配一定要切实体现公平。一方面,要整顿、规范初次分配秩序:打破行业垄断,治理市场的无序和混乱,堵塞初次分配的不合理漏洞,确立机会均等、平等竞争的机制和环境;另一方面,要切实提高劳动报酬在要素分配中的比例,建立职工工资正常增长机制和支付保障机制,不同部门和不同产业间不合理的劳动报酬,确保职工工资增长与劳动生产率的增长同步。推进劳动法的贯彻和实施,在员工与企业之间建立利益协商机制,在实现企业信息公开化基础上,鼓励员工持有企业股份,获得年终企业利润分红,确保劳动者的合法权利。另外,完善工资集体谈判制度。我国应在《劳动法》和《工资集体协商试行办法》的法律框架内积极探索多种高效灵活的协商方式,着重进行集体谈判工资制度的建设和工会的建设,同时要大力倡导工资谈判文化,普及工资谈判宣传教育,增强工人（工会）谈判能力。建立健全促进农民收入较快增长的长效机制。坚持工业反哺农业、城市支持农村和多予少取放活方针,加快完善城乡发展一体化体制机制,加大强农惠农富农政策力度,促进工业化、信息化、城镇化和农业现代化同步发展,促进公共资源在城乡之间均衡配置、生产要素在城乡之间平等交换和自由流动,促进城乡规划、基础设施建设、公共服务一体化,建立健全农业转移人口市民化机制,统筹推进户籍制度改革和基本公共服务均等化。

(二)健全再分配调节机制,进一步缩小居民收入差距

中国的初次分配领域里出现的明显不公平现象,并未在再次分配领域得到应有的矫正甚至出现"逆调节"现象。总体上,中国缺乏完整的体系化再分配机制,再分配调节能力弱化,当前亟需进一步强化收入再分配的宏观调控力度。

首先,继续健全社保体系建设、扩大覆盖面、做好社保基金保值增值等工作。适当提高企业特别是政府负担的比例,在关系民生的养老、医疗等方面加大政府支出力度,逐步扩大社会保障的覆盖范围,增加向居民的经常转移。逐步建立覆盖城乡居民的社会保障制度,特别要建立和完善对弱势群体的救助慈善制度,让广大民众充分享受到改革开放带来的丰硕成果,以纠正基于力量博弈的市场竞争所潜含的不公平趋势。

其次,强化政府的公共财政职能,加大转移支付力度。政府要积极转变政府职能,合理调整政府支出结构。增加对落后地区、偏远山区居民的生活补贴,增加政府消费中的实物转移,增加社会公共服务供给的比重,通过政府支出的拉动效应进一步激活居民消费。加快制定并实施基本公共服务标准,增加对落后地区和农村公共服务投入,继续鼓励各级政府开展廉租房建设。扩大公积金制度的覆盖范围,对公积金制度实行收入层次分段制,不断完善公积金制度与公共住房协调配合的机制。通过调整政府支出结构,为中低收入家庭减免审批程序设计的相关费用,不断提高基本公共服务的可及性和均等化程度。政府治理理念逐步由"经济建设型"转化为"公共服务型",坚持以"人人共享、普遍受益"为基本宗旨,完

善城乡统筹的社会保障制度,努力实现城乡文化基础设施建设一体化和公共服务供给均衡化。

再次,积极推进税制改革,调整非生产税税制。对遗产税、赠予税和奢侈品消费税,应提高征收比例和额度,将富裕阶层的大量收入通过财政转移支付等措施,以支持不发达地区基础设施建设和人口素质的提高。建立个人收入与纳税档案,通过提高个人所得税起征点,把个税征收中的高收入群体列为重点税控对象,加强税收监管机制建设,适时对特殊人群的收入来源进行监管审核,对偷税漏税者加大惩罚力度,坚决杜绝逃税现象的发生。应适时开征财产类税种,避免上一代人的财富差距在下一代人身上持续蔓延,这不仅能够合理调整社会财富分配、占有关系,防止财富过度集中在少数人手中,出现极端的两极分化,同时也能够鼓励其继承人的独立奋斗精神,坚持"以人为本"的立场和姿态,做好收入分配的矫正和调节,有利于社会公平目标的实现和国家竞争力的提升。

(三)推动形成公开透明、公正合理的收入分配秩序

规范收入分配秩序要以完善收入分配制度为前提,以规范政府、企业、市场的分配行为为主线,从收入分配格局、收入形成、收入结构、收入增长和收支透明化五个方面入手,针对我国收入分配秩序的现状和存在的突出问题采取相应措施,以推动形成公开透明、公正合理的收入分配秩序。

第一,简化政府层级,理顺各级政府的财权、事权,加大对基层的财政支持。理顺各级政府的财权与事权,通过立法划清政府各层级之间的收支责任,解决财权不断上移、事权不断下放的混乱局面。

第二,改革官员考核制度。在地方政府政绩考核"唯 GDP 论"的引导下,预算外收入不断增多、制度外收入扩大、不法收入增多、市场竞争秩序被扭曲以及"灰色收入""黑色收入"泛滥,从而为实现公平合理的收入分

配局面增添了多方面的障碍。因此,对"唯 GDP 论"式的官员考核制度的改革势在必行。

第三,推进领导和公务员财产公示制度。尽快制定《公务人员财产申报法》,要求公职人员依法在法定时间内向法定机构报告家庭财产和收入,在指定媒体上公示或者允许公民查阅,公职人员对违法申报承担相应责任。深入推进公务员财产公开制度。上至国家领导人,下至基层公务员,都应该把个人的财产公开,不但要在形式上公开,更要在实质上公开,能够允许社会公众查询监督;加大对公职人员巨额财产来源不明情况的处罚力度。

第四,调整国有部门的分配关系和分配秩序,改革工效挂钩制度。对于国企职工工资形成机制的短期考虑是提高国企利润上缴的比例;中期考虑是要通过区分国企的一般经营效益和垄断效益,根据剔除垄断因素之后的效益来确定企业职工的收入增长幅度;长期考虑则是要构建一套取代工效挂钩的现代绩效评价方法。

第五,切实抓好机关、事业单位基本工资调整和其他相关改革。包括事业单位工资改革整体方案框架需早定,不宜出现公立医院单独定政策改革工资制度等现象,应在事业单位工资改革大框架内统筹协调、分门别类推进改革;机关、事业单位同城同待遇需有必要的前提条件,即同城的高工资水平应控制在全国各地公务员合理工资水平区间之内。在此基础上,可让同城低工资公务员、事业单位工作人员向同城同类人员较高工资水平看齐;否则应"削峰填谷",既降高的又提低的,调整不合理存量,不能单一向高工资看齐。

(四)创造条件,引导第三次分配,扶持社会慈善公益事业快速发展

一方面放手发展慈善公益机构,通过这些组织去募集社会资源,进而兴办各种关系民生的慈善公益福利事业;另一方面,应尽快将东北地区试

行的社会与个人捐献全额免费优惠政策推广到全国,同时给予相应的财政支持,以促进各种慈善公益事业快速发展。慈善公益事业的发展可以在自愿捐献的基础上,实现不同社会阶层之间的利益调解和情感沟通,是对收入分配的有益调节机制。

参考书目

1. 张作云、陆燕春:《社会主义市场经济中的收入分配体制研究》,商务印书馆,2004 年。

2. 李勇主编:《我国居民收入分配的理论与实践》,郑州大学出版社,2007 年。

思考题:

1. 如何理解我国的收入分配差距过大问题?

2. 如何看待日本的收入倍增计划? 对我国有何启示?

第三章

产业结构的调整与优化

第一节　新常态下的产业结构调整与优化

一、产业结构调整与优化的含义及意义

（一）产业结构调整与优化的含义

产业结构调整是实现产业结构优化升级的主要手段。产业结构调整与优化包括产业结构合理化和高级化两个方面。

产业结构合理化是指各产业之间相互协调，有较强的产业结构转换能力和良好的适应性，能适应市场需求变化，并带来最佳效益的产业结构，具体表现为产业之间的数量比例关系、经济技术联系和相互作用关系趋向协调平衡的过程。

产业结构高级化，又称产业结构高度化，是遵循产业结构演化规律，通过技术进步，使产业结构整体素质和效率向更高层次不断演进的趋势

和过程。

产业结构调整优化过程就是通过政府的有关产业政策调整,影响产业结构变化的供给结构和需求结构,实现资源优化配置,推进产业结构的合理化和高级化发展。

(二)产业结构调整与优化的意义

第一,产业结构优化升级是实现经济增长的重要支撑力量。现代经济增长过程主要取决于产业结构的聚合效益,即产业间和产业内各部门间通过合理关联和组合,使组合后的整体功能大于单个产业或单个部门的功能之和。产业结构优化升级是增强产业聚合效应的重要手段,是支撑经济全面协调可持续发展的重要力量;同时经济增长也为产业结构优化升级提供了相适应的物质基础,以此实现产业结构优化升级与经济增长的良性循环。

第二,产业结构调整与优化是增强产业结构转换能力的重要力量。在社会再生产过程中,产业结构协调化使技术有条件不断更新,促进产业结构不断更新并形成新的组合,增强传统产业向现代产业转换的能力、长线产业向短线产业转换的能力、技术含量较低的产业向技术含量较高的产业转换的能力,引起社会生产力发生质的飞跃,实现产业结构优化升级。

第三,产业结构优化升级是提高经济资源配置效率的客观要求。产业结构从实质上可以看作是资源转换器,产业结构优化升级是这一资源转换器运转的效率和质量不断提高的基础。

二、新常态的核心:产业结构优化升级

新常态是与过去发展状况相对而言的,习近平在 2014 年 5 月考察河南的行程中第一次提及"新常态"。当时，他说："中国发展仍处于重要战略机遇期，我们要增强信心，从当前我国经济发展的阶段性特征出发，适应新常态，保持战略上的平常心态。"

新常态的主要特点包括：①速度——从高速增长转为中高速增长；②结构——经济结构不断优化升级；③动力——从要素驱动、投资驱动转向创新驱动；④中国经济呈现新常态；⑤中国政治呈现出新常态；⑥中国社会建设呈现出新常态。我国过去三十多年是经济高速发展，现在是中高速，高增长带来的是某些部门过热、不平衡现象明显、粗放型的增长状态。新常态的内涵主要表现在以下两个方面：第一，经济增长速度保持在一个适度的中高速度区间内。2008年的全球经济危机发生后，我国投放了4万亿元来刺激经济，其目的就是想回到过去那种经济发展的高速度状态，后来随着经济的不断下滑，使其意识到经济下行应该是一种新的常态。第二，新常态意味着要对旧常态留下的问题进行纠正、化解。现在严重的雾霾问题，就是过去常态的一个负效应，是过去常态的后遗症，是过去粗放型经济发展模式问题的总爆发。20世纪80年代的常态就是解决温饱问题，要迅速地增加产品的数量和解决人均收入低的问题，现在的常态是国民平均收入达到了一定水平（中等收入国家），许多产品的数量不成问题，但质量和效益存在严重问题，特别是像环保生态等问题严重影响了人们的生活质量和经济发展的可持续性。因此，发展的目标不仅要有速度，更要有质量和效益。

经济结构优化升级是新常态最核心的变化。增速放慢但结构在不断优化，这是新常态的典型特征，我们不再单纯地追求高增长、高速度，而是追求在合理经济增长速度下的结构优化，经济结构优化了，经济的平衡性、协调性和可持续性才能增强，经济质量和效益才能提高，即我们看重的是"稳中有进"。在新常态下，产业结构将向资金密集型和知识密集型产业转化。随着劳动力成本的上升、资金丰裕程度的提高、中国科技水平的进步,尤其是高学历人才占比的增加,劳动密集型产业逐步走向衰落,资金密集型和知识密集型产业将会成为新的增长点,中国的产业结构将势必进行调整,产业升级也将必然发生。

三、新常态下如何正确处理"稳增长"与"调结构"

目前中国经济社会发展面临的形势依然错综复杂,有利条件和不利因素并存。从外部条件看,世界经济复苏仍然存在众多不稳定不确定因素,全球经济格局正在经历深度调整时期,国际竞争日趋激烈。从国内条件看,支撑中国发展的要素条件也在发生深刻变化,深层次矛盾凸显,中国正处于结构调整阵痛期和增长速度换挡期,到了爬坡过坎的紧要关口。当前突出的问题是经济稳中向好的基础还不牢固,经济增速下行压力明显,保持适度增速难度较大。

在这样的经济大背景下,我国必须依靠"调结构"才能持续健康发展。克服经济下行压力,要区分产生下行压力的长期趋势因素和短期波动因素,采取相应的不同对策和措施。在对长期趋势的认识方面,需要正确认识现阶段出现经济下行的客观性和必然性,积极面对经济增长速度换挡降速的现实,把握时机加快调整经济结构、提高经济增长质量的步伐。要从当前中国阶段性特征出发,适应新常态,保持战略上的平常心态。要看到中国仍处于重要战略机遇期,在战略上要增强信心,抓住机遇;在战术上要高度重视和防范各种风险,早作谋划,未雨绸缪,及时采取应对措施,尽可能减少其负面影响。坚持稳中求进工作总基调,继续处理好稳增长、促改革、调结构、惠民生、防风险的关系,深化改革,发挥优势,创新思路,统筹兼顾,确保经济持续健康发展和社会和谐稳定。

　　首先,在宏观政策方面,要想实现新常态,使经济达到新境界,宏观调控的各项政策就要创新,并使之常态化。宏观调控和经济政策的重点放在调结构、转型升级上,加快对经济结构的调整,政策要向弱势群体倾斜、向"短板"倾斜,做到"稳中有为"。

　　其次,要向改革要红利。要大力推进财税制度改革、国企改革和要素市场化改革,要像党的十八届三中全会所说的那样,真正使市场在资源配置中发挥决定性作用。

　　再次,要调整发展战略,制定有利于经济结构全面转型升级的新战略。第一要实行新开放战略。开放也是改革,要通过改革来促进开放,如上海自贸区的建设。未来要对外进行资本投资,要"走出去",参与国际竞争,也要有一批跨国企业。第二是新型城镇化战略。当前,我国正在大力进行新型城镇化建设,它能够带动基础设施建设、带动结构调整,城镇化对我国未来扩大内需的作用是巨大的。第三是扩大消费战略。要改变当前"三驾马车"的结构,大力促进消费。要根据新形势下的特点,大力促进信息、旅游等潜力巨大的新型消费。第四是创新驱动战略。没有创新,我们只能在低端产业链上挣扎,只有创新,我们才能使中国经济由中低端升向中高端、甚至高端,形成新的国际竞争优势。第五是大力发展服务业战略。当前服务业是"短板",服务业是就业的"蓄水池",发展服务业能够广泛地促进就业,也是新阶段产业结构升级的主要方面。第六是实施新的区域发展战略。要进行区域整合,比如要加快长江经济带的建设,使长江经济带能够连接东、中、西部地区,带动区域快速发展。

第二节 我国产业结构的历史演进及面临的挑战

一、我国产业结构的历史演进及特点

(一)我国产业结构的历史演进

改革开放之后,我国产业结构发生了一系列重大变化,呈现出由低级到高级、由严重失衡到基本合理的发展轨道。从总体上判断,我国产业结构已基本上改变了一个时期以来严重失调的状况,并初步完成了合理化的任务,进入产业结构升级和高级化的阶段。本部分从经济增长的动态视角下,分析我国三次产业结构的历史演变及特点。

1. 三次产业产值增长率的变化

表3-1 1978—2014年我国三次产业产值增长率情况表

年份	第一产业(%)	第二产业(%)	第三产业(%)
1978	4.1	15	13.9
1979	6.1	8.2	7.8
1980	-1.5	13.6	5.9
1981	7	1.9	10.4
1982	11.5	5.6	13
1983	8.3	10.4	15.2
1984	12.9	14.5	19.4
1985	1.8	18.6	18.2
1986	3.3	10.2	12
1987	4.7	13.7	14.4
1988	2.5	14.5	13.2

续表

1989	3.1	3.8	5.4
1990	7.3	3.2	2.3
1991	2.4	13.9	8.8
1992	3.7	20.8	9.2
1993	4	20.4	9.3
1994	3.5	17.4	8.7
1995	4.5	13.6	8
1996	5.1	12.3	8
1997	3.5	10.8	8.2
1998	3.5	9.2	7.6
1999	2.8	8.1	7.5
2000	2.4	9.6	7.8
2001	2.8	8.7	7.4
2002	2.9	9.9	7.3
2003	2.5	12.5	6.7
2004	6.3	11.1	8.3
2005	5.2	11.4	9.6
2006	5	12.5	10.3
2007	3.7	13.4	11.4
2008	5.5	9.3	9.5
2009	4.2	9.5	8.9
2010	4.3	12.2	9.5
2011	4.5	10.6	8.9
2012	4.5	8.1	8.1
2013	4	7.8	8.3
2014	4.1	7.3	8.1

资料来源:中国历年统计年鉴。

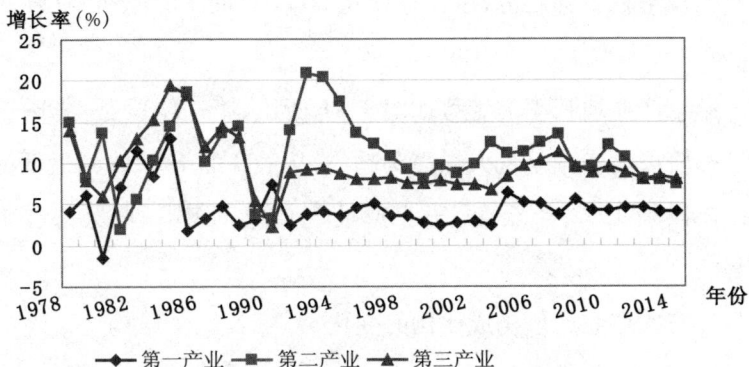

图 3－1　1978—2014 年我国三次产业增长率变化图

从 1978 年改革开放,我国的 GDP 保持快速增长趋势,一、二、三产业也获得了较快的发展。从图 3－1 可以看出,1978—2014 年间,我国三次产业增长率的走势可以划分为以下阶段。

第一产业增长率的走势如图 3－1 所示,可以看出 1978—1985 年为第一阶段,这一阶段的特点是波动比较大,增长率最高达到 11.5%,最低出现了负增长 1.5%,最高与最低增长率之间相差 13%;第二阶段是1986—1996 年,在这十年中,除了 1990 年的大幅度增长之外,第一产业增长率总体呈平稳上升趋势;第三阶段为 1997—2003 年,在这一阶段第一产业增长率的平均值为 2.9%,呈现低速平稳增长状态。2004 年至今为第四阶段,在近十年中,第一产业增长率的平均值达到 4.8%,呈现较快平稳增长。

第二产业增长率的走势如图 3－1 所示可以分为以下三个阶段:第一阶段是 1978—1991 年,在该阶段增长率呈现大幅震荡趋势,从最高18.6% 到最低 1.9%;第二阶段是 1992—2002 年,在该阶段第二产业增长率呈现大幅下降趋势;第三阶段是 2003 年至今,在该阶段第二产业增长速度呈现平稳下降趋势,增长速度从 2003 年的 12.5% 下降到 2014 年的 7.3%。

第三产业增长率的走势如图 3 - 1 所示,第一阶段是 1978—1991 年,在这一阶段增长率呈现大幅震荡趋势,从最高的 19.4% 到最低的 2.3%;第二阶段是 1992 年至今,第三产业产值增长率一直保持着平稳增长趋势。

2. 三次产业产值构成比例的变化

表 3 - 2　1978—2014 年我国三次产业产值构成比例情况表

年份	第一产业(%)	第二产业(%)	第三产业(%)	GDP(亿元)
1978	28.2	47.9	23.9	3645
1979	31.3	47.1	21.6	4063
1980	30.2	48.2	21.6	4546
1981	31.9	46.1	22	4892
1982	33.4	44.8	21.8	5323
1983	33.2	44.4	22.4	5963
1984	32.1	43.1	24.8	7208
1985	28.4	42.9	28.7	9016
1986	27.2	43.7	29.1	10275
1987	26.8	43.6	29.6	12059
1988	25.7	43.8	30.3	15043
1989	25.1	42.8	32.1	16992
1990	27.1	41.3	31.6	18668
1991	24.5	41.8	33.7	21782
1992	21.8	43.4	34.8	26924
1993	19.7	46.6	33.7	35334
1994	19.8	46.6	33.6	48198
1995	19.9	47.2	32.9	60794

续表

1996	19.7	47.5	32.8	71177
1997	18.3	47.5	34.2	78973
1998	17.6	46.2	36.2	84402
1999	16.5	45.8	37.7	89677
2000	15.1	45.9	39	99215
2001	14.4	45.1	40.5	109655
2002	13.7	44.8	41.5	120333
2003	12.8	46	41.2	135823
2004	13.4	46.2	40.4	159878
2005	12.4	47.3	40.3	182321
2006	11.8	48.7	39.5	209407
2007	11.7	49.2	39.1	246619
2008	11.3	48.6	40.1	300670
2009	10.6	46.8	42.6	335353
2010	10.2	46.8	43	397983
2011	10.1	46.8	43.1	471564
2012	10.1	45.3	44.6	519322
2013	10	43.9	46.1	568845
2014	9.2	42.6	48.2	636463

数据来源:1978—2013 年数据来自历年《中国统计年鉴》;2014 年数据来自《2014 年国民经济和社会发展统计公报》。

比重（%）

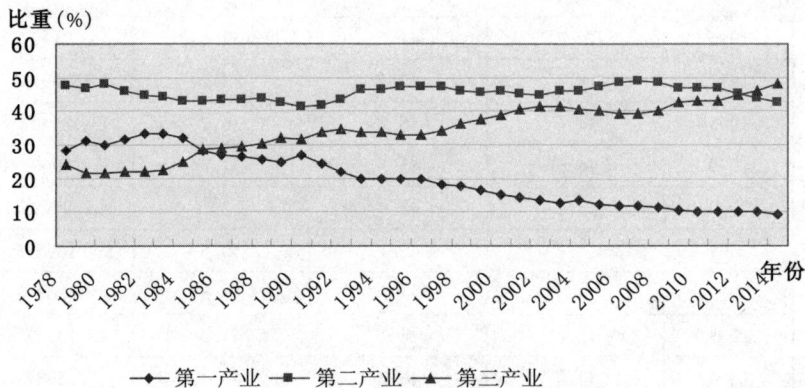

图 3 - 2　1978—2014 年我国三次产业产值比重图

　　如图 3 - 2，我国第一产业产值比重变化总体上呈现不断下降的趋势，具体表现为缓慢上升、缓慢下降、快速下降、缓慢下降的过程。第一产业比重从 1978 年的 28.2% 下降到 2014 年的 9.2%，下降了 19 个百分点，这说明自 1978 年开始第一产业在国民经济中的地位不断下降；第二产业产值比重变化总体上呈现平稳态势，具体表现为缓慢下降、平稳发展、缓慢上升、平稳发展、缓慢上升、平稳发展的过程，比重从 1978 年的 47.9% 下降到 2014 年的 42.6%，36 年间仅下降了 5.3 个百分点，这说明 1978 年以来第二产业在我国国民经济中的地位变化不大；第三产业的比重变化总体上呈现平稳上升趋势，比重从 1978 年的 23.9% 上升至 2014 年的 48.2%，上升了 24.3 个百分点，表明自改革开放之后我国第三产业在国民经济中的地位不断上升。

　　1978 年我国三次产业中占最大比重的是第二产业（占 47.9%），其次是第一产业（占 28.2%），占比最少的是第三产业（占 23.9%）。产业结构的类型属于"二、一、三"结构；到了 1985 年我国国内生产总值三次产业构成中占最大比重的依然是第二产业(占 42.9%),但是第三产业的比重首次超过第一产业排名次位(占 28.7%),第一产业成为占比最小的产业(占 28.4%),和 1978 年相比,我国产业结构发生了根本变化,成为"二、三、一"结构,这种情况一直持续到 2012 年;2013 年我国产业结构出现了历史性的变化,第三产业的产值比重(占 46.1%)首次超过第二产业(占43.9%),标志着中国经济正式迈入"服务化"时代。而第一产业产值比重一直呈现不断下降的趋势(占 10%),我国产业结构的类型变成"三、二、一"结构。

3.三次产业就业构成的变化

表 3-3　我国 1978—2013 年三次产业就业人数比例表

年份	第一产业(%)	第二产业(%)	第三产业(%)
1978	70.5	17.3	12.2
1979	69.8	17.6	12.6
1980	68.7	18.2	13.1
1981	68.1	18.3	13.6
1982	68.1	18.4	13.5
1983	67.1	18.7	14.2
1984	64.0	19.9	16.1
1985	62.4	20.8	16.8
1986	60.9	21.9	17.2
1987	60.0	22.2	17.8
1988	59.3	22.4	18.3
1989	60.1	21.6	18.3
1990	60.1	21.4	18.5
1991	59.7	21.4	18.9
1992	58.5	21.7	19.8
1993	56.4	22.4	21.2

续表

1994	54.3	22.7	23.0
1995	52.2	23.0	24.8
1996	50.5	23.5	26.0
1997	49.9	23.7	26.4
1998	49.8	23.5	26.7
1999	50.1	23.0	26.9
2000	50.0	22.5	27.5
2001	50.0	22.3	27.7
2002	50.0	21.4	28.6
2003	49.1	21.6	29.3
2004	46.9	22.5	30.6
2005	44.8	23.8	31.4
2006	42.6	25.2	32.2
2007	40.8	26.8	32.4
2008	39.6	27.2	33.2
2009	38.1	27.8	34.1
2010	36.7	28.7	34.6
2011	34.8	29.5	35.7
2012	32.9	30.3	36.8
2013	31.4	30.1	38.5
2014	29.5	29.9	40.6

数据来源:根据历年《中国统计年鉴》相关数据计算所得。

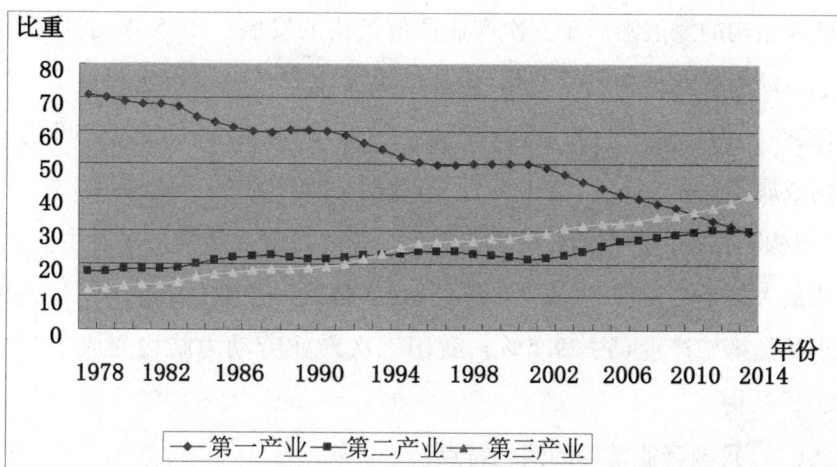

图 3 - 3　1978—2014 年我国劳动力三次产业构成图

　　如表 3 - 3 和图 3 - 3,在过去的三十多年中,我国第一产业劳动力就业比重总体上呈现快速平稳下降趋势,所占比重从 1978 年的 70.5% 直降至 2013 年的 31.4%,下降了 39.1 个百分点。这说明改革开放之后,我国第一产业劳动力的就业数量在不断减少。第二产业劳动力就业比重总体上呈现缓慢上升趋势,第二产业劳动力所占比重从 1978 年的 17.3% 上升到 2013 年的 30.1%,上升了 12.8 个百分点,这说明改革开放之后,我国第二产业发展平稳,变化不大。第三产业劳动力就业比重总体上呈现平稳上升趋势,第三产业劳动力所占比例从 1978 年的 12.2% 上升到 2013 年的 38.5%,上升了将近 26.3 个百分点,这说明改革开放之后,我国第三产业获得了较快发展,在国民经济中的地位不断上升。

　　另外,1978 年我国三次产业劳动力就业占比最大的是第一产业(占 70.5%),其次是第二产业(占 17.3%),占比最小的是第三产业(12.2%)。就业结构属于典型的欠发达的"一、二、三"结构。这与同年我国 GDP 的"二、一、三"结构不同,说明在 1978 年,我国的三次产业劳动力就业结构的发展滞后于三次产业产值结构的发展。1995年,我国三次产业劳动力就业结构发生变化,第三产业占比(24.8%)首次超过第二产业(23%),占比最大的还是第一产业(占52.2%),此时的三次产业劳动力构成属于"一、三、二"结构,仍然与此时三次产业的产值构成"二、三、一"结构不相符。2011年,我国三次产业劳动力就业结构再次发生变化,占比最大的是第三产业(占35.7%),其次是第一产业(占34.8%),占比最小的是第二产业(占29.5%),我国三次产业劳动力结构变成了"三、一、二"结构。

(二)我国产业结构的演进特点

综上可知,自1978年改革开放以来,我国产业结构和就业结构的演变特点主要体现在以下三个方面:

第一,产业结构演变呈现非均衡性特点。所谓非均衡性是指在一定的总体收入水平上,三次产业的比重呈非均衡状况,即有的产业比重过大,有的产业比重过小。根据钱纳里的"典型结构"分析,中国目前的产业结构状态属于低收入国家的产业结构形态,但第二产业的收入比重明显高于一般低收入国家的这一比重,甚至高于一些高收入发达国家的这一比重,而第三产业的收入比重则明显低于一般低收入国家的这一比重。中国的产业结构是一种非均衡的产业结构状况,一次产业的基础薄弱,抗御自然灾害的能力还不强,农业生产的效益比较低,农民收入增长较慢。二次产业比重过大,但内部发展很不平衡,高新技术产业发展不够。第三产业发展相对滞后,第三产业增加值占国内生产总值的比重2013年只为46.1%,虽然取得了很大的进步,但还大大低于发达国家的水平(60%~70%)。

第二,产业结构演进随时间推移而趋于良性循环。这主要反映在产业结构的偏差不断被矫正。改革开放以来,国家开始扭转产业结构严重重型化的倾向,注重农业、轻工业和第三产业的发展。1979—1998 年,在第二产业增加值继续保持近 11 百分点的年增长速度的同时,农业、第三产业增加值的年均增长速度达到了 5% 和 10.5%。第一、二、三次产业结构也由 1978 年的 28.2∶47.9∶23.9 变为 1998 年的 17.6∶46.2∶36.2。轻重工业的比例关系也逐渐协调稳定起来。在农业内部结构方面,以"以粮为纲"转变为农林牧渔全面发展。到 1998 年,在农业总产值中,纯农业比重由 1978 年的 80% 下降为 56.2%,牧业、渔业产值比重则由 1978 年的 15%、16% 调整为 30.8% 和 9.6%。1978 年以后,劳动力就业结构同收入结构非农化的演变趋势同步进展。

第三,产业结构逐步由低级向高级演变。1978 年之前,我国经济实质上是一种传统的农业经济,农业生产主要依靠传统的生产方式进行。工业基础十分薄弱,行业种类较少,已有行业规模也较小,技术水平均处于比较落后的状况。第三产业中,商业服务业占较大比重,交通运输、邮电、通信业和金融业十分落后,长期低水平发展。1978 年以后,随着改革开放的不断深入,产业结构演变趋向良性循环。钢铁、汽车制造、机械等加工产业的技术改造步伐加快,电子、光纤、通信等新兴产业产值有了大幅度的增长,机电一体化得到迅速发展。农业生产具有了一定的技术装备基础,农产品的科技含量和综合生产能力不断提高。第三产业,尤其是金融、证券、保险业的国际合作进一步加强,电子信息网络化技术得到广泛应用。综观三十多年产业结构演变史可以发现,我国产业结构随着科技进步正逐步地由技术水平低的传统技术产业向现代技术产业以至高新技术产业转变;由劳动密集型向资金密集型再向技术密集型和知识密集型演进。这些转变都标志着我国产业结构正不断向更高层次发展。尽管如此,从总体上看,我国产业结构仍然存在诸多不协调,处于低级状态。对此,我们必须有清醒的认识。

二、我国产业结构存在的主要问题

（一）三次产业发展不平衡

2014 年，我国三次产业结构的比重为 9.2：42.6：48.2，三次产业发展不平衡，第一产业比重偏高，高于同等收入水平国家；第二产业比重明显偏高，不仅高于同等收入水平国家，而且高于工业发达国家；第三产业的比重则大大低于同等收入国家和发达国家。

（二）第一产业效率仍然较低

第一产业自动化程度低，基础不稳定，生产方式落后，基础设施投入不足，抗灾能力下降，耕地面积大量减少，粮食生产仍未摆脱"靠天吃饭"的传统，农业现代化发展速度缓慢。农业基础薄弱，内部结构有待优化。改革开放以来，我国农业取得较大发展，第一产业结构经过不断调整形成了较好的格局。但是，第一产业结构仍存在很多的问题。一是农业结构特别是品种、品质结构尚待优化，农产品优质率较低。二是农产品加工业尚处在初级阶段，农产品的加工比例低，初级加工比重大，深加工不足；并且农产品保鲜、包装、贮运、销售体系发展滞后，难以适应经济社会发展的需要。三是农产品区域布局不合理，各地没有充分发挥自身的地区比较优势，未能形成有鲜明特色的农产品区域布局结构。四是农业现代化进程缓慢，快速工业化未能及时为农业提供足够的现代物质装备，农业基础设施落后，现代公共服务严重不足。

（三）第二产业总量增长明显，但生产结构不够合理，经济增长质量不高

首先表现在我国现处于全球价值链底端，产业升级面临困境。改革开放后的三十多年，中国经济高速增长，批量化生产的成本优势使我国获

得了"世界工厂"的称号。但我国总体仍然处于浅层工业化阶段。我国的比较优势在相当程度上是依靠廉价劳动力获得的,这导致行业的竞争优势主要体现在加工组装环节,处于全球价值链底端,产品的附加值难以提高。其次表现在我国产业研发投入不足,技术创新能力差,产业创新能力有进一步被削弱的危险,产业升级面临很大困难。最后表现在产品结构不合理,一般产品相对过剩与技术含量高、附加值大的产品短缺同时并存。

(四)第三产业发展滞后的状况依然没有明显改观

从产业角度看,第二产业对经济的贡献率一直较高,经济发展主要靠第二产业拉动。第三产业对经济的贡献率有较大的增长,但是伴随着国民经济的发展,第三产业对经济增长的贡献率没有保持上升态势,尤其在2007—2008年之间,第三产业对经济增长贡献率下降,说明近年来我国第三产业的发展滞后。从第三产业内部结构看,发达国家主要以信息、咨询、科技、金融等新兴产业为主,而我国尚以传统的商业、服务业为主。一些基础性第三产业(如邮电、通讯)和新兴第三产业(如金融保险、信息、咨询、科技等)自然发育不足。世界银行2012年统计数据显示①,与我国经济发展水平相近的20个国家或地区的服务业占GDP的比重在58%以上,而我国目前仅为45%,低了13个百分点。在金砖五国中,除我国外的其余四国服务业占GDP比重在2012年平均达到63.3%,我国比这些国家的平均水平低了大约18个百分点。美国、德国、英国、法国、日本等发达国家在我国目前经济发展阶段时的服务业占比大概为50%～64%,我国目前与之相比也有较大差距。从第三产业内部结构看,中国的商业餐饮、交通运输等传统服务业比重较大,占40%以上;邮电通信、金融保险等基础性服务业,以及信息咨询、科研开发、旅游、新闻出版、广播电视等

---

① 数据来源:http://www.worldbank.org/。

新兴服务业虽然发展较快,但占比仍不高,发育不足。此外,中国服务业产品创新不足,服务品质和技术水平不高,在组织规模、管理水平与营销技术上与国外服务业都存在较大差距,难以适应激烈的国际竞争需要。

三、我国产业结构调整优化面临的挑战

(一)体制因素制约

对于我国来说,经济正处于转轨时期,体制因素是影响产业结构升级的主要因素之一。从政府职能看,地方政府如果能根据当地产业结构状况和进一步升级的要求,通过制定科学的产业规划和区域产业政策来鼓励和引导某些产业的发展,同时限制那些不利于整体产业素质提高的产业,就可以推动产业结构的优化升级。但如果干预不当,政策存在偏差,将导致产业结构发展不合理或制约产业结构的升级。

当前我国正处于体制转轨时期,市场的调节机制尚不完善。在这种情况下,各级地方政府对经济的干预力度较大,介入产业结构转型升级的程度较深。由于过分追求经济增长速度以获取突出政绩,而忽视产业结构升级的自身规律和内在逻辑,一些地方政府的产业发展政策和干预行为非但没有促进产业结构的优化升级,反而延缓甚至阻碍产业结构的升级进程。再加上各种地方保护主义的影响,导致产业结构升级的市场调节机制失灵,延缓了产业结构升级的进程。我国一些地区重工业发展水平过高、产能过剩、产业转型缓慢等现象,在一定程度上都与地方政府的不合理行为与不恰当职能紧密相连。

(二)技术缺乏

技术进步是推动产业结构优化升级的直接动力。产业结构水平不高的重要原因是缺乏核心技术、缺乏自主知识产权、缺乏世界知名品牌,这

三个"缺乏"集中起来就是自主创新能力不强。所以,增强自主创新能力作为国家产业结构调整升级的重要战略,被摆在了经济社会发展的重要位置。

　　当前,我国正处于实现经济发展方式由粗放型向集约型转变和产业结构优化升级的关键时期,产业结构存在的主要问题是大部分产业基本上处于全球价值链的低端,产业优化升级困难,一般产品相对过剩,高技术含量、高附加值产品短缺,其根本原因是我国自主创新能力较弱,突出表现为产业研发投入不足,技术创新能力较差。2013 年我国各类企业R&D 投入 9075.8 亿元,中高端制造业开始成为 R&D 投入的重点,但这远低于欧盟、美国、日本等发达国家的水平。也正是基于此,我国财税政策支持科技创新的重点主要放在增加投入和引导各类市场主体加大科技创新投入力度上。但这与我国产业结构优化调整的方向和目标以及与发达国家相比还有较大差距,突出表现为两大问题:一是公共财政的科技创新投入强度不够。近年我国科技支出不断增长,但对于总体科技水平较低而言,R&D 经费投入强度仍显不足(见表 3 - 4)。2013 年,我国财政科技支出 6184.9 亿元,占国家财政支出的 4.41% ,R&D 投入为 11846.6 亿元,R&D 投入强度(R&D 与国内生产总值之比)为 2.08% ,低于美国、日本、德国、法国等发达国家水平(见表 3 - 5)。二是财税政策促进科技创新的效果不够显著。目前,税收政策对科技创新的支持主要通过税收优惠政策的激励作用实现,但对自主创新的刺激措施基本已经饱和,同时,一些税收制度却限制了企业的自主创新,税收优惠政策对科技创新的导向作用也不强。主要问题表现在:第一,税收优惠以事后优惠为主,对投资规模大、经营周期长、资本密集型和技术密集型的科技创新企业支持效果不明显。第二,税收优惠存在局限。目前大部分支持科技创新的税收优惠政策只针对特定对象,其他的主体不能享受。第三,增值税转型的不彻底以及"营改增"试点过程中存在的问题约束了企业的自主创新,使税收抵免政策的部分积极效应被税收制度的负面效应抵消,税收优惠效应难以显现。

表3-4 2003—2013年我国科技支出情况

年份	国家财政科技拨款			R&D 投入经费		
	科学技术支出 (单位:亿元)	总额 (单位:亿元)	占财政总支 出的比重(%)	内部支出总额 (单位:亿元)	政府资金 (单位:亿元)	企业资金 (单位:亿元)
2003	975.54	944.6	3.83	1539.6	460.6	925.4
2004	1095.34	1095.3	3.84	1966.3	523.6	1291.3
2005	1334.91	1334.9	3.93	2450.0	645.4	1642.5
2006	1688.50	1688.5	4.20	3003.1	742.1	2073.7
2007	1783.04	2113.5	4.25	3710.2	913.5	2611.0
2008	2129.21	2581.8	4.12	4616.0	1088.9	3311.5
2009	2744.52	3224.9	4.23	5802.1	1358.3	4162.7
2010	3250.18	4114.4	4.58	7062.6	1696.3	5063.1
2011	3828.02	4902.6	4.49	8687	1883	6579.3
2012	4452.6	5600.1	4.45	10298.4	1548.9	7842.2
2013	5084.3	6184.9	4.41%	11846.6	1781.4	9075.8

资料来源:2003—2013年全国科技经费投入统计公报。

表3-5 2010—2012年全球主要国家及地区 R&D 投入情况(R&D 占 GDP 比重)

国家	2010 年	2011 年	2012 年
美国	2.83%	2.70%	2.68%
中国	1.48%	1.55%	1.60%
日本	3.44%	3.47%	3.48%
德国	–	2.85%	2.87%
韩国	3.36%	3.40%	3.45%
法国	2.21%	2.21%	2.24%

注:比较不同国家间的国内生产总值需转换各国货币。表中数据由各国货币与美元购买力平价的等值系数计算得到。

资料来源：BATTELLE，R&D MAGAZINE. IMF，WORLD BANK，2012，2013 Global R&D Funding Forecast.

（三）人力资本水平不高

尽管近年来出现了劳动力成本上涨、部分地区劳动力供给短缺的情况，但在一段时期内，中国最充裕的生产要素仍然是劳动力，劳动密集型行业仍然是最具有比较优势的工业部门。目前，中国人力资本的基本情况是：一般的、中低端的人力资本较为充裕，因此在承担全球价值链中劳动密集型环节上具有较大的优势。但是，专业的、高端的人力资本相对缺乏，因此对效率提升起到关键作用的技术研发、产品设计、经营管理等活动往往无法由本国人力资本承担进而被发达国家控制。总体上说，中国现有人力资本结构与产业转型升级的要求不相符合。由于我国经济将逐渐失去其廉价劳动力的竞争优势，我国应着重把劳动力人口众多的压力转变成为人力资源雄厚的竞争优势。为此，必须一方面通过不断提高劳动者素质，来提高劳动生产率，从而增加收入；另一方面，依靠人力资源不断提升在产业价值链中的竞争力，以高附加值、高收入来抵消日益提高的劳动力成本。在国际分工中，逐渐以优质人力资源的竞争优势取代廉价劳动力的竞争优势，加快产业结构的升级。

（四）资源环境约束明显增强

产业结构调整面临的资源环境约束明显增强。我国在国际上承诺，到 2020 年单位 GDP 碳排放强度要比 2005 年减少 40% ~ 45%，"十二五"规划纲要也对减少单位 GDP 能耗和碳排放制定了必须完成的约束性指标。突出环境约束，是对我国产业结构的调整提出的新的约束条件。中西部地区传统产业比重大、资源密集、环境脆弱，面临的转型压力更大。

（五）国际环境恶化，升级压力增大

我国的产业发展和升级与对外开放过程紧密相连，这一过程基本上

也是由发达国家推动、以这些国家产业结构的调整和产业转移为主要内容的经济全球化全方位展开的过程。发达国家作为这一过程的主导者，在全球范围内重构国际分工格局，占据全球价值链的高端。我国积极而主动地参与到这一个过程中来，但这种参与在很大程度上是一种被动参与的过程，从最初珠三角的"三来一补"形式接受境外厂商加工生产指令，到"三资"企业的建立，凭借廉价劳动力的优势及一系列优惠政策引进境外产品生产、资金、技术和设备等。而发达国家则将其不盈利或盈利率较低的产业和生产能力向发展中国家大规模转移，在这一过程中，我国在产业的选择、转移的方式，以及利益的分配等方面并没有太大的主动权。随着我国对能源和工业原材料进口依存度的不断加大，加之大宗商品的卖方市场处于寡头垄断，由此使国际市场大宗商品价格大幅上涨，我国工业企业的成本相对增加。国际贸易的这一局面对我国产业结构升级造成不利影响。

第三节　全球产业结构调整优化的趋势——产业融合

一、产业融合是全球产业结构调整优化的新趋势

产业融合，是指不同产业或同一产业内的不同行业在技术融合的基础上相互交叉、相互渗透，逐渐融为一体，并形成新的产业属性或新型产业形态的动态发展过程。当前，伴随社会经济系统的深刻变化，产业间的渗透融合日益清晰地预示出未来产业发展的趋势。

（一）世界主要国家或地区产业融合的新趋势

1.高新技术向传统产业渗透

这种渗透是指高新技术及其相关产业向其他产业渗透、融合,并形成新的产业。如生物芯片、纳米电子、三网融合(即计算机、通信和媒体的融合),信息技术产业、农业高新技术化,生物和信息技术对传统工业的改造(比如机械仿生、光机电一体化、机械电子),电子商务、网络型金融机构等。又如发生在20世纪90年代后信息和生物技术对传统工业的渗透融合,产生了诸如机械电子、航空电子、生物电子等类型的新型产业。还如电子网络技术向传统商业、运输业渗透而产生的电子商务与物流业等新型产业;高新技术向汽车制造业的渗透将产生光机电一体化的新产业等等。高新技术向传统产业不断渗透,成为提升和引领高新技术产业发展的关键性因素,高新技术及产业发展有利于提升传统产业的发展水平,加速了传统产业的高技术化。主要体现在:促进传统产业的高附加值化,促进传统产业推出新品种和新的产业,促进传统产业装备现代化。据分析,近年来IT产业对美国经济的贡献率超过35%,1999年IT使全美国制造业劳动生产力增长了6.4%。目前,信息技术正在以前所未有的广度和深度渗透到制造业的各个环节中,使制造业的产品和生产过程,乃至管理方式都发生了深刻的、甚至是革命性的变化。

2. 产业间出现融合

这种融合是通过产业间的互补和延伸来实现产业间的融合,它往往发生在高科技产业的产业链自然延伸的部分。这类融合通过赋予原有产业新的附加功能和更强的竞争力,形成融合型的产业新体系。这种融合更多地表现为第三产业向第一产业和第二产业的延伸和渗透。具体表现为第三产业中相关的服务业正加速向第二产业的生产前期研究、生产中期设计和生产后期的信息反馈过程展开全方位的渗透,金融、法律、管理、培训、研发、设计、客户服务、技术创新、贮存、运输、批发、广告等服务在第二产业中的比重和作用日趋加大,相互之间融合成不分彼此的新型产业体系。如现代农业生产服务体系、工业中服务比例上升、工业旅游、农业旅游等。

3. 产业内部出现重组融合

重组融合主要发生在具有紧密联系的产业或同一产业内部不同行业之间，是指原本各自独立的产品或服务在同一标准元件束或集合下通过重组完全结为一体的整合过程。通过重组型融合而产生的产品或服务往往是不同于原有产品或服务的新型产品或服务。例如，第一产业内部的种植业、养殖业、畜牧业等子产业之间，可以生物技术融合为基础，通过生物链重新整合，形成生态农业等新型产业形态。在信息技术高度发展的今天，重组融合更多地表现为以信息技术为纽带的、产业链的上下游产业的重组融合，融合后生产的新产品表现出数字化、智能化和网络化的发展趋势，如模糊控制洗衣机、绿色家电等。

(二)产业融合对产业结构优化升级的影响

1. 产业融合将直接推进传统产业的改造升级，促进产业结构转型

产业融合导致现代产业对传统产业改造升级，提升其生产效率、产品质量以及竞争力等，促进传统产业的优化与升级，进而推动产业结构转型。主要表现在三个方面：一是通过产业融合使传统农业向优质高效的现代化农业转型。通过高新技术产业对传统农业实行改造与变革，加强信息技术与现代生物技术在品种选育、模式化栽培、配方施肥等农业方面的应用融合，从而提高农业的生产效率及其附加值，并促进农业的发展以及农业劳动力向第二、三产业转移。二是产业融合能促进传统工业向现代工业转型，通过加大信息技术产业、高新技术产业对纺织、冶金、轻工等传统工业的改造升级，使传统工业变革发展。通过信息化推动传统工业尤其是制造业的发展，是经济结构转型的难点与重点。三是产业融合能促进传统服务业转型。产业融合打破了传统服务生产和消费的同一性，

即地域范围的限制。信息技术的发展扩大了传统产业的服务"半径",且信息技术、高新技术产业与传统服务业的融合促进了其生产效率与附加值的提高,促进了传统服务业的优化升级。

2.产业融合促进新型产业的形成与发展,促进产业结构高级化

首先,产业融合导致一大批新兴产业的发展,如信息技术与服务业的融合而形成了一个新兴产业,即信息服务业。信息服务业在第三产业中的比重会越来越大,进而促进整个服务业向信息化与网络化发展,从而提升第三产业的高度化与合理化。其次,产业融合虽然导致传统产业的优化升级,但同时信息技术、高新技术产业等新兴产业通过与传统产业的融合,为其提供了广阔的市场,进而加快信息技术革命成果的产业化。产业化是信息技术转化为生产力的重要结果,是产业融合的基础条件,也是产业结构优化升级的主要动力之一。

3.产业融合成为促进产业结构转型的内在驱动力

首先,产业融合有利于促进互补技术的相关企业通过合作,利用共有资源进行技术创新,减少 R&D 研发费用,进而降低企业的生产成本与交易成本,提升企业的竞争力。另外产业融合导致的技术融合,在一定程度上缩短了新一代产品的研究与开发时间,降低了企业的研发风险与成本,进而促进新产业的快速发展。其次,产业融合导致原本不同市场的产品或不具有替代性的产品市场成为相互替代关系,从而使原本不具备竞争关系的两个企业或产业被动地处于竞争关系当中,在这种竞争压力下,企业不得不采用相应的行动来提升自身产品的竞争力,如提高产品质量或改善企业管理水平以节约劳动力,或采用新技术提升生产率,促进产品生产成本或销售成本的下降。

二、产业融合发展的动因分析

从本质上讲,产业融合出现和发展的内在动力是产业间存在的关联性和企业对效益的最大化追求。就世界产业融合的实践看,推动产业融合的动因大致有:

(一)技术创新

技术创新是产业融合的内在驱动力。20世纪90年代以来,日益成熟和完善的通信与信息技术作为创新技术整合的催化剂和黏合剂,促使产业融合成为全球产业发展的新浪潮。一方面,由技术创新开发的替代性或关联性技术、工艺或产品,通过渗透、扩散而融合到其他产业之中,进而改变了原有产业、产品或服务的技术路线和生产成本函数,为产业融合提供了动力;另一方面,技术创新给原有产业的产品带来了新的市场需求,为产业融合提供了新的市场空间。可以说,重大技术创新在不同产业间的扩散导致了技术融合,而技术融合又促使不同产业形成了共同的技术基础,不同产业间的边界趋于模糊,产业融合的出现实属必然。

(二)竞争合作压力和多元化经济发展需要

竞争合作压力和多元化经济发展是产业融合的企业动因。当技术发展到能满足多样化需求时,企业可通过产业融合发展,突破产业间的条块分割,加强产业间的竞争合作,减少产业间的进入壁垒,降低交易成本,提高企业生产率和竞争力,在不断变化的竞争环境中保持技术创新和利润最大化,实现发展扩张和长期竞争优势。从一定意义上讲,企业间日益密切的竞争合作关系以及企业对利润和可持续竞争优势的不懈追求,正是产业融合浪潮兴起的重要原因。

不仅如此,企业为扩大其产品或服务种类,增加经济效益,往往会采用范围经济(economies of scope)发展方式。范围经济发展反映了企业产品或服务种类同经济效益间存在的递增关系。通过技术融合和创新,不同产业的企业所进行的多元化或多产品经营,既可降低生产成本,在业务融合中形成差异化产品及服务,又能通过引导顾客改变消费习惯或消费内容,实现市场融合,并最终促使产业融合。

(三)跨国公司发展

跨国公司发展是产业融合的巨大助推力。对跨国公司而言,其跨国生产经营的实力与能力需要有坚实的国际直接投资支持力。因此,每一个跨国公司的产生和发展,实质上就是国际金融资本和产业融合发展。跨国公司为经济整体利益的最大化而参与国际市场竞争,将原来的产业划分转化为产业融合,并将传统所谓的"国家生产"产品变成了"公司生产"产品,跨国公司正在成为推动产业融合发展的主要载体。

(四)管制放松

管制放松是产业融合不可或缺的外部条件。由于不同产业间存在着进入壁垒,产业边界的存在自然毋庸置疑。美国学者施蒂格勒曾认为,所谓进入壁垒,是各国政府因经济性管制而使新企业比旧企业多承担的成本。随着管制的放松,企业可将其他相关产业的业务加入到本产业竞争中,并在此过程中逐步走向产业融合。因此,为了让企业在国内和国际市场中更具竞争力,产品能占有更多的市场份额,一些发达国家放松管制,改革规制,取消或部分取消对被规制产业价格、进入、投资、服务等方面的限制,为产业融合创设了较为宽松的政策和制度环境。

诚然,技术进步与管制放松并非产生融合的充分条件,之所以对产业融合产生作用,是由于产业技术进步大多发生在产业内部,这就促使企业基于创新传统经营观念、企业重组(BT)、业务流程重组(BPR)、虚拟企业等管理需要,将管理创新、技术进步及管制放松有机结合,使产业融合变为现实。

三、产业融合的效应评价

既然产业发展旨在追求利润最大化、成本最低化，那么，产业融合就可能成为经济全球化、高新技术迅速发展背景下企业提高生产率和竞争力的一种发展模式和新的产业组织形式。

（一）产业优化效应

产业融合促进了传统产业创新，推进了产业结构优化与发展。一方面，由于产业融合容易发生在高技术产业与其他产业间，产业融合过程中产生的新技术、新产品、新服务客观上提高了消费者的需求层次，取代了某些传统技术、产品或服务，造成这些产业市场需求逐渐萎缩，在整个产业结构中的地位和作用不断下降；另一方面，产业融合催生的新技术又可融合更多的传统产业部门，改变传统产业的生产与服务方式，促使其产品与服务结构升级，进而拉动产业结构升级。此外，由于电子信息、生物工程、新能源、新材料等高科技产业与其他产业之间的广泛关联以及这些产业具有较高的产业成长性，加之产业融合所带来的产业间边界的模糊化，两个或多个产业间较易形成共同技术和市场基础，某些产业可因结构布局的改变而敏捷地从一个产业过渡到另一产业，实现产业创新和发展。信息产业与传统产业的融合发展，使一些传统产业部门由资本与劳动密集型向信息、知识和技术密集型产业转变。

（二）竞争拓展效应

产业融合促使市场结构在企业竞争合作关系的变动中不断趋于合理化。现行的市场结构理论认为，有限的市场容量和各企业追求规模经济的驱动力有机结合，会导致生产的集中和企业数量的减少。若以产业融合而观之,在产业融合之前,属于同一产业的企业群在产业内部处于竞争关系;在产业融合过程中,有着固定化业务边界与市场边界的产业部门相互交叉与渗透,产业外原本无竞争关系的企业具有了竞争关系。不仅如此,来自其他产业的大量新参与者进一步加剧了竞争,并出现了企业倒闭和企业吸收合并等现象。这样,产业融合所产生的一系列企业合并、并购等活动造就了新的市场结构和市场活动,建立和实现了产业、企业组织间的新联系,实现了资源的合理配置、就业增加和人力资本发展,为企业提供了扩大规模、扩展事业范围、开发新产品新服务的机会。

随着各产业间市场边界的消失和政府管制的放松,市场结构将产生两种互逆效应:一方面,融合使某产业内企业数量迅速增加,加之有新企业参与到竞争中来,大大降低了融合产业的市场集中度;另一方面,消费者个性化的需求又促使企业由大规模、标准化生产逐步向小批量、多品种生产过渡,规模经济在企业战略中的地位被范围经济所取代。其中,技术与业务融合所产生的企业横向购并或混合购并,会因竞争性企业数量的减少而提高其市场集中度。

(三)组织创新效应

产业融合不仅导致了企业组织间产权结构的重大调整,而且引发了企业组织内部结构的创新。从西方经济学角度看,企业间的纵向一体化是组织内部交易成本大于外部市场交易成本的权衡结果;而横向一体化则更关注企业与其外部组织间的合作共存。在产业融合过程中,企业要想在最短时间内进入相关或非相关业务市场,就必须具备很强的跨行业专业经营能力。因此,横向一体化就成为企业充分利用自身资源和外部资源并快速响应市场需求的最佳经营模式。在此模式下,企业往往通过横向联合,紧抓核心业务并进行更大范围的业务整合,以技术融合而互补互利,形成企业的整体竞争优势。正因为此,企业购并开始从纵向购并向横向购并或混合购并演变,横向一体化就成为企业外部组织结构重组的主要形式。这其中,加快技术融合就成为企业从简单购并向复杂购并转变的主要动因之一。

产业融合对企业市场行为的影响集中体现在企业的组织调整策略层面上。在工业经济时代,企业内部组织结构呈现出等级分明,层次繁多的金字塔型科层制体系。在信息时代,社会经济形态呈现出虚拟经济与实体经济互动的二元结构形态,虚拟企业势必成为未来企业经营的主流模式之一。作为产业融合催生出的新型企业合作形态,虚拟企业运用互联网技术,联合多个企业的知识和能力,实现资源动态整合,共同创造某项产品和服务,在很大程度上成为产业融合得以进行的重要微观组织基础。它变传统金字塔式纵向管理模式为扁平化的横向管理模式,加快了企业资源整合的速度,便于企业形成快速响应市场的能力。产业融合导致了产业组织创新,产业组织政策将从严格的市场准入向维护市场经济正常秩序、创造良好的产业发展环境等方面转变。

(四)竞争力提升效应

产业间的竞争实质上就是产业价值链环节的竞争。当前,无论发达国家抑或发展中国家,其产业竞争优势必然体现在附加值最高、发展前景最好的产业价值链环节。产业融合与产业竞争力的发展具有一定的动态一致性。产业融合后,新的价值链环节融合了两个或多个产业价值,不仅具有了更高的附加值与更大的利润空间,而且为消费者创造了更多、更方便、更高价值的产品或服务。随着相关企业群产业竞争力的不断增强,企业可获得更多的市场份额、更好的稀缺资源、更雄厚的资本积累和更大的发展空间,这就为产业的技术研发活动提供了更有利的物质和市场条件,并因积极推动技术融合的发展,为产业融合提供了更强的内在驱动力。产业融合对企业一体化战略也提出了新的挑战。产业融合使企业间的竞争合作关系发生了变革,随着融合产业内企业数量的不断增加,企业创新性与灵活性被提升到新的战略高度。

（五）高端消费效应

首先,产业融合催生了许多新产品和新服务,满足了人们对更高层次消费品的需求。其次,产业融合使更多参与者进入和开辟市场,增强了市场的竞争性,同时从产业链的延伸和产业间整合所节约的成本(包括规模化生产成本、企业组织治理成本和交易成本),又使企业产品价格下降而促进消费。再次,由于产业融合需要造就一大批复合型高级人才,人力资本投资不仅具有良好的劳动力市场前景,并可带动就业增加和劳动生产效率提高,而且作为一种经济运行的最终拉动力量,人力资本"消费"更能极大地带动生产力的增长。

（六）区域经济一体化效应

产业融合打破了传统产业的技术边界、业务边界、市场边界、运作边界,促进企业网络的发展,打破传统企业间和行业间的界限和区域间壁垒,以新业务加速区域间资源的流动和重组,促进区域产业结构的多样化、复杂化,改善区域空间二元结构,扩大区域中心的极化和扩散效应,产生正向的贸易和竞争效应,从一定程度上可推动区域经济一体化制度建设。

第四节 新常态下我国产业结构调整优化的方向及策略

一、新常态下我国产业结构调整优化的方向

（一）加快产业融合

目前产业融合正日益成为产业经济发展中的重要现象,其趋势越来越明显,已对世界各国的经济、生活、社会等方面产生了深远的影响,也必将对我国经济未来的发展产生极其深远的影响。我国应该尽早制定相应对策,促进产业的融合健康发展。

首先,制定合理的产业技术推进政策。政府应重视和鼓励关联度高的产业进行技术创新,通过技术融合与产业融合培育和提高产业的核心竞争力,将核心技术的产业化、自主化看作产业竞争优势的重要标志和关键因素。政府应集中各方面力量,对信息产业中的关键性技术、战略性技术进行重点开发,培育部分关键技术和设备的自主知识产权,积极鼓励和引导企业进行高新技术投资。

其次,制定更加合理的产业规制政策。政府应密切关注受规制产业的动态发展状况,把握技术创新和技术融合对受规制产业的影响,根据本国的技术、经济状况,较准确地把握具体产业的边界,了解技术创新和技术融合对规制政策的挑战,并适时进行产业规制改革。

再次,推进市场融合。随着数字技术在产业领域的广泛运用,互联互通的数字化信息流和服务流大大突破了行业障碍,越来越多的服务产品可经同一平台传递到用户手中,促进了市场融合,增大了综合性竞争范围和竞争强度,促进了市场融合进程和资源优化配置。因此,为适应产业融合发展新趋势,政府应鼓励企业不断开发新市场。

最后,建立企业主体机制。政府应让企业充分认识到产业融合发展是提升传统产业的必然选择,认识到顾客需求是企业创新的动力所在,企业应从研究客户需求出发,推进技术创新和融合;帮助企业通过混合兼并、战略联盟等形式实现资源的合理流动,在技术和市场开发方面共担风险;采取措施促进企业克服"惰性"和传统运作惯性,使企业原有的刚性核心力柔性化,并协助企业重新制定适应产业融合的战略和制度。

（二）培育和发展战略性新兴产业

战略性新兴产业是引导未来经济社会发展的重要力量,发展战略性新兴产业已成为世界主要国家抢占新一轮经济和科技发展制高点的重大战略。从发达国家的经验来看,主要发达国家在面对国际金融危机冲击造成的破坏性影响时,几乎都把目光锁定在战略性新兴产业上,纷纷加大对科技创新的投入、加快对新兴技术和产业发展的布局,力争通过发展新技术、培育新产业,率先走出危机,抢占新一轮经济增长的战略制高点。加快培育和发展战略性新兴产业,对于推进产业结构升级和经济发展方式转变,提升我国自主发展能力和国际竞争力,促进经济社会可持续发展,具有重要意义。

我国正处在全面建成小康社会的关键时期,必须坚持发挥市场决定性作用与政府引导推动相结合,科技创新与实现产业化相结合,深化体制改革,以企业为主体,推进产学研结合,把战略性新兴产业培育为国民经济的先导产业和支柱产业。

首先,要坚持充分发挥市场的决定性作用与政府引导推动相结合。要充分发挥我国市场需求的巨大优势,创新和转变消费模式,营造良好的市场环境,调动企业主体的积极性,推进产学研用结合。其次,坚持科技创新与实现产业化相结合。要切实完善体制机制,大幅度提升自主创新能力,积极参与国际分工合作,充分利用全球创新资源,突破一批关键核心技术,掌握相关知识产权。同时,要加大政策支持和协调指导力度,造就并充分发挥高素质人才队伍的作用,加速创新成果转化,促进产业化进程。再次,坚持整体推进与重点领域跨越发展相结合。要对发展战略性新兴产业进行统筹规划、系统布局,明确发展时序,促进协调发展。同时,要选择最有基础和条件的领域作为突破口,重点推进。最后,坚持提升国民经济长远竞争力与支撑当前发展相结合。要着眼长远发展方向,把握科技和产业发展新方向,对重大前沿性领域及早部署,积极培育先导产业。同时,要立足当前,推进对缓解经济社会发展瓶颈制约具有重大作用的相关产业较快发展,推动高技术产业健康发展,带动传统产业转型升级,加快形成支柱产业。

二、新常态下我国产业结构调整优化策略

(一)创新产业组织,处理好政府、企业之间的关系

没有合理的产业组织结构就不可能实现产业结构的顺利升级,当前我国产业结构优化调整必须从优化产业组织结构着手。目前从总体上看,我国企业规模小且布局分散、行业集中度低,行政性垄断和过度竞争并存,专业化分工与协作水平低等现实状况,要实现产业组织结构合理化,从而推进产业结构优化升级,应着重抓好以下三方面工作:

首先,根据不同产业制定不同的进入、退出壁垒,引导产业组织合理化。对那些与国家安全密切相关、为国家提供维护国家利益和安全的战略工具的行业,如宇航工业、原子能工业等,要严格控制企业的进入。对要求进入的企业进行严格的审查,符合国家各项要求的才准予进入,审批权由国家直接控制。对那些规模经济显著,具有区域自然垄断性质和社会公益性质的产业实行进入管制,如石油工业、化学工业、机械工业、自来水工业、煤炭工业等。提高这些行业的进入壁垒,可以避免因企业的过度进入而导致过度、低效率的竞争。对占大部分的竞争性行业,如食品工业、印刷工业等,则要大力降低产业的进入、退出壁垒。这样,有助于形成有序、有效的市场秩序。

其次,推动科技创新、促进产业结构优化升级。大部分企业,由于自身融资能力的限制和创新风险的存在,普遍缺乏科技创新投资的热情,在

相关制度安排尚不甚完善的条件下,将会出现"创新投资不足"的现象。政府有必要采取相应的政策,支持基础研究与开发,以及私人部门的创新投资。另外,增加教育投资,积极发展教育事业,提高劳动者的技能和素质。

再次,深化企业制度改革,以产权改革为切入点,重塑产业组织结构调整的微观主体,使企业真正成为独立自主、自负盈亏的法人主体和市场竞争主体。建立统一、完善、有序的全国性市场体系,为企业平等竞争创造条件,维护竞争秩序。完善企业并购机制,为企业进行跨地区、跨行业、跨所有制乃至跨国的并购创造条件,在一段时期内允许并鼓励适度市场垄断的并购行为。

(二)优化外贸结构,推动本国产业从全球价值链低端往高端转移

在经济全球化的背景下,国际贸易对于一国产业结构优化的影响愈加凸显。国际贸易可以促进要素资源的国际流动、扩大市场需求范围,以及提升产业的国际竞争力,进而推动产业结构优化。在经济全球化背景下,中国应顺应世界产业结构演变的趋势,在进一步扩大对外开放程度的基础上,更加积极地参与国际分工,大力发展国际贸易,进而促进产业结构的升级,以推动本国产业在世界产业价值链的位置由低端向高端转移,提升产业的国际竞争力。

首先,培养动态比较优势,提升产业国际竞争力。现代贸易理论分析揭示,随着国际分工逐步由资源制约型向科技优势导向型转换,一国参与国际贸易的竞争优势不仅取决于与要素禀赋密切相关的静态比较优势,而且还取决于由科技进步、规模经济和劳动生产率决定的动态比较优势。为了改变我国以低附加值劳动密集型产品出口为主导的低效益贸易格局,必须再造动态竞争优势。其次,加大国外先进技术和设备的引进力度,制定系统完整的技术引进政策,并将其纳入统一的产业政策之中。技

术设备的引进政策与主导产业的培育相协调,与出口产品的升级方向相协调,与国内企业消化、吸收、创新国外先进技术的能力和水平相协调,构建以出养进、以进带出的进出口良性互动机制。再次,调整贸易结构,积极合理地扩大进口,实现进出口贸易的良性循环。要积极扩大进口,开放市场,充分利用进口资源的有效供给,促进经济发展,从而实现"有选择的进口扩张——国内产业结构优化升级——出口商品结构优化升级"的良性循环。

(三)改进外资产业投向,加快产业结构优化升级

外商直接投资,作为开放经济条件下能够影响一国产业结构优化的重要因素,现已成为影响我国经济发展的一支重要力量。目前,我国在利用外资方面有需要改进的地方。第一,外商对我国的直接投资主要是投向第二产业,投向第三产业的份额呈迅速上升的趋势,但比重仍较低;第二,虽然外资集中投向二、三产业,但是主要集中在投资期短、见效快的项目上,而投向资金或技术密集型产业的投资,也多集中在产业价值链的劳动密集型生产经营环节;第三,在区域的分布上,外商对华直接投资也表现出明显的不均衡性,偏向产业基础发展较好、投资环境更优的东部沿海地区投资。这种状况会影响我国整体产业结构的优化,需要从以下三个方面加以改进:

首先,引导规范外商投资方向,促进产业结构优化升级。把外商投资引导到重要发展的产业中。根据我国不同地区资源、劳动力、资金和技术等生产要素上的禀赋差异,吸引不同类型的国际直接投资,将发展新兴主导产业、劳动密集型产业和高新技术产业结合起来,实现比较优势的动态化发展。因此,要通过利用外资促进本国产业结构优化升级,国家就应制定科学的产业政策,有重点地采用鼓励政策和措施引导外商投资,优化外资产业投向。其次,加快经济体制改革的步伐。加快外资管理体制的改

革及有关法律法规的制定,并与国际经济通行规则相符合,加强法律与法规的透明度和稳定性,为我国利用外资创造一个良好的环境;加快我国市场化改革的进程,完善市场体系,建立有效竞争的市场秩序,加速构建和发展资本市场,促进国际资本的流动,为国外企业的进入创造良好的市场环境。最后,对外商投资企业实行国民待遇,在税收、服务、监管等方面与国内企业享有同等待遇,公平竞争。一是按照国民待遇原则,取消对外资企业的歧视性待遇;二是调整对外资企业的优惠待遇,使其逐步与内资企业待遇接近,即调整外资企业的超国民待遇,最终创造内外资企业公平竞争的制度环境。

（四）充分发挥产业政策作用,培育并强化战略性产业

产业政策是政府宏观控制的重要手段,国家的发展战略通常体现在产业政策上。充分发挥产业政策的作用,是确保产业结构调整和优化升级的必要条件。产业政策发挥作用的立足点在于弥补"市场失灵",创造并维护适度竞争的有活力的市场,目的是培育新的产业或强化战略性产业,形成新的比较优势。产业政策的制定实施应遵循市场规律,强化引导性,提高针对性,加强预见性,注意协调性,增强权威性,并与其他调控手段协同配合,才能发挥推进产业结构调整的作用,从而保证经济社会全面协调可持续发展。

首先,强化产业政策的引导性。产业政策从总体上看是一种宏观经济层面导向性、指导性规范,而不是微观经济层面上的强制性、指令性干预。因此,产业政策必须密切跟踪、分析经济运行和产业发展过程中出现的新变化、新情况、新问题,及时作出准确、适度的超前引导,及时发布相关信息,加强信息服务,优化社会投资结构和方向,提高经济结构对经济增长速度的承受能力,调整经济运行态势。

其次,提高产业政策的针对性。在制定产业政策过程中应坚持因地

制宜的原则,根据各地实际确定发展方向、明确发展重点、调整发展布局和结构。发达地区在改造提升传统产业时,重点应放在发展适应经济结构和消费需求结构不断升级要求的产业上,如高新技术产业和现代服务业。经济发展相对落后的地区应从本地区经济社会发展的条件,积极稳妥地发展具有比较优势的特色经济或特色产业。

再次,调整产业结构的政策方向需要重点向支持关键环节的功能性政策与结构性政策转化。针对我国产业结构调整的难点与重点,尤其是制造业内部研发、设计、营销等高附加值环境薄弱的客观现状,产业转型升级的政策方向就应向支持突破关键环节的功能性政策与结构性政策的并重转化,诱导国内加工制造业突破研发、设计、精密加工、供应链管理、品牌、营销等制约产业转型升级的关键环节,并将其技术优势、营销能力扩散到整个产业体系中,引导产业结构的高度化。

最后,产业政策需要注意与其他经济政策的协调配合。只有加强与其他经济政策的协调配合,形成政策合力,产业政策才能得到不折不扣的执行和落实,政策效果才能得到充分发挥。近年来,产业政策与财税、金融等其他经济政策的协调配合工作取得了积极进展,以后相关部门仍需加强产业政策与财税、金融、贸易、政府采购、土地、环保、安全、知识产权、质量监督、标准等政策的协调配合。要进一步研究探索产业政策与财税、金融、价格、土地、环保等其他经济政策协调配合的长效机制,加强其他经济政策与产业政策的协调配合,从而更充分地发挥产业政策的作用。

(五)依靠科技进步,培育高新技术产业

调整现有的产业结构,实现产业结构优化升级,必须依靠科技进步。加快科技成果向现实生产力的转化,培育和造就一批科技含量高、拉动作用大、增长率高的高新技术产业,形成新的增长点,促进产业结构调整升级。

　　首先，要进一步加强政府宏观政策调控。政府要加大研发投入力度，建立一个融知识创新和技术创新于一体，企业、科研机构和高等院校共同参与的国家创新体系，进一步增加研发资金投入、研发力度，力争率先在优势项目的核心技术上有所突破，加大对产业共用技术的研发力度，尽快推动产业结构优化升级。另外，积极鼓励引进有效技术，加强对外技术交流与合作。引进国外有效技术，可以发挥知识的外部效应，既节约一大部分研发经费，又避免许多重复劳动、节省研发时间。

　　其次，优先发展高新技术产业，优化高新技术产业内部结构。国家应针对我国高新技术产业发展的具体现状，作出我国高新技术产业发展的战略规划，合理设计高新技术产业发展布局，从战略的高度来对我国高新技术产业的发展作出一个整体的规划。从而避免我国高新技术产业和产品生产的趋同化，优化高新技术产业内部的结构。以经济全球化为背景，大力开发和应用数字化、现代通信、网络集成、机电一体化、计算机控制等关键技术，着力开发和发展关联度高、能起骨干核心作用的整机产品、系统集成产品、网络终端产品，积极开发具有自主知识产权的应用软件和嵌入式软件，增强高新技术对科技进步的推动力。

　　再次，扩大对外技术交流和发展对外技术合作，鼓励外商以专利等无形产品投资形式同我国企业合作办厂等。要继续增加教育投入，加大引进人才力度。国际范围内，经济发达国家和经济追赶成功的国家对教育的投入都远远高于其他国家。对于我国这样一个发展中大国，更应该通过教育充分发挥知识的外溢性，把先进的知识迅速传播出去，为经济追赶提供更多的智力储备。

　　最后，高新技术人才的培养对高新技术产业的发展也至关重要。高新技术人才包括科学技术制造、服务、开发、管理、预测、分析等方面的人才。应在留住和吸引现有人才的基础上，积极培养高新技术产业发展的后备人才。应加大吸引国外的尖端人才,采取积极有效的政策吸引出国人员回国效力,为归国学者和技术人才创造良好的科研、工作环境,以促进本国经济的增长。

参考书目:

1. 苏东水:《产业经济学》,高等教育出版社,2010 年。

2. 肖兴志:《产业经济学》,中国人民大学出版社,2012 年。

3. 王岳平:《中国产业结构调整和转型升级研究》,安徽人民出版社,2013 年。

4. 陈喜强:《产业结构调整与就业结构协调研究》,人民出版社,2011 年。

5. 李兰冰:《区域产业结构优化升级研究》,经济科学出版社,2015 年。

思考题:

1. 我国产业结构的现状与面临的调整是什么?

2. 影响我国产业结构优化升级的要素是什么?

3. 什么是产业融合? 产业融合对产业结构优化升级的影响表现在哪些方面?

4. 试述在新常态下,我国调整优化产业结构的方向和策略。

第四章

就业与社会保障问题

第一节　世界性难题——就业与社会保障

一、全世界的共同关注：经济发展中的就业与社会保障

　　从世界范围来看，就业和社会保障是关系一国经济发展和人民生活的两大问题。随着我国产业结构的调整，城镇化、工业化进程不断加快，我国政府面临巨大的就业压力，不仅要解决大量新增的城镇劳动力的就业，还要考虑农村劳动力向非农领域大规模转移的问题，以及大学生就业难问题。我国传统的就业模式已经无法为如此庞大的劳动力规模提供就业岗位，"大众创业、万众创新"已经成为中国经济提质增效升级的有力引擎，有助于推动经济转型、释放社会活力。但是与此同时关于下岗职工、农民工，以及灵活就业人员的社会保障的呼声日益高涨，就业与社会保障成为我国当前乃至长时期的双重压力。

就业与社会保障是当前中国社会面临的两个最重要的民生问题,它们是不可分割、紧密相关的一个整体,都是促进经济发展、社会和谐的重要因素。就业主要属于经济发展的范畴,充分就业是各国宏观经济追求的目标,就业状况也成为经济发展状况的重要指标之一。社会保障是社会再分配的重要手段,属于社会发展范畴,社会保障水平反映的是国家社会发展和社会进步的程度。随着改革的深化和结构调整的加快,农村富余劳动力、城镇新增劳动力逐年增加和高校毕业生就业困难等情况的出现,社会将面临更大的就业压力,加之社会保障制度发展缓慢,由此引发了一些不安定因素,已成为各级政府不可忽视的问题。就业和保障是人的权利和义务的基本体现,满足人们基本生活需求是任何社会关系良好运行和社会发展的基础,解决就业是最根本保障,是解决人最基本的生活需要、改善人民生活的基本途径,也是国家经济发展和社会稳定的基本前提。

对我国当前情况来说,无论是促进就业还是完善社会保障制度都是刻不容缓的、需要作出创新的经济和社会领域。就业与社会保障虽然分属经济发展与社会发展的不同范畴,但两者之间既相辅相成、又相互促进。促进就业的发展应该是经济发展的内在要求,也必将有利于社会保障体系的完善;符合社会发展的社会保障体系,应该成为促进就业发展的内在条件和制度保证。把握好两者的关系,是解决我国就业与社会保障压力的重要途径。确保充分就业与社会保障制度的协调发展,是我国现阶段乃至未来很长一段时期内所面临的重大任务。只有解决好社会保障制度与促进就业的关系问题,才能为我国长期稳定健康的发展铺平道路、扫清障碍,才能从根本上提高人民的生活水平,使全体人民共享改革发展的成果。

二、我国经济转型期的就业

就业是民生之本、安国之策，它不仅对人民生活水平的提高有着重要的影响，在很大层面上也关系着我国目前改革发展稳定的大局和国家的长治久安。

目前我国经济发展方式正在从"粗放型"转变为"集约型"，产业结构呈现优化升级的态势。而就业结构是劳动力配置状态的反映，它有自己变动的规律，但其变化发展应与产业结构变化相一致，反映出产业结构演进对劳动力资源需求的变化。

在经济转型期，我国的就业面临着多种矛盾，主要表现在：劳动力供给和需求总量不平衡与结构性的就业矛盾并存，沿海地区出现技工荒，城镇承受的就业压力增大，来自农村的剩余劳动力转移压力增大，新增劳动力和下岗失业人员之间的就业与再就业问题日益加剧。因此，当前我国经济社会发展中的一个很大的问题就是怎样才能较好地解决就业问题，特别是在全球金融危机仍然存在影响的今天，金融危机的爆发及其产生的后续影响导致众多的国外实体经济出现危机，从而引发失业，对于我国而言，正处于经济体制和产业结构双重转轨的特殊时期，因此内外经济失衡碰撞到一起，就业问题更加突出。主要表现为以下四个方面：一是国际市场需求由于受到国际金融危机的影响在短期内难以复苏；二是我国经济的增长速度下行压力较大；三是我国国内的消费需求乏力；四是产业结构转型期农民工的文化素质跟不上。在当前严峻的就业形势之下，国家虽制定了一些积极的政策来改变这个局面，并且有一定的效果，但就业压力并没有从根本上得以解决，仍然持续存在。因此保证已有就业，扩大就业与再就业就显得尤为重要了。

　　所以,国家采取什么样的措施理清造成就业压力的影响因素,是我国近几年甚至在未来一段时间内面临的有效解决就业问题以及我国经济健康持续发展的重要课题。在此基础上,缓解就业压力成为一个值得研究且亟待解决的问题。

三、经济新常态下的社会保障制度

　　社会保障制度是现代国家一项重要的社会经济制度,主要包括社会保险、社会救助、社会福利和慈善事业等内容。社会保障制度是现代国家的社会"安全网"、经济"调节器"。建立社会保障制度是现代国家的重要标志,也是现代政府的重要职责。社会保障是所有社会成员效用的最大化。著名经济学家 A.C.庇古教授在《福利经济学》一书中指出:"社会保障政策可以扩大一国的经济福利,因为穷人得到效用的增加要大于富人效用的损失,使社会总效用增加。"它通过设计一种制度,使人们不因没有特权而受到伤害,不因分工所形成的社会地位而变得卑贱。

　　改革开放以来,随着我国计划经济体制逐步实现向社会主义市场经济体制的根本转变,我国社会保障制度实现了由政府和企业保障向社会保障、职工保障、向城乡全体居民保障的重大制度性变革。但是我国社会保障还存在一些制度上的缺陷,面临一系列的挑战。从长期来看,社会保障制度的完善对中国要实现城乡二元结构向一元结构转变、顺利完成城镇化、建成社会主义新农村和全面实现小康社会都具有重大的战略意义。

　　目前,我国经济发展步入"新常态",经济发展速度趋缓,经济发展更加注重质量。经济发展速度不再是宏观层面追求的主要目标,国家财力更多地向民生倾斜。党的十六大明确地把"社会保障体系比较健全"作为全面建设小康社会的目标之一。社会保障制度建设、全面保障水平的提高被视为衡量国家进步的重要成果,受到前所未有的重视。世界各国在评估社会文明进步程度时,普遍将社会保障水平和状况作为一项十分重要的衡量指标,社会保障制度健全的国家同时也是社会发展进步水平高的国家。可见,健全的社会保障制度体系,因其价值理念的先进性和在社会实践中的巨大功能,而成为社会文明发展的重要成果与推动力量。

　　社会保障体系作为一项最基本的社会制度,是整个社会结构中不可缺少的一个重要构成部分,与其他政策体系相互配套、相互支撑,提升政府调节的有效性。首先,它为其他政策体系的实施提供配套和支撑。如各个国家的人口政策,通常需要社会保障制度的配合,凡采取鼓励生育政策的国家,通常会通过面向多子女家庭提供更为优惠的福利津贴与服务来刺激生育;而我国作为实行计划生育政策的国家,则对少生育子女的家庭给予补贴或奖励,进而支撑具有本国特色的人口政策;其次,社会保障体系也需要其他政策体系的配套支撑。例如,医疗保险制度的实施不能脱离已有的医疗卫生事业,而基金式的养老保障制度离不开资本市场的配合等。可见,健全的社会保障体系,是完整社会体系中不可或缺的重要组成部分。

第二节　中国就业形势与主要矛盾

一、就业形势:劳动力市场供求分析

　　(一)供给分析

　　1.农村剩余劳动力

　　从表4-1和图4-1中可以看出,我国农村剩余劳动力数量变化的总体趋势和阶段性特征。2005 年以前,中国农村剩余劳动力的数量变化波动较大;2005 年以后,农村剩余劳动力数量波动趋于平稳,至今这一群体数量约保持在 1.6 亿人左右,在我国人口总数中占到一定比例。

表 4 - 1　2001—2012 年我国农村剩余劳动力数量表　（单位:万人）

年份	2001	2002	2003	2004	2005	2006	2007	2008	2009	2010	2011	2012
农村剩余劳动力数量	19178.1	22222.5	21521.9	19695.3	17908.3	16422.1	16345.9	15518.3	16978.5	16996.6	17030.39	17079.93

数据来源:2002—2013 年《中国统计年鉴》和《中国农村住户调查年鉴》。

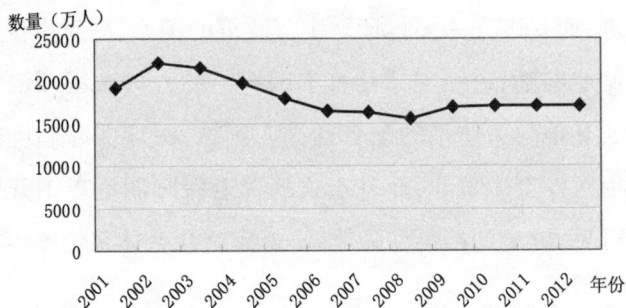

图 4 - 1　2001—2012 年我国农村剩余劳动力数量变化图

2. 城镇新增就业

根据国家统计局发布的数据,2015 年我国城镇新增就业 1312 万人,低于 2014 年创造的城镇新增就业 1322 万人的记录是新世纪以来的最高值。一方面,新增就业虽然在增加,但城镇净增就业已连续数年小幅下降。净增就业指标在 2010 年达到峰值 1365 万人,此后逐年下降,2014 年降至 1070 万人。另一方面,城镇新增就业规模虽持续增长,但同比增幅缩小,从 2010 年的 5.99% 下降到 2013 年的 3.48%,2014 年较 2013 年仅增加了 12 万人,增幅不到 1%。①

3. 城镇下岗失业人员

随着以国有企业改革为标志的结构调整接近尾声,以及劳动力市场配置机制的加强,国有企业改革过程中出现的下岗人员逐步消化,下岗与失业正式并轨。2009 年以来我国城镇登记失业人员每年规模达到 900 多万(见表 4-2)。

表 4-2　2005 年以来我国城镇登记失业率和失业人数

指标＼年份	2014年	2013年	2012年	2011年	2010年	2009年	2008年	2007年	2006年	2005年
城镇登记失业率(%)	4.1	4.1	4.1	4.1	4.1	4.3	4.2	4.0	4.1	4.2
城镇登记失业人数(万人)	952.0	926.0	917.0	922.0	908.0	921.0	886.0	830.0	847.0	839.0

数据来源:中国统计局官网,http://data.stats.gov.cn。

4. 高校毕业生

自 1999 年我国实行高等教育扩招以来,大学生的人数大规模增长,逐步迈向高等教育大众化,我国的整体教育水平得到了很大的提高。但是社会经济的发展并没有容纳更多的高素质人才。如图 4-1 显示,从 2006 年到 2014 年全国普通高校毕业生人数分别为 413 万、495 万、559 万、611 万、631 万、660 万、680 万、700 万、727 万,毕业生人数每年都创新高②。

---

① 数据来源:中华人民共和国国家统计局 http://www.stats.gov.cn/。
② 数据来源:中华人民共和国人力资源和社会保障部,http://www.mohrss.gov.cn/。

2006-2014 年普通高校毕业生人数（万人）

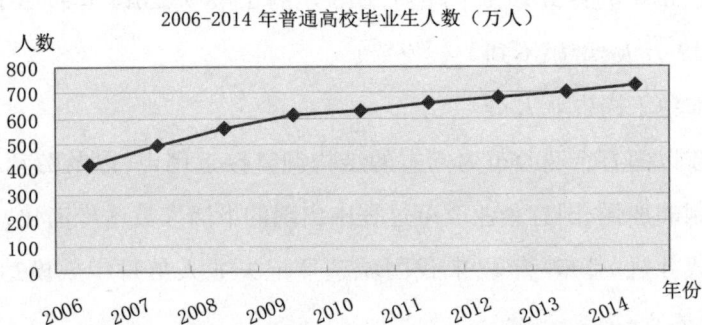

图 4-2　2006—2014 年我国普通高校毕业生人数

（二）需求分析

改革开放以后,我国经济增长对就业的拉动作用逐渐减弱。20 世纪 80 年代我国 GDP 年均增长为 9.3%,就业增长率为 3.0%,就业增长的弹性系数为 0.332,"八五"期间(1991—1995 年),我国 GDP 年均增长 12%,就业增长率为 1.2%,就业增长的弹性系数为 0.1[①]。,中国人民大学经济学院教授陈享光曾做过一个测算,中国"九五"时期平均就业弹性系数为 0.14,"十五"时期就业弹性系数为 0.12[②],另据近几年的统计公报计算,2012—2015 年的就业弹性系数分别为 0.05、0.05、0.05 和 0.04,即到 2015 年 GDP 每增长一个百分点仅能带动 50 万个就业。这些数据说明我国经济增长模式越来越向低就业增长或者无就业增长模式变化。一个好迹象是,随着我国经济结构不断优化、经济的总盘子不断扩大,近两年就业弹性正在提高。国家人力资源和社会保障部开展的"关于经济发

---

① 胡鞍钢:《中国就业状况分析》,《管理世界》,1997 年第 3 期。

② 尹晓宇:《GDP 每增加一个百分点大概能带动 120 万人的就业》,http://www.ce.cn/macro/more/201304/16/t20130416_24292890.shtml。

展与就业增长的关系研究"的大型课题研究表明,当前经济每增长 1 个百分点,对应的新增就业数量已能够达到 150 万人左右。据此推算,GDP 增长 7.5% 左右,基本能实现 2015 年提出的新增就业 1000 万人以上的目标。GDP 增速如果降至 7% 或更低,则有可能对就业产生较大的冲击,甚至出现大面积的失业现象。① 我国经济增速放缓的宏观背景下,就业压力无疑是巨大的。即便我们能保持 7% ~8% 的增长速度,相对于每年庞大的劳动力供给来说依然存在较大缺口。

从以上分析中可以看出,我国目前劳动力的供给远远超过需求,就业形势十分严峻。按照官方的统计口径,有相当多的失业人口没有被统计到失业人口和失业率之中。比如下岗职工、农村剩余劳动力都不算失业,只有城镇中的过剩劳动力才算失业。无论是西方主流经济学教科书,还是发达国家的就业政策,追求的都是"充分就业"的目标,西方主要工业国家的经验数据是失业率在 2% ~6% 之间都是"充分就业"。根据人社部公布的数据,2014 年我国城镇登记失业率为 4.1%,这显然是没有将一些还没与原单位脱离关系的下岗职工、在家没有去登记失业的大中专毕业学生、进城没有找到工作的农民工等诸多失业劳动力算在内的一个观测指标。

二、就业结构和就业状况

(一)三次产业就业结构

如表 4 - 3 所示,我国的就业结构呈现从第一产业向二、三产业转移的明显特征。第一产业的就业人数从 1990 年的 3.9 亿下降到 2013 年的

---

① http://news.xinhuanet.com/2014 - 04/11/c_126379649.htm。

2.42 亿,第二产业的就业人数从 1990 年的 1.39 亿上升到 2013 年的 2.32 亿,第三产业的就业人数从 1990 年的 1.2 亿上升到 2013 年的 2.96 亿,就业结构从 1990 年的 60.1∶21.4∶18.5,演变为 2013 年的 31.4∶30.1∶38.5。从行业分布上看,农、林、牧、渔业就业人数绝对下降,从 2002 年的 484.5 万人下降到 2013 年的 294.8 万人,其他行业就业人数的绝对数都是上升的[1],采矿业、煤水电供应业等传统行业就业人数增长幅度较小,而房地产、金融、商业服务等新兴行业就业人数有较大幅度增长。

表 4 – 3　1990 年以来三次产业就业人数和就业结构

年份	就业人数(单位:万人)			就业比重(单位:%)		
	第一产业	第二产业	第三产业	第一产业	第二产业	第三产业
1990	38914	13856	11979	60.1	21.4	18.5
1992	38699	14355	13098	58.5	21.7	19.8
1994	36628	15312	15515	54.3	22.7	23.0
1996	34820	16203	17927	50.5	23.5	26.0
1998	35177	16600	18860	49.8	23.5	26.7
2000	36043	16219	19823	50.0	22.5	27.5
2002	36640	15682	20958	50.0	21.4	28.6
2004	34830	16709	22725	46.9	22.5	30.6
2006	31941	18894	24143	42.6	25.2	32.2
2008	29923	20553	25087	39.6	27.2	33.2
2010	27931	21842	26332	36.7	28.7	34.6
2011	26594	22544	27282	34.8	29.5	35.7
2012	25773	23241	27690	33.6	30.3	36.1
2013	24171	23170	29636	31.4	30.1	38.5

数据来源:根据历年《中国统计年鉴》数据整理。

————————

[1] 《中国经济统计年鉴 2014》。

（二）就业的所有制分布及其变化

如表 4 - 4 显示,近年来我国国有部门和集体所有制部门的就业人数呈不断下降的趋势,而非公有制单位的就业吸纳能力大幅提高,从 2006 年的 4519.1 万人上升到 2013 年的 11177.2 万人,增长了近 1.5 倍。可见,非公经济将成为解决城镇新增人口的主渠道。

表 4 - 4　2006 年以来按登记注册类型分布的就业人数(万人)

年份	国有部门	集体所有制部门	其他部门
2006	6430.5	763.6	4519.1
2007	6423.5	718.4	4882.4
2008	6447.0	661.8	5083.7
2009	6420.2	618.1	5534.7
2010	6516.4	597.5	5937.6
2011	6704.2	603.1	7106.0
2012	6839.0	589.7	7807.7
2013	6365.1	566.2	11177.2

数据来源:历年《中国统计年鉴》数据整理。

（三）非正规就业人数庞大

按照国际劳工组织的标准,"非正规就业就是发展中国家城市地区,那些低收入低报酬无组织,无结构的很小生产规模的生产服务单位"的就业。非正规就业是相对于传统的主流就业方式而言的就业形式,包括阶段性就业、自主就业、独立服务型就业等。非正规就业是指未签订劳动合同、无法建立或暂无条件建立稳定劳动关系的一种就业形式。[1]

目前我国非正规就业已经逐步构成劳动力市场的重要组成部分,而我国相关的制度体系还远未建立,劳动关系和就业管理还较为无序。我

---

[1]　张彦军:《新时期就业促进问题研究》,西安地图出版社,2012 年,第 186 页。

国还没有按照这一分类进行官方的统计,但初步估计中国城镇的非正规就业数量是非常庞大的。据清华大学国情研究中心主任胡鞍钢教授估计,在中国城镇非正规就业人群大约有 6000 万~8000 万,占总就业人数比重可能达到 45%。而且,随着经济的发展和城镇化进程的加快,大量的农村劳动力涌入城市,这个数字至少在 2 亿人以上。这些就业者就业不稳定,基本没有社会保险,缺乏劳动保护,工资收入低下,工作时间长且不固定。规模庞大的非正规就业,一方面为缓解就业压力和贫困发挥了积极作用,同时也带来一系列问题,如劳动者权益得不到应有的有效保障,并出现大量"有工作的穷人"。

三、就业的结构性矛盾凸显

当前和今后一段时期,我国就业面临总量压力持续加大的同时,结构性矛盾更加突出。结构性矛盾指的是供给和需求的错位,主要表现在:

(一)大学生就业难,青年就业问题日益突出

有数据显示,青年人口的失业率比其他各年龄组明显偏高,青年经济活动人口比例明显下降,这将对劳动力市场造成深刻影响。高校毕业生的就业难问题突出,目前转型升级创造高端岗位的速度还难以跟上毕业生数量的增加,适合毕业生的有效岗位相对不足,毕业生教育结构、就业观念与市场需求脱节的结构性矛盾仍然突出。大学生相对过剩属于结构性失业,由于经济结构的战略性调整、学历层次、工作经验等劳动力资源要求的变化与大学生自身的学历、专业知识结构、素质能力、工作经验、择业理念、就业渠道不匹配而导致的人才市场职位空缺与失业并存现象是大学生结构性失业的应有之义。

另一个青年劳动者群体——新生代农民工的就业问题也不容忽视。

农民工问题一直是社会的热点问题,而新生代农民工也是近几年来刚出现的新名词,他们主要是指 80 后、90 后,这批人目前在农民工外出打工的 1.5 亿人里面占到 60%,大约 1 个亿。[①] 调查研究中发现:与第一代农民工相比,新生代农民工的受教育程度普遍有所提高,根据对新生代农民工走访调查的数据显示,新生代农民工的文化程度越高,他们接受过技能培训的比例也越高。新生代农民工作为农民工的一部分,与传统农民工面临着一些共同的问题,比如,工资拖欠、劳动合同签订率低、社会保障水平较低、职业健康安全保障不足等基本劳动权益保障问题。

(二)农村劳动力由"无限供给"转为"有限剩余"

随着人口红利的不断减少,中国劳动力"无限供给"的时代早已不复存在。据有关数据表明,2004 年中国向城市转移的农业劳动力的增长率同比减少 74%,达 5 年内最低,农村劳动力供给的增长速度下降的情况首现,中国农村劳动力开始由"无限供给"转为"有限剩余"。

据农业部发布的统计报告显示(如表 4 - 5 所示),2009 年我国农村劳动力增长开始为负值,并预见之后数十年间也只会持续走低。农村劳动力绝对人口数的降低,和改革开放三十余年来的农村劳动力的持续转移,我国农村剩余劳动力数量开始大幅降低,我国农村劳动力已经进入到"有限剩余"的阶段。

表 4 - 5   中国农村劳动人口旳变化趋势

年份	2009	2010	2011	2012	2013	2014	2015
农村劳动人口(亿元)	4.94	4.89	4.84	4.78	4.72	4.64	4.56

---

① 全国总工会新生代农民工问题课题组:《关于新生代农民工问题的研究报告》,《工人日报》,2010 年 6 月 21 日。

续表

年份	2020	2025	2030	2035	2040	2045	2050
农村劳动人口(亿元)	4.13	3.76	3.36	2.93	2.60	2.39	2.21

数据来源:农业部网站,http://www.ny3721.com/url/2805/。

与此同时,农村人口老龄化情况越来越严重,老年人口比例逐年上升。根据经验,农村劳动力转移率上限一般为70%～80%,2010年中国人口统计年鉴显示我国农村40岁以下劳动人口数为23503万人,若按照70%的转移率计算,则可知40岁以下的农村劳动力转移数为16452万。2010年全国外出农民工数量为15335万,年龄40岁以上占18.1%;本地农民工数量为8888万,年龄40岁以上占56.3%,扣除这两部分数量,计算可知2010年全国40岁以下农民工数量为16458万,略高于先前设定70%的转移率计算得出的16452万。由此可知,农村可向城市转移的40岁以下的青壮年农民工劳动力已经基本转移完毕。就企业来说,面对愈加严峻的"民工荒"状况,虽然已经逐渐放宽对农民工年龄的限制,由30岁以下放宽至40岁以下,但通过上述分析,40岁以下的农民工劳动力也是处于短缺的状态,农村劳动力有限剩余的局面已然势不可挡。

(三)产业升级转型中的劳动力技能素质结构不合理,技术工人短缺

以提高生产效率、提升产品质量和服务质量为主要特点的转型升级,必然会对劳动者素质和技术技能水平提出更高要求,具有较高职业素质和专业技术技能型人才短缺的矛盾在短期内将进一步加剧。人社部的数据显示,目前技能劳动者数量只占全国就业人员总量的百分之十九左右,高技能人才的数量更是仅占5%,远远低于发达国家20%～40%的水平。企业对高级技师、技师、高级工、中级和初级工的需求人数与求职应聘人数之比分别是2.4:1、2.1:1、1.8:1、1.5:1和1.5:1,目前对技术工人的

需求比已经大于对工程技术人员的需求比。①

中国的高职教育并不能很好地将农民工转化为产业工人，从而使中国的劳动力结构与制造业升级脱节，出现了高端人才缺失，低端劳动力过剩的结构性失调。当前，中国的大学九成以上都采用大而全或小而全的泛知识性人才培养体系，只有不到一成的职业教育，因此中高端制造业所面临的技术工短缺，也在情理之中。

第三节　中国社会保障面临的问题与挑战

一、社会保障体系建设现状②

自新中国成立后至改革开放前，我国开始建设和发展社会保障体系。在此期间，我国初步建立的这种初具规模的社会保障体系，是以高度集中的计划经济体制为基础的国家社会保障体系，具有苏联社会保障体系模式的特征，由国家或国有企业包办社会保障事务，个人不缴纳任何保险费，这无疑加重了经济发展落后的新中国及其国有企业的负担。"文革"给我国的社会主义建设事业造成了严重的破坏，也使我国社会保障事业遭受了沉重的打击，社会保障体系的建设处于停滞状态，甚至有所倒退。

改革开放之后，我国社会保障体系逐渐走上迅速恢复和改革发展的道路，基本情况和主要成效如下：

---

① 邱国庆：《当前我国企业技工短缺的原因及其对策》，《经济研究参考》，2006 年第 81 期。

② 参考《国务院关于统筹推进城乡社会保障体系建设工作情况的报告》，http://www.npc. gov.cn/npc/xinwen/2014－12/24/content_1890884.htm。

（一）以社会保险为主要内容的社会保障体系在我国已经基本确立

城乡基本养老保险制度全面建立。企业职工基本养老保险制度逐步完善，建立和巩固了社会统筹和个人账户相结合的基本制度模式；企业年金制度进一步发展，促进了多层次养老保险体系的建设。2011 年 7 月 1 日起启动了城镇居民社会养老保险试点，目前基本实现全覆盖。这是我国为加快建设覆盖城乡居民社会保障体系作出的又一重大决策，标志着我国基本养老保险制度的全覆盖，对于实现人人享有基本养老保险，促进我国社会保障体系建设，具有重大意义。在农村，新型农村合作医疗制度基本建立，并已覆盖大部分农村地区，农村最低生活保障制度也已全面展开建设，并不断地扩大覆盖范围，农村养老保险制度正在积极地探索。在城市，在一定范围和水平上，我国建立了包括养老保险、医疗保险、失业保险、工伤保险和生育保险等类别的社会保险制度，全面实施了城镇最低生活保障制度。

（二）社会保障覆盖范围不断扩大

基本养老保险实现制度全覆盖。企业职工基本养老保险参保范围由国有、集体企业，逐步扩大到城镇各类企业和社会组织，以及城镇个体工商户、灵活就业人员。近几年，先后将农垦职工、未参保集体企业退休人员、五七工、家属工等群体的上千万人纳入职工养老保险制度，集中解决了一批突出的历史遗留问题。截至 2014 年 11 月底，职工和城乡居民养老保险参保合计达 8.37 亿人，其中职工参保 3.38 亿人，城乡居民参保 4.99 亿人，待遇领取 2.26 亿人。

全民医保基本实现。截至 2014 年 11 月底，城镇基本医疗保险参保 5.9 亿人，其中职工医保 2.8 亿人、居民医保 3.1 亿人、新型农村合作医疗制度（简称"新农合"）参保 7.35 亿人，总覆盖超过十三亿人，95% 以上的城乡人口有了基本医疗保险。社会救助和社会福利有效惠及困难群众。

截至 2014 年 11 月底,全国共有城市低保对象 1893 万人,农村低保对象 5202 万人、五保供养对象 532 万人。2013 年,全国医疗救助达 1.1 亿人次,获得临时救助的家庭达 3937 万户次。全国城乡居家和社区养老服务覆盖率城市超过 70%、农村超过 37%,养老床位达到 572 万张。建立孤儿基本生活保障制度,保障孤儿 54.9 万人。

(三)社会保障待遇水平稳步提高

养老金水平逐年提高。企业退休人员基本养老金水平连续 10 年进行调整,养老金月人均水平由 2004 年的 647 元提高到 2014 年的 2070 元。2013 年底,全国城乡老年居民月人均养老金 82 元,其中各级政府全额负担的基础养老金 76 元。

基本医疗保险的保障水平显著提升。职工医保和居民医保政策范围内住院医疗费用,2013 年基金支付比例分别达百分之八十和百分之七十左右,基金最高支付限额分别提高到当地职工年平均工资和当地居民年人均可支配收入的 6 倍;新农合政策范围内的住院费用报销水平达到百分之七十五左右,最高支付限额不低于 8 万元。全国普遍建立了城乡居民医保门诊统筹,积极推进城乡居民大病保险,有效减轻了群众的医疗负担。工伤、失业、生育保险待遇水平也都稳步提高。

社会救助和社会福利水平有所提高。截至 2014 年 11 月底,全国城市低保月人均补助 266 元后保障水平达到 401 元,农村低保年人均补助 1440 元后保障水平达到 2673 元,均比制度建立之初有明显提高。部分省市相继探索建立了高龄津贴、养老服务补贴、护理补贴、困难残疾人生活补贴、重度残疾人护理补贴和困境儿童分类保障制度等。

此外,社保基金收支结余规模不断扩大,抗风险能力增强。截至 2013 年底,五项社保基金收、支和累计结余分别达到 3.52 万亿元、2.79

万亿元和4.51万亿元。全国社会保障基金总额突破1万亿元①。可以说,我国已初步建成社保公共服务体系,并在不断提高服务管理水平。

二、社会保障面临的主要问题

（一）城乡分割与地区分割的制度安排及与之相关的管理体制,损害了社会保障制度的统一性和特定功能的全面发挥

目前,在城乡居民基本医疗保险方面处于制度分设、管理分割的状态,即分别实行城镇居民基本医疗保险制度和新型农村合作医疗制度。两者之间在缴费标准、药品目录、定点医疗机构、医疗费用报销标准等许多方面都存在着显著差异。这种体制的形成有其特殊的历史原因,并引发了一些矛盾:一是有损社会公平,不利于城镇化背景下的城乡人员合理流动;二是两种制度之间在有关政策、经办管理流程等方面互不相同,产生矛盾;三是增加政府的管理成本,出现了人员重复参保、财政重复补贴的现象,也增加了社会运行成本。尽管通过多次机构改革在一定程度上消除了一些管理体制中的城乡分割痕迹,但迄今仍未真正得到根治,传统体制的惯性依然强大。例如,在养老保险中,职工基本养老保险处于地区分割统筹状态,农民工很难完全融入这一制度,城镇居民与农村居民养老保险分别由不同政策进行规范;在医疗保险中,城镇职工基本医疗保险、城镇居民基本医疗保险与新型农村合作医疗三轨并存;在社会救助中,最低生活保障制度同样是城乡分立,其他专项救助在城乡之间差异也很巨大;即使是针对无依无靠的孤寡老人也是城乡分割实施,在城市是通过公办老年福利院来满足其生活保障需求,在农村则通过是五保户制度来规

---

① http://theory.people.com.cn/n/2014/1008/c40531-25787925.html。

范；等等。这种城乡分割与地区分割的推进方式，损害了社会保障制度的统一性，限制了社会保障特定功能的全面发挥，使社会保障社会化发展的正向效应打了折扣。

（二）社会保障主体各方责任划分的模糊化，直接影响着这一制度的健康发展

传统制度下的历史责任与新制度下的现实责任一直处于模糊状态，它必然影响到化解历史负担的责任在相关主体之间的合理分担，并对新制度及其运行效果造成严重影响。目前难以推进养老保险全国统筹、各地社会保险费率高低不一等问题，其实都和历史责任与现实责任划分不清密切相关。在新制度的实践中，政府责任与企业、社会、个人的责任边界也是模糊不清的，即主体各方所负的责任并不明确。即使是政府责任，在中央政府与地方政府之间也存在责任模糊的情况。虽然中央财政自1998年以来对社会保障的投入在大幅度增长，但并非法定的固定机制，地方财政的责任更缺乏规范。社会保障责任划分的模糊化，直接影响了新型社会保障制度的有计划性和可预见性，同时也给经济发展和市场竞争中的各方带来权利和义务的不确定性，并增加了劳动者代际负担的不确定性和每届政府应负责任的不确定性，进而损害市场经济的正常秩序，弱化国家参与国际竞争的能力。因此，用明确的责任划分来替代现实中的责任模糊，用分级负责的固定拨款机制来促使各级财政到位，客观上已经成为新型社会保障制度建设所面临的紧迫任务。

（三）改革不同步与"老人老办法、新人新办法"的改革原则未能很好地贯彻，滋生了新的社会矛盾

在养老保险制度改革中，企业职工早已建立了统账结合的社会养老保险制度，而机关事业单位工作人员还停留在原有的退休制度中，这种不同步导致了两大群体在养老金权益上的差距持续扩大。同时，无论是企

业职工还是机关事业单位工作人员,因为未真正贯彻"老人老办法、新人新办法"改革原则,造成企业退休人员普遍觉得权益受损,而机关事业单位工作人员却明显获得较企业员工更为优厚的养老金待遇,结果滋生了企业与机关事业单位退休人员的尖锐矛盾,同时也直接影响到年轻人的择业偏好。因此,不同步的改革直接放大了不同群体的福利权益差距,而不分新人、老人的做法,既是对同一代人追求公平权益的损害,亦使深化改革难度显著增大。

（四）现行制度安排的设计均不同程度地存在着缺陷,致使优化制度安排的任务异常繁重

职工基本养老保险还停留在地区分割状态,制度结构亦存在着不合理现象;医疗保险依然是城乡分割,责任负担失衡;失业保险与工伤保险制度均缺乏预防风险的功能;最低生活保障制度同样存在着只考虑收入状况而不考虑资产状况以及非专业化实施的缺陷;老年人福利事业、残疾人福利事业城乡分割,有的甚至是将救助、福利与保险相混淆;灾害救助只体现出政府责任,而且主要集中在中央政府;住房福利将住房救助与公共房屋供应混在一体;整个制度体系表现出经济保障项目与服务保障项目失衡,管理体制中多龙治水的格局仍然存在;等等。如果不能尽快全面优化现行制度安排,随着投入规模的持续扩张与路径依赖的惯性强化,整个社会保障体系将陷入极为不良的状态。

（五）立法滞后、体系不健全

在我国,到目前为止,超过 20 年的改革主要是基于中央发布的各项"决定",甚至是地方政府国务院的规定。中国的社会保障法律体系不健全,缺乏依法行政和有效的监督机制,导致了仲裁机构和人民法院对社会保障争议案件的处理有时无据可依,缺乏社会保障立法的权威和稳定。社会保障立法依然滞后,急切需要制定《社会救助法》等基本社会保障法

律。《社会救助暂行办法》2014 年 5 月 1 日起实施，相关配套改革必须同步推进，如医疗卫生体制改革、公共财政改革、户籍制度改革等，都是社会保障改革与制度建设不可缺少的配套，只有同步协调推进，才能取得相得益彰的效果。

三、我国社会保障制度面临的挑战

（一）宏观经济增速放缓，社会保障基金平衡压力增大

目前，我国经济发展步入"新常态"，经济增长速度趋缓，经济发展更加注重结构和质量。短期内，受国内外宏观经济低迷的影响，就业低迷，人口抚养比持续提高，加之人口老龄化、城镇化加快发展，给社会保障基金的收支平衡带来极大的压力。收入上，一是在经济增速下降的背景下进行经济结构和产业结构的优化升级，经济会经历一段痛苦的调整期，落后产业和低端劳动力会被挤出市场，特别是东部沿海地区那些对外依存度较高的劳动密集型产业受到的冲击会更大，企业和个人欠缴甚至断缴社会保险费的现象会大量出现。加之工资收入增速降低，社会保障基金征缴收入增速会下降。二是受经济增速下降的影响，财政收入增速下降，而且由于经济运行风险加大，特别是房地产风险的积聚，地方政府的支柱性财税来源朝不保夕，财政收入的稳定性下降，在财政存量支出结构稳定情况下，财政收入用于社会保障投入的增量部分相对减少且存在变数。支出上，养老保险方面，受待遇刚性增长及人口老龄化加快的影响，养老金支出规模逐年增加。医疗保险方面，由于就业不景气、收入下降，部分人群的经济状况变差，不仅用于营养改善和卫生保健方面的支出减少，而且应对压力的能力减弱，导致患疾病风险的概率增加。再加上低收入者容易小病不医，患大病的风险随之上升。不仅如此，中等收入者由于对未

来经济发展的预期不稳定,也会紧缩包括卫生保健在内的各项开支。这一人群整体上患疾病的概率也会增加。因此,医疗保险基金的支出规模也会上升。失业保险方面,一是由于经济下行、经济和产业结构调整,经济体容纳和吸收劳动力特别是低端劳动力就业的能力下降;二是由于政府不再轻易出台刺激经济的政策,失业和低就业的状况将持续比以往更长的时间,失业人数的增加与失业周期的延长共同导致失业保险基金支出的增加。综合分析养老、医疗、失业保险的收支形势,社会保障基金短期内财务平衡的压力会加大。

(二)"未富先老",加大社会保障压力

如何健全老龄组织机构、加强老年法制建设,使老年人自身的合法权益得到维护,都是我国今后面对的难题。第六次全国人口普查数据显示,老年人口数量增加得特别快:60 岁以上人口已占总人口的 13.26%,65 岁以上人口占 8.87%,同 2000 年第五次全国人口普查相比,60 岁以上人口的比重上升了 2.93 个百分点,65 岁以上人口的比重上升了 1.91 个百分点。中国老龄事业发展基金会理事长李宝库指出,中国是世界上唯一一个老年人口超过 1 亿的国家,而且每年还以 3.2% 的速度增长。

中国的人口老龄化还有一个特点,那就是"未富先老"。民政部副部长窦玉沛执笔的一份调研报告显示,由于实行计划生育政策和国民健康水平的普通提高,中国仅用了 18 年时间,就完成了发达国家几十年甚至上百年才达到的人口年龄结构的转变。发达国家进入老龄社会时人均国内生产总值一般都在 5000 美元以上,有的甚至超过了 1 万美元。中国进入老龄化社会时人均国内生产总值仅为 840 美元。2014 年人均国内生产总值不过 7000 美元。据"我国农村老龄问题研究"课题组陈昱阳的报告,农村老年人口规模是城市的 1.69 倍,城市老年人口比重为 7.97%,而农村老年人口比重已超过 18.3%。农村居民的人均收入更低,据《中国经济统计年鉴 2013 年》，全年农村家庭人均纯收入为 7916.6 元，即 1000 多美元。

据测算，目前我们国家 60 岁以上的老年人口已经达到了 14.9%，到 2020 年将达到 19.3%，到 2050 年将达到 38.6%，而在这个过程中，劳动年龄人口的绝对数却在下降。① 与此相关联的，就是抚养比。目前，职工养老保险的抚养比是 3.04∶1，也就是 3 个人养 1 个人，到了 2020 年将下降到 2.94∶1，到 2050 年将下降到 1.3∶1。随着人口预期寿命的增加，老年人领取养老金的年限也随之增长，而且养老金待遇是刚性增长的。所以，养老金的支出面临巨大的压力，特别是在人口老龄化的情况下，养老金基金的收支平衡有很大压力。

（三）不断递增的城镇化率，挑战现有社会保障模式

如何适应城镇化进程中数以亿计的农村转移劳动力的需求，是一个重大的理论和实践课题。城市化进程加快，社保体系未能适应多样化就业模式的发展。在未来的一段时间里，我国的城镇化率仍会以每年 1% 的速度上升，每年有 1000 多万的农村人口进入城市。但是在当前社会保障体系已经在制度层面覆盖城乡的背景下，制度城乡分割、群体分立、区域分离问题逐步发展成制约城镇化进程的重要因素之一，解决问题的重要性和紧迫性迅速增强。

由此产生了三个方面的问题：首先，劳动就业和社会保障问题的转移。其次，经过大量的年轻农民进入城市，农村人的基本保障问题更加突出。因此，如何根据总体城乡发展的要求，建立和完善统一的城乡劳动力市场和城乡一体化的社会保障体系，为解决我国的就业和社会保障问题

---

① 《人社部部长等谈就业和社会保障》，http://finance.ifeng.com/a/20150310/13543157_0.shtml。

是一个重要的任务。再次,就业变得越来越多样化。我国有明显的就业模式的变化,非公有制经济已成为吸纳新的劳动力的主要渠道,大量的工人面临着灵活的就业方式,传统的以"单位"为标准的社会保障制度不能适应多样化就业模式。

(四)非正规就业人员的参保问题亟待解决

制定统一规范的参保政策有一定难度,同时也存在一些忽视甚至逃避社会保险责任的因素。我国现阶段社会保障制度保障的对象范围仍然偏窄,只覆盖了国家正规单位的正规就业人员,而一大部分非正规就业者,包括农民工、城镇下岗临时工及其他非正规就业人员的社会保障利益仍未落实。而目前国家提倡非正规就业或灵活就业,以致有关部门提出,非正规就业或灵活就业将成为今后就业的主渠道。但非正规从业者往往处于"低技能、低收入、高风险"的境地,缺乏必要的社会保障、法律保护和技能培训等;在正规部门存在劳动力市场缺乏流动性,正规部门的正式就业和非正规就业之间存在鸿沟。庞大的非正规就业群体呼唤公平统一的社保体制。

(五)社会主义新农村建设呼唤健全的社会保障体系

目前我国农村人口老龄化速度快于城市,而家庭养老功能日益弱化,空巢家庭增多,传统的土地保障功能面临严峻挑战。据人社部的统计,2015年,新型农村养老保险参保人数突破3亿。根据第六次全国人口普查数据,居住在乡村的人口占总人口的50.32%,农村居民为6.74亿人,按农村老年人口比重18.3%计算,农村地区60岁以上老年人口为1.23亿人。也就是说,还有7300万以上的农村老年人没有养老金。此外,还存在被征地农民社会保障问题。长期以来,随着我国工业化和城镇化的迅速发展,被征地农民数量急剧增长,形成数千万被征地农民的庞大群体。个别被征地农民因征地、补偿及生活保障等问题而上访或造成群体性事件,成为影响社会和谐稳定的重要因素。

第四节　促进我国就业与社会保障良性发展的对策建议

一、科学调整劳动力供给结构

（一）合理确定我国高等教育的发展规模

现代经济增长理论已经证明了人力资本是促进经济长期增长的主要动力,因此从长期经济发展与社会进步的角度来看,发展高等教育应该被当作国家为实现伟大复兴与长期发展的战略之一。但是就目前的情况来看,我国已经存在相当规模的高学历人力资本失业群体,其中供给过多也是导致大学生就业难问题的原因之一,因此应该通过适当控制高等教育的发展规模这一手段来缓解就业难问题。制度性分割和传统观念的存在造成了我国大学生就业的特殊性,我国大学毕业生主要在城镇地区就业,因此计算我国高等教育的规模不能像其他国家一样以一国总人口数为基础来确定,而应该以城镇人口数字为基础。

（二）鼓励大学生进行创业,缓解大学生就业市场上劳动力的过度供给

创业不仅可以解决大学生自身的就业问题,也可以为其他大学生带来就业机会。鼓励大学生创业应分两步:首先,需要建立合理的创业教育体系。我国的大学教育体系中应开设与创业相关的课程,培养大学生的创业观念,丰富大学生的创业理论知识,提高大学生的创业能力,为大学生的创业实践打下坚实基础。其次,政府和高校也应为大学生构建良好的创业环境。政府应从政策上给大学生的创业予以支持,如在创业资金

的募集上通过政府贴息政策降低创业贷款利息,或在企业申请和开创阶段减化相应审批程序,节约大学生创业成本等。高校应在大学生的创业过程中提供相应的指导和支持,如请校内的专家和教授为大学生提供就业中的经验和技术支持等,使大学生顺利度过企业初创期。

(三)改革户籍制度,消除劳动力流动的制度性壁垒,解决劳动力市场分割问题

只有通过户籍改革,消除农业户口与非农业户口的界限,才能从根本上为劳动力的合理流动提供条件。但考虑到我国各城市现有的承受能力,户籍改革制度必须根据城市的经济、社会发展水平及管理水平,有步骤、分阶段地逐步进行。

二、加快经济发展转型,合理调整产业结构

(一)加强产业链优化,促进制造业产业结构升级

一方面应大力推动制造业部门进行技术创新,使其从当前所处的加工制造这种全球产业链的低端的环节向产品设计、仓储运输等产业链的高端环节延伸和发展,从而改变当前制造业对低成本劳动力的依赖,增强对高人力资本劳动力的需求。这样,就可以在一定程度上缓解对农民工劳动力这种低端劳动力的过度需求状况,也能进一步增强实体经济部门对高人力资本劳动力——大学生的有效需求,缓解就业压力。另一方面也要建立和完善第三产业发展的外部环境,以促进其发展,特别是知识密集型的现代服务业的迅速发展,如信息传输、计算机服务和软件业,金融业、保险业,科学研究和综合技术服务业等对学历要求较高、就业弹性较大的行业,从而让这些第三产业展现其对大学生劳动力的巨大吸纳潜力。同时,也要深化传统行业与现代行业间发展机制的互动作用,促进二、三

产业间的融合,形成一个以专业化分工为特征的科学产业布局,这不仅可以促进农民工劳动力需求的减少,也可以导致大学生劳动力需求的增加,从而解决大学生就业难与企业用工荒共存的困境。

(二)大力发展第三产业,促进产业结构合理化发展

第三产业的具有成本低、收益高、吸纳就业潜力大的特点,因此应该大力促进第三产业的发展,提高第三产业在 GDP 中的占比。同时,也应该优化第三产业的结构,不仅要加强包括餐饮、旅店、商业等在内的传统领域发展,更要注重包括金融、保险、信息咨询等在内的现代领域的发展,这类现代化服务业企业一般都是知识密集型的,大力发展则可以有效促进高素质劳动力需求的提高。另外,也要建立和完善第三产业发展的外部环境,放松对知识密集型行业和部门的限制,并尽快完善知识产权保护等方面的政策法规,以促其发展。总之,我国合理化产业结构,摆脱主要依靠第一、二产业实现经济发展的局面,转而重视依靠具有高附加值的第三产业而实现发展,这样我们才能真正进入全球产业链的高端环节,从而摆脱充当世界加工厂的命运,使经济获得持续发展。

三、扩大社会保障基金征收范围

党的十八大提出关于社会保障发展要坚持实行"全覆盖、保基本、多层次、可持续"的方针,并且以增强公平性、适应流动性、保证可持续性为重点,继续扩大社会保障覆盖范围。扩大社会基金的覆盖面,首先要建立和完善社会保障体系,促进劳动力资源的合理配置和正常流动。从当前形势看,国有企业的员工人数呈下降趋势。与之相反,外商投资企业、私营企业和个体工商户显示出蓬勃发展之势。中国目前的社会保障体系在很多方面还不适应经济发展的要求,范围小、利率低的情况造成整个社会

保障基金支撑能力不足,独立于企业之外的社会保障体系是远离现实要求的,但也导致不同所有制企业的负担不一,不利于建立公平、有序的社会主义市场经济新秩序。应尽快将外商投资企业、私营企业和个体工商户纳入社会保障体系作为支付主体,确保"全覆盖"的社会保障体系。

中西部不发达地区劳动力输出地方的情况是,他们多为非公有制企业人员、灵活就业人员、进城农民工等,他们缴纳的各类保险使其只能滞留在发达地区,最终无法享受应有的社会保障。国家应完善社会救助制度、城乡居民最低生活保障制度等,扩大社会保险的范围及种类,充分发扬人道主义精神和社会主义精神,使社保能够满足各类人群的不同需要。大力发展社会福利事业,进一步鼓励和支持慈善事业的发展。

四、采取多种社会保障筹资模式,弥补社会保障基金的不足

政府要充分调动民间资源投资社会保障,将非政府组织,尤其是民间社会组织纳入政府在社会保障领域的合作伙伴。政府部门应积极寻求多元化的资金来源,利用社会资本的力量,来填补空洞的社保基金账户,逐步减少社保基金运营的风险。我国商业保险是落后于社会保障水平发展的,因此未来所有的系统设计都应考虑到社会保险和商业保险协调、相互促进,确保商业保险补充社会保险缺乏的社会保障功能。也可以争取联合国或其他国际组织的贷款、援助,建立教育、卫生保健、职业培训等社会保障项目,甚至可以将国际保险基金引入国内市场,通过多渠道融资发展中国的社会保障体系。社会保障体系的操作必须有资金支持,必须由政府筹集社会保障基金。充实社会保障基金应采取多种方式,例如,通过按照个人养老金账户转移部分国有资产,这是国有资产的一部分从国家财政社会保障基金偿还老职工的历史债务。与此同时,政府可以积极倡导

社会捐赠,设立各类公益机构,促进社会捐款,为企业社会捐赠活动给予优惠政策,进一步充实社会保障基金,改善当前单位负担过重的局面,实现社保基金负担的合理分布。

此外,可以考虑其他方法来充实社会保障基金,如征收新税、物业税、遗产税,等等;通过各种开源的方式,发行特殊债券等筹集社会保障基金,使社会保障系统正常运行。对于没有养老金计划的情况下,政府要采取社会救济措施,确保农民实现基本生存权。

社会保障基金,是要根据不同的需要区别对待,而不是一刀切。社会最低生活费用对于失业人员、退休人员、义务教育阶段儿童来说,成本是不同的,最低生活保障也是不同的。我们应该借鉴美国"最低生活保障"的经验,建立基本的保障,可以保持的最低生活标准,同时,努力发展商业保险和私人互助。通过商业保险介入的社会保障体系,建立一个法律保险和自愿保险,为所有社会成员提供一个完整的、多渠道的防御风险的社会保障体系,实现社会公平。

五、完善中国社会保障法律体系

当前社会保障体系改革多以行政法规或规章的形式约束,法律约束力不强,显然不利于社会保障体系政策改革的有效实施。因此要建立完善的社保法律,更好地规范和促进中国社会保障事业的发展。

一要建立多层次、多结构、全方位统一的社会养老保险体系。建立机关、机构、人员和企业员工的基本养老保险制度,以避免不同人群因为保障方式不同、保障级别的差异,造成社会矛盾,促进职工在企业和机构与机构之间的合理流动。建立基本养老保险后,根据经济状况,可以建立由企业和个人缴纳的补充养老保险,企业在以市场为导向的经营管理生产过程中,享受税收优惠。在这方面,应积极规范农村养老保险工作,积极探索适合中国国情的农村老年人口保障措施,缩小城乡之间的差距。另外,可以建立个人储蓄性养老保险。

　　二要制定养老保险优惠措施,鼓励企业自主参与职工补充养老保险,如企业年金等。企业补充养老保险在本质上受国家政策支持和法律监督,是可以由企业自主选择的一种养老保险制度。国家应该为企业参加补充养老保险创造便利,给予税收减免等优惠政策。

　　三要进一步规范各级人民政府对社会养老保险基金的统筹、分配管理等工作,适时地开展基本养老保险制度改革,调整完善行政部门和机构的工作。尽快实现省级统筹范围内的统一支付,通过补充保险等形式来缓解经济发展水平、收入水平差异的地区,以及行业养老金差距现象,形成一个统一的养老待遇模式。我国应加快社会保障立法,建立一个统一的、标准化的社会保障体系和业务流程,以法律的形式规范国家社会保障的权利和义务,规范社会保障管理、基金管理和对象管理、制度化、标准化操作。提高促进社会保障,提高各级政府依法行政执法水平,提高用人单位依法参保意识,激发公民的权利意识。国有企业,不再设立新的再就业服务中心,企业新裁员也无须再进入再就业服务中心,而是终止劳动关系参加失业保险后按规定享受失业保险待遇。已进入社保中心的下岗工人,基本内容不变,再就业协议到期还未实现再就业的下岗工人,他们应当依照本法规定解除劳动关系,并享受失业保险和城市居民最低生活保障待遇。按照延长失业保险,关键机构和外商投资企业、民营企业参加失业保险,覆盖所有符合规定的单位和职工。加强失业保险费用,增加基金的收入,增加资金承受能力。

六、加强社保基金监督，实现保值增值

加强社会保障基金的支付，规范和验证缴费基数，减少"跑冒滴漏"的现象，清理日益增加的逾期账单。一方面要继续保持金融支持，建立社会保障预算的专项资金，积极调整各级政府社会保障的支出结构，逐步提高社会保障支出的财政支出比例，实现建设性财政公共服务的预期回报。另一方面，国有企业要担起应有的社会责任，依法将部分利润转移到社会保障基金上来，扩大社会保障基金的规模。

社会保险基金投资具有一定的灵活性，但介于社保资金的特殊性，决定了其投资操作不同于一般的资本操作，应遵循以下原则：安全原则，即有效地控制投资风险，减少损失；非营利原则，即在安全原则的前提下，不以获得最大投资利润为目的；流动性原则，即投资不产生价值时，损失能够被转换成现金；分散原则，即多元化投资行为和投资方式不会过分集中。

同时，建立和完善一套规范、有序、科学的民主决策运行机制，管理系统的操作和监督相互制衡机制。内部约束结合外部监督系统的监控，全面加强资金管理和监督，使基金监督部门和机构认真履行职责，协调和监督力量，最大限度地确保基金的安全，从源头防止基金违法问题。投资基金的发展，同时还要采取多种方式改善社保基金投资市场的比例。进一步增加市场的透明度，规范市场主体行为，为社会保障基金投资运营和管理创造良好的外部市场环境。重点发展和完善我国的资本市场体系，实现社会保障的价值。

一是进一步完善社会保障基金投资运营管理方式。进一步理顺资本市场体系和机制，充分发挥资本市场配置资源的基础性作用的研究，确保

社会保障基金投资运作长期稳定运行,实现以社保基金支持经济发展的动态平衡,分享社保基金发展的成果。

二是进一步扩大全国社会保障基金理事会运营当地基金的范围。2000 年 8 月,我国成立了全国社会保障基金理事会,负责管理全国社保基金业务。社保基金理事会成立以来,不仅操作中央基金,还操作当地基金委托省的一部分,平均投资回报率为 8.4%[①]。建议进一步发挥金融优势,全国社会保障基金理事会统一由省级政府,根据资本和资产的比例集中投资操作,有效地提高社保基金的收益率。

三是发行社会保障基金购买债券。根据有关规定,社会保险基金是金融体系的一部分,基金资产除了预留费用的一部分外,应全部用于购买国债。目前,我国发布了十多年的政府债券,没有社会保障基金参与购买,建议政府尽快发行定向债券,尽可能多地提高社保基金收益率。

四是建立社会保障基金存款利率和竞价机制,理顺资本市场体制机制。制定相关社保投资基金规章制度,政府无须过多地承担收入再分配的角色。引入社保基金的市场竞争,政府只需对市场营运进行有效的调控和监督。引入社会资本,多渠道、多方式筹措社保资金,如发行社会保障彩票等。通过公平竞价存款利率筹集资金,也在一定程度上,促进利率市场化。

参考书目:

1. 严新明:《失地农民的就业和社会保障研究》,中国劳动社会保障出版社,2008 年。

2. 赵晏,刘鑫宏:《农民工就业与社会保障研究》,中国劳动社会保障出版社,

[①] 全国社保基金理事会:《2011 年全国社会保障基金年度报告》,2012 年。

2010 年。

3. 龚莉:《跨世纪难题:就业与社会保障》,云南人民出版社,2000 年。

4. 麦可思研究院编著:《2014 年中国大学生就业报告》,社会科学文献出版社,2014 年。

5. 郑功成:《社会保障概论》,复旦大学出版社,2008 年。

6. 王延中:《中国社会保障发展报告(2015)》,社会科学文献出版社,2015 年。

思考题:

1. 当前我国社会保障体系建设现状及面临的突出问题是什么?

2. 当前我国劳动力市场现状及存在的问题是什么?

3. 目前我国就业市场的结构性矛盾表现在哪些方面?

4. 促进我国就业和社会保障良性发展的对策建议是什么?

第五章

新型城镇化战略转型与道路选择

第一节　新型城镇化的科学基础与内涵

一、城市化与城镇化之辨

　　城镇化与城市化的内涵的一致性在于：一是两者在英文中是一个词，即 Urbanization。城镇化的内容十分丰富，加上人们的专业背景不同，对城镇化的认识，特别是侧重点很不一致。这就是说，广义的城镇，既包含市、建制镇（设一级政府机构的），又包含非建制的一般集镇。狭义的城镇，包含市和建制镇。所以，广义的城市化和狭义的城镇化内涵是完全一致的。二是我国设市的标准较严，而一些西方国家则宽松得多。联合国曾建议将人口规模达到 2 万人的聚居地区作为城市，但各国设市的最低人口规模相差仍然很大。如日本为 3 万人，瑞士为 1 万人，美国为 2500人，丹麦和瑞典为 200 人。我国的标准较高，1986 年前为 10 万人；1986—

1993 年为 6 万人；1993 年新标准为 8 万人。又如中等城市，美国的标准是 2.5 万～10 万人；苏联是 5 万～10 万人；我国是 20 万～50 万人。在 1996 年我国第一次农业普查中，全国非县政府驻地镇 16124 个，镇区平均人口 4520 人，平均非农人口 2072 人，3 万人以上较大规模的镇只有 170 个，占总数的 1.05%，高于丹麦、瑞士设市标准，接近美国设市标准。① 所以，把建制镇纳入城市范畴是可以的，也是合理的。

但是两者还是存在某些差异：从字面上看，城镇化更明确地把镇（指建制镇）纳入城市的范畴，而城市化字面上只包括城市，侧重反映农村人口向城市转移的过程和趋势。从中国的实际出发，使用城镇化更符合国情。一是中国镇的数量很大，据《中国城市发展报告 2012》，至 2012 年我国建制镇 19881 个，占了中国城镇总数的大部分；二是中国是农民大国，镇离农民最近，他们最熟悉，进镇的门槛也最低，城镇化是易为广大农民接受的范畴。从词义上看，城镇化似乎既包含了"城市化"又包含了"乡镇化"，"城市化"侧重农村人口向城市转移聚集的过程；"乡镇化"，即以乡镇企业和小城镇为依托，实现农村人口由第一产业向二、三产业职业转换的过程，居住地由农村区域向城镇区域（主要为农村小城镇）迁移的空间聚集过程，含义比城市化更广。由于中国还有大量的户籍农民，城乡差距较大，经济社会二元结构还比较突出，使用"城镇化"更能体现中国特色的发展模式。

从官方表述来看，2000 年 10 月 11 日党的十五届五中全会通过的《中共中央关于制定国民经济和社会发展第十个五年计划的建议》，首次明确提出了实施城镇化战略的问题，倡导"积极稳妥地推进城镇化"，指

---

① 王克中：《城镇化与城市化内涵是一致的》，http://finance. sina. com. cn/roll/20100505/00043309209. shtml。

出地区发展不协调,城镇化水平低,这是当前我国经济发展中的突出矛盾。党的十六大报告明确提出:"要逐步提高城镇化水平,坚持大中小城市和小城镇协调发展,走中国特色的城镇化道路。"此后,城镇化使用频率越来越高,逐渐代替了"城市化"这一表达方式,成为表达同一含义的官方用词。

但是,使用城镇化范畴,并不表示不可以使用城市化范畴了,在学术研究和对外交流中仍然可以使用城市化范畴。

二、新型城镇化的内涵

(一)新型城镇化的概念

新型城镇化概念是在"城镇化"基础上展开的,推行新型城镇化是我国基于国内外政治经济发展的新形势和长期以来高速城镇化发展带来的一些弊病和损失而提出的一条新的城镇化发展之路,使改革成果最大限度地惠及广大人民,促进未来中国城乡建设的可持续发展。发展新型城镇化是当前及今后一个时期我国一项重要的国家战略,对解决农业农村农民问题、推动区域协调发展、扩大内需和促进产业升级具有极其重要的意义。目前国内学术界研究普遍认为"新型城镇化"概念最早在 2002 年党的十六大伴随着"新型工业化道路"战略而提出,此后其概念随着内涵的丰富不断完善。关于新型城镇化道路,目前尚无标准定义。本章结合2014 年 3 月 16 日发布的《国家新型城镇化规划(2014—2020 年)》为新型城镇化作如下定义:

新型城镇化是一种符合中国国情和科学发展观要求的,强调以人为本、四化同步、优化布局、生态文明、文化传承的城镇化道路,是中国特色社会主义道路的主要组成部分。

（二）新型城镇化的特征

新型城镇化之"新"是相对于传统城镇化和国外城市化而言的，是要解决城镇化发展进程中一些矛盾和问题，使我国城镇化进入以提升质量为主的转型发展新阶段。

一是以人为本，公平共享。以人为本是新型城镇化的核心和本质要求，是新型城镇化的出发点和落脚点，高度关注民生和社会问题，加快推进农业转移人口市民化进程，走平等、包容、安全的和谐新型城镇化之路。2013 年底，中央城镇工作会议为新型城镇化道路再一次指明了方向，强调以人为本是新型城镇化的核心，"以城镇化为支点，促使户籍制度、土地制度等相关领域改革，使转型中的农民真正在基础设施、公共服务、社会保障等方面与城市居民享受同等待遇"。

二是四化同步，统筹城乡。新型城镇化致力于消除城乡二元结构的体制和机制障碍，推进就业、土地、金融等重点领域和关键环节的改革，是真正意义上和更高层次上的城乡统筹，它强调新型信息化、新型工业化、新型城镇化、农业现代化同步发展、深度融合，其中新型工业化是动力，新型信息化是活力，农业现代化是保障，而新型城镇化是载体和支撑。

三是优化布局，集约高效。新型城镇化不仅注重城乡统筹，也注重区域统筹，协调互补。强调城市既是区域的，区域也是城市的。在区域中谋发展、求协调是新型城镇化发展的重要内容。新型城镇化突出与区域经济发展和产业布局的衔接，在空间布局上以城市群为主体形态，根据资源禀赋的承载能力，优化空间布局和规模结构，促进城市紧凑发展，提高国土空间利用效率。

四是生态文明，可持续发展。传统城镇化面临着三个不可持续：主要依靠劳动力廉价供给的城镇化的经济增长方式不可持续；主要依靠粗放式的资源消耗的增长方式不可持续；主要依靠非均等化的公共服务来压低成本的城镇化方式不可持续。新型城镇化是一种可持续发展的城镇化,要在提高城镇化水平的同时,减少国外城市化进程中过度城市化带来的诸多问题,如社会、生态和环境问题等,特别是党的十八大以来把生态文明理念全面融入城镇化进程,推动形成绿色低碳的生产生活方式和城市建设运营模式,建造可持续发展的美丽城镇。

五是文化传承,彰显特色。新型城镇化倡导城市在发展中根据自然历史文化的禀赋而呈现的差异性、多样性,注重在旧城改造中保护历史文化遗产,注重在新城新区建设中注入传统文化元素,发展有历史记忆、文化脉络、地域特貌、民族特点的美丽城镇,建设历史文化底蕴厚重、时代特色鲜明的人文城市。

三、推进新型城镇化的重大战略意义

美国经济学家斯蒂格利茨认为,中国的城镇化与美国的新技术革命是 21 世纪影响人类社会进程的最主要的两件大事。在经济社会和城镇化发展的新阶段,在国际经济格局发生重大调整和我国全面建成小康社会、跨越中等收入陷阱的关键时期,需要高度重视推进新型城镇化的战略意义。

(一)推进新型城镇化是顺应世界各国实现现代化的普遍规律,也是加快实现我国现代化的理性选择

工业革命以来的历史告诉我们,一国特别是大国要成功实现现代化,在推进工业化的同时,必须同步推进城镇化,世界发达国家成为强国的过程就是其逐步提高城镇化率的过程。根据联合国 2012 年 4 月份发布的《世界城市化展望》可以发现,从 2011 年到 2050 年,世界城镇人口将从现在的 36.3 亿增加到 62.5 亿,城市化率由 52.08% 提高到 67.13%,其中

较发达地区将提高到 86.26%，而欠发达地区也将提高到 64.08%。实际上，发达国家在现代化过程中都有过城市化推进较快的时期，而且这个时期往往也是工业化推进较快的时期。特别是德国和日本正是抓住了现代化发展阶段的历史性机遇，快速推进城市化进程，并最终完成了城市化任务。我国要实现从经济大国向经济强国的迈进，必须自觉遵循城镇化发展规律的内在要求，努力推进新型城镇化，进而实现国家的现代化。

（二）推进新型城镇化有助于推动国民经济健康持续发展，从而跨越中等收入陷阱

第一，城镇化释放内需，潜力巨大。城镇化带动大量农村人口进入城镇，带来消费需求的大幅增加，同时还产生对基础设施、公共服务设施以及住房建设等巨大的投资需求。

第二，城镇化是统筹城乡发展的基本前提。通过推进城镇化，大量的农村富余劳动力向非农产业和城镇转移，农村居民人均资源占有量会大幅度增加，有利于提升农业生产规模化、市场化水平，加快农业现代化进程，解决农业增长、农村稳定、农民增收问题。城镇化还可推动工业反哺农业、城市支持农村，促进基本公共服务均等化，逐步缩小城乡差距，实现城乡共同繁荣发展。

第三，城镇化是产业结构调整升级的重要依托。城镇化产生集聚效益、规模效益和分工协作效益，极大地推动工业化进程。同时，城镇化不仅能够推动以教育、医疗、就业、社会保障等为主要内容的公共服务发展，也能够推动以商贸、餐饮、旅游等为主要内容的消费型服务业和以金融、保险、物流等为主要内容的生产型服务业的发展。

第四，城镇化是转变经济发展方式的重要条件。城镇化带来人们生活方式的改变，将消费需求从"吃穿用"转变到"住行学"，推动消费结构和消费方式升级。城镇化带来人力资本和信息知识聚集，促进市场竞争、

技术创新和改善管理,有利于提高资源集约利用,降低工业排放,实现低碳、绿色发展。城镇化的规模效应将大幅度减少资源消耗,有利于对污染进行集中治理,促进两型社会建设。

第五,城镇化是提高中等收入者比重的重要途径。城镇化创造更多的就业机会,提高劳动生产率,有利于提高劳动力的工资和劳动报酬在初次分配中的比重。同时,城市服务产业也是培育中产阶级或者中等收入人群最重要的产业载体。

(三)推进新型城镇化既是解决城镇化自身问题的基本途径,也是解决经济社会问题的重要出路

从整体上看,我国城镇化依然滞后,也出现了类似城市病的苗头和各种问题,并导致了其他社会经济问题的产生,为了解决这些问题,亟须积极推进新型城镇化。首先,继续保持一定的城镇化速度,是尽快改变城镇化滞后状态的需要。无论是从城市化与工业化和经济发展的相互关系,还从国际比较的角度,我国城镇化水平都是滞后的。[①] 城镇化滞后会带来一系列严重的问题,需要通过继续保持一定的城镇化速度,尽快改变城镇化滞后状态才能得到解决。其次,推进新型城镇化是解决城镇化问题的需要。目前,我国的城镇化在局部存在几种值得反思的属于病态城镇化倾向的不良现象,如半城镇化、被城镇化、"贵族化"城镇化和"大跃进"城镇化等。这些问题如果不采取科学的城镇化战略,尽早预防和治理,就很可能积重难返,无法根治。例如,半城镇化造成了我国数量庞大农业转移人口和日益严重的农民工问题;再如,城市偏向政策和城乡要素难以自由流动,造成的城乡收入差距过大,出现的双二元结构等诸多问题,这些

---

①　简新华、黄锟:《中国城镇化水平和速度的实证分析和前景预测》,《经济研究》,2010 年第 3 期。

问题主要由城镇化滞后、城镇化质量不高造成的,也必须依靠积极推进新型城镇化才能解决。

第二节　中国城镇化的演变历程和基本特征

一、中国城镇化的演变历程

新中国成立六十多年以来,我国城镇化呈现不断加快发展的基本态势,基本符合城镇化发展的一般规律。从总体上看,以改革开放为分水岭,我国城镇化经历了两个发展阶段。

(一)改革开放前我国城镇化的发展历程[①]

新中国建立初至改革开放前(1953—1979 年),其中新中国成立初期,我国 10.6% 的人口居住在城市地区。1953 年中国开始搞工业,第一个五年计划正式实施,揭开了城市化的序幕。

(1)1952—1957 年,为城镇化的第一阶段。这是我国国民经济恢复和第一个五年计划时期,随着国民经济的恢复和建设,工业化城市化发展较快,1957 年与 1949 年相比,中国城市由 140 个增加到 183 个,城镇人口由 5765 万增加到 9949 万;城镇化水平由 10.6% 上升到 15.4% ,这是中国城镇化首次正常上升时期。

(2)1958—1960 年为第二个阶段。国家经济受"左"倾思想和有关政策影响,1958 年"大跃进"使农村人口迅速涌向城市。从 1958 年到 1961 年间,我国新设城市 33 座,城市人口由 10720 万增加到 13073 万,年平均

①　林玲:《经济发展与城市化》,湖北人民出版社,1995 年,第 251 ~ 253 页。

增长率也高达 19.7%,城市化水平由 16.3% 提高到 1960 年的 19.7%,这是中国城市化超高速发展时期。工业化和城市化脱离了农业基础,使落后的农业和轻工业难以支撑,迫使中央开始调整。20 世纪 50 年代末 60 年代初出现"三年经济困难",由此开始实行了严格的户籍制度,严格限制农村户口转为非农业。

(3)1961—1965 年为第三个阶段,国家经济大调整时期,大力精简城市人口,大量城市人口返回农村,造成中国第一次人口倒流。同时提高涉镇标准,建制镇常住人口标准由过去的 2000 人提高到 3000 人,城市数目减少了 37 座,城市化率从 1963 年急剧下降到 16.8%,1965 年回升到 18.0%,这是中国城市化的第一次"大落"时期。

(4)1966—1979 年为第四阶段,"文革"时期国民经济遭到很大破坏,知识青年上山下乡和大量干部下放到农村,出现"逆城市化"现象,中国经济处于政治混乱的动荡中。城镇化水平由 18% 下降到 17.24%,城镇化水平的持续下降反映了中国社会政治经济生活的急剧动荡。

(二)改革开放以后我国城镇化的发展历程①

改革开放以后,国民经济发展的重点转移到经济建设的轨道上来,改革发展政策使社会经济进入了一个正常的迅速发展的时期,也是城市化迅速发展的新时期。

1. 稳步推进时期(1979—1995 年)

改革开放以来至 1995 年,中国城镇化呈现稳步推进的特点。在这一时期,随着改革开放的不断深入和工业化的快速推进,中国的城镇化水平稳步提升,由 1977 年的 17.55% 提高到 1995 年的 29.04%,18 年内城镇

---

① 参见魏后凯:《中国城市镇化和谐与繁荣之路》,社会科学文献出版社,2014 年,第 14 ~ 19 页。

化率提高了 11.49 个百分点,平均每年提高了 0.64 个百分点。其中,在 1978—1987 年间,全国城镇化推进的速度较快,年均提高 0.78 个百分点; 而在 1988—1995 年间,由于受 1989 年治理整顿政策的影响,全国城镇化 速度放缓,平均每年提高 0.47 个百分点。总体上看,虽然这一时期全国 城镇化在稳步推进,但由于工业化推进较快,加上历史时期各种矛盾的积 累,导致城镇化严重滞后于工业化发展速度。

2. 加速推进时期(1996 年之后)

自 1996 年以来,中国城镇化步入了加速推进时期。18 年间,城镇化 水平平均每年提高 1.37 个百分点,远高于 1950—1977 年平均每年提高 0.25 个百分点和 1978—1995 年平均每年提高 0.64 个百分点的速度。其 中,在"十一五"期间,全国城镇人由 2005 年的 56212 万人增加到 2010 年 的 66978 万人,5 年内共新增城镇人口 10766 万人,平均每年增加 2153 万 人;城镇化水平由 42.99% 提高到 49.95%,平均每年提高 1.39 个百分 点。相比较而言,"十一五"时期全国平均每年新增城镇人口和城镇化速 度与"九五"和"十五"时期基本持平,但远高于"七五"和"八五"时期的 水平(见表 5 – 1)。2011—2013 年,全国平均每年新增城镇人口 2044 万 人,城镇化率年均提升 1.26 个百分点,其速度略低于"九五""十五"和 "十一五"时期。这表明,中国的城镇化在经历了"九五"至"十一五"时期 的高速推进后,"十二五"时期已有减缓的趋势。预计在"十三五"时期, 中国城镇化的速度将继续减缓,开始进入速度与质量并重的转型阶段。

表 5 – 1 "六五"以来城镇新增人口与城镇化率变动情况

时期	年份	平均每年新增 城镇人口(万人)	城镇化年均 提高幅度(百分点)
"六五"时期	1981—1985	1191	0.86

续表

"七五"时期	1986—1990	1020	0.54
"八五"时期	1991—1995	996	0.53
"九五"时期	1996—2000	2146	1.44
"十五"时期	2001—2005	2061	1.35
"十一五"时期	2006—2010	2153	1.39
"十二五"前三年	2011—2013	2044	1.21

数据来源:根据《中国经济统计年鉴2013》相关数据计算整理。

二、我国城镇化的基本特征

改革开放以来,随着经济的高速增长和工业化的快速推进,中国城镇化呈现不断加快的趋势,城镇化水平显著提高,城市经济日益占据支配地位,城镇化的带动作用不断增强。这期间,中国仅用了三十年左右的时间就完成了一些发达国家历经上百年才走过的进程,在世界上创造了又一个"中国奇迹"。与其他国家相比,中国的城镇化具有三个鲜明特点:

(一)城镇化起点低、规模大、速度快

中国城镇化的起点低,新中国成立初的城镇化率仅为10.6%,改革开放初期的1980年城镇化率也只有19.4%,比世界平均水平低20个百分点,比欠发达地区还低10.1个百分点。进入21世纪以来,我国城镇化增长率基本保持在年均1.0个百分点以上,尤其是"九五"以来,各时期城镇化率年均提高幅度都在1.25个百分点以上,年均新增城镇人口都超过2000万人,这种速度和规模在世界上都是罕见的。2014年国家统计局数据显示,我国城镇化率达到54.77%,世界城镇化率为53.6%,这表明目前中国城镇化进程已经超过了世界平均水平。世界城镇化率由

30%提高到50%平均用了五十多年时间,而中国仅用了15年。

(二)城市体系日益完善,城市群已成为城镇化的主体形态

目前,我国大中小城市和小城镇体系基本形成,初步形成了"685个城市+20000个建制镇+60万个行政村"的居民点框架体系。从宏观空间看,我国城镇空间合理布局的"大分散、小集中"格局正在形成,表现为与我国地理环境资源基本相协调的东密、中散、西稀的总体态势。从微观空间看,城市内部空间,中心城区、近郊区以及远郊县的城镇空间结构层次日益显现。

与此同时,城镇集群也逐步形成,较典型的有长三角城市群、珠三角城市群、京津冀城市群、山东半岛城市群、辽中南城市群、海西城市群、哈大长城市群、中原城市群、长株潭城市群、武汉城市群、成渝城市群等。这些城市群作为国家参与全球竞争与国际分工的全新地域单元,已经成为引领和支撑中国经济高速增长的主导地区,主宰着中国经济发展的命脉。随着城市群的迅速兴起,目前中国已进入一个以城市群为载体的群体竞争新时代,城市群已经成为中国推进城镇化的主体形态和吸纳新增城镇人口的主要载体。

(三)城镇化成为经济发展的重要引擎

城镇化既是经济社会发展的结果,也是促进经济增长和结构变迁的重要驱动力。改革开放以来中国的经济快速增长,是与城镇化的快速推进紧密相连的。快速城镇化带来了大量的投资和消费需求,促进了内需扩大和经济增长。从投资需求看,城镇人口的增加可以带来城镇基础设施、公共服务设施建设和房地产开发等多方面投资需求。一般认为,中国城镇化率每提高1个百分点,将有一千多万农民进入城镇,而2013年城镇居民的消费水平是农村居民的3.1倍,由此将明显拉动最终消费增长。同时,中国的城镇化还加速了人力资本积累,促进了技术创新和生产率提

高,推动了产业结构优化升级。① 而大量农村劳动力从第一产业向第二、第三产业转移,也有力促进了中国经济增长。据研究,劳动力转移对中国GDP 增长的贡献大约为 16% ~ 20%。② 此外,中国城镇化的快速推进还促进了基本公共服务的改善和城乡发展差距的缩小。

第三节　我国城镇化战略重大调整

一、传统城镇化的弊端和不可持续性

应该看到,改革开放以来中国城镇化的快速推进是建立在外延式的粗放发展模式的基础上的,城镇化的质量低,资源环境代价大,市民化严重滞后,发展中不平衡、不协调、不可持续问题突出。这种传统的粗放型城镇化模式已经走到了尽头,难以为继。总体上看,当前中国城镇化主要面临着五大问题:

(一)城镇化水平不高,质量较差

虽然我国城镇化水平与经济发展水平基本适应,但与工业化水平相比则明显滞后,与世界发达国家相比距离仍然十分明显;更为严重的是,由于城镇大量农民工难以落户,我国城镇化质量不高。统计局数据显示,2012 年中国户籍人口城镇化率仅为 35.29%,比常住人口城镇化率低17.28 个百分点。城镇人口中 1/3 的流动人口群体无法享受城镇居民待遇;农民工整体上技术能力缺乏,难以适应产业转型升级的要求;新生代

---

① 时慧娜:《中国城市化人力资本积累效应》,《中国软科学》,2012 年第 3 期。
② 参见世界银行:《2020 年的中国:新世纪的发展挑战》,中国财经出版社,1997 年。

农民工无务农意向,"不融入"或"半融入"城市的现象突出,成为制约提高消费、拉动内需的瓶颈和社会潜在的不稳定因素;农村精英流失、农业现代化发展受限、农村空心化的现象日益显现。

（二）城镇化推进的资源环境代价大

资源环境约束瓶颈突出,生态环境形势严峻,区域性复合型大气污染事件频发,并达到历史最严重水平;江、河、湖、海大多受到各类污染物共存的复合污染,对人体健康造成极大威胁。化肥、农药和水污染造成了严重的土壤污染,直接影响到食品安全;一些城市在产业选择上盲目发展高投资、高耗能产业,造成产能过剩和资源环境的严峻约束。2001—2010年,中国城镇人口年均增长 3.78%,但煤炭、石油、天然气消费年均增长8.17%、6.69%、16.14%,分别是前者的 2.16 倍、1.77 倍、4.27 倍。中国城镇化率每提高 1 个百分点,需要消耗煤炭 87.58 万吨标准煤、石油21.44 万吨标准煤、天然气 8.08 万吨标准煤、城市建设用地 1283 平方公里。水资源严重供不应求,全国城市地区消耗水资源由 1987 年的 78.7亿立方米激增到 507.9 亿立方米,年均耗水增加 13.4 亿立方米。目前,四百多座城市缺水,二百多座城市严重缺水。大部分城市过度开采地下水,造成了地面加速沉降。同时,污染物排放迅速增长,城镇环境质量下降。2001—2010 年,全国工业固体废弃物产生量、工业废气排放总量、废水排放总量每年以 11.4%、14.2%、4.0% 的速度在增长。未来主要污染物的排放总量仍将处于较高水平,已经接近生态环境的最大容量。[①]

（三）城镇化建设过度依赖土地扩张

自"十五"以来,中国城镇建成区和城市建设用地规模迅速扩张,其增速远快于城镇人口的增长速度。建设用地粗放低效。一些城市"摊大

---

① 魏后凯:《中国城市镇化和谐与繁荣之路》,社会科学文献出版社,2014 年,第 32 页。

饼"式扩张,过分追求宽马路、大广场,新城新区、开发区和工业园区占地过大,建成区人口密度偏低。1996—2012 年,全国建设用地年均增加 724 万亩,其中城镇建设用地年均增加 357 万亩;2010—2012 年,全国建设用地年均增加 953 万亩,其中城镇建设用地年均增加 515 万亩。2000—2011 年,城镇建成区面积增长 76.4% ,远高于城镇人口 50.5% 的增长速度;农村人口减少 1.33 亿人,农村居民点用地却增加了 3045 万亩。[①] 就城镇建成区的城镇人口密度而言,2000—2011 年,全国城镇建成区人口密度由 0.85 万人/平方千米下降 0.73 万人/平方千米,人均建成区面积由 117.1 平方米/人增加到 137.3 平方米/人,已远远超过城乡规划法规定的人均 80~120 平方米的标准,也已达到甚至超过发达国家的水平。[②] 城镇化演变成了房地产化,在城市边缘出现了"死城""鬼城"的现象,同时,蔓延式的扩张造成了大量耕地被侵占,耕地数量与质量均趋于下降。尽管国家实行严格的耕地"占补平衡"政策,但各类建设项目占用的大多是优质耕地,耕地占优补劣现象较为严重。威胁到国家粮食安全和生态安全,也加大了地方政府性债务等财政金融风险。

(四)区域发展不平衡,城镇化进程中两极化倾向严重

近年来,在中国城镇化的进程中,城镇规模结构严重失调,出现了明显的两极化倾向。中国不乏 500 万乃至上千万人口以上的超大城市,这些城市都已经面临着严重的"城市病"困扰,而众多的建制镇却规模太小,城镇体系中缺乏中小城市的有力支撑。2000—2011 年,中国 50 万人以上的大城市数量增加了 67 座,其城市数量和人口比重分别提高了 10.5 个和 14.7 个百分点。尤其是 200 万人以上的特大城市,这期间增加了 11

---

①　《国家新型城镇化规划(2014—2020 年)》。

②　陆大道、姚士谋:《中国城镇化进程的科学思辨》,《人文地理》,2007 年第 4 期。

座,城市人口比重增加了9.2个百分点。相反,20万～50万人的中等城市人口比重减少了6个百分点;20万人以下的小城市数量减少了102座,城市数量和人口比重分别下降了14.8个和8.7个百分点。2006—2011年,中国城市新增城区人口的83.9%是依靠50万人以上的大城市吸纳的,其中400万人以上的特大城市吸纳了61.1%;而20万人以下的小城市由于数量减少,城区人口趋于下降,呈不断萎缩的态势。这期间400万人以上的特大城市城区人口增长了23.6%,而20万人以下的小城市则下降了17.3%,呈现明显的两极化趋势,导致资源、资本和发展机会过度向大城市集中,城乡收入差距仍在不断扩大。①

(五)各地城镇建设缺乏特色和个性

在城镇化推进的过程中,受财力有限、对地方特色和文化认识不足以及急于求成、急功近利等思想的影响,各地城镇建设"千篇一律",缺乏特色和个性,城镇质量和品位不高。一方面,许多城市大拆大建,对当地特色文化、文物、标志性建筑和特色村镇保护不力。在城镇改造中,片面追求速度和新潮,忽视传统文化的传承创新,拆除了不少具有文化底蕴、历史故事的"老建筑"、老街区;在新农村规划中,往往模仿城市的功能进行建设,造成那些具有地方特色的古祠堂、古建筑、古园林、古村落遭到不同程度的破坏,甚至消失殆尽。另一方面,建筑、小区设计崇洋媚外,盲目崇拜模仿外来建筑文化,对民族文化、本土文化不自信,造成城镇建设"千城一面"、文化缺失。

总之,未来中国的城镇化必须尽快实现转型,回避传统城镇化的老路,积极探索集约型、城乡融合型、和谐型和可持续城镇化模式,走具有中

---

① 魏后凯:《中国城镇化的进程与前景展望(英文版)》,China Economist Vol. 10, No. 2. March—April, 2015, pp. 103 – 121.

国特色的新型城镇化道路,着力提高城镇化质量,减少城镇化的资源和环境代价,为建设中国特色社会主义奠定坚实基础。

二、中国城镇化已经进入战略转型期

首先,从发达国家的经验看,无论一个国家城镇化何时起步,其城镇化发展进程一般要经历三个阶段,即起始阶段、加速阶段和完成阶段。美国地理学家诺怒姆称其为城镇化的"S"曲线:起始阶段,城镇人口比重25%以下,加速阶段,城镇人口比重25%～70%,城镇化进程大大加快;完成阶段,城镇人口比重70%以上,城镇化进程变缓(如图5-1)。但是发达国家经验也显示,在城镇化加速阶段,以城镇化水平50%为转折点或拐点,可以把城镇化加速阶段分为加速和减速两个时期,即城镇化50%以后,城镇化增加的边际值会下降,将出现逐渐减速的趋势。例如,1880年美国城镇化水平为28.2%,1920年为51.2%,1960年达到69.9%。在加速期(1880—1920年),城镇化水平平均提高0.58个百分点,而减速期(1920—1960年)下降到0.47个百分点,比前一期下降0.11个百分点。中国城镇化率已越过50%的拐点,2013年达到53.7%,今后城镇化的速度将逐步放慢,由加速推进向减速推进转变。[①]

---

① 魏后凯:《中国城市镇化和谐与繁荣之路》,社会科学文献出版社,2014年,第71页。

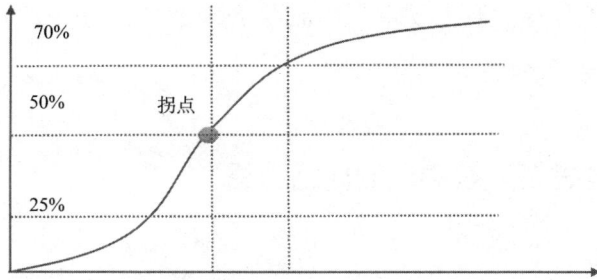

图 5 - 1　城镇化演进的"S"曲线示意图

其次,近年来中国城镇化速度已经出现逐渐放缓的趋势。"九五""十五""十一五""十二五"前三年平均每年城镇化提高的百分点呈递减趋势(见表 5 - 1)。东部沿海地区城镇化减速的趋势更加明显。统计数据显示,2011 年中国城镇化水平首次超过 50%,由此可以判断中国目前已进入城镇化加速阶段的减速期。在今后一段时期内,中国仍将处于城镇化快速推进期,但相比较而言,城镇化水平每年提高的幅度将会有所减缓。预计今后一段时期城市化年均提高幅度将保持在 0.8 ~ 1.0 个百分点,很难再现"九五""十五"和"十一五"时期 1.35 ~ 1.45 个百分点的增速。然而由于发展阶段和城镇化水平的差异,未来各地区城镇化趋势将呈现不同的格局。总体上看,东部和东北地区已进入城镇化减速期,其城镇化速度将逐步放慢;而中西部地区仍处于城镇化加速期,是中国加快城镇化的主战场。随着中西部城镇化进程的加快,中西部与东部地区间的城镇化率差异将逐步缩小。

此外,改革开放三十多年来我国经济快速增长,为城镇化转型发展奠定了良好物质基础。国家着力推动基本公共服务均等化,为农业转移人口市民化创造了条件。交通运输网络的不断完善、节能环保等新技术的突破应用,以及信息化的快速推进,为优化城镇空间布局和形态,推动城镇可持续发展提供了有力支撑。各地在城镇化方面的改革探索,为创新体制机制积累了经验。

第四节　推进新型城镇化的战略思路

一、总体目标

（一）城镇化水平和质量稳步提升

城镇化健康有序发展,常住人口城镇化率达到 60% 左右,户籍人口城镇化率达到 45% 左右,户籍人口城镇化率与常住人口城镇化率差距缩小 2 个百分点左右,努力实现一亿左右农业转移人口和其他常住人口在城镇落户。

（二）城镇化格局更加优化

"两横三纵"为主体的城镇化战略格局基本形成,城市群集聚经济、人口能力明显增强,东部地区城市群一体化水平和国际竞争力明显提高,中西部地区城市群成为推动区域协调发展的新的重要增长极。城市规模结构更加完善,中心城市辐射带动作用更加突出,中小城市数量增加,小城镇服务功能增强。

（三）城市发展模式科学合理

密度较高、功能混用和公交导向的集约紧凑型开发模式成为主导,人均城市建设用地严格控制在 100 平方米以内,建成区人口密度逐步提高。绿色生产、绿色消费成为城市经济生活的主流,节能节水产品、再生利用产品和绿色建筑比例大幅提高。城市地下管网覆盖率明显提高。

（四）城市生活和谐宜人

　　稳步推进义务教育、就业服务、基本养老、基本医疗卫生、保障性住房等城镇基本公共服务覆盖全部常住人口,基础设施和公共服务设施更加完善,消费环境更加便利,生态环境明显改善,空气质量逐步好转,饮用水安全得到保障。自然景观和文化特色得到有效保护,城市发展个性化,城市管理人性化、智能化。

（五）城镇化体制机制不断完善

　　户籍管理、土地管理、社会保障、财税金融、行政管理、生态环境等制度改革取得重大进展,阻碍城镇化健康发展的体制机制障碍基本消除。

表 5－2　国家新型城镇化主要指标

	指标	2012 年	2020 年
城镇化水平	常住人口城镇化水平(%)	52.6	60 左右
	户籍人口城镇化水平(%)	35.3	45 左右
基本公共服务	农民工随迁子女接受义务教育比例(%)		≥99
	城镇失业人员、农民工、新成长劳动力免费接受基本职业技能培训覆盖率(%)		≥95
	城镇常住人口基本养老保险覆盖率	66.9	≥90
	城镇常住人口基本医疗保险覆盖率	95	98
	城镇常住人口保障性住房覆盖率	12.5	≥23
基础设施	百万以上人口城市公共交通占机动车化出行比例(%)	45(2011)	60
	城镇公共供水普及率(%)	81.7	90
	城市污水处理率(%)	87.3	95
	城市生活垃圾无害化处理率(%)	84.8	95
	城市家庭宽带接入能力(Mbps)	4	≥50
	城市社区综合服务设施覆盖率	72.5	100

续表

			续表
	人均城市建设用地(平方米)		≤100
资源环境	城镇可再生能源消费比重(%)	8.7	13
	城镇绿色建筑占新建建筑比重(%)	2	50
	城市建成区绿地率(%)	35.7	38.9
	地级以上城市空气质量达到国家标准的比例(%)	40.9	60

资料来源:《国家新型城镇化规划(2014—2020 年)》。

二、新型城镇化建设的重点任务

(一)分阶段稳步推进农业转移人口市民化

快速推进农业转移人口市民化,解决不完全城镇化,本质上是全面提高城镇化质量的关键。党的十八大报告明确指出,要"有序推进农业转移人口市民化,努力实现城镇化基本公共服务常住人口全覆盖";2013 年中央城镇化工作会议把"推进农业转移人口市民化"作为推进城镇化六大任务中的首要任务;《国家新型城镇化规划(2014—2020 年)》花了三个章节的篇幅专门论述了"有序推进农业转移人口市民化"的目标、任务和对策。推进中国特色新型城镇化,要按照"多层统筹、区域协调、分类指导、农民主体"的原则,分阶段积极推进农业转移人口的市民化进程,逐步让农业转移人口在社会保障、就业和转岗培训、公共服务、保障性住房、子女教育等方面享受同等市民待遇,实现"有信用、有保障、有岗位、有资产、有组织"的市民化目标。当前,要重点加快农业转移人口信息系统和信用体系建设,实行城乡平等的就业制度,建立城乡普惠的公共服务制度,推动形成城乡统一的社会保障、社会福利和户籍管理制度,尽快将农民工工伤保险、医疗保险、养老保险全部列入强制保险范围,并在住房、子女教育、卫生等领域加大向农业转移人口倾斜的力度,使广大农业转移人口能够和谐地融入城市、共享城镇化的利益和成果。同时,考虑到市民化的巨额成本,要把农村产权制度改革与农业转移人口市民化有机结合起来,建立由政府、企业、个人等共同参与的多元化成本分担机制,鼓励和推进农民带资进城。

（二）提升城镇产业支撑能力和综合承载能力

一方面,要实行工业驱动与服务业驱动并举,加快发展高端制造业和生态型高效都市产业,大力发展现代服务业和劳动密集型产业,推动制造业与服务业深度融合,强化城镇化的产业支撑,为城镇居民提供稳定充足的就业机会,实现充分就业和安居乐业目标。实行产业发展与人口集聚并举,以产业集聚带动人口集聚,以人口集聚确定城镇合理规模,构建"人产城"相融合的一体的新型发展格局。既要防止出现功能单一、缺乏产业支撑的"睡城",出现"有城无业"现象;又要避免建设无人居住、缺乏人气的"空城""鬼城",造成资源浪费。另一方面,要加快城镇交通、水电、通信、住宅及教育、科技、文化、卫生、体育、养老等基础设施建设,提高城镇尤其是中小城市和小城镇公共服务能力和水平,增强各级各类城镇对人口的设施承载能力。通过建立规范的投融资平台和多元化的投融资机制,积极引导外商投资和民间资本进入城镇基础设施和公共服务建设领域。加强对北京、上海等超大城市的"城市病"治理,建立完善区域大气污染联防联控机制,构建一体化的快速交通体系和安全监控体系,推动中心区人口、产业和功能向周边地区转移扩散,不断优化大都市区空间结构,提升其环境资源承载力。

（三）减少资源环境的消耗代价,降低城镇化推进成本

当前,必须改变粗放型城镇化模式下重速度轻效益、重数量轻质量、重外延扩张轻内涵发展的状况,着力提高城镇化效率,推进以"低能耗、低污染、低排放"和"高效能、高效率、高效益"为基本特征的新型城镇化进

程。一是尊重资源承载力和生态环境容量。城镇的人口规模和开发强度要与区域的综合承载能力相适应,其经济发展要以自然生态结构和正常功能不受损害及人类生存环境质量不下降为前提,避免和防止对资源的过度开发、低效开发和破坏性开发。二是加快产业结构转型升级,提高土地资源的利用效率。坚持以人为本的科学发展理念,把人的需要放在首位,按照生活、生态、生产的优先次序,合理确定城市的用地结构和比例,调控城市用地的价格,并设置各类城市工业用地比重的最高限度。要逐步增加城市居住和生态用地的比例,严格执行城市工业用地招拍挂制度,不断提高工业用地效率。三是注重城镇化和经济发展的质量。按照减量化(Reduce)、再利用(Reuse)、再制造(Re-manufacture)和再循环(Recycle)的4R原则,积极推进城镇循环经济发展,努力提高资源综合利用效率,严格控制经济发展中的生态环境成本,同时推进城镇产业转型升级,调整优化城镇空间结构,提高综合经济效益,促进城镇经济效益、社会效益和生态环境效益的有机统一。

(四)优化城镇化的规模格局和空间形态

一方面,要制定科学的城市规模等级分类标准,巩固并发挥城市群的主体形态作用推动形成以城市群为主体形态,大中小城市和小城镇合理分工、协调发展、等级有序的城镇化规模格局,有效遏制城镇增长的两极化倾向。另一方面,要加快推进中西部地区城镇化进程,加强中西部地区产业体系建设,严格控制城镇化的空间增长红线,实行多中心网络开发战略,构建"四横四纵"的重点轴带体系,推动城镇化由空间集聚向空间均衡方向发展,形成城镇化与资源环境承载能力相匹配的空间格局。到2030年,逐步培育形成世界级、国家级和区域级三级城市群体系,使之成为吸纳农业转移人口的主要载体。同时,依托综合交通运输网络,以城市群为载体,以主要中心城市为节点,重点建设沿长江、陇海—兰新、沪昆、青西（青岛—西宁）等横向轴线和沿海、京广、京深、包南（包头—南宁）等纵向轴线，推动形成集约高效、适度均衡的"四纵四横"网络开发总体格局。

（五）切实提高城镇现代化管理水平

必须转变"重建轻管"的传统观念，提高城镇现代化管理水平。一是实现专业管理向综合管理转变。条块分割、各自为政、职责交叉、管理粗放、缺乏协调是当前中国城市管理面临的突出问题，传统的专业管理模式越来越难以适应错综复杂的城市巨系统管理问题。未来要加强城市综合管理，通过建立相应的综合管理部门和协调机制，实现城市管理子系统的良好运行，并保障城市管理子系统与城市巨系统总体发展目标的协同一致。二是实现集权式管理向参与式管理转变。要逐步改变政府"大包大揽"的管理模式，畅通城市管理部门同市民之间的沟通渠道，建立双向传递和交流机制，全面引导业主委员会、物业管理机构、驻区单位，以及志愿者队伍等社会组织参与社区服务和社会管理，全面提高社会参与式管理水平。三是坚持日常管理与应急管理并重。一方面，要加强"骑车人的烦恼、打车难、残疾人出行难、公交站点问题、城管怎么管、停车难、停车收费乱"等与人民生活息息相关问题的日常管理；另一方面，要建立城市应急管理体系，加强城市避难场所、医疗卫生、应急物流和交通等应急基础设施建设，建立灾害监测和预警体系，完善突发公共事件应急预案和应急保障体系，确保城市应急管理体系对自然灾害、事故灾难、公共卫生事件和社会安全事件等突发事件起到预警、制约乃至根除的作用。四是大力推行网格化管理，提高城市管理效率。网格化管理模式是依托统一的城市管理与数字化平台，将城市管理区域按照一定的标准划分为单元网格，实施主动式、闭环式、精细化和动态即时的现代城市管理模式。网格化管理能够降低城市管理成本，极大地提高城市管理效率，提高城市管理的民主化水平,规范城市管理行为,是提升城镇现代化管理水平的重要手段。

（六）加强城镇化的体制机制创新

推进城镇化建设,必须破除城乡二元结构,打破条块分割,加快户籍、土地、就业、公共服务等综合配套改革步伐,建立完善城乡统一的户籍登记管理制度、土地管理制度、就业管理制度、公共服务制度和行政管理制度,全面推进基本公共服务均等化,实现城乡居民生活质量的等值化。要建立城乡统一的土地交易平台和建设用地市场,实现城乡建设用地"同地、同权、同价"。完善基本公共服务供给管理制度,提高教育医疗资源的可获得性和社会保险的参保率,推进惠及各类群体的保障性住房政策。尽快制定颁布科学合理的城市型政区设置标准,积极探索中国特色的市镇体制,建立符合社会发展要求的政区体系。

三、推进新型城镇化的战略举措

（一）统筹推进户籍制度改革

按照"两个稳定"和"积分落户"的原则,加快户籍制度改革。我国户籍制度限制人口流动,遏制城镇化聚集效率的释放,也不利于社会包容,但是迅速放开户籍限制,城市在短期内将难以承受由此带来的公共服务成本。原则上,按照就业和住房"两个稳定"有序改革户籍制度:全面放开小城镇和中小城市落户限制,加快降低大城市和特大城市落户门槛,把符合条件的农业转移人口转为城镇居民,对于部分流动人口数量多,外来人口比重高的超大城市,以"积分落户"推进户籍制度改革。初期,按条件（落户积分）准入和指标（落户数量）准入双重管理落户人口;中期,取消落户人口的数量限制,实行条件和指标唯一的地方管理;最终过渡到按居住时间管理,流动人口在异地就业或居住到规定年限即可自愿落户,对于暂不具备落户条件或没有落户意愿的农业转移人口实行居住证制度，梯度赋权。居住证领取不设门槛，保障流动人口已经享有的基本公共服务权利，并按居住证连续持有时间逐步增加所享受的社会福利种类；居住证连续登记到一定年限无论落户与否均与城镇居民享有同等待遇，实现居住证制度和户籍制度的并轨。

建立国民基础社会保障包，努力实现基本公共服务全覆盖和均等化，应实施主要由中央和省级人民政府承担责任，低标准均等化可携带的国民基础社会保障包制度，起步阶段保障包的内容包括：用名义账户制统一各类人群的基本养老保险，基本养老保险基金实行全国统筹，医保参保补贴实行费随人走，人口跨行政区流动时补贴由上级政府承担，对全国低保对象按人头实行均一定贴，这些待遇记录到统一的个人社会保障卡，全体人民都可享受，社会保障卡具有补贴结算功能，并在全国范围内可携带。

建立以租赁补贴为主的住房保障政策体系，满足城镇化住房要求。现有住房保障体系不能覆盖城镇流动人口，而且投融资和建设方式不可持续，应有条件分阶段地推进新增城镇人口住房保障体系建设，将在城镇稳定就业一段时间，持续缴纳社会保险的外来务工人员纳入当地城镇住房保障体系，享受同等的住房保障待遇，住房保障逐步从实物配租为主向以租赁补贴为主、多种保障形式并存转变，优先保障住房用地，统筹保障房用地供应与产业布局、公共服务设施发展、轨道交通发展，以及基础设施建设之间的关系，建立规范的租赁市场，拓宽住房供应的渠道。

坚持两个"脱钩"两个"挂钩"，形成有利于人口流动的服务管理机制，推进农业转移人口市民化，要使享受基本公共服务与户籍脱钩，进城户口与是否放弃承包地、宅基地脱钩。强化流动人口应有的公共服务，今后出台的政策不再与户籍挂钩，农民工落户城镇后是否放弃承包的耕地草地林地和宅基地，必须充分尊重农民个人的意愿，不得强制或变相强制收回。推进城镇化健康发展要坚持城市建设用地指标和转移支付规模与人口吸纳数量挂钩，今后下达的城镇建设用地指标和转移支付规模，与享受均等化基本公共服务的外来人口数量挂钩，鼓励城镇将吸纳人口作为推进城镇化的重点任务。

（二）深化土地制度改革，走城市土地集约化发展道路

通过土地确权建立保护土地产权的制度基础。土地权属关系不明确，导致农民土地权益得不到有效保护。以平等进入公平交易高效配置的原则，构建城乡统一的土地市场。完善土地租赁、转让、抵押二级市场。随着农村集体建设用地直接入市，相应收缩政府征地范围，逐步减少直至取消非公益性用地的划拨供应。在集体建设用地入市交易的框架下，对已形成的"小产权"，房按照不同情况补缴一定数量的土地出让收入，妥善解决这一历史遗留问题。

改革征地制度，建立公平共享城镇化土地增值收益分配机制。尽快缩小政府征地范围，仅限于公益性用地。对因公益性用途而征用的土地，改用途补偿为公平补偿，农民房屋按市价补偿，被征地农民纳入城镇社保体系。改革土地出让制度和用地模式，合理确定城市土地用于建设以及农民留用的比例。建立国家土地基金制度，将一定比例的土地收益归集起来，用于调剂丰歉余缺，平抑市场波动对地方财政的影响，实现土地收益的"年际"合理分配。

完善土地财产税制度，健全土地合理高效流转机制。应对土地保有、流转等环节的税收制度进行整体构建和系统改革。在保有环节，将以从量课征为主改为全部实施从价计征，提高课税弹性，率先对集体建设用地、储备土地和囤积土地征收土地增值税，发挥土地不动产税在地方政府筹集财政收入中的作用。在流转环节，降低整体税率，降低流转课税，以提高土地资源的配置和利用效率。对流转取得的收益，加强税收征管，充

分发挥促进社会财富分配公平的功能。

分离政府管理和经营土地职能，建立以权属管理和用途管理为核心的现代土地管理体制，完善国有土地资产经营制度。制定国土空间规划体系，强化土地利用总体规划实施刚性，依法落实用途管理。加强土地权属管理，建立统一地籍管理体系。逐步取消土地指标审批和年度计划管理，建立中央和地方权责对等的土地管理责任制度，把政府卖地获取收入改为通过国有土地资产公司经营土地来获取收入。改革政府土地储备机构，建立国有土地资产交易市场。完善国有土地资产经营收益使用管理制度。明确国有土地资产经营收益，不得当期使用，其用途和绩效由人大监督审议，完善国有土地融资制度用于融资抵押的土地必须权证和主体明确，有独立公正的第三方进行资产评估，对违规行为严格依法追究。

（三）推进财税金融体制改革，构建城镇化健康发展的投融资新体制

构筑城镇主体税源，减轻地方财政对土地的依赖。在城镇化推进过程中，土地出让收入是基础设施建设的主要资金，土地还是地方融资平台资本金的主要来源和举债的重要抵押品，地方政府对土地过度依赖。随着"营改增"在全国推行，中央与地方收入格局将进一步调整，地方政府要尽快形成以消费税房产税为主要的稳定收入源，减轻对土地财政和土地融资的依赖。加快推进消费税改革，按照消费地原则将消费税改为地方税，将车辆购置税划归地方税，消费税从目前的生产环节征收改为零售环节征收，从价内税改为价外税。把房产税明确为区县级政府主要税收来源，加快建立完善的不动产登记制度，实现全国联网，并明确不动产的公允市场价值评估原则和机制；设定三年左右的过渡期，然后正式全面开征房产税。在普遍征收房产税的基础上结合国情适当进行税收优惠和限制，税收征管机构要力求客观中立，并建立完善的评估争议处理体系。

合理划分中央地方事权，完善公共服务支出的分担机制。对于提供

纯粹的公共服务产生所需的支出,要通过重塑事权责任框架,使成本在中央与地方之间合理分担,将基础养老金、司法体系、食品药品安全、边防、海域、跨地区流域管理等基本的、跨区域的、网络性强的事项划为中央事权,适当扩张中央政府的支出规模。增加一般性转移支付,减少和归并专项转移支付,调整转移支付计算方法,使其与城镇常住人口挂钩、与户籍人口脱钩。对于供水、供电、天然气费升级工作,降低准入的行政壁垒,引入多元供给主体,实施科学管理,形成公共部门合理引导各种社会力量共同参与、规范竞争的格局。

引入多元化融资工具,拓宽城市基础设施融资渠道。发展公私合营合作模式(PPP,Public-Private Parternship),规范城市基础设施项目的招标工作,完善 BOT(建设—经营—转让,Build-Operate-Transfer),BOO(建设—拥有—经营,Building-Owning-Operation)、BTO(建设—转让—经营,Build-Transfer-Operate)等模式,以吸引民间投资,运用资产证券化盘活城市基础设施的存量价值,将稳定预期收入的城镇基础设施作为基础资产,以资产证券化的形式出售给相关投资者,达到融资和盘活存量资产的双重目的。同时,建立融资约束,建立科学规范的地方债务管理体系。

(四)建立绿色增长机制,促进城市低碳宜居发展

用好市场机制和政府管制两个手段,形成城市绿色治理机制。推进低碳城市建设。一方面要建立健全市场资源配置机制,促进稀缺的环境资源优化配置和节能减排技术的研发应用;另一方面,创新政府管治理念按照产业全周期污染最小化的原则,有效衔接生产各环节的监管、制定完善的城市规划,以及产业财税金融等相关政策,引导各类生产要素向城市绿色低碳领域进行配置。

充分利用价格杠杆,构建高效集约的城市资源新能源新体系。完善煤炭、石油、天然气、金属矿、水等资源的价格形成机制,在水权、污染排放

权等领域引入市场机制,建立单一专门税种、多税目、多环节征收的环境税制度,提高风能、太阳能、生物质能等低碳清洁能源比重,优化能源供应系统。将价格和税收改革收益用于资源节约技术开发和生态环境治理,以及对低收入者和资源输出地区的补偿。

加快绿色居住和出行模式,构建城市低碳运行系统。建筑和交通在城市能源消耗中占比大、增速快,是目前我国城市能耗高、污染重的主要原因。应严格控制新建建筑的能耗水平,严格执行新建建筑的节能设计标准,建立健全绿色建筑评价与标示制度;对存量建筑进行节能改造,采用合同能源管理模式推动公共建筑节能改造,加快北方采暖建筑改造;加强重点领域管理,对公共建筑用能设计、施工、运行及拆除等进行能耗监管;因地制宜地发展室内型、楼宇型和园区型分布式能源系统。推动城市沿交通轴集约发展,形成紧凑的城市空间形态;加快城市轨道交通和城际铁路建设,增加公共交通供应量,重新规划和建设非机动车专用道,形成立体化的城市交通体系;完善交通工具标准体系,提高汽车燃油效率标准,大量应用混合燃料汽车、电动汽车等低碳排放的交通工具。

保护和治理生态环境,提高城市宜居性。落实最严格的水资源管理制度,严格执行城市规划和建设项目的水资源论证制度,加强城市水生态的保护与修复,控制水污染源,提高污水处理能力。建设生态城市科学规划城市产业,大力发展循环经济,加快城市环保基础设施建设,综合防治城市污染,建立环境保护的责任与约束机制。建设安全城市,以增强城市防洪、排涝、抗旱、防震、防水等功能为重点,完善防灾减灾的管理、响应和问责机制,构建安全高效的市政基础设施保障体系和灾备体系。

(五)加强城乡规划和管理,建立和完善公众参与的城市治理机制

完善规划编制体系,提升城乡规划的科学性和权威性。加强城乡规划的科学空间引导,推进以人为本的城乡规划。总体规划应提供解决城

市发展的重大战略问题,增加详细规划编制的透明度和公众参与度,详细规划的修订须经公众讨论通过,增强详细规划的严肃性和权威性,制定规划的阶段性目标和规划执行的评估体系,确定规划实施进度,促进规划实施,加强各类规划衔接和融合,在市(县)层面实行社会经济发展规划、城乡建设规划、土地利用规划、环境保护规划的多规合一。

完善城乡空间布局形成有机联系的城市网络体系,应依托重要的综合运输枢纽和运输通道建设城市群。明确城市群的功能和发展目标,建立城市群协调机构,促进城市群发展,发挥城市群的集聚辐射作用,完善中心城市功能,促进中心城市多元化发展,提高中心城市的辐射带动能力。城镇建设必须坚持统一规划和管理的原则,合理配置各种功能,配套建设各类公共设施,在科学规划城镇人口增长趋势的基础上,明确城镇公共设施和服务供给的数量、质量标准。强化县城及重点镇基础设施建设,增强产业支撑和人口吸纳能力。

调整设市标准赋予城市政府平等的权利。目前我国等级化的城市管理体系使得资源配置向上级和中心城市倾斜,不利于大中小城市协调发展。应根据城市发展人口集聚和社会管理的新形势和新趋势,调整设市标准,将现有产业基础好、人口密度高、外来人口多、环境容量大的城镇设为城市。城市不论行政等级高低和人口规模大小,均赋予同等的行政和财政权力。

促进公共参与改善城市治理机制体制。应完善人口登记制度,实施人口居住地管理,公共服务、转移支付、资源配置、民主选举实现常住人口全覆盖,以社区为重点,提高城市公共事务的公众参与度,明确公众参与的责权与程序,确定重要事项须经公众同意的比例。加强智慧城市建设,建立统一的城市管理信息平台,建设可视化、可测量、动态调控的城市智能管理和运营体系,提高城市管理的精细化水平。

（六）城镇化过程中保护耕地资源,确保粮食安全

加大保护力度完善耕地保护制度。耕地保护制度的进一步完善与落实,是确保新型城镇化健康发展并守住18亿亩"红线"的基础。一要在《刑法》中完善耕地保护的相关内容。将违反耕地资源保护的行为上升到损害公共利益、危害公共安全的高度。进一步完善《刑法》对耕地资源保护的规定,利用法制力量加强保护力度。二要进一步完善耕地保护目标责任考核制度。健全耕地保护目标共同责任机制,制定考核和评价办法,完善考核内容,推行问责制,健全责任追究制度和纠错改正机制。三要进一步深化征地制度改革。加强建设项目选址和用地评价,严格控制征占耕地的规模和速度,新增建设用地总量不得突破粮食生产和其他农作物生产对耕地需求的底线。大幅度提高土地征用过程中新增建设用地有偿使用费和土地开垦费的征收标准。四要加快建立耕地保护补偿机制。鼓励进城农民将农村宅基地复垦为耕地,建立耕地占补平衡指标和农村建设用地复垦指标省内异地流转机制。同时,建立新增耕地经济激励机制,实施耕地保护责任目标的利益补偿,提高各级政府保护耕地的积极性。在有条件的地区和城市,对农地使用者特别是基本农田保护人,通过建立农地保护补偿基金进行适当补贴,调动农户保护耕地的积极性和主动性。

增强国内粮食综合生产能力,确保食品安全。把中低产田的改造和先进增产技术集中作为提高粮食单产主攻方向,建立改善耕地质量的长效投入机制;完善农田水利基础设施,发展节水技术;健全农业科技创新体制和技术推广体系;提高农机补贴水平和范围;创新农业经营体制;完善粮价形成机制。发展生态安全农业,推进现代农业示范区建设,促进农业生产专业化标准化,加快发展无公害农产品,绿色产品和有机农产品。完善农产品质量安全检验检测体系建设,健全风险评估产地准出,市场准

入等制度,逐步使农产品生产全过程可控可追溯,切实提高农产品的质量安全管理能力。

参考书目:

1. 魏后凯等:《中国城市镇化和谐与繁荣之路》,社会科学文献出版社,2014 年。

2. 国务院发展研究中心课题组:《中国新型城镇化:道路、模式和政策》,中国发展出版社,2014 年。

思考题:

1. 新型城镇化的内涵和特征是什么?

2. 传统城镇的弊端有哪些?

3. 新型城镇化的总体目标和主要任务是什么? 有哪些重要举措?

第六章

世界现代化经验模式与中国经济现代化

第一节　经济现代化是现代化的核心

一、经济现代化的含义

(一) 现代化

一般地讲,现代化这一概念表示人类文明发展的历史方向和客观进程,所谓现代化,是指工业革命以来随着科学技术在生产过程中的广泛应用而导致社会生产力的巨大发展以及社会结构的根本转变。

我国著名现代化理论家罗荣渠认为:现代化乃是"指世界自工业革命以来现代化生产力导致世界经济加速发展和社会适应性变化的大趋势"。具体地说,这是以现代工业、科学和技术革命的推动力,引起传统的农业社会向现代工业社会的大转变,是工业主义渗透到经济、政治、文化、思想各个领域并引起深刻变革的过程。

（二）经济现代化

经济现代化具有广义和狭义之分：

1. 广义的经济现代化

从广义上讲，它是指自古以来经济发展包括总量增长和结构演化的连续不断的过程。纵观整个人类文明社会几千年的历史，广义的经济现代化包括了三次主要的生产力革命：第一次是铁制金属工具代替石器工具造成的古代生产力革命，发生时间大约在公元前 500 年前后。中国春秋战国时期的大发展，西方古希腊文明的大繁荣，都有这次革命的影子。第二次是以机械化、工业化代替手工劳动、农耕经济，造成了近代生产力的大革命。这一过程起始于公元 1500 年以后，特别是 1750 年英国工业革命起步以后，在 19 世纪西方进入了峰值期。但在东方某些国家至今尚未完成这一过程。第三次是以社会化、信息化的历史趋势超越近代机械化、工业化，由此造成生产力上的大革命。这一过程肇始于 20 世纪中后期，目前处于方兴未艾之时。

2. 狭义的经济现代化

狭义的经济现代化主要是指近代以来经济发展包括总量增长和结构演化的连续不断的过程。它主要包括上述两次革命（即工业化革命和信息化革命）所形成的工业化和信息化两个阶段。本文的经济现代化指狭义的经济现代化。

二、经济现代化是现代化的核心

现代化的过程有若干不同的层面：经济发展是物质层面，政治发展是制度层面，思想与行动模式是社会的深度层面。经济现代化是从物质层面，从经济增长和经济发展的角度所考察的现代化过程。

对于一定的地区和国家,经济是基础,政治是经济的集中表现,文化则是一定社会的政治和经济的反映。经济基础决定上层建筑,要实现一个国家和地区的现代化转变,其核心就是实现经济现代化。经济现代化和现代化之间是从属关系,即经济现代化是现代化的组成部分,现代化包含着经济现代化。这种包含和种属关系具有两个明显特征:第一,经济现代化不是现代化的一般组成部分,而是现代化的核心和关键组成部分;第二,经济现代化不是作为现代化的一个阶段从属于现代化(即纵向包含),而是作为整个现代化过程不可缺少的重要组成部分从属于现代化(即横向包含)。

从现代化的基本内容来看,现代化是一个以工业化、城市化、市场化为主,经济、社会、科技、文化等各个方面合成变化的动态过程。经济现代化是整个现代化过程的核心内容或关键组成部分。

三、经济现代化的阶段划分

近代以来的经济发展包括总量增长和结构演化的过程,主要包括工业化革命和信息化革命所形成的工业化和信息化两个阶段,又可细分为三次高潮。

（一）两个阶段

一是工业化阶段,自英国工业革命直到 20 世纪中后期。这一阶段,由英、法开端,美、德、日、苏联(包括十月革命前的俄国)等国家随后开始并完成了工业化;某些发展中国家建立了完全的工业化结构;几个主要发展中国家成了半工业化国;大多数发展中国家稳固地处于正在实现工业化阶段;只有少数发展中国家处于前工业化状态。

二是信息化阶段,二战以后初现端倪,20 世纪中后期已充分显现,目前正处于迅速发展时期。该阶段,西方发达国家首先开始了信息化进程;不少发展中国家,不得不将工业化与信息化结合进行;一些后起的发展中国家则仍然处在前工业化或工业化时期,信息化尚难起步。

(二)三次高潮

法国学者米歇尔·博德在分析工业化进程后指出:"世界规模的资本主义工业化出现在三次连续的流程中,这就是 1780—1880 年、1880—1950 年、1950 年至今,第三个流程今天仍在发展。每一个流程都具有明确扩大的特性,既是部门性的(就工业类型而言),又是地理性的(地区的和民族的)。"①

第一次工业化高潮最早是由英国、法国开始并率先实现工业化。英国约在 18 世纪 60 年代开始了产业革命的进程,到 19 世纪 30—40 年代基本完成产业革命。法国约在 18 世纪 90 年代开始产业革命,到 19 世纪 70—80 年代基本奠定了机器大工业的统治地位。在第一次工业化高潮中,英、法两国开创了一种制度即资本主义制度,一种模式即以自由市场经济为基础的工业化模式,一条道路即经济自发发展的道路所构成。

第二次工业化高潮是在第一次工业化高潮带动下,以英、法工业化进程所造成的经济辐射为条件的。在这次高潮中开始了工业化进程的国家主要是欧洲大陆和北美,包括美国、德国、日本、苏联(包括十月革命前的俄国)等国家。时间约在 19 世纪后半期到 20 世纪上半期。这次高潮从规模、范围、参加国数量到发展深度和成就,都远远超过了第一次高潮。在这次高潮中,开创了更多的工业化方式,形成了两种制度即资本主义制度和社会主义制度,三种模式即以自由经济为基础的工业化模式(美国)、资本主义国家干预条件下的工业化模式(德国和日本)、社会主义的

---

① 米歇尔·博德:《资本主义史 1900—1980》,东方出版社,1986 年,第 103～104 页。

集中计划经济基础上的工业化模式(苏联),三条道路即资本主义经济自发发展道路、资本主义国家干预经济发展道路和社会主义计划经济发展道路。

第三次高潮发生在第二次世界大战之后直到现在仍在进行,包括工业化的第三次高潮和信息化的第一个高潮,其突出特征是工业化与信息化并存发展。从工业化角度来考察,这次高潮范围最广、影响最大、冲突最剧烈、困难最多。二战以后,世界殖民主义体系崩溃,许多发展中国家和地区走上了独立发展本国经济的道路,相继迈出了工业化步伐,在几乎从零开始的基础上,经过五十多年努力,已经有了长足的进步,并形成了多种制度、多种模式和多条道路的世界工业化进程。从信息化角度来考察,在该阶段,新技术革命出现后,产生了不同于工业化的人类历史上第三次生产力革命,带来了社会经济生活的革命性变化。信息化高潮主要由西方发达国家和某些新兴工业化国家构成,目前正处于方兴未艾的发展之中。同时,信息化的出现也为发展中国家的工业化带来了机遇和挑战。

第二节　世界主要国家经济现代化的经验模式及规律

一、世界主要国家经济现代化的模式

从时序角度来考察,可将经济现代化划分为四种类型:原生型模式、准原生型模式、继生型模式、次继生型模式。

(一)原生型模式(先起型模式)

原生型模式以英国最为典型,法国也可以纳入这种模式。英国是最

早进行产业革命、开始工业化的国家。它的标志是农民被剥夺土地成为自由劳动力以及机器的采用和工厂的形成。1764 年，詹姆斯·哈格里夫斯发明了珍妮纺织机；1768 年，托马斯·海斯和阿克赖特先后发明了利用水力带动纺轮的水力纺纱机；之后不久，瓦特发明了蒸汽机，1783 年，瓦特又生产出双向作用蒸汽机，1785 年第一个使用蒸汽机的纺织厂在诺丁汉建立。一种新的生产方式——工厂，就在这一运动中诞生了。就这样，自 18 世纪 60 年代至 19 世纪三四十年代英国完成了产业革命，成为世界上第一个以机器大工业为基础的工业国。在 19 世纪 80 年代以前的近一个世纪中，英国在世界工业、贸易、海运和金融方面，都处于垄断地位，既是世界各国工业制成品的主要供应者，又是世界各国出口原料的最大购买者，被称为"世界工厂"。但从 19 世纪 70 年代开始，由于后起工业国的迅猛发展，英国在世界的地位逐渐下降，并被美国、德国所取代。法国不是工业革命或工业化的原发地，法国工业革命和工业化在很大程度上是由英国输入并向英国仿效的结果。

原生型经济现代化模式具有如下特征：一是从动因看，它具有很强的内生型。现代化主要甚至完全依靠本国商品经济的高度发展和经济条件的成熟，启动的动力主要在国内。二是从发展过程看，它具有很强的自发性。经济现代化过程表现为经济发展的自然过程，人们参与经济发展的设计和规划程度很小。三是从发展阶段来看，它具有明显的完整性。先近代工业化，再现代信息化，两个阶段在时间上继起。四是从外部环境看，它具有突出的先发性。由于它是最早开始现代化的，因此它所面临的外部环境十分有利。外部没有或较小工业化刺激力量，不至于打乱本国经济发展秩序，在世界市场和国际政治经济关系中处于有利地位，享有发展的先发优势。五是从发展成效看，它具有平稳性。表现在历时较长，英、法都花了八十年左右的时间，且现代化过程比较平稳，社会震荡较小。

（二）准原生型模式

准原生型模式主要指后起工业国中工业化相对较早、发展模式与英、法比较接近的国家经济现代化模式。这种模式主要以美国为代表。美国工业化的起步比英国晚了近大半个世纪，但其发展速度却很快。

表6-1　主要工业国在世界工业生产中所占比重（%）

	英国	法国	德国	俄国（苏）	美国	日本	其他
1870 年	32	10	13	4	23	-	18
1881—1885 年	27	9	14	3	29	-	18
1896—1900 年	20	7	17	5	30	1	20
1906—1910 年	15	6	16	6	35	5	22
1913 年	9	7	12	4	42	5	23
1936—1938 年	9	5	11	19	32	4	20
1963 年	9	4	6	19	32	4	30

资料来源：[美]罗斯托：《世界经济》，麦克米伦出版公司出版，第52～53页。

如表6-1所示，在1870年，英国工业还称雄于世界，其份额占整个世界工业的32%，美国只有它的72%，但10年后，美国就超过了英国。到19世纪末，英国只有美国的67%。到1913年，差距进一步拉大，美国工业在世界上所占份额比英国高出近4倍。

1812—1814年英美战争后，美国开始了独立发展的道路。美国幅员辽阔，资源丰富，有发达的农业和畜牧业；西进运动加速了西部广大地区的经济开发，吸引了大批外来移民；在政府的保护和鼓励下，资本原始积累加速进行，国内市场逐步扩大，工业化所需条件逐步成熟。

美国的工业化是18世纪末19世纪初首先在北部工商业发达地区开始的，最早使用机器生产的部门是棉纺织业。在其带动下，毛纺织、食品加工、木材加工等轻工业也相继普遍使用机器并建立新式工厂。重工业中尤以钢铁工业发展较为突出,其他如机器制造业、煤炭工业也发展起来,动力革命因水力资源丰富发生较晚。在美国工业化中,交通运输变革起了重要的先行作用。一战后,美国工业进入迅速发展时期,其中最引人注目的是电力电讯事业、石油工业和橡胶工业的发展,特别是以电力为中心的第二次技术革命起了重要作用,这就促使美国在19世纪末成为最发达的工业强国。二战之后,美国作为世界经济强国,科学技术和经济发展在世界上处于领先地位,虽然在19世纪70年代以来随着德、日经济实力的增强,美国的地位有所下降,但仍然处于头号经济强国地位,而且是现代信息化过程的重要发源地和先起国。

美国的准原生型模式不同于英、法原生型模式的特征有:一是起步较晚,速度较快。二是国内条件比较优越。它没有英国那样强的保守性,富于创新和开拓;再加上美国具有得天独厚的资源条件,使它有可能在生产率方面远远超过其他国家。三是内生性较弱。英国的工业化纯粹是内生性的,法国次之,美国则是在英国产业革命的影响下发展的。但从总体上讲,还是具有内生性。四是先发性减弱。美国比英、法两国工业革命进行得晚,所面临的外部环境与英、法不同。但与其他后起工业国及为数众多的发展中国家相比来说,还是具有先发性。

(三)继生型模式(后起型模式)

继生型模式是指后起工业国的经济现代化模式。最主要的代表国有德国、日本、俄国(包括苏联和沙皇俄国)。

德国处于欧洲大陆的中心地带,早在地理大发现之前,经济就相当繁荣。16世纪初德国经济开始衰落,直到18世纪,资本主义生产关系才初步成长起来。德国工业化开始得较晚,直到19世纪30—40年代才从轻纺工业领域开始工业化进程,机器制造和使用也很缓慢。19世纪50—60年代,德国掀起了工业化的第一个高潮,重工业得到迅速发展。尤其是以电力应用为特征的技术革命,有力地推动了德国工业化进程向更高阶段发展。1871 年普法战争的胜利,不仅使德国完成了以普鲁士为核心的全国统一,而且德国通过战胜法国所获得巨额赔款成为加速进行工业化的兴奋剂。19 世纪 80 年代,德国工业革命基本完成,到 19 世纪末 20 世纪初,德国成为欧洲最强大的工业国。德国由于丧失了较早开始工业化的历史时机,因此当 19 世纪德国开始进行工业化时,国际国内环境和政治经济条件都无法与英、法等原生型工业化国家相比。不利的环境和条件只有通过国家干预加以弥补。加之德国私人资本力量先天不足且相对软弱,国家干预经济生活的职能显得尤为重要。1848 年后,普鲁士王国已占据了德国的统治与支配地位,以国家雄厚的政治经济实力强行干预经济生活。国家一方面从国库中拿出大量资金投入主要工业部门,大规模地建立国家资本,借以弥补私人资本之不足;另一方面,德国运用政治、经济等手段对国民经济实行超出国家一般经济职能之上的干预,人为地为私人资本发展创造有利条件,扶植私人资本力量的成长。政府作为一种强有力的经济活动参与者、指导者和协调者,在工业化进程中起着举足轻重的作用。二战以后,西德在美国和欧洲国家的援助下,很快步入经济复兴的轨道,建立了社会市场经济体制,在私有制和自由市场竞争的基础上,强调国家对市场竞争制度和市场分配结果的调节。到了 20 世纪 60 年代它重新跻身世界经济强国之列。1950—1980 年,其国民生产总值平均每年递增 5.3%,成为与美、日并驾齐驱的经济大国。20 世纪中后期德国统一,并在工业社会日趋成熟的基础上开始了信息化的进程。

日本也是后起的资本主义国家。它的工业化起点比德国低,基础比德国落后。在西方国家入侵以前,日本仍停留在封建社会。1853 年日本开港以后,西方工业文明大量传入。1868 年明治维新揭开了日本工业化的序幕。国家一方面创造和积累工业化所必需的基础和条件,一方面通过政府权力强行启动工业化,即资本原始积累与工业革命并举。在中日甲午战争以前,日本工业化还处在发展初期,轻工业和军事工业在采用机器方面取得了初步进展。1894 年中日甲午战争爆发,日本因战争胜利通过《马关条约》取得了大量的特权和利益,这成为日本工业化迅速发展的强大催化剂:通过不平等条约,日本获得战争赔款及赎地款共计 2.3 亿两白银;日本占领了中国的台湾全岛及附属列岛、澎湖列岛;日本取得了在中国投资设厂的特权;日本还独霸了朝鲜和中国台湾的市场,扩大了在中国大陆的市场。到第一次世界大战前,日本已成为亚洲头号资本主义强国,基本实现了工业化。在国家干预经济生活的过程中,日本工业化也走上了军事工业突出发展的道路,最终于 20 世纪 30 年代走上了军国主义、扩张主义的道路,引发了第二次世界大战的烈火。二战后,美、苏对垒的冷战时期和朝鲜战争的爆发,给日本经济重新"起飞"带来转机。美国大力扶持日本经济的复兴与发展,使日本经济步入再次起飞并推动了1952—1973 年第二次"奇迹"的出现,日本经济开始走向繁荣,并成为世界第二大经济强国。20 世纪中后期,日本工业社会日趋成熟,信息化的条件逐渐具备,又开始了现代信息化的进程。

以德国和日本为典型的继生型经济现代化模式的明显特征:

(1)从经济现代化的动因考察,具有二重性的特征,既需要本国商品经济一定程度的发展,又仰仗国外较强的现代化推动力量,在很大程度上需要外界较强烈的经济刺激或示范。也就是说,启动经济现代化的动力不完全在国内。

(2)从经济现代化的发展过程来看,具有较强的国家干预性特征。其现代化的过程表现为明显的社会力量参与并介入经济发展的过程,政府往往作为经济活动中强有力的参与者、指导者和协调者。

(3)从经济现代化的外部环境来考察,具有后发性特征。这种后发性具有正、反两方面效应：一方面可以吸收原生型模式工业化成果，享有后发优势；另一方面在国际政治经济关系和世界市场竞争中又处于相对不利的地位。

（4）从经济现代化的发展成效来考察，具有被动性特征。它的经济现代化过程是有很强的人为设计和规划特征的，是时空被浓缩了的经济发展过程，因而完成工业化的过程较快，但经济波动和震荡较频繁。

（5）从经济现代化的经济活动主体来考察，原生型模式的工业化主要依靠私营企业和企业家的活动来推动，政府在早期不参与或极少参与经济活动，只是到了工业化比较高的阶段才开始调节；继生型模式不仅依靠私营企业和企业家的经济活动，而且从一开始政府就作为经济活动的主体参与，在工业化早期，政府参与程度更高。

（四）次继生型模式（新兴工业国模式）

次继生型模式是指二战之后比较成功地实现了国家工业化的一些发展中国家和地区所形成的模式。其中，比较典型的有亚洲"四小龙"，即新加坡、韩国、中国台湾、中国香港。

这里着重考察亚洲"四小龙"中的新加坡和韩国。新加坡是发展中国家中工业化发展进程比较有代表性的国家。以 1968 年的不变价格计算，1960—1980 年新加坡 GDP 的年平均增长率达 9.1%，1980 年为 1960 年的 5.7 倍；按 1980 年价格（未剔除通货膨胀因素）计算的人均 GNP 仅次于日本，在亚洲居第二位，是发展中国家除石油输出国以外经济增长速度最快的国家。

韩国的工业化起步于 20 世纪 50—60 年代。1962—1979 年间，GNP 年平均增长 9% 以上，出口年平均增长 40%。1987 年，人均 GNP 为 2850

美元。①

新兴工业国是指那些已经基本实现了工业化、步入了工业社会并开始信息化进程的一些国家,是发展中国家经济发展比较成功的典范。与上述原生型、准原生型、继生型经济现代化模式相比较,次继生型经济现代化模式具有以下五个明显的特征:

(1)从经济现代化发展阶段来考察,它具有近代工业化和现代信息化合二为一的特征。前几种模式是把近代工业化与现代信息化一分为二,先后进行,两次起飞间隔几十年乃至一两百年。次继生型国家在相当程度上是合二为一、两步并作一步走的,这大大缩短了历史进程。也就是说,次继生型模式是在工业化有了一定的物质技术基础、但是远未根本完成的历史条件下,毕其功于一役,一气呵成地基本实现近、现代化的经济起飞。

(2)从经济现代化的动因来考察,具有外因突出的特征。在其现代化过程中,内因同样是根据,是根本所在,但不同于先起工业国和后起工业国具有较强的内生性,而是外部因素、发达国家的影响、压力作用和示范作用等,都显得极为突出。

(3)从经济现代化的发展过程来考察,它的国家干预性更为明显。由于面临的发展任务艰巨,次继生型国家不得不重视发挥政府在实现经济发展和社会公平等方面的特殊作用,借助政府动员各种资源,以提供工业和其他部门发展所必需的社会经济和物质技术基础条件。

(4)从经济现代化的外部环境来考察,它的后发性十分明显。这些新兴工业化国家和地区之所以能迅速工业化,除了正确的战略选择和国内相对稳定的局面之外,很重要的原因就是它们有着特殊的外部环境。

---

① 杨兴华:《南朝鲜经济的发展及原因》,《世界历史》,1990 年第 5 期。

它们抓住了冷战时期的一些机遇,利用了外部环境的有利因素。

(5)从经济现代化的发展成效来考察,它具有浓缩和赶超的特征。

(五)经济现代化模式的时序变化趋势

由于各国经济现代化起步的时间不同,所处的社会历史条件和所面临的外部环境就有着很大差异,它们从而形成了不同时序条件下的经济现代化模式。因此,任何一个想要开始现代化或正在实行现代化的国家,都应重视对本国现代化的时间分析,根据自己所处的社会历史条件和国际地位,以及面临的特殊环境,决定本国的现代化战略和道路选择。

从上述经验模式中可提炼出一些规律和趋势:

(1)从动因来看,随着时序的推移,内生性逐渐减弱,而外生性逐渐突出;

(2)从发展过程来看,随着时序的推移,自发性减弱,而干预性逐渐突出;

(3)从发展阶段来看,从原生型到准原生型再到继生型,虽有量变,但无质变,都具有发展阶段的完整性,即可划分为近代工业化和现代信息化两大阶段;而随着时序推移,工业化与信息化合二而一的特征日趋明显。如两次继生型模式都是在二战之后开始实行工业化,实际上也已变成了现代工业化而不同于近代工业化。此时,世界在很大程度上趋向一体化,发达国家已开始了信息化步伐,因而具有工业化与信息化合二而一的特征。随着时序推移,这种两步并作一步走、三步并作两步走的趋势日益明显。

(4)从外部环境来看,经济发展的先发性随着时序的推移逐渐趋弱,而后发性随着时序的推移则逐渐趋强。

(5)从发展成效特别是经济起飞所需时间来看,各国发展模式呈现逐渐缩短的趋势。英国产业革命用了八十多年,法国八十年左右;美国七十年左右;德国五十年左右,日本四十年左右;而亚洲"四小龙"的经济起飞在 20 世纪60—80 年代基本实现,大约只用了二十年左右时间。

二、经济现代化的一般模式

一般模式是事物发展客观规律的集中反映和表现,客观规律决定着经济现代化的一般模式。

(一)"多元演化"的发展趋势

"多元演化"是从经济现代化发展趋向的角度,揭示经济现代化的一般规律的。其基本内容是指人类社会不同时序、不同地域条件下的经济现代化,犹如"百花"一般,途径、道路和方式各不相同,呈"多元隔断"状态;同时,又像百花的"齐放"要受到季节的支配、制约,具有客观规律一样,不同时序、不同地域的经济现代化又都具有不可逆性、趋向进步、结构变迁等共性和一般规律,从总体上看,也有"线性连续"之势。因此"多元演进"的发展趋向从整体上揭示了人类经济现代化的状态和趋向。

"多元演化"论的意义综合起来可以概括为以下三点:

(1)有助于树立正确的历史观,解决"化"与"不化"的问题。"多元演化"论揭示了经济现代化是具有必然性的向前"演进",而不是自然主义的演化,不是可"化"可"不化"的。虽然经济现代化已经席卷全球,但要不要现代化的问题仍未完全解决,一些地域(国家或地区)的经济现代化带有被动的性质,缺乏主动性。

(2)有助于回答和解决经济现代化的趋势问题。经济现代化不仅具有必然性,而且具有方向性。在现实的经济现代化过程中,存在许多可逆的经济现象。但从总的发展趋势看,经济现代化的动态过程不同于左右摇动着的钟摆,而是类似于向前运转的棘轮,是不可逆的。

（3）对发展中国家的经济现代化而言,该模式有助于正确处理学习借鉴发达国家的经验和从本国实际出发的关系问题。实践证明,既要"多元"化又要遵循"演进"一般规律的原理,特别是拉丁美洲国家经济现代化的实践已充分证明这一点。拉美国家在19世纪初取得独立后,出现了盛极一时的"全盘欧化"热潮,结果出现了与工业化相伴而来的经济殖民化的加深和对发达国家的严重依附。20世纪30年代以来,拉美国家开始探索经济现代化的新道路,但又遭遇一个巨大的教训是:寻求符合本国国情的民族自主性发展,绝不是意味着与世界经济发展大潮脱钩,走封闭或孤立发展之路。

（二）"立体互动"的发展机理

所谓"立体互动"是指从经济现代化发展机理的角度揭示经济现代化一般规律。其基本内容是:任何一个作为现代化主体的国家或地区的经济现代化过程总是呈现一种立体互动状态。即在时间维上,呈现传统性与现代性的互动;在空间维上,呈现多层次的内外部均衡,内部经济与政治、社会、文化等因素的互动,经济内部二元结构的演化与互动;在制度维上,呈现政府、社会与市场的互动等三维立体互动的过程。可见,"立体互动"主要是从某个现代化主体(国家或地区)的角度,揭示其经济现代化的运行规律和发展机理。

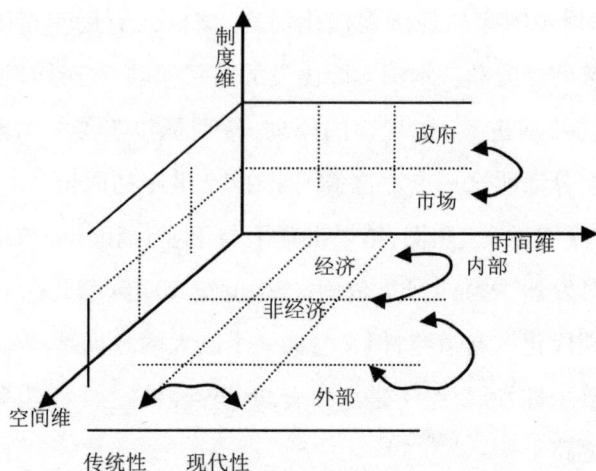

图6-1 经济现代化的"立体互动"机理

对"立体互动"的五点说明:

(1)关于"三维"的确定。经济现代化是一项伟大而复杂的系统工程,即发展演化必然是立体的、多维的。长期以来,传统的研究侧重于单项线性思维,而以时空条件和制度作为三维,是以对把握经济现代化过程中主要矛盾的主要方面为前提的。时间和空间是任何事物存在和运动的基本形式与要素,而政府、市场又是经济现代化过程中的重要矛盾和关键因素。

(2)所谓"互动"的含义。在现代化理论研究领域,一开始人们将传统性和现代性看作对立的两极,忽略它们的统一性。然而,传统性并非与现代化对立;现代化实质上是传统性与现代性的互动,是传统性在科技进步条件下对现代性所作的功能上的适应。这里的"互动",实质上就是指对立统一关系,即对立面之间相互制约、相互联系、相互促进、相互影响的统一关系。

（3）关于传统性与现代性的互动。从时间维上分析经济现代化可以发现：现代化起步和发展的社会历史背景对经济现代化的影响是至关重要的。

（4）关于政府与市场的互动。从制度维上分析经济现代化，首先遇到的难题是如何对众多的制度因素进行归纳和抽象概括。习惯、规则、社会制度、文化等也属于广义的制度范畴。但是就现代化进程而言，最为主要的是市场制度、政府调控制度，故以政府与市场的互动作为制度维的基本要素。所谓政府与市场的互动，就是指政府干预和市场机制之间对立统一的辩证关系，也就是要求将二者密切结合起来，互相补充和推进。

（5）关于内部与外部的互动以及内部各要素之间的互动。空间维上首先影响经济现代化的是国内（或地区内）与国外（或地区外）之间的关系问题，内外互动即二者对立统一的辩证关系要求内向发展与外向发展相结合，这是发展中国家经济现代化的重大战略问题。

（三）"多因决定"的发展效率

从经济现代化发展效率的角度考察，一个国家或地区经济现代化发展速度的快慢和发展成效的大小，是由多种因素综合决定的。概括起来讲，它取决于内部要素的相互作用，系统与环境的相互作用以及时空条件等因素。

一是经济系统内部的人力资源和技术、资本积累、自然资源、经济结构、市场发育等因素综合作用形成经济系统发展能力；二是国内环境系统的政治稳定性、文化与人的现代化、社会法律制度、生态环境等因素综合作用形成国内环境动力（或阻力）；三是国际环境系统的国际政治关系、国际贸易、国际金融、国际投资、国际技术转让等因素综合作用形成国际环境动力（或阻力）。显然，一个国家或地区经济现代化的速度和成效，与该国或该地区经济系统发展能力以及环境动力（包括国内和国际）的大小成正比;与该国或该地区的环境阻力的大小成反比。

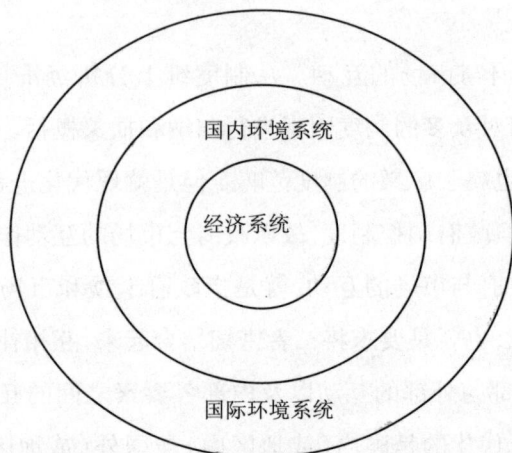

图 6-2   决定经济现代化的多种因素

三、后起发展中国家经济现代化的一般原则

(一)借鉴与创新相结合

这是后起的发展中国家(在东亚四小龙等新兴工业化国家和地区之后进入工业化的发展中国家,包括中国大陆)实现经济现代化的总的准则和总的指导思想。根据上述一般原理,经济现代化有其固有的一般规律。一般规律要求后起的发展中国家可以借鉴发达国家(即第一代到第三代工业化国家)和新兴工业化国家(即第四代工业化国家)的经验教训,充分享受发展的后发优势;特殊规律要求后起的发展中国家从自身实际出发,注重制度创新、市场创新和技术创新,在创新中继承、借鉴和发展。

如何坚持借鉴与创新相结合的原则?一是要正确认识和处理借鉴和

创新的辩证关系,避免"一边倒"或"走极端"的错误倾向。既要学习和借鉴,又要防止照抄照搬;既要注重创新,又要防止不切实际和不符合一般规律。二是在借鉴上,不仅要借鉴发达国家的经验教训,而且要特别重视新兴工业化国家和地区实现工业化的经验教训。三是在创新上,要特别重视各自的特殊性和实际情况,一切从实际出发,实事求是。

(二)农业与工业并重

这是后起发展中国家在产业结构优化和产业政策制定方面应该遵循的基本原则。

从世界各国经济现代化过程中产业结构演化的历史来看,当一个国家人均国民收入在100美元时,第一产业在国民经济中的产值比重将由占主导地位下降到第二位或第三位,劳动力相应地转移到第二次产业和第三次产业中去;当人均国民收入达到400美元时,第二产业开始在国民经济中占据绝对优势,无论是产值比重还是劳动力比重都上升到第一位,同时第三产业的产值比重及劳动力比重也随收入的上升而提高。与之相反的是,第一产业的份额继续下降;随着经济的继续增长,人均国民收入达到3000美元时,第一产业份额继续下降,第二产业的产值比重略有下降,劳动力人数相对稳定,比重相对减少,第三产业发展成为国民经济中的最大部分。

从经济现代化的发展阶段来看,随着时序的推移,类似于"重叠式"的"同步发展"日趋明显。从第一代到第三代,都具有发展阶段的完整性,即可分为近代工业化和现代信息化两大阶段。但在第一阶段内部,随着时序的推移,同步性(即第一阶段与第二阶段的交叉进行)趋强。到第四代(次继生型模式)及之后,则存在着两大阶段在一定程度上的同步性特征,即将工业化和信息化综合进行的特点,亦即"同步性趋强"的规则。

从经济现代化的发展成效来看,随着时序的推移,工业革命起飞所需时间趋于缩短,即"加速性趋强"的规则。

依据上述一般原理,产业结构演化具有一般的规律性;同时,后起发展中国家受时序原理"加速性趋强"法则与"同步性趋强"法则的支配,结构演进又具有自己的带有浓缩性和超前性的特征。农业、工业和信息化并重,正是这种经济结构演进的一般规律与特殊规律的客观要求。

农业、工业并重,使二者有机结合、相互促进,已经为越来越多的经济学家所承认。农业是国民经济基础这一规律,揭示了人类社会历史发展过程中农业与其他非农业部门以及非物质生产部门之间的内在联系。发达国家和发展中国家在工业化过程中都不可避免地出现农业在国民经济中比重下降的事实。但值得强调的是,农业比重的下降绝不意味着农业基础地位的削弱或丧失。

农业的基础地位从纵横两个角度来考察,呈现两种不同的状态:从纵的产业结构演化的全过程来看,农业部门是国民经济其他部门赖以独立化和进一步发展的基础。如图 6-3A 所示,没有农业作基础,第二产业、第三产业乃至第四产业都不可能产生和发展;从现代产业结构的横断面来考察,农业比重趋于缩小,但农业的基础地位非但没有削弱,反而更为增强。如图 6-3B 所示,农业比重虽然降低了,但建立在农业基础之上的非农产业得以发展,农业所承受的"负荷"更为增大;相应的,农业的作用也更为重要。这就如同"搭人梯"一样,人梯越高,人梯最底层者占总人数的比重越小,他们的负担更大,作用更为重要。

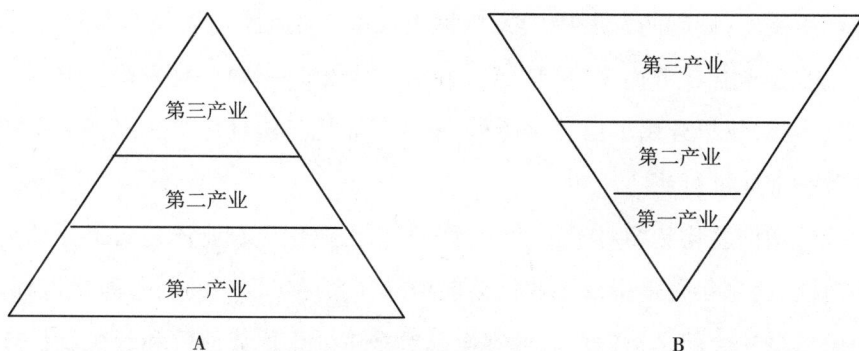

图6-3　农业的基础地位

发展中国家经济发展的实践充分说明，民族工业化和农业现代化必须协调发展。综观二战以来发展中国家所走过的不同道路，无论采取什么模式，凡是使工业和农业协调发展的国家，整个经济、社会的发展效果则比较好；相反，不注意二者之间的相互协调和相互促进，片面强调发展重工业的，则总是出现这样那样的问题，最后又不得不采取新的发展战略，使民族工业化和农业现代化在相互协调中共同发展。当然，这里所谓的协调发展，并不是指工农业的同步发展，更不是指农业要孤军超前发展，而是在承认农业与工业存在发展时差、各有特点的前提下相互协调，共同发展。

（三）工业化与信息化相结合

对于后起的发展中国家来说，不仅要正确处理农业与工业的关系，而且要正确处理工业和信息化的关系。要以工业为后盾，以信息化为先导。用工业培育信息化，用信息化促成工业的发展。也就是说，要正确处理传统产业与新兴产业的关系，把现在的先导产业变成未来的主导产业。

所谓工业化与信息化相结合，就是指受经济现代化时序原理和阶段原理所支配,后起的发展中国家依据发展的"加速性趋强"和"同步性趋强",在工业化任务尚未完成之际,由于世界经济一体化,受发达国家信息化的影响,较早开始了信息化历程,呈现工业化与信息化在一定程度上的同步和加速进行。

所谓信息化是相对于工业化而言的。工业化是农业社会向工业社会的过渡,信息化则是指从工业社会向信息社会逐步发展的动态演化过程。所谓信息社会就是指信息产业在全部经济中处于优势地位和起决定性作用的社会。从生产力角度看,从游牧社会到农业社会,是第一次飞跃;工业从农业中分离出来,并起主导作用,使农业社会进到工业社会,这是第二次飞跃;发达国家在 20 世纪中后期开始了从工业社会向信息社会的第三次飞跃。从科技革命的角度看,信息社会是在以信息革命为实质的第三次科技革命的推动下产生的。

工业化与信息化相结合的原则,符合发展中国家的实际情况。不能因为发展中国家经济发展相对落后,工业化任务尚未最终完成,就否定信息化的必要性。这如同先起的"引领潮流"的家庭可能是先买单缸洗衣机、双缸洗衣机、半自动洗衣机再到全自动洗衣机,后起的家庭并不跟在"引领潮流"的家庭后边亦步亦趋,而是在条件许可的情况下直接购买全自动洗衣机。

遵循工业化与信息化相结合的原则,要求后起的发展中国家在经济现代化过程中,一是要高度重视信息化的进程和动态,及时地、量力而行地推进信息化;二是要按照信息化的要求调整和矫正工业化战略,使工业化与信息化能够有机结合,相互促进;三是要十分重视现代科技革命及其在本国的应用,把人力资本积累和教育、科技的发展置于重要战略地位,特别要重视瞄准高新技术和推广应用中间适用技术。

(四)物质资本与人力资本并重

这是后起发展中国家在经济现代化的资本积累过程中所应遵循的基本原则。古典经济学家、早期的发展经济学家都强调资本积累。罗森斯坦·罗丹认为,发展计划的决定性任务,是获得足够的投资,去动员失业和就业不足的人从事工业化。纳克斯从"贫穷的恶性循环"入手分析资本积累。罗斯托的发展阶段论所提出的"起飞"阶段的三个先决条件之一是,生产性投资率从国民收入的5%或更少上升到10%以上。哈罗德·多马公式($g = s/k$),认为经济增长率(g)等于平均储蓄倾向(s)除以资本—产出比率(k),如果k是固定的,则经济增长率与储蓄倾向成正比。刘易斯认为,"经济发展的中心事实就是资本的迅速积累(包括随同资本一道的知识和技能)"[①]。

但是发展中国家注重物质资本战略作用的发展实践并不令人满意。研究发现,资本积累与经济增长之间的因果关系不清,对欧美的经验研究也表明,产出增长在很大程度上要归之于某种"未能得到揭示的余额要素"。为揭示"余额"增长的源泉,人们开始强调人力资本质量的改进对增长所做的贡献:通过知识的进步、较高的技能、较好的劳动力以再生产的方式与物质资本相结合。其实,早在20世纪初,马歇尔就说过:"虽然自然是报酬递减的,而人则是报酬递增的……知识是我们的最有力的生产引导,它使我们能战胜自然,并满足我们的欲望"[②]。舒尔茨在接受诺贝尔经济学奖时也说,虽然农业发展至关重要,在"改善穷人福利中决定性的生产要素不是空间、能源和耕地,而是人的质量的改进"[③]。因此,发展中国家在注重物质资本积累的同时,也需要重视人力资本的积累。

---

①　刘易斯:《劳力无限供给的经济发展》,《曼彻斯特学报》,1954年5月。

②　迈耶:《走出贫困:真正重要的经济学》,经济科学出版社,1984年,第180页。

③　舒尔茨:《诺贝尔演说,"穷人的经济学"》,《经济史杂志》,1980年8月。

（五）内向发展与外向发展并重

这是后起发展中国家在经济现代化过程中正确处理国内与国外经济关系,有效利用国际国内两个市场,加速经济现代化进程所必须遵循的基本原则。

所谓内向发展,它不同于自成体系的封闭式发展,而是在与外向发展相结合的基础上所实施的加速国内"造血机制"形成和经济实力增强的发展战略。所谓外向发展也不同于单纯的出口导向战略,而是在与内向发展相结合的基础上所实施的面向国外市场的配套发展战略。

内向发展与外向发展并重的原则,包含着一系列相互对应和配套的政策要求,主要是:①引进技术与自主开发相结合。有选择地进口技术,一般风险较小,而要有效地引进技术,本国必须先有一定的技术能力,并能在引进的基础上加以消化和创新,形成后发优势。②进口替代与出口促进相结合。进口替代与出口促进并非是彼此完全对立的两种战略,而是具有统一性的。③引进外资与对外投资相结合。

（六）经济增长与社会发展相结合

这是后起的发展中国家经济现代化过程中选择发展目标时应遵循的一个基本原则。现代化是一个整体,经济现代化是整个现代化的有机组成部分。根据上述一般原理,在经济现代化过程中,经济与政治、文化、心理等因素是配套互动的。离开了广泛的社会发展目标,单单追求经济增长目标,是不符合经济现代化一般规律要求的。

首先,在确定经济现代化阶段目标时,要充分考虑到政治现代化、文化现代化和人的现代化以及社会结构演变的规律性及其对经济现代化的影响,注重它们之间的"互动"和"配套"。其次,在将经济增长与社会发展相结合的过程中,既要把工业化和经济发展置于核心地位,又要注重经济、社会、科技、生态环境等的良性循环,实现可持续发展。

（七）商品化与市场化相结合

这是后起的发展中国家在经济机制方面所应遵循的一个重要的基本原则。在经济现代化的过程中，一定要将商品化与市场化相结合，以市场化为主旋律，补好商品化的课，加快市场培育和发展，建立和健全市场体系，从而建立起现代市场经济体制，为实现经济现代化提供保证。

（八）政府策导与市场调节相结合

这是后起发展中国家在经济现代化过程中正确处理政府与市场相互关系的基本原则。与发达国家特别是继生型模式和新兴工业化国家即次继生型模式相比，对于后起发展中国家而言，就不仅仅是政府干预的问题，而是政府策导。既要发挥政府策导作用，又要发挥市场调节作用，这是既对立又统一的辩证关系。

第三节　中国经济现代化的特征

一、中国处于工业化的中后期

（一）中国现代化的历史进程

迄今大约一个半世纪的中国现代化历程，大体上可以划分为以下三个阶段：

1. 中国现代化的早期阶段（1860—1949 年）

这一时期，洋务运动、戊戌变法、辛亥革命、五四新文化运动等相继成为中国谋求现代化的实践活动，其现代化特征是"防御性现代化"。从动因和动力来看，现代化大致可分为两种类型，即"内生自发型"和"外生防御型"，前者是由现代化国家的内在原因所决定的，后者则是由外部条件的作用和推动而走上现代化之路的。中国现代化无疑属于"师夷长技以制夷"的被动抉择的特征。"挑战—回应"是这一时期现代化发展的基本模式。这就决定了中国早期的现代化是一种极不稳定的波浪式推进,反映了难以控制的强大外来因素对发展造成的扭曲(外因),当然同时也有盘根错节的传统力量所引起的现代化进程的反复或变形(内因)。这种内外因素互动的结果,使中国的早期现代化一直处在低速发展状态。

2. 中国现代化的起步和曲折发展阶段(1949—1978 年)

毛泽东等中国共产党人将谋求现代化视为自己的使命。新中国成立后最初几年因效仿苏联模式而遭挫折之后,毛泽东又试图摆脱苏联模式的消极影响,提出了"中国式的现代化"道路。这一命题的提出,标志着中国现代化由被动防御进入到自觉、主动的时空境界。但令人遗憾的是,在当时,中国的现代化实际上并没能占据时代的中心位置,而"以阶级斗争为纲"一类的政治任务则逐渐成为当时中国的中心任务。这一时期,经济现代化以不规则的高速度推进。这就决定了在现代化试步阶段的 30 年中,人们从事现代化的行为带有明显的探索性质,现代化实际进程处在周期性摇摆之中。

3. 中国现代化通过改革开放稳步推进阶段(1978 年至今)

改革开放是这一时期的主旋律,由于改革开放的导引,现代化成为中国社会一种不可逆转的历史趋势。"中国特色社会主义"命题的诞生,标志着中国的现代化开始进入主动创造性的新境界。但是实现现代化的历史任务并未完成,这势必成为 21 世纪中国发展的时代主旋律。

从时间坐标上看,中国最初对现代化的接纳是被动和勉强的,且由于种种原因,中国的现代化被延误了。20 世纪世界上约有五十多个国家和地区实现了第一次现代化。目前,世界中等发达国家已经全部实现第一次现代化,并启动了第二次现代化的进程。到 21 世纪中叶,它们将全面实现第二次现代化。也就是说,2050年左右的世界中等发达国家水平是实现第二次现代化。而我国目前第一次现代化的历史任务尚未完成。要在2050年左右真正实现现代化,就必须实现第二次现代化。因此,为了实现中国人民在现代化基础上的共同富裕和中华民族的伟大复兴,我们必须尽早实现从第一次现代化向第二次现代化的战略转移。

(二)处于工业化中后期的中国

中国现代化的目标不仅是传统工业化,而且是现代工业化(即信息化),因此有必要了解传统工业化的一般标准和现代工业化的标志,由此判断中国目前所处的阶段。

关于现代化的标准,理论界至今尚无共同认可的看法。早在20世纪60年代初,美国日本问题专家赫尔(John W. Hall)和赖肖尔(Edwin O. Reischauer)就提出以下八条标准作为现代化的解释框架:

(1)人口较多地向城市集中,整个社会日益以都市为中心组织起来;

(2)非生物能源高度利用,商品广泛流通,服务性行业发达;

(3)社会成员在广泛空间范围内相互作用,普遍参与经济和政治事务;

(4)村社和世袭社会群体普遍解体,个人社会流动性增大,个人的社会表现范围更加多样化;

(5)伴随个人非宗教地并日益科学地应付环境,普及读写能力;

(6)广泛的、具有渗透性的大众传播网;

(7)政府、企业、工业等大规模社会设施的拥有,这些设施的组织日益科层化;

(8)各庞大人口集团逐渐统一在单一的控制(国家)之下,各国之间的相互作用(国际关系)日益加强。

大量研究表明,我国社会现代化的水平,大约比发达国家落后二十至

五十年左右。以现代化的一般标准为参照,结合中国发展的现实,有的学者把我国实现传统工业化的标志概括为:

(1)工业化程度日益增长,工业总产值在工农业总产值中所占比重达到70%以上。这一目标中国已经实现。

(2)经济结构初步现代化,第三产业产值在GNP中的比重开始迅速上升。在第二产业内,知识密集型、资本密集型产业比重迅速提高,成为主导产业。

(3)技术多样化、专业化,科技水平和主要工业部门的技术水平达到当时中等发达国家的平均水平。

(4)农业基本实现机械化,农业基本实现小城镇化,80%的农业从业人口转移到非农产业和城市经济,使农村从业人口在总人口中所占的比重降到20%以下。

(5)普遍的社会福利,人均GNP达到世界银行《世界发展报告》中所定义的中上等发展中国家水准。政治公开化,加强精英阶层与民众层面的联系,权力本身受到了法律制约和监督。

(6)强调个人全面发展的价值观,文化事业被提上重要议程。

由于中国的现代化 = 传统工业化 + 现代工业化(后工业化、信息化),按照丹尼尔·贝尔的观点,后工业化的特征为:

(1)经济方面:从产品生产经济转变为服务性经济;

(2)职业分布:专业与技术人员阶层处于主导地位;

(3)中轴原理:理论知识处于中心地位,它是社会革新与制定政策的源泉;

(4)未来方向:控制技术发展,对技术进行鉴定;

(5)制定决策:创造新的“智能技术”。

中国在传统上是一个农业大国,现正向现代工业社会过渡,但由于种种原因,中国现代化水平从总体上说仍然较低,且发展又不平衡,根据以上的判断标准,因而只能说中国现在仍处在工业化的中后期。

二、中国经济现代化的特征

(一)中国经济现代化的要素特征

1. 人口最多,特别是农民更多

中国人口相当于世界总人口的19%。[①] 全国每年新增就业人口就是1000万~1400万,几乎相当于西方一个中等国家的全部人口。据仿真研究,2020年左右,中国总人口和劳动年龄人口将达到最高峰,到2030年60岁以上老年人口将突破3亿,约占当时中国人口的20%,相当于那时发达国家老年人口的总和,且是在未达到高等收入条件下进入老年社会,抚养负担非常沉重。由于人口多,我国劳动就业压力长期存在。人口问题不仅表现在数量上,而且也反映在质量上。人口总体素质较差,人力资源开发面临繁重任务。

2. 作为资源大国,人均资源占有量低,资源问题形势严峻

从绝对量上看,中国的确是资源大国。土地资源中耕地和草地面积居世界第4位,林地面积居第8位,水资源总量河川年经流量有2.7万亿立方米,占全世界的6.8%,居世界第5位;矿产资源丰富,世界上已知道的150种有用矿物,中国都已找到,探明储量的有137种,其中钨、锡、锑、锌、钛、钽、铌、稀土等居世界首位,铜、铅、铝、钼、镍、汞、金也居世界前列,矿物能源资源中的煤、石油、铀的储量都居世界前列。但是中国人均资源占有量不及世界平均水平的1/2或1/3,尤其是一些现代化进程中的支柱

[①] http://politics.people.com.cn/GB/1026/15130048.html。

性资源拥有量不足,将对国民经济的发展起严重制约作用。[1]

3. 物质基础雄厚,储蓄率高,但财力不足,资本短缺严重

西方一些中国现代化问题专家认为:1949 年以来,储蓄率的上升是经济发生转变的因素之一。1980—1990 年东亚 9 个国家和地区(即日本、新加坡、中国台湾地区、中国香港地区、韩国、泰国、马来西亚、印尼、中国大陆地区)的储蓄率的平均值为 35%,GDP 平均增长率为 7%,是世界上经济增长最快、储蓄率最高的地区。其中中国的储蓄率是 37%,GDP 年均增长率为 8.9%。[2] 较高的储蓄率是支撑我国经济增长的一个重要的因素。但是由于我国处于经济快速发展时期,百业俱兴,各项事业都需要发展,加上过去底子薄,所以财力非常紧张,资金不足已成为我国经济发展的重要制约因素。

(二)我国经济现代化的发展特征——"历时态问题的同时态解决"

从历史发展进程来看,西方发达国家已经走过了几百年的现代化过程,它们当前面临的主要问题是后现代化问题(全球问题、人的异化问题、意义世界问题)。而对当代中国而言,其面临的最大问题是从所谓传统社会过渡到工业化社会,而现在的时代是全球一体化的时代,中国不可能孤立于世界而存在,因而西方发达国家所面临的全球性问题也是我们所面临的问题。当代中国发展的特殊性恰恰在于把工业化和信息化这两大世界发展过程浓缩起来,合二为一。一言以蔽之,中国的现代化等于传统工业化加现代工业化(信息化),中国面临着同时完成传统工业化和现代工业化的双重任务。

---

[1]　http://news.xinhuanet.com/fortune/2007 - 12/26/content_7317282.htm。
[2]　中国科学院国情分析研究小组:《中国走向 21 世纪的经济发展目标和基本发展战略研究》,《管理世界》,1995 年第 5 期。

目前,我国经济现代化正处在一个十分关键的特殊阶段,即"工业化起飞高潮期和信息化起飞初期相结合""体制转轨关键期"和"社会现代化临界期"的奇妙结合。在该阶段,工业将迅速扩张,城市急剧发展,金融加速深化,信息日益普遍,经济结构处于急剧变动状态;国民经济将持续高速增长,但很容易发生突出的"瓶颈"制约;经济发展容易不稳定,特别是通货膨胀,加之人的社会心理整合过程即将开始,社会经济发展存在着巨大危险,社会稳定也可能受到影响。在此大变革时期,面对种种挑战,我们不得不把西方发达国家当初走过的漫长道路浓缩在同一过程中,不得不把贫困问题、发展问题、生态问题、民主问题等放在共时态中予以一次性解决,由此决定了中国发展的长期性、艰巨性、复杂性,决定了经济现代化将是一个不断渐变的积累过程,一个交织着各种矛盾的痛苦的复杂过程,我们必须作长期艰苦奋斗的准备。

第四节　坚持走中国特色新型工业化、信息化、城镇化、农业现代化道路

一、我国经济现代化建设的优势

我国经济现代化的矛盾与出路同在,挑战与机遇并存,在发展过程中逐步凸显三大优势:

（一）资源优势

一是国内市场广阔,第三产业发展潜力巨大,主导产业的选择余地较之其他国家更大;二是人力资源丰富,人力资本积累的前景看好,潜力巨大;三是我国较高的储蓄率可以为投资的增长提供充裕的资金来源。

（二）制度优势

我国市场化取向的经济体制改革,将为经济发展提供更好的制度支撑和保证。同时,社会主义制度为中国的现代化提供了全新的发展方式,在一定程度上为我们赶超式发展提供先进的制度支撑。突出表现在,社会主义制度保证了中国现代化的自主选择和对外开放中的自主性,既接受外援而又不受国际资本的控制。社会主义制度具有集中人力、物力、财力办大事的优越性,具有对整个社会发展的平衡和协调能力、很强的资源动员能力和对市场经济弊端的矫治能力。此外,它在现代化高速推进时,能够长期维持一种有利于实现公平的社会福利方式和稳定机制。这样,社会主义制度就可以在很大程度上弥补贫穷落后和后发国家的许多劣势,能够以一种更全面(效率与公平、稳定与发展、秩序与自主的统一)、更便捷(超越资本主义制度下的异化,超越资本主义发展的某些阶段)的方式实现现代化。

（三）后发国家的优势

首先,先发国家的现代化演进是一个自然的历史过程,它带有很大的自发性和盲目性。后发国家的现代化是在外力推动下并在短期内实现的,它带有欠稳定性、欠协调性特征。而当代中国的现代化于 19 世纪中叶启动,在经历了一个多世纪艰难历程后,今天已表现出主动、自觉、创造性特征,既有先发国家的现状作参照,又有后发国家实现现代化的经验教训可资借鉴。因而,我们可以充分利用前车之鉴和"跳板优势"加速现代化进程。

其次,先发国家更容易进入下一个历史发展阶段。一般认为,发达国家在进一步发展时比发展中国家更加容易。事实上,由于既得利益的存在,固有的制度阻力会制约发达国家进入下一阶段的决心。目前,国际范围内的资源危机导致存在着一个由大量耗用不可再生资源向使用可再生或可重复使用资源转变的历史性契机。后发国家倘能充分利用这个转变的契机，优先发展那些使用可再生或可重复利用资源的工业，就能为迅速、平稳地进入下一阶段，实现赶超式发展提供充分的条件。

二、我国经济现代化建设的突出矛盾

（一）现代化任务重与发展外部条件不理想之间的矛盾

首先，由于中国工业化时间晚，大约比发达国家晚100～150年时间，发展起点低，工业基础薄弱，现代化任务重。由于后发优势，我们可以在某个方面或某个领域内迅速赶超世界一流水平，但就总体水平而言，中国现代化的实现将是一个长期的过程。其次，新技术革命的浪潮已经兴起，在其挑战面前，中国将逐渐失去在劳动力、资源等方面的优势。这是因为，新技术革命中的竞争方式，已由以劳（劳动力）取胜转向以技（技术）取胜，由以资（资源、资本）取胜转向以智（智力、知识、信息）取胜。不仅如此，新科技革命要求社会经济结构的各个方面与之相适应；产业结构将重组和变革；经济管理的宏观结构与微观机制要更加科学、灵活、高效；劳动、就业方式将发生新变化；对人的素质和智力的开发提出了更高的要求；同时，政治方式、生活方式、行为方式和思想观念也要求有相应的变化。所有这些，决定了中国的现代化任务艰巨，情况复杂。

问题在于，当代中国发展的外部条件是相对变化的。资本主义原始积累时期的经济、政治、社会条件已不复存在。靠"羊吃人"的原始积累来聚集社会财富、靠贫富两极分化来保证社会发展效率和速度的历史过程具有不可重复性。多少年来，发达国家依靠不等价交换等手段，以自己的发达"制造"了发展中国家的不发达。如今，中国和其他发展中国家一样，面临着一个在全球范围内日益恶化的外部环境：不公正的国际政治和经济秩序、畸形的经济结构、资源危机、能源危机、生态危机等。中国作为社会主义发展中国家,一方面要迅速实现工业化,另一方面又要尽量避免工业化过程中所造成的环境污染、生态破坏、技术异化等负面效应,因而在中国现代化进程中,以下"悖论"是不可避免的。

(1)生产力水平与社会结构的"悖论"。突出表现为:社会结构滞后,生产方式的变革、体制的改革等经济增长的前提条件尚不充分,发展速度与经济结构之间时有冲突,发展潜力受到阻遏。社会矛盾将趋于增加,社会生活中的不稳定因素使得社会管理的任务加重;中国模式需要"小而硬"的强有力的政府来引导经济发展,而个别政府官员的腐败现象及政府自身偶尔的人浮于事、低效率与之形成了"悖论",它的解决成为一大难题。传统思想文化中的某些思想观念、思维方式和习惯,对于经济现代化具有阻碍作用。

(2)分配公正与经济效率的"悖论"。在中国,由于市场经济的启动,收入分配的差距有扩大之势,甚至出现两极分化。这种社会分配中的不公正现象,极易使中国现代化进程出现振荡,从而阻碍效率的提高。但是若在当代中国现代化发展的起飞阶段过多强调分配公正,又可能牺牲效率,从而难以加快现代化进程。这一深刻"悖论"要求中国的发展在公正、效率面前必须有所侧重、有所取舍。这就是"效率优先、兼顾公平"。问题是,在效率优先的前提下,如何将效率增长水平用于公正分配之中,这将是今后困扰中国发展进程的一个长期而复杂的现实问题。

(3)发展与环境的"悖论"。由于历史的原因,发达国家在环境危机"报警"出现之前实现了"发达"。人们在制造全球性环境危机方面负有主要责任,却在后果发生时具有向发展中国家转嫁危机的能力。例如,一些发达国家把高污染、高消耗的传统工业转移到发展中国家。为了谋求发展,发展中国家不得不吞下国际和国内环境危机的苦果。它们尚未实现高度发展却已陷入到资源匮乏、捉襟见肘的困境,而迫于赶超的压力,又不得不继续付出资源和环境方面的巨大代价。中国一方面创造了令人惊讶的经济增长速度;另一方面环境遭到严重污染。据统计,20 世纪 80 年代中国每年因环境污染造成的经济损失平均为 883 亿元,这个数字相当于同期国民收入的 10% 以上。①　如何以最小的环境资源代价取得最高的经济增长水平,将是中国未来发展的一个战略选择。

(二)现代化的发展要求与国情制约之间的矛盾

发展,对于长期处于贫穷落后境况中的中国人来说,没有什么比它更令人心动的了。从整个人类的视角看,中国的发展既是民族之福,更是人类之福。如果说世界上 80% 的人的发展是以另外 20% 人的不发展为代价,那么这样的发展显然是一种畸形的、难以持续的发展。从这个意义上说,占世界人口 22% 的中国的发展就是人类的发展。对于中国来说,国际国内环境要求其迅速实现现代化;但伴随着现代化的发展,中国却产生了一些不容忽视的国情制约因素。这些因素与现代化发展要求形成了尖锐的矛盾和冲突,集中体现在以下三个方面:

(1)经济高速增长与资源供应短缺的矛盾。物质资源供应短缺是许多发展中国家共同的问题,中国在谋求经济高速增长的过程中,由于对资源的过度使用和对环境人为的破坏浪费,资源短缺的问题将更加突出。资源将成为 21 世纪制约我国经济高速增长的重要因素。

(2)劳动生产率的提高与劳动力无限供给的矛盾。相对于资金和其他资源来说,我国属于劳动力无限供给的国家。据预测,到 2020 年,15 ~ 64 岁年龄段的人口将达到最高峰,约十亿人,实际劳动力增长率为 3%,平均每年需安排就业一千五百万人左右。但是另一方面,就业压力将长

① 赵永华等:《可持续发展论》,《学术交流》,1996 年第 3 期。

期存在,农村剩余劳动力转移的问题将更加紧迫。中国综合失业人口(隐性失业 + 显性失业)已有大约 1.8 亿～2.6 亿的规模之巨。① 如何在提高劳动生产率的同时充分考虑到中国的就业压力,将关系到中国改革、发展与稳定的大局;如把握不好,严重的失业问题就有可能引发社会动荡。

(3)民众迫切要求参与政治与相对较低的国民素质之间的矛盾。现代化发展要求进行最广泛的社会动员,以鼓励和吸收更多的民众参与政治,推动政治的民主化进程。但是目前中国国情不适合过度发展民主政治,盲目地进行民众动员,可能会使社会出现无序甚至动荡的现象,反而阻滞中国现代化的进程。广大民众迫切要求参与民主政治的要求与实现民主的可能性程度之间的矛盾,将成为中国现代化的障碍。

(三)发达国家的示范效应与模仿效应的矛盾

中国的现代化是在发达国家的刺激和影响下而启动的。因此,发达国家的现代化成果,包括生产方式、政治体制、文化模式等方面,必然对中国人产生强烈的示范效应。这种示范效应有其积极的一面,如先进的科技与管理经验的借鉴等,但也有其消极的一面。

首先,为了实现赶超式发展,政府往往制定"经济增长第一"战略。急躁冒进、急功近利的思想容易滋长,其直接行为后果是经济虚热,出现"泡沫经济"。一旦破灭,经济增长会突然中断。赶超式战略所引发的另一个负面后果是经济畸形发展,教育、科技、文化等的滞后。

其次,发达国家已经建立起来的丰厚的物质生活条件,如高额工资、豪华别墅、私人轿车等,对于处于开放形势下的人们有强烈的吸引力。这将进一步引发一些人对物质享受的欲望,由此导致严重的拜金主义、极端个人主义等思潮,甚至因此走上贪污腐化、权钱交易乃至谋财害命之路。

---

① 参见许明主编:《当代中国亟待解决的 27 个问题》,今日中国出版社,1997 年。

这不仅会败坏社会风气、严重危及社会治安和稳定，而且也将模糊发展的宗旨。

再次，西方发达国家的民主政治模式对一些人具有巨大的示范效应。一些人甚至错误地认为，西方发达国家是民主在先，民主是实现经济现代化的动力。因而，他们不考虑中国的特殊国情，企图简单地引入西方式的政治民主和意识形态，其结果往往造成"政治动员超前"现象，从而影响国家的政治稳定。

最后，西方发达国家的意识形态、文化模式也对人们产生了强烈的冲击，"人们争相追求一种同自己的实际状况天悬地隔的生活趣味，食不果腹的工人下班以后宁愿饿着肚皮也要喝一听可口可乐或半杯威士忌酒，来满足希望进入上流社会的心理"①。这显然是一种后现代心态，它与正处在现代化初期需要激发进取精神的中国多么不相称。在国际交往日益频繁的今天，它将直接导致本民族传统文化的失落、道德迷失、价值悬空，社会腐化行为往往因此繁衍，从而丧失了一个将要实现现代化的蓬勃向上的民族所应有的精神气质。

深究一步，我们将会发现，在我国现代化进程中，西方国家的示范效应是不可避免的，问题的关键是如何协调传统与现代的对抗，而不能将传统一概斥之为过时和落后。从深层意义来理解，传统本身就是一个蕴藏着过去、现在和未来的动态积淀的过程。中华传统文化既有许多阻滞实现社会现代化的惰性成分，又包括着众多促进现代社会发展的精华。因而，在现代化的进程中，不但要克服传统中的惰性成分，尤其要善于利用传统中的精华。世界各国现代化的经验表明，成功的现代化，应当是一种双向运动过程：它既包括对世界各国最新现代因素的移入和吸纳，又包括

---

① 参见斯塔夫里亚诺斯：《全球分裂——第三世界的历史进程》，商务印书馆，1993 年。

对自己民族优秀传统的改造和利用,并使两者相反相成而达到相辅相成。正确的选择是,从现代与传统的结合点上寻找当代中国文明发展的道路。

三、"新四化"同步发展是我国经济现代化的基本途径

党的十八大报告提出:"坚持走中国特色新型工业化、信息化、城镇化、农业现代化道路,推动信息化和工业化深度融合、工业化和城镇化良性互动、城镇化和农业现代化相互协调,促进工业化、信息化、城镇化、农业现代化同步发展。""新四化"同步发展是党中央根据新的历史时期国内外发展形势作出的重大发展战略部署。只有"新四化"同步发展,才是真正科学的发展,才能达到全面、协调、可持续的根本要求,才能实现社会生产力的跨越式发展,也才能真正实现我国经济现代化。

"新四化"的提出有足够的依据:第一,中国仍然有剩余的农业人口,需要靠工业化来进一步消化;第二,中国的传统工业要依靠信息化来提高效率,才能与国际同行处于同样的竞争平台上;第三,城市必须容纳日益增加的参与工业化的农村人口,让进城务工农民变成市民;第四,农业产出必须从"强调数量、解决温饱"转向"强调质量、满足品味",适应消费者从小康走向富裕的需要。

当前,中国经济社会结构中最大的问题是城乡二元结构仍然明显,收入分配中最突出的问题是城乡居民收入差距扩大,产业发展中最薄弱的环节是农业。与快速推进的工业化、城镇化相比,农业现代化滞后的问题仍很突出。然而,工业化、城镇化和农业现代化是经济现代化的基本内容,农业现代化如果跟不上工业化、城镇化发展步伐,也会导致工业化、城镇化发展受阻。因此,能否实现三者的同步发展,关系到现代化建设的成败。而在同步发展的"新四化"中,信息化已经覆盖了国民经济的所有行

业,正有力地推进其他"三化"。

中国工业发展速度较快,但工业化率并不高,特别是在技术创新和产业升级方面还有很大空间需提高。这也是信息化和工业化深度融合的题中应有之义。城镇化方面,目前中国城镇化率已经突破50%,伴随着城镇化的脚步,也有许多问题是必须及时面对的。比如城镇化本应是解决"三农"问题的一个有效途径,但中国却出现了农村空心化等问题。

工业化、信息化、城镇化、农业现代化,是实现我国经济现代化的基本途径。"新四化"相互联系、相互促进:工业化与信息化是发展到一定阶段的"孪生子",其深度融合是产业升级的方向与动力;城镇化蕴含着最大的内需潜力,是现代化建设的载体;而农业现代化则是整个经济社会发展的根本基础和重要支撑。

"新四化"同步发展的提出,无疑是中国共产党立足全局、着眼长远、与时俱进的重大战略决策,也是在中国现代化建设发展到一定阶段,对现阶段突出矛盾的一次求解。中国经济如果能够在未来5～10年内成功实现"新四化",中国的经济将保持持续增长、结构优化将会有显著提升。要实现"新四化"并不容易,体制改革、增长方式转变必不可少,需要我们为此作出持续不懈的努力。

参考书目:

1. 中国科学院国情分析研究小组:《中国走向21世纪的经济发展目标和基本发展战略研究》,《管理世界》,1995年第5期。

2. 中国科学院中国现代化研究中心:《中国经济现代化的新路径》,科学出版社,2010年。

思考题:

1. 当前我国实现经济现代化的主要困难有哪些?

2. 借鉴世界各国现代化进程经验,谈谈如何推进我国的现代化进程?

第七章

国家创新体系建设问题研究

在经济全球化趋势深入发展、国际竞争日益激烈、科学技术快速发展的当今世界,国家自主创新能力在推动经济增长、保障国家安全、促进社会进步等方面发挥着越来越重要的作用,正日益成为一个国家或地区经济获取国际竞争优势的决定性因素。

第一节 构建国家创新体系的提出与重大意义

一、创新相关概念与内涵

(一)创新的概念

经济学对创新的研究起源于奥地利经济学家熊彼特提出的创新理论,他于1912年在其著作《经济发展理论》中首次提出"创新"的概念。按照熊彼特的定义,创新就是建立一种新的生产函数,在经济活动中引入新的思想、方法以实现生产要素新的组合,它主要包括以下五个方面:①

引入一种新的产品或者赋予产品一种新的特性;②引入一种新的生产方法,主要体现为生产过程中采用新的工艺或新的生产组织方式;③开辟一个新的市场;④获得原材料或半成品的一种新的供应来源;⑤实现一种新的工业组织。

其后,学者们又从其他角度对创新的定义进行了发展。著名的管理学大师杜拉克认为:"创新并非必须在技术方面,创新的行动就是赋予资源以创造财富的新能力。"经济合作与发展组织(简称经合组织,OECD)在1997年发表的《国家创新体系》报告中指出:"创新是不同主体和机构之间复杂互相作用的结果。技术变革并不以一个完美的线性方式出现,而是系统内部各要素之间互相作用和反馈的结果。"

(二)自主创新的概念

对于自主创新的概念理解现在存在着三个层次:

一是从狭义上理解,认为"自主创新"是指可以产生自主知识产权的创新,又称为"原始创新"。

二是从广义上理解,"自主创新"是指通过自己努力取得的创新,包括"原始创新""集成创新"和"引进、消化、吸收、再创新"三个方面的内容。原始性创新是指在科学技术领域努力获得更多科学发现和技术发明;集成创新是指使各种相关技术成果融合汇聚,形成具有市场竞争力的产品;"引进、消化、吸收再创新"是指在广泛吸收全球科学成果、积极引进国外先进技术的基础上,充分进行消化吸收和再创新,形成新的学科理论或新的产业。[①]

三是从更大更高的角度来审视自主创新,周光召院士就认为:"自主创新虽然主要是指科技,但也不仅仅是科技,还包括管理、制度、品牌等方

---

① 李志民:《自主创新高校大有作为》,《中国科技成果纵横》,2005年第5期。

面,同时我国目前还存在一些问题,像三农问题、就业问题、缩小贫富差距和地区差距,保护社会稳定,增强国防,提高人民群众的生活水平等,这些问题的解决都必须依靠自主创新"。

（三）自主创新的内涵

自主创新这一独特含义主要来自"自主"二字,包括"谁是自主的主体""如何自主"和"自主程度"三方面的含义。

第一,关于"谁是自主的主体"的理解。从国家层面而言,自主的主体应该特别指定为一国公民（自然人）或内资企业,即从资本结构看,在原始资本的构成中,外资不占主导地位的法人或法人单位。

第二,关于"如何自主"的理解。所谓"如何自主"包括两方面:一方面,包括自主主体主导的创新活动并由此而产生的创新成果;另一方面,包括自主主体投资购买的其他国家自然人、法人或非法人的创新成果,并能不受相关创新成果原权利人的影响,实现创新成果的商业价值。

第三,关于"自主程度"的理解。"自主程度"问题主要是指一个国家的创新成果主要依靠自身实力获取还是依赖国外供应。应该说,每个国家都更希望创新成果完全依靠自身实力的获取而不依赖国外供应,但这种愿望是难以实现的,因为经济全球化和科技全球化的趋势导致各国都不可能完全地依靠自身实力满足本国对创新成果的需求。一个国家经济发展所处阶段不同,对科学技术特别是本国科学技术的需求是不同的。在一国处于工业化前阶段时,其研究开发经费占 GDP 的比例不足 1% ,一般处于技术引进、仿制为主的阶段;在一国处于工业化第一阶段时,研究开发经费占 GDP 的比例往往介于 1% 到 2% 之间,此时则进入以技术的消化、吸收、改进为主的阶段;而在进入工业化第二阶段或工业化后阶段时,研究开发经费占 GDP 的比例超过 2% ,此时,一般进入以创新技术为主的阶段。[①]

（四）创新型国家的界定

一般把那些将科技创新作为基本战略,大幅度提高科技创新能力,形成日益强大竞争优势的国家称为创新型国家。创新型国家本质上是一种科技、经济、社会发展模式的创新,这一模式的主要特征是科技创新成为经济社会发展的主要驱动力。

我国在《国家中长期科学和技术发展规划纲要（2006—2020 年）》中提出了到 2020 年建设创新型国家的四个指标:全社会研究开发投入占国内生产总值的比重提高到 2.5% 以上,力争科技进步贡献率达到 60% 以上,对外技术依存度降低到 30% 以下,本国人发明专利年度授权量和国际科学论文被引用数均进入世界前 5 位。

现在全世界公认有二十多个国家已成为创新型国家,包括美国、英国、法国、德国、日本、丹麦、芬兰、瑞典、韩国和新加坡等国。这些世界公认的创新型国家拥有的发明专利总数占全世界的 99%。[②] 而当今世界的发展也主要是由这些创新型国家主导,它们在创新投入、知识产出和自主创新能力等方面,远远高于其他国家,仅占全球 15% 人口的发达国家却拥有世界几乎所有的技术创新成果。

二、我国建设国家创新体系的提出

2005 年 10 月,党的十六届五中全会审议并通过的《中共中央关于制

---

① 万君康、李华威:《自主创新及自主创新能力的辨识》,《科学学研究》,2008 年 2 月。

② 刘石泉:《贯彻落实科学发展观必须着力推进自主创新》,《人民日报海外版》,2009 年 6 月 30 日。

定国民经济和社会发展第十一个五年规划的建议》首次突出强调了加强自主创新能力,并提出:"要深入实施科教兴国战略和人才强国战略,把增强自主创新能力作为科学技术发展的战略基点和调整产业结构、转变增长方式的中心环节,大力提高原始创新能力、集成创新能力和引进消化吸收再创新能力"。2006 年 1 月中共中央、国务院召开全国科技大会,进一步把自主创新提升到国家战略层面,提出用 15 年的时间把我国建成创新型国家。

党的第十八次全国代表大会作出了实施创新驱动发展战略的重大部署,认为科技创新是提高社会生产力和综合国力的战略支撑,必须摆在国家发展全局的核心位置,并提出"要坚持走中国特色自主创新道路,以全球视野谋划和推动创新,提高原始创新、集成创新和引进消化吸收再创新能力,更加注重协同创新。深化科技体制改革,推动科技和经济紧密结合,加快建设国家创新体系,着力构建以企业为主体、市场为导向、产学研相结合的技术创新体系。完善知识创新体系,强化基础研究、前沿技术研究、社会公益技术研究,提高科学研究水平和成果转化能力,抢占科技发展战略制高点。实施国家科技重大专项,突破重大技术瓶颈。加快新技术新产品新工艺研发应用,加强技术集成和商业模式创新。完善科技创新评价标准、激励机制、转化机制。实施知识产权战略,加强知识产权保护。促进创新资源高效配置和综合集成,把全社会智慧和力量凝聚到创新发展上来"。

党的十八届三中全会进一步提出建设国家创新体系,"要深化科技体制改革,建立健全鼓励原始创新、集成创新、引进消化吸收再创新的体制机制,健全技术创新市场导向机制,发挥市场对技术研发方向、路线选择、要素价格、各类创新要素配置的导向作用。建立产学研协同创新机制,强化企业在技术创新中的主体地位,发挥大型企业创新骨干作用,激发中小企业创新活力，推进应用型技术研发机构市场化、企业化改革，建设国家创新体系"。

三、建设国家创新体系的重大意义

（一）建设国家创新体系是实现"中国梦"的需要

习近平总书记在中国科学院第十七次院士大会、中国工程院第十二次院士大会开幕会上发表重要讲话时强调："今天，我们比历史上任何时期都更接近中华民族伟大复兴的目标，比历史上任何时期都更有信心、有能力实现这个目标。而要实现这个目标，我们就必须坚定不移贯彻科教兴国战略和创新驱动发展战略，坚定不移走科技强国之路。科技是国家强盛之基，创新是民族进步之魂。中华民族是富有创新精神的民族。面对科技创新发展新趋势，我们必须迎头赶上、奋起直追、力争超越。历史的机遇往往稍纵即逝，我们正面对着推进科技创新的重要历史机遇，机不可失，失不再来，必须紧紧抓住。我国科技发展的方向就是创新、创新、再创新。实施创新驱动发展战略，最根本的是要增强自主创新能力，最紧迫的是要破除体制机制障碍，最大限度解放和激发科技作为第一生产力所蕴藏的巨大潜能。要坚定不移走中国特色自主创新道路，坚持自主创新、重点跨越、支撑发展、引领未来的方针，加快创新型国家建设步伐。"

（二）建设国家创新体系是应对"新常态"的需要

经历了改革开放三十多年的发展，中国经济呈现新常态，具体表现为经济发展速度从高速增长转为中高速增长，经济结构亟待优化升级，经济发展动力从要素驱动、投资驱动转向创新驱动。新常态是我国进入中上等收入阶段后，经济发展的阶段性、结构性、趋势性变化，与潜在增长率变化、人口红利值变化、产业结构及制度变迁密不可分，是不以人的意志为转移的。"新常态"意味着我国经济正从高速增长转向中高速增长,经济发展方式正从规模速度型粗放增长转向质量效率型集约增长,经济结构正从增量扩能为主转向调整存量、作优增量并存的深度调整,经济发展动力正从传统增长点转向新的增长点。在过去主要依靠大规模投资和出口驱动的传统经济增长方式下,我国经济增长主要以劳动力、资源环境等低成本要素投入为主要特征。而在人口红利消失、环境约束加剧背景下,我国经济增长的低成本优势逐渐消失,实现"新常态"下经济持续健康发展,只能依靠有效的创新活动。

(三)建设国家创新体系是中国制造走向中国创造的需要

现在中国已经成为工业经济大国,具备比较完整的技术体系。随着中国制造业规模的不断扩大,近百种工业制成品的产量位居全球第一,但中国已然沦为"世界工厂"。有些"两头在外、大进大出"的产业,不仅消耗了大量宝贵的不可再生资源,对中国极为脆弱的生态环境造成巨大压力,而且在全球价值链中处于较低位置。一些高盈利的行业往往是外商投资或者是加工贸易企业实现的,出口产品里相当一部分是贴牌生产。面对这种情况,目前中国的核心任务是建立先进的工业技术支撑体系,显然这是依靠技术引进所无法完成的。能否具有自主技术和创新能力,尤其是在战略性、基础性技术领域拥有自主创新能力和自主知识产权,是中国从工业大国迈向工业强国的关键,培育核心技术的自主创新能力应是中国未来技术发展战略的核心。

(四)建设国家创新体系是保障国家安全的需要

目前,世界科技发展不均衡远远大于世界经济的不均衡,当代绝大多数领域的技术制高点已经被发达国家所控制。创新能力不足已经严重危及国家安全。东南亚金融危机和拉美地区的经济政治危机,是对外技术依赖、市场依赖和资本依赖的直接结果。发展中国家存在技术、经济、政治被边缘化的危险。发达国家依靠创新能力巧妙地构筑科技壁垒、经济壁垒、金融壁垒、军事壁垒、政治壁垒、人才壁垒、技术贸易壁垒,所谓后发优势已成为后发陷阱。而且以美国为代表的发达国家正在通过 TPP、TTIP、TISA 等新一轮国际经济新规则的制定和实施进一步全方位的围堵、遏制发展中国家和新兴经济体的崛起。中国作为世界上第二大经济体和最大的发展中国家,以创新寻求突破迫在眉睫。

第二节　世界主要创新型国家发展经验借鉴

一、美国经验

美国的国家创新体系,主要以政府为主导,由企业、大学和各级科研机构,以及各级政府、中介服务机构等组成,这是一个高度成熟而又极具效率的互动网络,由于各类机构密切联系、互为补充,于是形成一个高效运行、快速发展的有机整体。美国企业,大多数设立了研发机构,是美国技术创新体系中的真正主体。美国高等教育体系在世界上是一流的,其在研究方面的教育水平更是享誉全球。国家发展战略的基础研究和关键技术的研发则主要由各科研机构承担,科研机构在国家创新体系中扮演着重要的角色。政府主要是起着指导与服务的作用,各级政府的职责主要就是制定与出台创新政策,为企业的技术创新与发展提供政策与计划引导,包括各类科技基础设施的建设制度,还有知识产权制度、各类相应的法律法规以及行业标准等,帮助国家完善创新体系并改善创新环境。在创新体系中,科技中介和服务机构的作用不容忽视,各类型的机构包括科研技术转让机构、相关咨询和评估机构、专业的政策研究机构,以及各大风险投资公司等,在整个创新体系中,各自执行自己的任务,同时又共同维护着体系的发展,在一定程度上也是协同合作的伙伴关系。

(一)联邦政府

联邦政府主要是美国联邦政府科技管理机构参与国家创新体系。该机构主要可分为两个层次:第一个层次是白宫决策机构,主要任务是制定科技政策,包括白宫科技政策办公室、国家科技委员会和总统顾问委员会;第二个层次是负责执行第一个层次所制定政策的管理部门,主要包括农业部、教育部、能源部、商务部、国防部、卫生和福利部、交通部、环保署、国家宇航局、国土安全部和国家科学基金委 11 个联邦部门机构。

在美国国家创新体系的联盟中,联邦政府推行的是弱干预政策,政府对于创新主体——企业一般干预力度比较小。美国各届政府信奉自由主义的立场,认为科技创新的方向、应该投入多少资本及人力应该是市场来作决定的。但是对于具有国家发展战略意义的基础研究,国家依然是投入的主体。2000 年时,美国联邦政府投入到基础研究的资金就已达 233 亿美元,大约占全国基础研究经费的一半。克林顿任总统期间,政府通过制定一系列的推动计划来促进美国的科技创新与科技发展,在"先进技术计划"中,政府通过分担成本与风险的方式,向企业或科研机构提供科研启动资金,以此来促进各类高回报率技术的研究运用和产业开发。

尽管在美国科技创新是以市场为主导,但是仅仅靠市场本身并不能为科技创新提供最优的创新环境。为了克服市场本身的局限性,美国联邦政府通过制定有利于科技创新的政策和法律、法规,为科技创新提供一个良好的创新环境。历届美国政府制定了很多政策支持科技创新。尤其是在冷战结束以后,联邦政府明确提出加强美国工业竞争力,制定了许多政策来提高科技工作者的待遇和地位。如 1993 年美国政府发布了《技术促进经济增长:构筑美国经济实力的新方向》报告。1994 年发布《科学与国家利益》报告,这一报告对美国的国家创新体系有重要作用,明确了美国科学发展的五大目标。一是培养 21 世纪最优秀的科学家和工程师;二是鼓励高校、研究机构和企业建立相互合作伙伴关系;三是提高全体人民的科学和技术素养;四是保持在所有科学知识前沿的领先地位;五是增进基础研究和国家目标之间的联系。

（二）企业

在美国,企业作为国家创新体系的创新主体,不仅是科技创新成果的主要占有者,而且是技术创新的主要投资者和执行者。企业每年投入和执行的科技创新经费,占全美科技创新经费的 2/3 以上。美国获得创新成果的重要来源是企业科技创新,正是这些企业创新可以直接把创新成果转化为企业生产力。企业在科技创新方面具有一些先天优势,比如产品的设计、生产、销售和售后服务等各环节都能够直接参与,对市场反应敏感,市场的反馈情况可以使企业科技创新更具有针对性和灵活性。企业的科技创新成果显著,美国每年有 75% 的科技创新成果是企业创造的。企业为美国科技工作者提供了最大份额的岗位,企业每年雇佣约三百万科技工作者,占全国科技人员的 60% ~ 70%。[①]

在市场经济的总体背景下,美国企业一直把科技创新工作作为提高竞争力的关键。早在 20 世纪初,通用化学公司、杜邦公司和柯达公司等就投资建立了本公司的科技创新实验室。现在,美国大部分企业都通过投入巨额资金、招聘优秀的科技工作者来组建自己的科技创新机构,以提高企业的技术水平,进而通过科技创新生产更具竞争力的产品。美国私人企业拥有世界上最多的科技创新机构,他们拥有大大小小的实验室大约两万个,多数大型工业公司都拥有雄厚的科研资金,设立了企业自身的

---

① 林风:《美国科学技术》,福建科学技术出版社,2007 年,第 169 页。

实验室或者研究开发部,配备了完善的研究设备和科研人员等。这些实验室支撑着美国高技术产业的健康发展。在美国,规模 500 人以上的大企业在企业科技创新中的地位一直非常重要,是企业科技创新的主力,这些企业投入大量资金建立先进的实验室、购买尖端的设备、为研发者提供丰厚的待遇,从而保证他们的研发实验部或中央实验室高效运行。例如,IBM 和贝尔实验室等,执行了 80% 的企业科技创新任务。自 20 世纪 70 年代以来美国的中小企业也在科技创新方面越来越有活力,中小企业每年所创造的新增就业机会占全美新增就业机会的 60% ~ 80%。中小企业创新实验室里的高技术人员,占全美高技术人员总量的将近 40%。近年来,中小企业专利总数达到美国专利总数的 60%,这些获得专利的企业都得到了很好的发展,这也促使它们越来越重视企业的创新成果。①美国的一些老工业基地之所以出现经济衰退的现象,很大一部分原因是因为缺少富有活力的中小企业。

（三）大学和科研机构

美国拥有世界先进的大学和科研机构。它们是国家创新体系不可缺少的组成部分,使美国的科技创新得到很大发展。大学和科研机构的作用主要体现在知识创新上,大学和科研院所通过大量的基础研究创造出新的知识为企业进行技术创新提供创新源,他们是"官产学"联盟的知识创新主体。

美国的高等教育系统和科研机构在世界上是一流的。2000 年时,美国有三千六百多所大学和学院,它们对美国教育、科技和经济发展起到了举足轻重的作用,它们不仅是美国的人才培养基地,而且是科学发现和技术创新的主要来源,承担着 80% 的国家基础研究工作。此外,美国拥有

---

① 参见付柔:《美国国家创新体系研究》,南昌大学硕士学位论文,2014 年。

众多国立和私人研究机构,其中国立科研机构有 850 个,员工超过 20 万人,居世界第一。[①]

随着国家创新体系完善与发展的需要,各个科研主体之间也更加注重协调发展,大学、研究机构、企业之间的相互交流与合作日益普遍,它们共同设立了一些技术研究中心,形成了几个主要的创新型产业集群,这些创新型产业集群的形成使美国更具有科技竞争力。

(四)科技中介机构

随着政府机构改革和国家创新体系建设的发展,国家创新体系各主体之间的相互联系就出现了空白地带。科技中介机构的主要功能是通过促进国家创新体系中其他创新主体之间的信息传递,确保科技创新成果能够在国家创新体系内广泛传播,对国家创新体系中的"空白地带"提供补偿作用,并能够对已经取得的科技成果进行深层的咨询和评估,从而提高科技创新成果的转化率,使更多的科技创新成果能够应用于生产。

自 20 世纪 80 年代以来,美国国会制定和发布了二十多个与科技信息服务和科技创新活动有关的法律、法规。联邦政府通过政策导向和立法,为发展科技中介机构,引导科技中介机构关注科技创新提供指导。大量的科技创新成果转化为商品进入市场,使人们享受到科技进步发展的成果,这些成果的转化都离不开科技中介机构。美国之所以能够在科技水平上领先于其他国家,是因为它拥有非常高效且组织完善的科技中介机构体系。美国的科技中介机构大多依附于政府部门、大学、研究机构、咨询公司和风险投资公司,很少有独立存在的。美国的科技中介机构种类很多,发挥的作用也各不相同,可以分为:①人力资源服务机构,为企业的科技创新提供源源不断的人力资源;②技术转移服务机构,将大学和科

---

① 周程:《科技创新典型案例分析》,北京大学出版社,2011 年,第 136 页。

研机构的科技创新成果转移到需要的企业,同时把企业对于科技创新的需求信息反馈给大学和科研机构,推动了大学、科研机构与企业间的合作;③金融资本服务机构,为企业的科技创新提供丰富的风险资金和完善的金融服务;④管理信息咨询服务机构,美国的咨询业非常发达,咨询机构的专业化程度也非常高,咨询机构在管理、信息等方面为企业的科技创新提供高质量的服务,提升管理质量,极大地节省了企业科技创新的人力、物力,进而推动了科技创新的不断发展。在美国,科技中介机构不仅能整合各科技创新主体、提高科技创新能力,同时它也是国家创新体系的一个重要组成部分。

二、日本经验

日本在技术落后的情况下,以技术创新为先导,辅以组织创新和制度创新,只用了几十年的时间,便使国家的经济出现了强劲的发展势头,成为工业大国。

日本的国家创新体系始于 19 世纪 60 年代末的明治维新时期,日本的国家创新体系也正是在这个时期开始初见雏形。20 世纪 80 年代以后,日本政府开始对其技术创新政策进行重大调整,即走向科学技术立国时期。1980 年,日本产业结构审议会发表了《80 年代的通商产业政策》,把提高创造性的自主技术开发能力作为今后的基本政策,是日本第一次在官方文件上明确提出了"技术立国"政策。1995 年,日本政府通过了《科学技术基本法》,明确提出了"以科学技术创造立国的技术创新政策"。这标志日本已经结束模仿欧美技术的时代,进入了真正意义上的技术创新阶段。

(一)企业

　　日本企业是国家创新体系中的一个主要角色和技术创新的主要承担者。二战后,日本经济处于瘫痪状态。市场机制不够完善,企业的创新能力比较薄弱。在日本长期的赶超过程中,企业一直是技术创新的主体,市场机制是配置创新资源的主要方式。日本企业所提供的 R&D 经费一直占全国 R&D 总量的60%以上。

　　第一,企业研究开发规模的变化。日本自二战后的几十年间就一直保持着研究开发投入持续、快速增长的态势,进入20世纪80年代以后这种势头依然不减,并且研究开发支出占 GDP 的比重进一步上升。日本的研究开发支出在1980年为52463亿日元,1985年增加到88903亿日元,1990年猛增到130783亿日元,尽管90年代初期日本国内经济滑坡,1993年和1994年分别出现了下降,但是1995年又增加到144083亿日元,到1999年则高达160106亿日元,比1980年增长了2倍多。在这期间,研究开发支出占 GDP 的比重则不断上升,由1980年的2.11%上升至1985年的2.69%,1990年又上升到2.9%,1995年略有减少为2.87%,1997年首次突破了3%的大关达到3.03%,此后一直保持在3%以上的高水平,1999年达到3.12%。应该注意的是,日本的这一比重在1990年达到2.9%,首次取代了德国居世界第一位。1990年和1999年,其他主要发达国家的这一比重分别为美国2.61%和2.63%、德国2.75%和2.37%、法国2.37%和2.17%、英国2.16%和1.87%。① 在整个20世纪90年代,除日本和美国以外,其他主要发达国家的这一比重都不同程度地呈现下降的趋势。

　　第二,企业的技术创新动向。日本的研究开发体制与欧美相比一直属于民间主导型,因此日本企业的研究开发活动对于日本的技术创新能

---

　　① 　周文莲、周群英:《试析日本国家创新体系的现状及特点》,《日本研究》,2007年第3期。

力乃至国家创新体系的效率都有着举足轻重的影响。不言而喻,企业的研究开发经费投入是技术创新的物质保障。世界主要发达国家自 20 世纪 80 年代以后,这种投入呈现大幅上升的趋势。这一方面反映出在企业的生产过程中技术的重要性增大,同时伴随着技术集约型产业的成长,产业结构所发生的变化。另一方面也说明了在经济全球化的进程中,伴随国际竞争的激化,要想在竞争中获得优势,技术越来越成为重要的参数。

日本科学技术政策的核心是充分开发和利用那些能够尽快使经济得到增长的科学技术,同时民间主导型的技术创新体制决定了日本的研究开发对市场信号非常敏感,研究开发的重点是应用研究和技术开发。正是这种特点,使得日本的科学技术在日本战后所创造的经济奇迹中起到了非常大的作用。

(二)政府

日本政府推行对国内创新活动积极引导和重点扶持的强干预政策。日本通商产业省(简称通产省)的作用是使日本产业跟随着广阔国际市场的活力而长期发展最先进的新技术,并积极改善企业的外部环境和进行基础性投资。二战后,日本确立了国家大规模发展资本密集、技术密集型的产业结构方向。1952 年通产省制定的"企业合理化法案"就是这一战略及基本政策的反映。该法案的主要内容为:第一,为企业新机器和设备的实验安装和运行检验提供直接的政府津贴;第二,实行税收减免和加速折旧政策,对政府鼓励的产业第一年可折旧 50%;第三,委托中央和地方政府直接利用公共开支建设港口、高速公路、铁路、电力网、天然气管道、工业园区及其他合适项目。这样,在 20 世纪 50 年代,日本政府重点扶持了钢铁产业;在 60 年代和 70 年代,又转而扶持汽车和石化产业;接着又转向知识密集型产业,重点发展信息技术。这些关键技术的选择,有力地促进了日本企业技术结构的升级,对日本国内创新活动的开展,起到了重要的促进作用。

通产省是日本制定和执行产业政策的主要部门,在整体上较好地把握了经济和技术的发展趋势,对日本创新能力的提高起了关键作用。这一点也是日本的国家创新体系同英国、德国等创新体系的主要差异。如通产省的产业技术审议会,其9个部会38个分科会的主要任务,就是从日本产业的整体出发,对广泛的科学技术、特别是产业技术的发展问题进行调查与审议。它与技术会议不同的是,主要针对不同产业的产业技术水平、所要解决的技术问题,以及解决这些问题的环节等进行调查与评估,然后明确发展方向,提出具体的实施计划。有学者认为:"由于通产省是日本产业技术和经济发展的中枢,产业技术审议会提出的各级报告均具有先导性和实用性,受到科技界、产业界的普遍重视,对日本科学技术的发展有很大的影响。"通产省通过不断与产业中的研究人员、大学中的科学家和技术专家进行技术对话的方式预测新技术的发展趋势。日本政府还通过各种措施,鼓励大力引进世界上最先进的技术,并加以改造。与美国等国家的创新制度相比,日本更偏向过程创新、渐进创新,着眼于降低工业成本。如在20世纪50年代原材料和外汇短缺的情况下,政府就已通过直接的物质分配和控制,开始支持能源、钢铁、化工等重点行业大规模流水线生产技术的引进和改造。经过这样的努力,日本同欧美发达国家在生产技术上的差距迅速缩小,至80年代赶超即基本完成。

在技术引进的基础上进行创新可以说是日本成功的关键因素之一。日本政府对于技术引进采取的方式,进行了积极有效的干预。例如,选择特定的企业批准其使用宝贵的外汇用于引进技术,为使本国企业在技术引进中获取更多的有利条件,有时候甚至直接介入本国企业与外国企业的谈判等。日本政府有关技术引进的政策选择也随经济环境的变化而及时进行调整。20世纪50年代,其重点是创汇型产业、关系国计民生的重要产业、生活必需品产业、公用事业等。进入 60 年代的经济高速成长期，其政策选择则侧重于以下四个方面：第一，有利于本国技术的发展；第二，维持现有的产业秩序；第三，有利于中小企业的发展；第四，引进高技术的企业。此外其他一些经济政策也间接地对技术引进产生了重大影响。例如，以促进设备投资为目的的各种税收优惠政策，以及政府金融机构的低息贷款在促进设备投资的同时也促进了技术引进。

（三）大学和科研机构

日本的大学与企业在进行技术合作方面缺乏有效的连接。但日本政府对教育和培训给予高度重视。自明治维新以来，日本一直非常重视教育，劳动力技术水平较高，众多经理、工程师是日本成功赶超的基础和前提条件。日本年轻人取得第二教育或更高教育的绝对数量和高水平的普通教育，使日本不仅在研究与开发机构中，而且也在生产工程与管理中具有大量优秀的专业工程师，使日本在技术引进、工艺与产品更新及目前不断增加的自主创新方面取得了巨大成功。因此，日本政府对教育领域的投入对促进技术创新活动的开展起到了不可替代的作用。总之，日本在政府所倡导的技术引进基础上进行创新发展战略，在特定的历史条件下取得了巨大的成功，政府所推行的对国内技术创新活动积极引导和重点扶持的强干预政策也被证明为日本经济腾飞的关键。无疑，日本的这些成功经验，对那些正处于发展中的国家技术创新政策的制定有着巨大的启发作用。

第三节 我国创新的主体与自主创新能力提升

一、培育我国创新主体

（一）企业：自主创新主体

企业是自主创新的主体，主要包括我国的民营企业、国有企业，只有它们才能在我国国家自主创新体系建设中发挥主要作用。外资企业由于其跨国母公司的国籍及其流动性质决定它们不能成为我国自主创新的主体。

在自主创新和研究开发中，企业要发挥主体地位的作用，这是由企业本身的性质和它在社会经济中的地位所决定的。一方面，企业作为自主经营、自负盈亏、自担风险、自求发展的经济实体，需要寻求技术与市场的最佳结合，企业的最大特点是贴近市场，了解市场的需要，尤其是它们能前瞻性地掌握市场发展所产生的潜在需求，使其研究开发的目标更具针对性，更能体现以市场为导向。另一方面，随着市场竞争日趋激烈，企业只有把握住新技术的制高点，才能在竞争中处于领先地位。而且，这也是企业自身生存发展的现实需要，促使企业主动将研发成果转化为生产力，从中有效地收回创新成本。企业在追求利润最大化而进行技术创新过程中，不仅有能力承担创新风险，而且敢于承担创新风险。因为所有成功的技术创新总能带来巨大的超额利润，从而弥补风险损失。

（二）高校与科研机构：知识创新主体

1. 知识创新的含义

国家自主创新体系中的知识创新活动是指那些人类在认识世界、改造世界的过程中所进行的基础研究与应用研究，以及将其研究中所获得的新现象、新规律、新原理扩散与传播到需要它的技术创新中去，从而启发并产生新产品、新工艺、新产品领域的过程。一方面，知识创新是技术创新和制度创新的基础，没有知识创新，技术创新、制度创新就成了无源之水、无本之木；而另一方面，技术创新所形成的经济效果与技术成果又反过来为知识创新提供物质保证与技术支持。

2. 知识创新的特点

知识创新过程最主要的特点是其探索过程的自由性，因此没有很强的计划性。同时，知识创新具有一定的风险性，即其研究成果的前景具有很强的不确定性，而且也很难立即产生经济效果，需要政府等其他创新主体的补贴，因此市场经济对其是失效的。另外，知识创新需要多学科的综合和宽松的研究环境，需要最富于创新精神的人才群体。这些特征决定了高校和科研机构作为国家自主创新体系中知识创新的主体地位。

首先，高校与科研机构不断产生新的知识和技术，包括基础知识、应用知识和技术。基础知识的产生：一方面，可以构建技术创新的知识基础；另一方面，有利于营造创新的社会文化环境。其次，高校和科研机构等知识创新主体在国家自主创新体系的运行中，还承担着教育和培训的职能，包括科学家、工程师和技术人员等创新人力资源所必需的数量和质量两方面培训。再次，实现产学研合作创新。一方面，高校和科研机构等知识创新主体直接融入区域发展中，与当地企业密切合作，使知识在区域内重新组合，促进技术扩散，从而提供更多创新机会；另一方面，高校和科研机构建立自己的科技园区，承担起企业孵化器的作用，带动区域内高新技术企业的发展。

（三）创新服务机构：创新活动服务主体

1. 创新服务机构

国家自主创新体系的创新服务机构是指自主创新体系内从事与创新活动相关服务的机构,包括区域内存在的各种技术市场、劳动力市场、行业协会、商会、创业服务中心等组织机构,以及律师事务所、会计师事务所等各种形式的服务机构,这些组织兼具了市场的灵活性与公共服务性两方面的特征。

2. 创新服务机构的特点

作为创新活动服务主体的创新服务机构,在促进技术创新和产学研联合与发展的过程中,发挥着重要的桥梁和纽带的作用。一般来说,国家自主创新体系中的创新服务机构是具有服务功能的组织机构,它一般介于政府和企业及高校和科研机构等创新主体之间,所起到的是协助的作用,尤其是在扶植中小企业方面发挥着重要的作用。由于其半官方和非营利的性质,使得创新服务机构能够聚集信息、技术、投资和管理等各方面的专家,为创新主体提供专业化的服务,从而促进创新活动的开展和创新成果的产业转化。

3. 创新服务机构是服务创新的主体

自主创新服务组织对完善和优化我国国家自主创新体系的结构和功能具有重要作用。国家自主创新体系方法强调技术和信息在社会、企业和机构之间的流动,创新和技术发展是该系统中的各个主体间复杂关系运行的结果。首先,创新服务主体在国家自主创新体系中可以促使创新体系技术知识扩散、流动顺畅,创新资源得到有效整合,充分发挥创新体系整体功能。其次,服务创新主体的主要职能就是沟通政府和企业之间的联系,制定行业发展战略和规划,指导行业发展,调节成员之间商务、贸易关系,协调生产与销售的关系,维护会员单位的合法权益,协调对外经济技术交流和贸易活动等。再次,自主创新服务组织既是政府与市场和社会的中介,也是各类科技资源之间的市场中介。因此,它可以按照市场机制,实现科技要素资源的优化配置,并通过提供综合服务,发挥纽带、桥梁作用,促进科技成果转移,实现产业化,发挥其他任何社会组织难以替代的重要作用。

(四)政府:制度创新主体

1. 制度创新的含义

制度创新是国家自主创新体系建设与运行的制度保障。国家自主创新体系中的制度创新是指,那些能够使创新者获得追加或额外收益的变革,是组织形式、经营管理等方面革新的结果。具体来讲,制度创新包括所有制、分配制度、劳动组织、公司形式、市场管理方式、税收制度、信用机构等组织形式和经营管理形式的变化与调整。在制度创新的过程中,政府充当着十分重要的角色。

2. 制度创新主体的特点

政府作为国家自主创新体系中的重要组成要素,既是自主创新活动规则的制定者,也是自主创新活动的直接参与者。国家自主创新体系中的地方政府作为地方发展重要的直接指导组织:一方面,贯彻国家的宏观指导政策;另一方面,结合本国的实际情况,制定促进自主创新的计划,设计与执行有关区域发展的各种机制。政府在适应市场经济需要、转换职能过程中,主要职能之一就是在遵循市场经济规律的前提下,进行国家自主创新体系的制度设计并监督其运行。

3. 政府是国家自主创新体系中制度创新主体

就国家自主创新体系中创新行为的相对分工而言,政府应当是制度创新的主体。只有政府可以利用其优势强制性地进行权力和利益格局的再造,而且政府应将制度创新作为社会主义改革的基本内容。

在我国当前的国家自主创新体系中,制度创新是最重要、最具难度的一个环节,合理的制度安排与制度选择成为关键因素,撇开制度创新而只谈知识创新和技术创新是片面的、不科学的。这是因为制度创新为创新主体的创新活动提供激励机制与保护功能；缺乏激励机制与利益保障的知识创新与技术创新，是很难成规模性和具有持续性的；制度创新为我们提供了一种经济秩序中的合作与竞争关系，而这种关系能提高生产率和实现经济增长。

创新体系中的各个创新主体因其自身的特性，分别承担了国家自主创新体系中的技术创新、知识创新、制度创新和创新服务等不同的创新职能，相互协调、共同作用，形成自主创新体系的基本结构框架。当前我国推动自主创新的关键是要结合我国的创新实际，围绕提高自主创新能力，加快建立以企业为主体，政府、企业、大学及科研院所共同参与的官产学研紧密结合的国家自主创新体系。在构建我国自主创新体系过程中，政府主要做好科技政策和经济政策的制定及相互协调；企业主要更新观念、转换机制，形成完善的技术引进、创新与转移机制；大学及科研院所主要发挥自身资源、技术、人才、科研、信息等方面的优势，为企业提供人才培养、技术支持、信息咨询及科技创新服务。这样，政府、企业、大学和科研机构共同参与的自主创新体系就会形成，就能为我国占领未来科技制高点，促进经济的持续、协调发展奠定坚实的基础。

二、提升国家自主创新能力

从创新活动的角度看，创新能力是价值创造和各环节增值的结果，是创造技术并实现商业价值的能力。从个人和组织完成创新活动的角度看，创新涉及学习、研发、制造和市场营销等活动，创新能力应该包括学习能力、研发能力、资源配置能力、制造能力、市场化能力、组织能力和战略规划能力。从要素投入产出角度看，国家创新能力取决于创新要素投入总量、配置合理性和使用效率。从国家创新系统的角度看,各创新主体自身能力相互协调配合和系统运行的制度保障是创新能力形成和提高的关键。

综上所述,创新能力是一个内涵十分丰富的概念,由若干能力要素组合而成,不仅应包括技术创新能力,更应包括制度创新能力,二者相互影响、相互决定、动态演进,是构成创新能力的两个主要方面。

"创新能力"可从微观、中观到宏观的角度划分为企业创新能力、产业(行业)创新能力、区域(国家)创新能力三个层次。作为区域创新能力中一种特殊形式的国家创新能力属于宏观层次的创新能力,它是一个系统的、综合的能力体现,是技术创新理论、制度创新理论研究的一个新发展阶段,是对科学技术与经济发展关系认识不断深化的结果。

国家创新能力应该具有以下特点:

第一,国家自主创新能力的根本目标是保持经济长期平稳较快发展,调整经济结构、转变经济发展方式,建设资源节约型、环境友好型社会,以及提高我国经济的国际竞争力和抗风险能力。当前,制约我国经济社会发展的三个突出矛盾包括:一方面,我国已成为世界经济大国,另一方面,相当一部分产业缺乏核心竞争力,与发达国家的差距十分明显;一方面,经济增长速度相对较快,另一方面,经济增长投入大、消耗高、效益低的局面没有得到根本改变,经济增长质量不高;一方面,经济持续快速增长,另一方面,资源环境承受能力不足。因此,正确认清上述矛盾,坚持有所为有所不为,突出重点、重点跨越,将增强国家自主创新能力作为国家战略,致力于建设创新型国家。

第二,国家自主创新能力是一个复杂的综合性能力。作为一个能力系统,它不是指某一项能力,而是由若干能力要素组合而成。其中,技术创新能力和制度创新能力是国家自主创新能力结构系统中的两大核心能力要素,二者互为环境和条件,并在相互制约、相互促进中共同演进与发展。按照系统论的观点,不同系统间结构变化具有相关性,一个系统的结构变化会引起另一系统的结构变化。也就是说,技术创新能力和制度创新能力的不同组合、变化方式将导致国家自主创新能力功效的不同。也就是说,不能简单地将国家自主创新能力等同于技术创新能力。在这个能力系统中,国家自主创新能力是由技术创新能力、制度创新能力等方面相互作用而形成的一种复杂的综合性能力。因此,在培育和构建国家自主创新能力时,应针对能力要素薄弱点采取针对措施。

第三,国家自主创新能力的创新参与者是一个多元化网络系统,它包括大学和科研院所、政府,以及内资企业等创新单元,这些单元分工明晰、特色鲜明、功能互补、相互协同。其中,大学和科研院所是国家自主创新能力的重要组成部分,其主要功能是培育具有创新精神、创新能力和能适应全球化发展的创新人才,传播科学知识、从事科学研究和科技成果转化,是面向国家战略需求、面向世界科学前沿从事基础研究、知识扩散与知识传播的重要基地;政府的主要作用是通过建设有效的机制,创造良好的外部环境以保证创新的产生和发展;内资企业是国家自主创新能力的关键性要素,其主要作用是应用新知识产生创新性技术,并使之商业化且获得商业利益。可以说,国家自主创新能力是由各种创新资源组成的有机合作体,创新能力的大小并非各创新参与者创新能力的简单拼凑和硬性堆积,而是一个各个主体相互作用的网络;是具有参与活动能力的行为主体,在主动或被动的参与活动过程中,通过资源流动,在彼此之间形成各种正式或非正式关系。因此,提升国家自主创新能力的关键是要使各种创新单元在运行的网络系统中优化组合、共同发展,产生整体大于局部之和的协同效应。

第四,国家自主创新能力是一种开放性的能力。当今科学技术的突飞猛进和经济全球化迅猛发展使国家在全球范围内获取和配置创新资源成为构建国家自主创新能力的关键。原来的那种封闭起来搞发展、画地为牢求创新的模式越来越不能适应新时代的要求。为充分利用各国不同的创新资源，降低创新风险和成本，各国的创新活动纷纷朝着国际化、全球化方向发展。战后日本三十年间一跃成为世界第二大经济体，韩国仅用四十多年成为世界第五大科技创新强国，都与它们大力实行开放型创新密切相关。因此，在经济全球化大背景下，我们应抓住发达国家创新国际化的趋势，从促进经济发展的战略高度保持清醒认识，为了更好地促进我国国家自主创新能力提升，应继续坚持扩大对外开放，走开放式创新道路。换言之，我们在强调大力提高原始创新能力的同时，也必须把握发达国家创新国际化趋势，大力提高集成创新能力与引进消化吸收基础上的再创新能力。

第四节　我国国家创新体系建设

一、国家自主创新体系内涵认知

国家创新体系是指一个国家内各有关部门和机构间相互作用而形成的推动创新的网络，是由与知识创新和技术创新相关的机构和组织构成的网络系统，主要包括创新行为主体要素和创新环境要素两大类。行为主体主要是企业、科研机构、高等院校等，还包括政府部门、其他教育培训机构、中介机构等。国家创新体系的构成要素主要是指通过各种方式对国家创新体系产生影响的各种要素。

国家创新体系的基本含义是指由公共和私有机构组成的网络系统。

该网络系统中各个行为主体的活动及其相互作用旨在经济地创造、引入、改进和扩散新的知识和技术，使一国的创新取得更好的绩效。它是政府、企业、大学、研究院所、中介机构之间寻求一系列共同的社会和经济目标而建设性地相互作用，并将创新作为变革和发展关键的动力系统。国家创新体系的主要功能是优化创新资源配置，协调国家的创新活动。

从根本上讲国家创新体系是一种制度安排，强调系统中各行为主体的制度安排及相互作用。国际上经济理论研究和各国经济发展的实践都充分表明，制度创新是一个企业、一个地区乃至一个国家经济持续发展的基本前提。国家创新体系通过调整制度来安排和协调经济主体利益关系，有效刺激和规范各类经济主体的创新行为，为经济持续发展不断注入新的活力。

（一）创新行为主体要素

国家创新体系的行为主体要素主要是指创新活动的直接参与者、创新执行机构，承担主要的创新活动，并能够直接创造创新绩效。国家创新体系的创新行为主体要素主要包括政府、企业、大学、科研机构及中介服务机构，各主体在国家创新体系中的地位和作用不尽相同。

1. 政府

政府是国家创新体系的制度创新主体，负责国家整体发展战略，制度创新，政策、法律和法规制定。政府通过直接投资、政策引导、激励机制和行政干预手段，调节国家创新系统，并协调与其他创新主体彼此之间的利益关系，促进官产学研合作，引导创新资源的合理配置。政府在国家创新体系中的主要功能在于解决科技创新低效问题。一方面，要确保有益于科技创新的总体框架条件，如稳定的宏观经济环境、有效的税收和法规环境，以及适当的基础机构和教育培训政策等。另一方面，要进一步消除商业部门特有的阻碍创新的屏障，增强公共和私营部门在创新投资方面的协同作用。

2. 企业

科技创新是一个新知识的创造和应用过程,这一过程只有借助企业通过市场来实现,企业是科技创新的主要承担者和完成者,是国家创新体系最重要的创新主体,企业创新能力直接影响一个国家的创新水平。在国家创新体系中,企业不仅致力于技术创新和知识应用的任务,还是研究和开发资金的主要投资人。企业始终走在市场的前沿,把握技术创新的最新趋势,影响国家创新体系的运行方向,提高国家创新体系的效率,必须充分发挥企业的主体作用。

3. 高校

高校是培养具有专业知识、技术能力和创造能力人才的摇篮,在国家创新体系中具有重要作用。高校的传统功能在于知识的生产、传播和转让,同时也承担大量的基础研究工作,为本领域的技术创新提供智力支持。大学作为重要的知识库和创新源地,不仅能够为企业的科技创新提供人力资本,更重要的是科技创新中重要技术创新源泉。高校不仅在知识创新中起着主导作用,而且在知识转化为生产力的各个过程中发挥孵化器和辐射源的作用。

4. 科研机构

科研机构是国家创新体系中的基础知识生产者,是重要的知识创新主体,包括国有科研机构、科研机构、地方政府部门的研究机构和民间非营利性科研机构,科研机构主要从事应用研究和技术开发活动,主要职能是发展具有较强公共性的知识资源,以知识创新促进科技进步,同时还承担了知识转移任务。

5. 中介服务机构

中介服务机构是独立于政府之外的社会组织,是知识沟通和技术流动的一个重要环节。作为市场机构的主要载体,中介服务机构在知识与科技创新成果转化及应用中起着重要的桥梁作用,促进主体之间的互动、交流与合作。其主要功能是提供技术咨询服务、科技成果转化、管理咨询服务、各类评估服务、信息服务、法律咨询服务,财务管理等服务。

(二)国家创新体系的环境要素

国家创新体系的环境要素指一国科技创新的外围环境,创新主体的运行效率受到创新系统环境要素的影响。良好的国家创新体系的环境要素是国家创新体系能否顺利实施、能否取得成效的调控与制约因素,是提高创新效率的保证。它主要由国家创新体系的创新环境、国家创新体系的创新资源、国家创新体系的国际互动组成。

1. 创新环境

国家创新体系的创新环境主要包括科技创新的相关各项政策法规、创新宏观经济状况、创新激励机制、创新文化心理等。创新环境是国家创新体系的保障因素。国家创新环境的不同,对创新活动的影响也不相同,越是追求创新、崇尚科学的国家越容易产生创新活动。

2. 创新资源

国家创新体系的创新资源主要包括创新基础设施、创新知识、创新人才、创新信息,以及创新资金等,是创新主体进行创新活动的基础。其中创新基础设施又可以分为软件和硬件:软件主要包括专利储备,即教育和培训体系中科技人才的培养,以及为企业的科技创新提供基础性研究和成果,体现国家科技创新能力的储备情况;硬件主要是指国家的通讯基础设施、大学和科研机构基础设施、国家实验室等。

3. 国际互动

国家创新体系的国际互动指不同国家的创新体系行为主体之间的一些科技创新相关交流与合作,也包括国际贸易。它是促进国家创新体系不断在竞争中进步,走向国际化的关键。

二、我国国家创新体系发展现状与存在的问题

(一)我国国家创新体系发展现状

随着"建设创新型国家"战略的推进,中国国家创新体系建设取得了显著进展。科研院所、高校、企业和科技中介机构等已成为各具优势和特色的创新主体,创新体系结构趋于优化,自主创新能力不断提升。

1. 国家创新体系结构优化

科技创新投入不断增加,结构趋于合理。2013 年,全国共投入研究与试验发展(R&D)经费 11846.6 亿元,比上年增加 1548.2 亿元,增长 13%;R&D 经费投入强度[①]为 2.08%,比上年的 1.98% 提高 0.1 个百分点。[②] 各类企业 R&D 经费 9075.8 亿元,比上年增长 15.7%;政府下属研究机构经费 1781.4 亿元,增长 15%;高等学校经费 856.7 亿元,增长 9.8%。企业、政府下属研究机构、高等学校经费占全国经费总量的比重分别为 76.6%、15% 和 7.2%。[③]

科技人才队伍不断壮大。早在 2007 年,我国 R&D 人员全时当量就已经达到 173 万人年,位居世界第二位。[④] 2013 年我国 R&D 人员全时当量达到 353.30 万人年。其中,基础研究人员 22.32 万人年,应用研究人员 39.56 万人年,实验发展人员 291.4 万人年。

---

① R&D 经费与当年国内生产总值初步核算数据之比。

② 《2013 年全国科技经费投入统计公报》,中国科学技术部网站,http://www.most.gov.cn/kjtj/201506/t20150603_119846.htm。

③ 数据来源于中国国家统计局。

④ 刘志春:《国家创新体系概念、构成及我国建设现状和重点研究》,《科技管理研究》,2010 年第 15 期。

2. 中国科技创新成果数量增加,创新能力持续增强

从 2000 年到 2007 年,我国国际科学论文发表数从世界第 8 位提升到第 4 位,被引用次数从第 19 位上升到第 13 位。从 2000 年到 2007 年,中国发明专利的授权量由世界第 13 位提高到第 4 位,国内发明专利授权量也从世界第 8 位上升到第 4 位。① 2013 年,我国专利申请授权量达到 1313000 项,其中发明专利授权 207688 项,国内发明专利申请授权量 143535 项,国外发明专利申请授权量 64153 项。②

3. 科技体制改革取得突破性进展,机构活力和创新能力明显增强

以科研院所为重点推动实施科技体制改革。通过改革,精简了科研队伍,科研院所数量大幅度减少。2013 年我国共有科学研究与开发机构 3651 个,其中中央属科学研究与开发机构 711 个,地方属科学研究与开发机构 2940 个。③通过持续深化改革,科研院所的管理体制和运行机制发生了重大变化,从体制上解决了大批应用开发类院所长期游离于企业之外的问题,科技创新和技术服务能力持续增强,为科研院所在国家创新体系中发挥骨干和引领作用奠定了基础。

4. 区域创新体系建设成果显著,各类园区成为技术创新的重要基础

国家高新区在区域创新体系建设中一直起着十分关键的作用,已成为我国走新型工业化道路的先导区、改革开放的示范区和科技创新与高新技术产业发展的重要基地。国家高新区以大学、科研机构、企业研发中心、工程技术中心、企业孵化器、生产力促进中心、大学科技园等为依托,成为我国依靠科技进步和创新推进区域经济社会发展的重要力量。2007

---

① ④ 科学技术部:《中国科学技术发展报告(2007)》,科学技术文献出版社,2008 年,第 10~45 页。

② ③ 数据来自《中国统计年鉴 2014》。

年,据对54个高新区48472家企业的统计,高新区全年营业总收入突破了5万亿元,达到54925.2亿元;工业增加值达到10715.4亿元,分别比上年增长了26.8%和25.8%。④

2009年3月,北京中关村国家自主创新示范区成为第一个国家自主创新示范区。自此之后,我国又批复设立了武汉东湖、上海张江、深圳、苏南、长株潭、天津等一批国家自主创新示范区,希望使先行先试的政策在更大范围、更多地区发挥效益。在自主创新示范区内,先行先试了金融、财税、人才激励、科研经费等促进科技创新的一系列政策,取得积极成效。

(二)存在的问题

1.体制创新发展落后

体制创新是国家创新体系发展和完善的前提,我国在这方面还有很大差距。如果一种文化能容忍思想自由和创新,就能将科技进步的潜力挖掘出来。关键是制度上要有对自由的保障和对创新提供必要的环境。比如,对私有财产和知识产权的保护,会激励人们更愿意以最大的投入从事科技创新。建立一个保护产权和有利于创新的制度环境,这是发展和完善国家创新体系必须做的最基础性工作。

从发达国家进行自主创新的经验来看,它们都是通过为企业和社会营造一系列良好的政策、制度、政务、市场、人才和法治环境来实现某一类具有潜在比较优势产业的跨越式发展,从而带动整个国民经济的跨越式发展。而我国在这一方面做得很不够。我国长期以来重视技术创新重于制度创新,在世界科技领先的领域只有几个点,而不是整个面上的领先,这与我国制度创新不够、对知识产权的保护和私有财产的保护不够、没能激发更多的人投入科技创新中去从而形成完善的国家创新体系有直接关系。

2.企业自主创新能力不足

我国企业研发机构数量较少,研发能力不足。企业普遍重生产轻研究开发,重引进轻消化吸收,重模仿轻创新,创新层次低,高端发明少。很多企业处于有"制造"无"创造"、有"产权"无"知识"的状态,一些企业甚至靠仿造和假冒生存。据有关研究,引进同等的技术设备,我国用于消化吸收再创新的费用只有日韩的 0.7%。

多数企业缺少自主核心技术和自主品牌。我国加入 WTO 后,中国出口企业屡屡遭受发达国家的反倾销、反补贴调查。存在大量双反调查案件的最主要原因是中国在成为世界工厂的过程中没有掌握更多的核心知识产权,而仅仅定位为制造大国。与发达国家相比,我国产业的比较优势在于廉价的劳动力,最大差距是缺乏自主创新能力,大部分设计和制造技术依靠引进,具有自主知识产权的技术少,原创性的产品技术更少。2009年 PCT 国际专利申请百强企业排名中,我国仅有华为和中兴两家公司入围,远落后于日本的 31 家、美国的 29 家。① 我国许多企业与其说是"引进"科技,不如说是"买进"科技,企业家对于购买设备的热情超过了对于培养自身企业创新能力的热情。目前全世界 90% 以上的发明专利都掌握在少数发达国家手里,跨国公司凭借技术优势,牢牢占据了产业链的高端,形成了对世界市场,特别是高技术产品市场的高度垄断,从中获取大量超额利润。中国的不少企业是靠使用世界上最廉价的劳动力,消耗大量能源,制造巨大污染而取得微薄利润的;而掌握核心技术的外国企业,只是一纸技术合同,就可以从我国获得巨额利润。我国一些企业满足于作国外公司的"一个成员",不想创新、不敢创新、不能创新。据统计,国内拥有自主知识产权核心技术的企业仅占万分之三,有 99% 的企业没有申请专利,有 60% 的企业没有自己的商标,大量的企业缺乏自主创新,没

---

① 参见雷家骕、秦颖、郭淡泊:《中国的自主创新:理论与案例》,清华大学出版社,2013 年。

有形成自己的核心技术,由于缺少拥有自主知识产权的核心技术,我国不少行业存在着产业技术空心化的危险。①

企业高级科技人员严重不足与流失严重。目前全国企业技术人员仅占全国科技人员总数的 3.25%,而美国却是 90%。调研发现,尽管国家每年毕业工科博士上万名,但从高级科技人员最密集的 302 家国家级企业技术中心来看,仍有 84 家没有一名博士。全国 192 家中央级企业专业技术人员中,具有硕士以上学历人员也只占总数的 2.1%,而高级技师仅占工人队伍的 0.16%。②同时,国有企业科技人才流失严重。技术创新,人才为本。科技人员的不足与流失,无疑会大大削弱企业的自主创新能力。企业科技人员不足且流失严重,直接影响了企业的自主创新。

3. 产学研合作制度保障不完善

产学研脱节是目前困扰我国各行业自主创新的主要问题之一。产学研各创新主体功能趋同,导致产学研难以有效结合。主要表现为高校和科研院所自办企业,将有前景的科研成果自行转化,在产业创新上的功能向后延伸,一定程度上缩小了产学研结合的空间。此外,企业与企业之间、企业与大学院所之间的技术合作大多以短期项目合作或者协议委托方式为主,合作各方之间很少以知识产权或标准为纽带。这样的合作只能应对短平快的项目,不适合战略性、系统性技术开发的需要。

产学研联合各方在合作开发过程中,存在着认识上的误区和不足。一方面,企业受原有的科技体制的影响,对当前高校科研成果与市场需要的结合程度认识不够,对项目能否实现市场化、产业化产生怀疑,对高校科技开发项目特别是处于前期开发的项目不愿投资。部分企业在选择合

①②　国家创新体系建设战略研究组:《2010 国家创新体系发展报告》,科学出版社,2011年,第 22 页。

作项目过程中,缺乏长远眼光,仅着眼于一些短平快的项目,希望科研方提供转化成本低而技术含量高的科技成果,对那些技术含量高但开发周期长、有相当难度的项目,往往害怕承担风险,不敢投资。有相当一部分企业认为,与其将有限的资金投入到产品开发,还不如投入到扩大生产上,产学研联合资金匮乏。另一方面,高校科研院所在项目开发过程中,往往对科技成果价值期望过高,供需双方对科技成果价值的定位存在较大差距,导致一些高技术含量的科技成果被束之高阁,无人问津;对已完成的科技成果,高校更愿意直接转让,合作形式过于单一,后续技术服务不到位。部分高校对市场关注不够,其科研成果多数有学术、技术价值而无市场推广前景,这样就导致需求与供给的脱节。受外界和自身因素的制约,合作双方的诚信度不高,妨碍了合作的成功率。

从政府层面上讲,一方面,对产学研项目没有政策上的支持,满足不了产学研工作的客观需求。另一方面,不少企业由于自身经营情况的原因,对技术投入太少。经费问题制约着新项目的科研、开发、培育和转化,使产学研联合工作难以广泛深入的开展,严重影响了高新技术产业的发展和产业结构的优化调整。

三、建设具有中国特色的国家自主创新体系的途径

(一)建设以企业为主体、产学研相结合的技术创新体系

以企业为主体、产学研相结合的技术创新体系是全面推进国家创新体系建设的突破口。通过推动产业技术联盟、公共服务平台和创新型企业建设,进一步推动实施技术创新工程。加强企业技术创新中心建设,鼓励应用技术研发机构进入企业,扶持大企业与跨国公司共建技术研发联合体,形成一批持续创新能力强的企业集团。发挥各类企业特别是中小

科技企业的创新能力,鼓励技术革新和发明创造。吸纳跨国公司在国内设立研发中心。以产业链为基础,打造高新技术产业集群的企业标准联盟、技术联盟和产业联盟,引导和支持各类主体的协同创新活动,引导和支持产业链骨干企业开展竞争前的战略性关键技术和重大装备的研究开发。

(二)建设科学研究与高等教育有机结合的知识创新体系

以建立开放、流动、竞争、协作的运行机制为中心,促进科研院所之间、科研院所与高等院校之间的结合和资源集成。加强社会公益科研体系建设。努力形成一批高水平的、资源共享的基础科学和前沿技术研究基地。鼓励和支持具有优势地位的企业利用高校和科研院所的特色资源优势,联合相关机构,建立并完善专业性的公共技术支撑平台,以及国家级工程中心、国家级企业技术中心。支持高等院校、研究院所共建开放式实验室,鼓励高等院校和研究院所发挥科技条件资源优势,形成一批面向市场应用的公共开放实验室。

建立对基础和公益类科技研究机构的持续稳定支持机制。结合科技资源配置方式改革,在事关国计民生的重要研究领域,建立创新综合绩效考评体系,引导其稳定服务于国家目标和提高创新能力。促进公共科研机构的开放共享。建立公共科研机构科技资源开放共享平台,对于财政资助项目的成果信息及由国家财政部出资购买的大型仪器设备和文献资料,采取事后补助等支持方式,支持其为全社会提供免费或廉价的公共服务。

(三)建设各具特色和优势的区域创新体系

充分结合区域经济和社会发展的特色和优势,统筹规划区域创新体系和创新能力建设。实施创新型城市引导工程,在不同经济发展水平、不同产业体系与特点的地区分别选择一批重点城市开展创新型城市试点工作。在试点工作中力求实现重点突破,特别是在科技管理统筹协调机制、科技资源共建共享机制、企业技术开发机制、技术转移机制、产学研全面合作机制、科技投入机制、科技人才激励机制、科技评价机制、构建开放型创新体系等方面实现突破,形成一些推动区域创新体系建设的有效模式与做法,并充分发挥试点城市的辐射与带动效应,促进区域创新体系建设,提高区域创新能力。

支持跨省市的区域科技合作。加大对长三角、珠三角、环渤海等区域科技机制的指导和支持,国家重点支持跨行政区域在资源共享、项目信息互通,以及技术交流和人才流动等方面进行探索和突破。加强科技先进县(市、区)、示范县(市、区)工作,切实加强县(市)等基层科技体系建设。发挥高等院校、科研院所和国家高新技术产业开发区在区域创新体系中的重要作用,增强科技创新对区域经济社会发展的支撑力度。推进科技企业孵化器建设,着力打造创业服务平台。加快高新区"二次创业",推动特色产业基地建设,促进产业集群的形成。

(四)建设社会化、网络化的科技中介服务体系

完善科技中介服务法规。研究制定技术转移法规,全面规范和推进包括成果转化在内的技术转移工作,通过立法推进公共财政投入形成的科技资源进入市场,更大程度地发挥技术市场在科技资源优化配置上的作用。充分发挥高等院校、科研院所和各类社团在科技中介服务中的重要作用。引导生产力促进中心、创业服务中心、技术创新中心、技术推广站、科技咨询中心等科技中介服务机构向专业化、规模化和规范化方向发展。加强公共科研机构的技术转移与扩散。将技术转移作为研究机构的一项责任,将技术转移成效与机构的绩效评估挂钩,要求公共科研机构都要建立专门的技术转移机构。加强对科技中介服务机构和活动的支持。加大对公益性科技中介服务活动的支持。在对现有的从事技术转移、扩

散的中介服务活动进行科学分类和界定的基础上,对具有公益性的技术转移活动给予政策扶持。培育有创新能力的人才。人才作为先进生产力和先进文化的传播者和创造者,是一国最为重要的创新资源。培育具有创新思维的人才是实施自主创新战略最为重要的措施之一。推动制定"职业资格证书制度",提高科技服务从业队伍整体素养。对于科技服务机构的管理人员和专业技术人员实行职业资格证书制度,建立科技服务业职业资格标准体系。

（五）推动科技创新国际合作发展

随着经济全球化的进一步深入发展,科技国际化也成为一种趋势。相应的,国家间在技术创新领域的合作已成为我国实现自主创新、建设创新型国家不可逾越的战略之一。国际科技合作即不同国家的企业或研发机构围绕共同的研发目标,共投资源,共同实施相应的研发战略,以求贡献于各参与国家的创新与发展。相应的,为实现我们建设创新型国家的基本目标,在国际科技合作中,我国应进一步加强与国外科技机构的合作研发和信息交流,以期有效利用国外优势的创新资源提升我国企业及产业的自主创新能力,降低我国企业和产业的创新成本,提高我国企业和产业的创新效率。应积极鼓励我国企业走出国门,扶持企业在国外建立研发机构,参与国际技术联盟,争取将更多的国内标准成为国际标准,用以降低我国产品走出去的门槛,同时缓解国内创新资源不足的问题。必须坚持"利我"的原则,注重保护属于我国的知识产权,以期国际科技合作的成果更多地贡献于我国的自主创新战略。

参考书目：

1. 黄苇町：《增强自主创新能力,努力建设创新型国家》,红旗出版社,2006年。

2. 钱俊生：《自主创新与建设创新型国家》,中共党史出版社,2006年。

3. 杨大玮:《自主创新理论研究》,西南财经大学硕士论文,2007 年。

4. 张于喆、张义梁:《国家自主创新能力内涵的研究》,《经济问题探索》,2006 年第 11 期。

5. 吴波:《论自主创新的地位与意义》,《毛泽东邓小平理论研究》,2008 年第 5 期。

6. 周文莲、周群英:《试析日本国家创新体系的现状及特点》,《日本研究》,2007 年第 3 期。

7. 雷家骕、秦颖、郭淡泊:《中国的自主创新:理论与案例》,清华大学出版社,2013 年。

8. Lawless M. J., Fisher R. J., Sources of Durable Competitive Advantage in New Products. *Journal of Product Innovation Management*. 1990, (7).

思考题:

1. 结合国外国家创新体系发展经验,请思考我国应如何实现国家自主创新?

2. 从产业创新的角度看,我国哪些产业最具有率先实现自主创新的潜力? 其具备哪些优势?

第八章

房地产业的繁荣与风险

第一节　房地产业概况分析

一、房地产业仍是我国国民经济的支柱产业

所谓支柱产业,是指一国的产业结构中,该产业的增加值在 GDP 中占有较大比重;科技含量高;具有较大的市场发展空间和发展潜力;产业关联度强,带动系数大,对整个国民经济的发展起着重大影响作用的关键产业部门。

(一)产业增加值在国内生产总值中占有较大比重

增加值指标是反映房地产业在国民经济地位的最重要指标。某一个统计年度房地产业增加值占国内生产总值的比重,能够从静态的角度反映房地产业在国民经济中的地位和作用,如果从一段较长时间来考察房地产业增加值占国内生产总值比重的增减情况,则能从动态角度反映房

地产业在国民经济中的变化。其增加值在国内生产总值中的比重达到5%左右,就充分说明了该产业在国民经济中具有举足轻重的地位,就能发挥该产业的支柱地位和主导作用。同时,支柱产业本身也有一个成长和发展过程,是个相对的、动态的过程,只能从总体上进行量化研究,绝不能把它绝对化。从表8-1可以看出,2007—2014年房地产业增加值占国内生产总值比重都在5%左右,房地产业已经达到支柱产业要求增加值占国内生产总值比重5%以上的条件。

表8-1 2001—2014年我国房地产业主要经济指标

年份	房地产业增加值占国内生产总值的比重(%)	房地产业投资占固定资产投资的比重(%)
2001	4.3	17.1
2002	4.4	17.9
2003	4.5	18.3
2004	4.5	18.8
2005	4.6	17.8
2006	4.8	17.6
2007	5.2	18.4
2008	4.7	17.7
2009	5.5	16.1
2010	5.7	17.4
2011	5.7	19.9
2012	5.7	19.2
2013	5.9	19.2
2014	6.0	18.5

数据来源:中华人民共和国2001—2014年国民经济和社会发展统计公报。

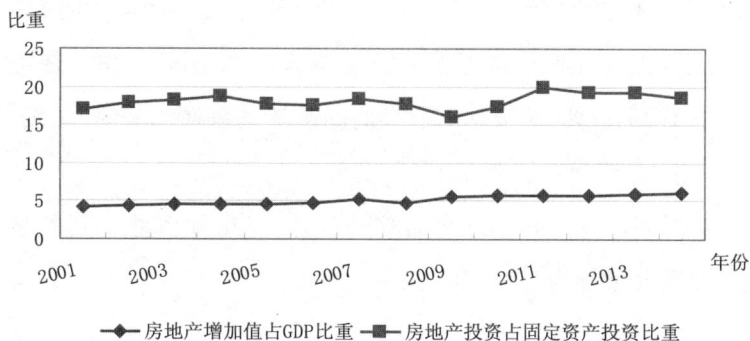

图 8 - 1　2001—2014 年我国房地产业主要经济指标变化图

（二）关联度强，带动系数大

产业关联是指在国民经济中一个产业的发展对其相关产业发展产生的不同程度的连锁反应，关联度是对关联关系的量化，指一个产业投入产出关系的变动对其他产业投入产出水平的波及程度和影响程度。

据一些发达国家统计，房地产业的产值每增加 1 个百分点，就能使相关产业的产值增加 1.5 到 2 个百分点。近年来我国每年的国内生产总值增长率中，由房地产拉动的至少 2 个百分点。房地产业产业链长，关联度大则直接或间接地引导和影响很多相关产业的发展。房地产业的感应度系数和影响力系数在国民经济各产业部门中处于平均水平之上。据有关部门计算，在我国，每增加 1 亿元的住宅投资，其他 23 个相关产业相应增加投入 1.479 亿元，被带动的直接相关或间接相关较大的产业有六十多个。不仅如此，住宅消费还能带动诸如钢铁、建材、化工、汽车、交通、家电、装饰、家具和文化市场等生产资料和生活资料消费的相应增长，其比率大约是 1∶6。我国城市住宅建设每年需要消耗钢材相当于 1995 年全国钢铁年产量的 14%，消耗水泥占年产量的 47%，消耗玻璃占年产量的

40%,消耗木材占年产量的20%,消耗的运输量占年运输量的8%。如以1995年商品的房屋销售额125.4亿元为基础,按国外常用的住宅商品的带动系数1.34计算,所带动的社会商品整体销售额为2930亿元,相当于1995年全社会消费零售总额的14.22%。

本章根据产业之间供给与需求的联系,将房地产业与其关联产业间的关联关系大致分为三种,如图8-2所示。

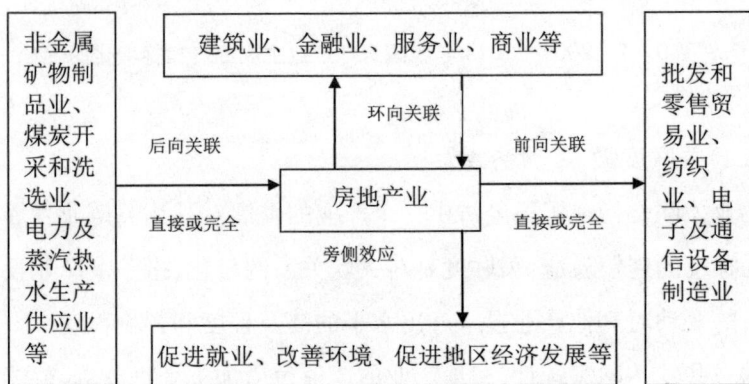

图8-2　房地产及其关联产业关系图

一是后向关联,即房地产业与向本产业供给生产要素的产业的关联;二是前向关联,即房地产业与需求本产业产品或服务的产业的关联;三是环向关联,即房地产业与那些既向本产业提供生产要素,又将本产业产品或服务作为其生产要素的产业的关联。此外,每种关联关系中,因直接供给与需求产生的产业关联称为直接关联,因直接和间接共同作用供给与需求产生的关联关系称为完全关联,这样,产业之间的关联关系可细分为六种,即后向直接关联、后向完全关联、前向直接关联、前向完全关联、环向直接关联和环向完全关联。最后需要补充的是,房地产业的发展会对该地区所处的其他方面产生影响,这种影响为旁侧效应。

(三)具有较大的市场发展空间和增长潜力

房地产业是伴随着工业化、城市化进程而发展起来的一个重要行业,城市化是房地产业发展的主要推动力。而在城市化未完成之前,房地产业必将获得较快的发展。

与我国经济发展水平相比,我国城市化水平偏低。随着我国城市化进程的继续,我国的城市数量和城市人口都将有一个快速发展的时期。从世界各国城市化的发展历程来看,当一个国家的城市化率达到30%以后,城市化进程将大大加快,直到城市化率达到70%左右才会逐渐稳定下来。2014年我国的城市化率约为54.8%,正处于钱纳里所认为的快速发展阶段。西方国家达到我国现有的工业化水平时,城市化水平多数已超过60%,有的则已超过70%。我国农村有富余劳动力1.5亿人,他们都会逐步地进入城市。

消费结构的升级会拉动房地产的需求。我国城镇居民家庭的恩格尔系数,即食品消费支出占总消费支出的比例,在以较快的速度降低:从1985年的52.3%,下降到2011年的36.7%,但仍然远远高于其他国家。[①] 这一方面说明我国居民生活水平在快速提高,另一方面说明我国正处于消费结构调整期。随着人们收入水平的提高,再加上现代金融的支持,住房消费支出必然增加。人们在大多数情况下讨论的是城镇住宅,如果把农村住宅也考虑在内,更能说明房地产业发展空间巨大。随着生活水平的提高,住房不只承担住的功能,还承担娱乐、工作场所等功能,很多高科技成果已经运用到住宅当中了。

从上面的分析可以得到一个结论:房地产业的发展大力推动了国民

---

① 数据来源:根据1985—2012年《中国统计年鉴》相关数据统计整理。

经济的发展,对国民经济来说房地产业起了支柱产业和基础产业的作用。虽然近几年国家对房地产业进行了宏观调控,房地产业已由高速发展向平稳发展过渡,但房地产业对国民经济的巨大带动作用不会改变。

二、房地产拐点与中国经济转型

根据国际经验,一个产业的增加值占 GDP 的比重达到 5% 时就成长为支柱产业。近十年来,我国房地产业从起步阶段进入了成熟及过热时期,其发展速度接近经济增长速度的 2 倍。单纯从产业增加值上看,我国房地产业已成为支柱产业和过热产业。特别是在经济发达和房地产市场发展较快的省市,房地产业的龙头作用更为明显。

但随着经济的不断发展,过高的房地产投资比例和过热的房地产业发展现状已经成为较为突出的问题。进入 2014 年,全国楼市成交一片萎靡,北京等部分一线城市甚至出现"腰斩"现象,进入 2 月份后,成交依旧低迷。国家统计局 1 月份发布的 70 个大中城市住宅销售价格变动情况显示,70 个大中城市的房价涨幅放缓明显。新建住宅方面,除了上个月的温州、韶关外,又有哈尔滨、包头、济宁、杭州 4 个城市加入降价行列,下跌城市数量增至 6 个。而二手房方面,环比下降城市个数也升至 13 个,较 12 月增长 8 个。[①] 对此,国内许多专家认为我国房地产市场已经迎来拐点。

一国经济增长的动力主要来自消费、投资和进出口贸易三驾马车。而消费是经济增长的最终动力,对于投资的依赖会导致消费需求的长期不足,不利于经济的健康增长。对于投资的依赖增加了金融风险。特别

---

① 数据来源:《经济参考报》,2014 年 2 月 21 日。

是房地产作为资金密集型的行业,由于融资渠道的限制,投资资金主要来源于商业银行。信贷资金为投资提供了充裕的资金,并进一步促进投资规模的扩大,但是房地产市场一旦出现不利的变化,必然会影响资金的偿还问题甚至会导致商业银行呆账坏账问题,形成金融风险。因此,优化经济增长结构,减少对于投资尤其是对房地产投资的依赖性便显得非常重要。同时,要素禀赋结构的急剧变化与传统比较优势的消逝将严重影响中国的产业发展和整体经济的快速发展。中国产业由传统劳动密集型向技术、知识密集型的战略性新兴产业转型已经不可阻挡,这一转变的成败直接关系着中国长期的经济稳定发展。

经济结构转型和产业结构调整,是当前我国政府推出的最重要的经济战略。迄今为止,我国产业结构本身仍然存在较大的问题,比如,长期粗放的发展方式使我国经济处于全球价值链低端的问题;三次产业增长不合理的问题(第一产业基础薄弱、第二产业面临过剩、第三产业发展滞后);部分过热产业占据过多资源,出现经济扭曲的问题(如房地产业、钢铁产业、一般商品制造产业等)。这一系列的问题都是阻挡产业结构调整的主要原因。学术界一致认为发展战略性新兴产业是有效解决上述问题的路径之一,而积极引导大量资金投入战略性新兴产业又成为该产业高速发展的前提条件。目前,我国房地产业已连续多年高速发展,各种性质的资金大量涌入,累积的泡沫已有所显现,而战略新兴产业则明显投资不足,资金引入困难。我国房地产投资和战略性新兴产业投资结构现状总体为:①房地产业投资额比重较大,仅次于制造业;②房地产业投资结构不合理,基本保障性住房投资额偏低;③战略性新型产业投资比重较低,但增长趋势较好。

第二节　我国房地产市场的历史沿革、发展现状及特点

一、我国房地产市场发展的历史沿革

从 1978 年开始,我国房地产市场开始萌芽,至今已有三十多年。综观其发展历程,经历了萌芽阶段、起步阶段、稳定发展阶段、频繁调控阶段和泡沫积聚阶段五个阶段:

（一）萌芽阶段（1978—1991 年）

十一届三中全会以后房地产这个概念才开始出现,此前无论是在行业分类还是经济统计文献中都仅有"建筑业"这一名词。房地产业于 1978 年的改革浪潮中孕育,伴随着住房商品化、建立健全土地产权制度的呼吁声而产生。此后,1980 年召开的"全国城市规划会议"上,为解决经济体制改革与土地所有权改革之间存在的矛盾,重庆、广东两个省份开始试点征收土地使用费。20 世纪 80 年代初期,深圳与广州两个城市开始打破国内房地产开发的藩篱,试点开发商品房,这是一个重大的突破并以此揭开了商品房开发的新篇章。国务院于 1986 年召开了城镇住房制度改革问题座谈会,在全国范围内正式开展住房制度改革,随后各个省份逐渐开始改革,制定了住房公积金制度、房改方案等。1988 年,全国人大将"可以依法转让土地使用权"写入宪法,这标志着我国房地产市场开始进入萌芽阶段。

（二）起步阶段（1992—1997 年）

这一阶段主要是从"南方谈话"到东南亚金融危机时期。1992 年,邓小平到深圳等沿海城市进行视察并发表"南方谈话",在许多地方特别是

东部沿海省份掀起了开发房地产的浪潮,推动了房地产市场的快速发展。1992 年开始,房地产改革的春风逐渐吹满各地,住房公积金制度在全国范围内施行。此时房地产发展出现了快速膨胀现象,对房地产开发的月投资额度环比增幅最高达到了 146.9% 的骇人地步,局部地区房地产开发受利益驱使出现混乱。① 此后一年,朱镕基在视察时察觉到了海南房地产市场出现的巨大泡沫,为了控制局面,停止银行贷款这一指令使得刚发展起来的房地产市场立马遭到重创,加之 1997 年东南亚危机的影响,房地产市场如何再次发展成为一个需要探索问题。

（三）稳定发展阶段（1998—2002 年）

在经历了震荡低迷之后,1998 年下半年,国家出台了一系列的刺激房地产业发展的政策,其中最重要的一个就是依靠市场来调节住房问题,而福利分房、价格管制等有悖于市场调节的政策措施开始逐渐取消。一系列刺激政策的发布使得压抑的有效需求持续快速上升,并在短时期内爆发。大量的资金、开发商开始进入房地产市场进行投资,炒房、抢房等现象便从这时候产生。2001 年,北京申奥成功和 WTO 入世成为推动房地产发展的主要影响因素,诸如温州炒房团等一大批炒房者在房价快速上升时期诞生。2001 年,在福布斯中国富豪榜上,仅房地产开发商就有 28 人。为防范风险,促使房地产业平稳健康发展,政府也在进行政策调控。从这一时期开始,房地产业对我国经济的发展起着举足轻重的作用。

（四）频繁调控阶段（2003—2008 年）

2003 年"非典"爆发之后,政府对房价的政策调控效果愈加不明显,土地拍卖和加息的政策导致了房地产价格的新一轮上涨。此时的房价出现"报复性"反弹局面,通货膨胀的时代悄然来临,在随后的几年间,经济

---

①② 　数据来源:2004 年中国房地产金融报告。

发展过快和流动性过剩成为人们一直谈论的话题。房地产开发商向全国范围内"进军"的意图越来越明显,内陆城市的房地产市场紧随诸如北京、上海等一线城市的热潮蓬勃发展。此时的一大特点是,房地产开发商开辟了其他的融资渠道,逐渐引进了国外资本,我国房地产业 2003 年开发利用国外资金达到 228.2 亿元,同比增长 34.2%。[②]同时,房地产业也出现了房价过高、供需结构不合理等问题,社会矛盾接踵而来,房地产业再度成为焦点。2004 年开始,政府为调控房地产市场实施了许多的调控措施,主要的思路是用土地和信贷进行控制,主要目的是调整住房供给结构。2005 年主要调控需求,并同时与调控供给相结合,对房地产业进行叠加监管和严控。2006 年开始转向调节房地产市场产品结构,以期解决房地产市场投资的不合理增长和房价的持续过快上升。密集的调控政策难以震动房价高攀,2007 年延续上年调控政策,直至 2007 年底取得阶段性成效。2007 年底基本调控完毕,房市转淡,2008 年奥运会的东风作用,使得房价出现新一轮上涨趋势,在房价变化由顶部转为阶段性底部之后出现加速上涨局面。接着全球金融危机爆发,中国房地产进入严冬期。

(五)泡沫积聚阶段(2009 年至今)

伴随着适度宽松的货币政策和积极的财政政策,2009 年开始我国房地产市场又出现了快速发展,这一年新房成交价的增长幅度达到了 24%,房价涨幅超过了 15 年来的任何一年。2010 年延续了 2009 年的增长趋势,房地产价格渐攀新高,特别是内陆城市的房价增长幅度达到了历史最高值。数据显示,该年房价与上年相比,涨幅最高的达到了 12.8%,涨幅最低的为 6.4%,我国房地产市场进入了泡沫积聚阶段。[①]自 2010 年开始,为抑制房价快速上升,政府出台了一系列抑制房地产投机的政

---

① 数据来源:《2010 年房地产行业风险分析报告》,北京世纪未来投资咨询有限公司。

策,包括对土地、财政、货币等多个方面的调控。同时,为了防止国外游资对我国市场的冲击,政府出台了相关措施加强对国内外资金的监管。2010 年是房价调控空前严厉和最具针对性的一年。虽然在强势压制下,房地产销售量有所下降,但是房价仍然保持高位,所以稳健调控成为接下来房地产调控的主旋律,坚持"有保有压"的调控原则。此时国家也在逐步强调市场的作用,淡化政府调控,使房地产行业更加市场化,符合政府强调政府职能转变的改革路线,这也标志着一直以来政府在房地产市场进行调控的力度和扮演的角色逐渐弱化。2013 年对于房地产业而言注定不平凡,在行政性干预逐渐淡出、政策趋于宽松、经济稳中有升,以及国内需求增加的宏观经济背景下,许多地区的地王、楼王纪录被刷新,东部沿海和中部城市房地产市场逐渐回暖,房价稳中有升,商品房成交量维持高位。2014 年楼市成交量走低,房价涨幅放缓。全国楼市成交一片萎靡,北京等部分一线城市甚至出现"腰斩"现象,房地产行业风险也引发了监管部门的高度重视,银监会在年初召开的 2014 年全国银行业监管工作会议上提出,要严控房地产贷款风险,高度关注重点企业,继续强化"名单制"管理,防范个别企业资金链断裂可能产生的风险传染。随后国家采取一系列措施控制房地产泡沫风险。

二、我国房地产市场发展现状

(一)发展现状①

1. 供给方面

---

① 数据来源:中华人民共和国国家统计局,http://www. stats. gov. cn/tjsj/zxfb/201501/t20150120_671070. html。

我国房地产市场开发投资规模逐年递增,但是增长率缓慢下降。2014年,房地产开发投资总额达到9.5万亿元,比上年增加10.5%;全社会固定资产投资总额为51.3万亿元,同比增长幅度为15.3%。房地产开发投资总额从2003年开始迅速增长,同比增长基本维持在20%以上,但是2012年同比增长幅度缩小,低于全社会固定资产投资,并且房地产投资占比固定资产投资也有降低,只占到19.16%。总体来看,从2010年开始,房地产投资占固定资产投资比例都高于19%,说明房地产业近几年发展较快。随着房地产业的不断改革和发展,开发投资资金结构中利用外资的比重不断减小,随之增长的是自筹资金和其他资金比重,国内信贷稳中有降。从区域投资结构来看,区域发展不平衡,由于地域、经济、交通等优势,东部地区更加容易吸引投资商进行商品房建设,由此导致东部房地产业比西部地区更加发达,由此可见东部集中发展的力度;但是东部省份土地面积有限,大量投资商抢占土地进行建设,抬高了土地价格,导致一部分房地产开发企业转向投资中西部省份;同时西部地区的房地产市场也随着"西部大开发"这一战略的实施逐渐发展起来。

2. 销售面积

2014年全国共计销售商品房120649万平方米,销售额76292亿元,两项数据同比分别下降了7.6%和6.3%。这其中,住宅销售面积为105182平方米,销售额为62396亿元,同比分别下降了9.1%和7.8%。仅有商业营业用房的销售面积和销售额同比有所上涨。

3. 房价方面

2014年全国的商品房销售均价约为6323元/平方米,相较2013年的6237元/平方米,增长了86元/平方米;而住宅销售均价则为5932元/平方米,相较2013年每平售价增加83元。值得关注的是,截至2014年底,全国的商品房待售面积为62169万平方米,以2014年全年的月均去化速度计算,去化周期约为 6.2 个月左右;而在 2013 年底时,这一去化周期仅为 4.5 个月。不过,住宅的去化周期却有所减少,由 2013 年底的 7 个月降至 4.6 个月左右。

(二)存在问题

1.房地产发展波动性较大

房地产市场波动性主要表现在国家调控措施变动频繁和房价、地价频繁走高,多地出现楼王、地王。因为我国房地产市场自开放以来,还是以国家调控为主,本身市场调节的作用并没有发挥得很好。具体表现在我国的国家体制决定只有国家才享有开发土地的权利,并且开发规模也取决于国家;同时我国之前出台的调控政策只是停留在如何控制迅猛增长的房价,具有一定的片面性,没有一个完整且长远的政策体系促进房地产业朝着可持续发展的方向发展;而不管是财政政策还是货币政策,都可以通过一定的传导渠道影响房地产业,被影响的变量可以是供给、需求、房价或者土地价格,所以频繁的政策调控使得我国房地产波动性较大,调控效果不尽如人意,反而出现越调越高的现象,特别在某些一线城市,房价高得让人咋舌。

2.商品住宅供需结构不合理

从供给需求理论角度来说,房价是由供给和需求决定的,如果供给与需求达不到均衡,房价就会出现或高或低的现象。一方面,我国高端房地产产品出现结构性过剩,而中高档产品供给比例不合理。相比高档商品房来说,我国居民收入结构中处于中等水平的人居多,对中低档住宅房的需求要更高,但是由于高档商品房的高利润,大量开发商更愿意投身其中,造成市场供给远远大于需求,大量房屋过剩,导致房屋空置率高与居民无力购买之间的矛盾。另一方面,保障房体系不完善。1998 年住房市场化开始,低收入者对保障性住房的需求日益增加。国家虽然加大投资建设、增加保障房供给,但是却存在质量不合格等隐患;且在落实分配保障房过程中,由于运行体系不够完善,核实低收入者信息不完全,监管力度较低,纵使出现不诚信需求者,监管机构也难以对症下药。这使得保障房体系在目前尚未健全的情况下效果仍然具有一定的局限性,众多不真实的保障性住房需求的存在也使得其供给严重不足。

3. 大量商品房空置

由于房地产具有投资和消费双重属性,房地产商预测房价会上涨,从而无序建设了大量商品房,土地有效开发面积远达不到规划占地面积;而且房屋销售时又保留已完工的房屋期待以更高的价格卖出获得更加高额的回报,大量房屋积压,形成商品房空置。为控制商品房空置率,国际上的惯例是 5% 到 10% 之间,超过 10% 则有风险。我国某些城市空置率就远远超过 10% 的界限,甚至高达 90%,造成严重的房屋资源浪费。

4. 房地产市场监管不足

房地产热的现象,使得越来越多的投资商、投机者涌入房地产市场,进行投机或者欺诈销售;房屋中介和物业违法违规操作谋取费用;开发商推出虚假广告宣传,并恶意哄抬房价。这些都显示了当前市场监管力度及范围还不够到位,买卖机制不够合理,信息不够完全等一系列问题的存在。更有甚者为了谋取买卖差价,居民故意囤积房屋,购买多套房屋进行套利,以"假离婚"骗取三套房等行为,都进一步增加了市场监控难度。

三、我国房地产业的周期性波动

(一)我国房地产业周期性波动表现

自 1981 年中国房地产业态形成至今,其发展过程大致经历了七个周期:

（1）1981—1983年的第一轮周期。1981年从谷底回升，1982年达到波峰，随即迅速回落，1983年进入波谷。本轮周期长度比较短，扩张和衰退时间短，且强度较深。

（2）1984—1990年的第二轮周期。从1984年开始，1985年达到最高点，随后开始下降。1990年到达波谷或最低点。第二轮周期扩张时间较短，衰退时间较长，房屋销售增长率即需求先于综合指数进入衰退；周期振幅较大，衰退程度较深。1990年中国房地产业景气指数跌到1981年至今的最低点，从房屋基建开工、竣工的实际量看，属典型的古典周期，周期无复杂变化，本轮周期内，房地产投资增长快于其他指标量的增长。

（3）1991—1996年的第三轮周期。从1991年开始，全国出现了新一轮经济热潮，房地产业成为全国尤其是沿海地区投资的新对象和投资的新需求。全国尤其是沿海地区迅速形成了"房地产热"。1992—1993年上半年，本轮房地产业周期的波峰迅速形成，这一波峰是从1981年至今的最高点。1992年多项的景气指标都达到从1981年至今的最高纪录。房地产市场也出现一些违背市场规则的混乱现象，个别地区出现了严重的房地产泡沫。1993年6月，国家对房地产实行宏观调控，在国家实行宏观调控政策后，由于资金短缺，市场需求不足，房地产泡沫迅速破灭，许多城市陷入房地产大量积压的困境。从1994年开始，各项指标的增幅明显回落，房地产业进入萧条期，到1996年，本轮房地产业周期跌入低谷。第三轮周期扩张时间较短，扩张的程度较深，在1992年迅速形成本轮房地产业周期的波峰，这一波峰是从1981至今的最高点；衰退时间较长，投资增长率后于综合指数进入波谷，投资增长快于其他指标，周期波动简单、剧烈、急起急落，大起大落十分明显。

（4）从1997—2004年，中国房地产发展进入改革开放以来的第四轮周期。在 1996 年底,国房指数①升到景气线以上,我国的房地产市场开始趋暖,房地产总体景气水平逐步上升,1998 年房地产业获得了发展,各项指标增幅较大,但 1999 年的多项指标与 1998 年相比有所回落,2000 年逐月攀升,2001 年继续上升。在诸多指标方面,2000 年比 1999 年、2001 年比 2000 年有大幅上扬,房地产合成增长率指数②分别为 12.07%、14.43%、20.68%。2002 年的增长呈波浪式,2003 年达到新一轮波峰后,2004 年进入了高位整理态势。

(5)2005—2008 年。2005 年开始,房地产市场和股市都迎来了暴涨的两年,主要原因是一方面随着能源成本的快速上升,制造业经营环境逐渐恶化,资本开始从制造业流出,流入楼市股市等资本市场。从 2007 年开始,"楼王"频出。另一方面,由于地方政府在这几年开始对土地财政的依赖逐渐加强,前期的调控政策也变得有名无实,调控变成"越调越高"。而直到 2008 年爆发次贷危机,并蔓延全球,投资人的信心受到巨大打击,房地产市场又立即进入寒季。该周期内的政策以紧缩为主,但没有起到效果。

(6)2008—2012 年。2008 年金融危机之后,政府迅速推出 4 万亿投资计划,希望通过积极的财政政策和货币政策来提振经济,而房地产市场成为拉动宏观经济增长的重要产业,甚至是支柱产业。于是楼市再次引爆,屡创新高。而 2009 年之后,政策又开始由松转紧,推出"限购""限贷"等史上最严厉的调控政策并一直持续到 2012 年,房地产市场走势再次逆转。

---

① 国房指数是"全国房地产开发业综合景气指数"的简称,这是国家统计局在 1997 年研制并建立的一套针对房地产业发展变化趋势和变化程度的综合量化反映的指数体系。

② 房地产合成增长率指数 = 房屋施工面积增长率 ×0.1 + 房屋竣工面积增长率 ×0.1 + 商品房价格年上涨率 ×0.1 + 房地产投资增长率 ×0.2 + 房屋销售面积增长率 ×0.5。

（7）2012 年至今。房地产市场经历一年多的降温后，在 2012 年中探底，被挤压两年多的刚需开始进入市场，一线城市的房地产市场率先复苏。万科、保利等开发商总销金额突破千亿，超额完成当年销售业绩。两会之前，国务院又发布新的调控政策，对二手房交易征收 20% 的个人所得税，同时再次提升二套房房贷利率和首付比例。

（二）我国房地产业周期波动影响因素

1. 政策因素

由于我国政府对经济活动干预和控制能力强，政策因素对房地产周期波动影响甚大。首先是政府行为，我国目前正处于经济转轨时期，政府不仅仅是经济体制改革的推动者和经济制度变迁的供给者，同时也是宏观经济的调控者，政府行为的确立和变动是影响经济运行的重要因素。在房地产经济运行过程中，由包括房地产业体制和政策供给者、房地产经济运行管理者构成的政府行为，对我国的房地产业周期波动产生了重要影响。其次是住宅制度改革，中国房地产市场的演进过程也就是中国房地产市场变化的过程，而这一过程与中国房地产经济体制改革尤其是城镇住宅制度改革过程是同步的，实际上就是房地产市场由计划经济向市场经济转变的过程。

中国房地产市场的发育采取了政府主导下的渐进式路径，目的是在尽量保留原有利益的前提下向市场化的方向推进。政府的作用不仅在于通过住房改革及相关制度的施行培育市场主体，而且直接影响和调节房地产市场的运作状态。三十多年的改革历程使中国房地产业不论是在市场主体、供求关系和价格形成机制方面，还是法律法规体系和中介服务体系方面都取得了很大突破，并已进入市场化轨道，房地产业在规模上也得到了极大的发展。我国的房地产市场已渐渐进入理性的、稳定的发展阶段。

2. 经济因素

经济因素对房地产业周期波动的影响作用是通过国民收入、投资、货币供给量、利率等经济指标为中介的。

国民收入：国民收入是居民购买力的重要决定因素，也是居民住房消费能力的重要影响因素。随着国民收入的增长，居民才能购买住房，增加居住面积，继而增加住房投资，因此国民收入是房地产经济活动的主要影响因素。国民收入的增长和波动是房地产经济增长和波动的主要动力。

投资：房地产投资是我国房地产业周期波动的主因。特别是对投资主导下的中国宏观经济周期波动来说，投资波动对房地产经济波动的影响作用就更加明显。在我国的固定资产投资中，房地产投资占有很大比重，且自 1999 年以来，房地产投资增长速度一直高于固定资产投资。其次，房地产投资占全国固定资产投资比重一直保持在 20% 以上的水平。

货币供应量：货币供给量从两个方面影响着房地产经济。在供给方面，影响房地产开发投资；在需求方面，影响房地产的消费购买能力。在货币供给量大量增加时，就会导致对房地产业投资大幅增加，居民需求旺盛，交易活跃。从货币因素的角度看，资金供给不可能源源不绝，在资金瓶颈的制约下，未完工工程不得不半途而废，已投入的资本有一部分也将消失，在加速数原理的作用下繁荣将走向崩溃。

利率：通过考察我国利率周期和房地产业周期的关系，可以看出：二者大致呈相反的变化趋势。利率下调，房地产市场景气上升；利率上调，房地产市场萧条。但这种变化趋势也并非绝对。在经济热潮中，房地产经济和利率可以同时走高。

3. 社会因素

政府的形象工程：从地方政府的自身利益看问题，房价走高给他们带来的是名利双收。所以，有些地方政府便自觉或不自觉地对市场上的房价实施着"逆向调节",从而推动了房价的过快上涨。地方政府影响当地房地产行业运行趋势,进行"逆向调节"的手段主要有以下四种:一是地方政府提高税费和土地出让金,推动了房价上涨;二是地方政府只售不租的房改取向,推动了房价上涨;三是地方政府大兴旧城改造和城市拆迁,推动了房价上涨;四是地方政府追求高档化、贵族化的建设规划,推动了房价上涨。

　　投资者的心理预期:一是房地产投资者或购买者对未来期望过高,房地产业具有抵抗通货膨胀的能力。这种保值和增值功能,刺激了房地产购买者把购买房地产作为一种投资,而不仅仅为了使用。这种稳定和潜在的需求特性往往给人一种错觉,即买房子就会保值和升值。这种错觉还影响到房屋开发商和金融机构,使开发商产生过高的投资期望,使金融机构过低估计投资风险。二是房地产投资者或购买者的从众行为,开发商通过广告促销手段,营造该地段房地产市场需求正旺的人气,使房屋的购买者在一种从众的心理支配下完成房地产交易活动,从而满足一种心理上的投资效果需求。

第三节　房地产泡沫化的危害

一、什么是房地产泡沫

(一)房地产泡沫的概念界定

　　根据《帕尔格雷夫经济学大辞典》中给房地产泡沫下的定义,即房地产价格双向持续偏离其基本价值,并且突破了与基本价值相临近的区间,即房地产价格在与房地产基本价值相临近的区间之外,或高或低的一种经济现象。当房地产泡沫破灭时,偏离基本价值临近区间的房地产价格将会大幅度迅速回归其基本价值,随之而来将对个人、社会及宏观经济运行等造成比较严重的影响。

(二)房地产泡沫的特征

(1)房地产泡沫是房地产价格波动的一种形态;

(2)房地产泡沫是指房地产价格呈现陡升陡降的波动状况,振幅较大;

(3)房地产价格波动不具有连续性,没有稳定的周期和频率;

(4)房地产泡沫的产生主要是由于投机行为,是货币供应量在房地产经济系统中短期内急剧增加造成的。

(三)房地产泡沫的判定

(1)房价表现:售价畸高,全面高涨,实际租金下降;

(2)需求表现:房屋销售急剧增长,抵押贷款大幅增加,国内外资金大量进入;

(3)供给表现:供给超常增长,房屋空置率过高。

二、我国房地产泡沫的表现

(一)房地产开发投资增长率指标

房地产开发投资增长率在衡量房地产泡沫存在性时具有较高的有效性,适当的投资对实体经济具有一定的推动作用,但是过度的房地产投资,会激化供求矛盾并出现大量的投机行为。该指标能反映房地产业的扩张程度,并检测房地产业存在的泡沫程度,指标值越大表示存在房地产泡沫的程度越高。

表8-2 1998—2014年我国房地产开发投资情况表

年份	房地产开发投资额占GDP比重(%)	房地产开发投资额占全社会固定资产投资额比重(%)
1998	4.3	2.7
2000	5.0	15.1
2002	6.5	17.9
2004	8.2	18.7
2006	9.0	17.7
2008	9.9	18.1
2010	12.0	19.2
2012	13.8	19.2
2014	14.9	18.5

数据来源:1998—2014年国民经济和社会发展统计公报。

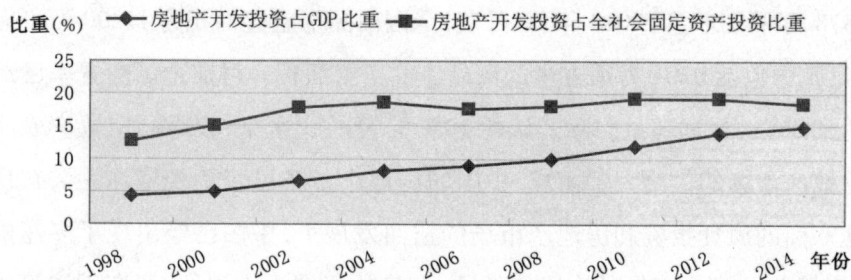

图8-3 1998—2014年我国房地产开发投资情况图

由图8-3可以看出,在1998年至2014年期间,房地产开发投资额逐年递增,从1998年开始,房地产开发投资额增长率就大大超过了同时期的GDP增长率,房地产开发投资额占GDP的比重也呈不断上升的趋势,2014年更是1998年的3倍之多。国际公认的房地产开发投资占全社会固定资产投资比重的警戒水平为10%,当超过这一水平认定为存在泡沫。而我国数据显示,从 1998 年开始房地产开发投资占全社会固定资产投资的比重持续上升,2014 年高达 18.5%,远远高于国际公认的标准。我们知道,房地产开发投资比重越来越高,就意味着房地产开发规模越来越大,当大到一定规模时就容易引发房屋购买的投机过度行为,致使房价飞涨,引起泡沫危机。

(二)住房空置率指标

由于中国目前在住房空置率方面的统计口径相当不一致,建立一个完善的住房空置率指标体系仍有难度,因此在这里我们采用国际标准,住房空置率在 10% 以内属于正常现象,当超过这个标准,则表示存在房地产泡沫。大量的空置房会使开发商蒙受损失甚至破产,引发房地产市场动荡,从而导致房价下跌。

国家统计局最新数据显示,2013 年上半年的商业房地产空置面积达 2878 万平方米,到 2013 年 10 月底,全国商品房空置面积为 11200 万平方米,其中包括 6204 万平方米的商品住宅空置面积。目前全国空置率已经达到 26%,远远超过国际公认的 10% 的警戒线水平,较高的空置率表明房地产市场的供给大于需求,中国的房地产市场已经呈现泡沫性。在房地产商的疯狂投资和房地产市场的扭曲发展下,中国已经出现了多座的"鬼城",如鄂尔多斯的康巴什新城,大量的房屋无人居住;还有天津滨海新区新建的写字楼扎堆,需要 60 年才能消化完。以上数据表明,中国房地产泡沫已经存在。

(三)房价收入比指标

房价收入比指的是房屋的总价值和居民总的家庭年收入所作的比值,不同的机构与个人,在作不同的研究时,所选取的数据和计量方法可能不尽相同。在本书中,将选取来自国家统计局和各地统计局官方网站的数据,而且只考虑新建住房,不考虑二手房。

比值

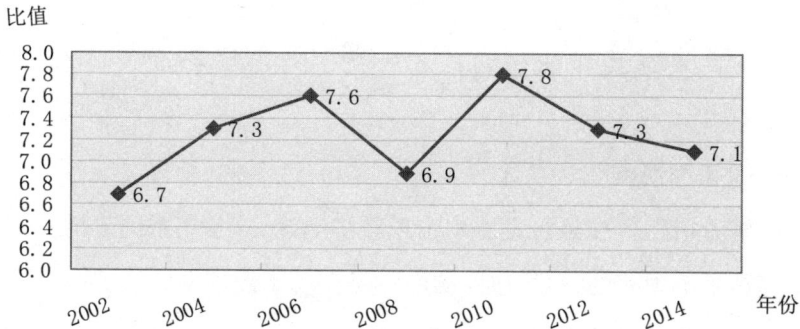

图 8 - 4　2001—2014 年我国房价收入比走势图

　　房价收入比作为一个全球范围内都在使用的概念,却没有一个统一的标准来界定其何时处于合理范围,各个国家和地区所计算得出的房价收入比是高度离散的,世界银行曾于 1998 年对全球范围内的 96 个国家和地区作过统计,结果显示最高的地区房价收入比达到了 30,而最低的地区仅为 0.8,这 96 个地区房价收入比的平均值为 8.4,中位数为 6.4。业界一般认为在发达国家,如果房价收入比超过 6,就可以认为房价出现了泡沫。考虑到我国的数据统计存在着一定的不足,而且我国对住宅商品房的界定较之欧美国家也存在一定的区别。所以根据具体情况,在我国,一般认为房价收入比保持在 6~7 之间属于合理的范围(也有人认为超过 6 即可认为存在泡沫)。

　　如果仅以此作为标准,由图 8 - 4 可以看出,在 2010 年我国房价存在着比较明显的泡沫,现在泡沫情况正在逐年减轻。但是,由于我国幅员辽阔,不同地区之间的经济发展水平有着较为显著的区别,全国范围内的平均数据并不能很好地体现各地区目前的实际情况。东部地区的房价收入比普遍在 7 以上,北上广保持在 12 左右,这说明我国东部地区的房地产泡沫还是存在的。

三、房地产业泡沫化的影响

（一）正面影响

有学者指出："在经济发展中出现经济泡沫,这是正常的事情,一点泡沫不存在是不现实的,而且适度的泡沫是有助于经济发展的。"①

房地产泡沫对经济和社会到底是有利还是有弊,主要看它发展到哪个程度,是不是控制在一个合理适度的范围内。一方面,在我国,房地产行业与国民经济有着密切的联系,它既是基础产业,又在一定时期扮演先导、支柱产业的角色。十几年来,我国的房地产业快速发展,尽管历时不长,但发展势头迅猛,对扩大内需,拉动相关产业,扩大就业面,促进社会、经济的发展做出了重要贡献。有数据显示,近年来,在我国 GDP 增长率中,由房地产业拉动的经济增长至少占 2 个百分点,房地产业和建筑业增值占 GDP 的比重已超过 10% ,对经济的拉动作用十分显著。② 另一方面,房地产业也是一个关联性很强的产业,能够有效带动相关联的上游与下游产业群的发展。据有关部门统计,它与 57 个行业的发展密切相关,每增加 100 元的房地产开发投资(或建筑业产出),就可以拉动 34 元的机械设备制造业需求,33 元的金属产品制造业需求,19 元的建筑材料及其他非金属矿物制造业需求,19 元的化学工业需求,17 元的炼焦、煤气及石油加工业需求,17 元的采掘工业需求等。③

总的来说,在经济社会发展过程中,尤其是对发展中国家的经济发展来说,适度的房地产泡沫会给房地产市场带来一定的好处,对于刺激房地

① 中国财政部财政科学研究所副所长王朝才于 2003 年 2 月 26 日接受中新社记者采访。
②③ 参见郎咸平:《郎咸平说:中国经济的旧制度与新常态》,东方出版社,2015 年。

产行业的快速发展,促进房地产相关联行业的繁荣,甚至是整个国家国民经济发展都是有利的,也是很有必要的。

(二)负面影响

经济发展过程中没有一点泡沫是不现实的、不合理的,那样的话房地产行业也是不能繁荣的。然而如果泡沫程度过大,超出了可控的范围,即处于过度的房地产泡沫阶段时,就会给社会带来严重的危害。过度的房地产泡沫危害性主要表现在以下四个方面:

1. 降低资源的配置效率,抑制其他产业的发展

房地产市场存在泡沫使得投资者对房地产会产生不合理的心理预期,期待有更高的投资回报率,因此将会吸引更多的资金进入房地产市场,更加刺激了房地产行业的非理性发展。人们将其他行业的资本转向投入房地产市场,而且投资活动日益猖獗,这就导致了实体经济和重点产业缺乏大量的资金,从而抑制了其他产业的发展。

2. 导致经济和社会结构的失衡

一方面,由于土地制度的不完善,地价上涨,从而导致投资成本的增加;另一方面,由于城市地价持续高涨,土地又被人们看作最安全、最可靠、收益率最高的资产而被大量持有,从而产生了土地供给的有限性与需求的无限性之间巨大的矛盾,使得原本就不充足的土地被一少部分投机商高价买走,造成大量闲置或者低度使用。同时,由于房地产价格的上涨与人们心里非理性的预期,房地产拥有者与非拥有者、大城市圈与地方城市圈的资产差距越来越大,引起社会分配不公,带来深刻的社会问题。

3. 房地产泡沫破灭易导致金融危机

房地产业是资金密集型产业,它与金融业保持着紧密的联系。有资料表明,目前房地产开发企业项目投入资金中约30%~40%是银行贷款;建筑公司往往要对项目垫付约占总投入20%~30%的资金,这部分资金

也多是向银行贷款的。此外,至少六成以上的购房者申请了个人住房抵押贷款。这几项累加,房地产项目中来自于银行的资金高达60%以上,所以说银行与房地产公司是手足关系,两者关系非常密切,房地产泡沫一旦破灭,意味着银行将成为最大的风险承担者。如果房价急剧下降,房地产企业就无法收回投资,经营困难而可能导致企业破产,造成大量的坏账呆账,给银行带来巨大的损失。

4. 房地产泡沫破裂还可能引发政治和社会危机

一方面,房地产泡沫的发展导致房地产价格的快速上升,加剧了国民收入分配的不平等,社会财富迅速向少数投机家和有产者手中聚集,并导致贫富两极分化;另一方面,随着房地产泡沫的破裂将会直接导致很多工厂关门倒闭,大量的工人下岗,导致失业率增加,引起社会动乱和恐慌。

第四节　国外房地产市场的经验及对我国的启示

一、国外房地产市场的经验

(一)德国

1. 明确房地产业的定位

要调控房地产市场,就应对房地产业有明确的定位,政策将会围绕房地产业的定位或目标而制定。德国对房地产业是有明确的定位。德国将汽车和机械制造、电气等产业作为支柱产业,而房地产业并未作为德国的支柱产业。德国《宪法》规定,德国是民主的和社会福利的国家,政府应保障居民住房的权益,如同保障教育、医疗一样,且该法律成为政府制定住房政策的基础。德国政府保障居民的住房权益,从各个环节并重。在进行土地规划时,就对低、中、高档房屋比例作出详细的规定。同时,地方政府还要依据当地的人口收入差距,要求所建住房中福利房要达到一定比例。

2. 税收政策作为调控主要手段

德国政府将税收作为房地产市场调控的主要手段。通过税收的调节,炒房者将要支付更多的成本,压缩炒房者的收益空间,从而让市场的需求成为刚性需求。德国政府规定,自己用来居住的住宅只需缴纳宅基地土地税,不需要向政府缴纳不动产税。对出售的住房要缴纳1% ~ 1.5% 的不动产税和3.5% 的交易税。房地产在交易过程时,如果房屋出售者获得了额外的差价盈利,政府还需征收15% 的差价盈利税。同时,政府还要向出租房屋的收入征收个人所得税,倘若将自家房屋用于出租,房东除缴纳不动产税外,还要将租金收入用于缴纳个人所得税,且税率一般较高,约为20% ~45% 不等。德国政府对房地产投机行为征收重税,降低了炒房者的利润空间,使得房地产市场投机现象相对较少。

3. 金融政策作为稳定房价的保障

住房金融政策也是德国政府房地产调控有效的政策手段之一。德国政府根据每个家庭的收入状况、人口数量等实际情况给予人民补贴,确保家庭的住房支付能力。与此同时,德国有较为完善的住房金融体系,为房价的稳定提供了金融体系保障。德国政府鼓励居民加入住房储蓄体系,对加入了住房储蓄者会给予一定奖励,并且企业也给员工发放储蓄津贴。住房金融的奖励刺激,也促使了个人购买住房的比例不断增加。在德国,房贷利率实行的是定期固定制,一般期限较长,且储蓄房贷利率通常低于市场利率。这种住房金融体系,不仅防范了金融市场波动,也能增加普通居民购房能力,从而推动房地产市场稳定发展。

4. 法律保障市场秩序

德国政府不仅通过税收政策抑制市场投机行为，更用法律作为房地产市场秩序的保障。德国在房地产市场领域的法律主要是约束牟取暴利而违反市场规定的行为，对市场上的高房价、高房租，政府会做出相应的惩罚，情节严重情况下，甚至要违法者承担刑事责任。《经济犯罪法》规定，开发商销售房价高于合理房价20%就认为超高房价，此时，开发商就构成了违法行为，开发商将面临经济惩罚。德国政府不光对房屋交易环节有着严格的法律要求，在对房租市场也进行了严格限定，以保证市场上的合理价格。德国对房地产市场的监管有严密的法律体系，使得德国的房地产市场秩序相对较好。

（二）日本

1. 税收政策是房地产调控重要工具

日本是典型的发达国家，房地产市场发展也有多年且也较成熟，其房地产税收体系比较完善，房地产市场的各个环节都有较严密的税收制度。在房地产保有环节，政府主要征收国税和地税，地税有固定资产税和特别土地持有税等，国税主要是地价税。在房地产的转让环节，征收的地税包括了个人居民税等，征收的国税有个人所得税等。日本政府对房地产取得环节征收的税收种类较多，也包括了征收国税和地税，主要征收的国税有注册执照税、消费税，以及印花税等，征收的地税有不动产购置税、地方消费税等。日本房地产市场完整的税收体系，对房地产市场的稳定起着重要作用。

2. 货币政策倾向于保基本

日本政府对中、低收入人群实施的是"保低"政策，主要是提供住房优惠贷款或提供廉价住房，以保证中低收入人群能租得起住房；日本政府对高收入人群采取的住房政策是市场机制，让市场提供。政府为了保证低收入家庭能租上或购买廉价房，所以较为支持廉价房建设。政策扶持的方法主要有两种：一是低利率的贷款政策支持，政府通过给修建保障性住房的企业低利率贷款，鼓励企业修建保障房。二是政府直接出资收购或兴建住房，再低价向中低收入人群出租或出售。日本政府通过这两种方法，使得住宅市场上能提供充足的廉价房，很大程度上使得住房市场上的需求和供给总体达到了均衡。

3. 土地管理制度较健全

日本的土地管理制度主要包括以下三个方面：一是土地买卖制度。日本的土地在转移出让时必须事前申报，从事道路、公园、机场、高速公路、铁路建设的公用事业单位有优先购买权，购买价格以公示价为标准确定。二是土地税收制度，主要有三大类：土地取得税收；土地保有税收；土地转让税收。三是土地征用制度，土地征用须向建设大臣等申请，经过批准后便可登记被征用土地及地上建筑物，土地权人签字认可，签订征购协议。可以看出，日本的土地管理制度有独到之处，土地是房地产市场的源头，对土地的监管到位则有利于对房地产市场的监管。

（三）美国

1. 健全的房地产税收制度

美国政府对房地产市场上征收的税种较多，体系也较完善，主要包括了：①房地产交易税。该税在房地产交易时缴纳，主要由州政府征收，但有部分州政府未征收此税，如密西西比州。在征税的州中，各个州的税率也不一样，从0.01%～2.2%不等。②房地产税。该税是每年由地方政府对房产征收，且每个州都征收，税率约为1%～3%。③赠予税和遗产税。主要在房地产被赠予或作为遗产时被征的税收。④所得税。包括对住房出租收入征收个人所得税和对房地产出售与购买产生差价所获收益征收资本利得税。资本利得税可遏制房地产市场投机行为。同时，美国政府也出台了房地产税收优惠政策，从而刺激了房地产市场的发展。如低于免税标准的中低收入家庭在购房时,其税收直接减免;购买住房时,纳税收入应扣除不动产税和住房抵押贷款利息。美国的房地产税收政策不仅增加了居民买房的积极性,也保障了中低收入家庭的住房,还抑制了房地产市场的过度投机行为。

2. 货币政策运用灵活

美国的房地产市场实行的是以市场机制为导向的金融政策。政府通过一系列措施进行调控使其形成了以房地产抵押贷款金融市场为基础,以多种住房金融机构为核心,且能有效调控的住房金融体系。美国政府采取利率政策对房地产市场进行调控显得格外灵活。如20世纪初,美国高科技股泡沫破灭,整个宏观经济陷入低迷,房地产市场也低速增长,再加上"9·11"事件,更使房地产陷入泥潭。美联储为了刺激宏观经济增长,从2001年到2003年6月期间,接连13次降息,降幅达到5.5%,最终降到1%。从2000年到2003年,在住房贷款市场上,抵押贷款利率分别从8.1%降到5.8%,从2001年到2003年,1年期抵押贷款利率分别从7.0%下降至3.8%。这期间,宽松的货币政策促进房地产市场的投资,增加住房供给,同时,住房贷款利率下降,使住房需求增加,使美国房地产市场保持了繁荣景象。

3. 保基本的租房模式是房地产调控方法之一

美国政府在保障对人民的基本住房需要方面主要采用的模式之一就是租房模式。美国的租房市场主要是中低收入家庭的选择,稳定租金价格便成为政府调控房市的目标之一。美国的公共住房,主要是以实惠的价格出租予当地的低收入家庭。在1961年时,美国国会通过了《国民住房法案》,规定了对私人建房者,贷款机构将提供远低于一般抵押贷款利率的资金扶持,尤其鼓励建设组织建造面向低收入家庭的住房。同时,在建造的房屋质量方面,政府也对其有严格的监管。政府用税收优惠和融资等一系列的办法鼓励私人建筑机构为低收入家庭提供廉价住房,以此来保障中低收入家庭的住房需要。

二、国外房地产市场的发展与管理对我国的启示

(一)调控土地供给量,防止土地过度开发

土地作为房产开发的必要元素,其供给量大小直接影响着住房供给量,通过对土地供给的适当调控可以实现对房地产市场房价的有效调节。土地储备制度目前也已经成为各国普遍采用的土地调控手段,具有一定的正面效果,但在利用土地储备制度时,政府一定要建立一套合理有效的管理监督机制,并且进行持续性的跟踪监控,否则土地作为稀缺资源,很容易在市场预期的作用下形成与制度目标相反的不良结果。

(二)调节金融信贷流向,避免向房地产市场过度投放

房地产业属于资金密集型行业,故房地产市场的运作也就必然需要大量资金的支撑,此时金融信贷也就成为房地产市场中不可或缺的重要环节之一。金融信贷作为房地产市场的资金原动力,其货币投放量的多少直接影响市场中供给与需求的变化,对房价变动有间接的影响。因此各国政府对金融机构货币投放量的调节,一般采用存款准备金政策、再贴现政策和公开市场业务三种方式,通过对利率水平、投资水平、收入水平和价格水平的影响,来实现对房地产市场供给和需求的调节,进而稳定房价。同时对金融信贷货币投放量的调节,在一定程度上还可以避免金融风险,日本的泡沫危机和美国的次贷危机爆发的原因之一就是金融信贷向房地产市场投放货币量过多所引致。

(三)利用税收政策稳定房价,调节收入分配

税收是政府财政收入的重要来源,同时也是政府进行宏观经济调控

的重要手段。通过税收,政府可以对微观市场及其参与者行为产生一定影响,从而确保市场的稳定运行。税收政策具有较大的针对性和确定性。在房地产市场中,以保障为目的的税收,其设计与计征应以确保大多数人有房可住为前提,应向低收入者倾斜,同时配以适当的福利政策;以抑制投机为目的的税收,其设计与计征应主要针对高收入者,应相对提高税率,课以重税。税收政策一方面可以稳定房价,另一方面也可以在一定程度上调节收入分配,缩小居民贫富差距。

(四)推进住房保障政策的实施,稳定房价

住房保障是政府通过财政拨款支持保障性住房建设,并结合多种政策手段给予国内中低收入者不同程度的住房优惠,解决低收入人群住房问题的重要手段。住房保障政策会在一定程度上降低房地产市场需求,起到稳定房价作用,同时也降低了金融机构的融资需求,提高了房地产市场金融安全性。住房保障也是保持社会稳定和实现社会和谐的重要"托底"机制,国民安居乐业才能保障国家的蓬勃发展。

(五)制定完善的法律法规,保障房地产市场调控顺畅高效

房地产市场调控要取得更好的成效,还需要完善房地产市场各领域的法制建设,提供法律保障。从德国、日本、美国的房地产调控的经验来分析,其住房问题解决得比较好的原因之一就是各国都有相对完备的住房法律法规体系。虽然我国已有《城市房地产管理法》《物权法》《土地管理法》等法律,但没有形成完善的体系,其中不少法律可操作性不强,难以贯彻执行;并且部分法律之间缺乏协调性。为了促进我国房地产业稳定发展,切实解决住房保障等问题,政府还需完善现存房地产市场的法律法规,推进我国住房市场的法制化进程。

第五节　新常态下房地产市场健康发展的政策建议

一、通过金融创新拓宽融资渠道，分散金融风险

我国房地产金融创新面临的突出问题主要有：房地产金融以传统银行信贷为主导，金融创新风险过于集中；房地产金融创新产品单一，产品设计不合理；房地产金融创新中企业道德风险严重；房地产两级金融市场发展不平衡，制约金融产品的创新与发展。促进我国房地产金融创新的对策应是：强化房地产金融产品创新，开发房地产金融避险工具；拓宽房地产融资渠道，分散金融创新风险；建立多元化的房地产金融创新机构体系；完善房地产金融创新市场；有序推进房地产金融创新的同时，做好金融风险防范工作。

（一）强化房地产金融产品创新，开发房地产金融避险工具

房地产金融产品创新是房地产金融创新的末端环节与最终表现，房地产金融创新的成效归根结底体现在产品创新上。当前，我国房地产金融产品创新应当重点围绕以下三个方面展开：第一，积极推进住房按揭贷款证券化。住房按揭贷款证券化，可以扩充资金融通的渠道，分散银行房贷业务风险，提高银行资产的流动性，使房地产金融市场与资本市场有机互动，带来连锁的良性效应。第二，设计并推行房地产金融衍生品。政府可以通过设计并推行房地产金融衍生品，如房地产指数期货等，为银行业、房地产企业和普通购房者提供避险工具。值得强调的是，在房地产金融衍生产品的设计过程中，需要认真考察其合理性。如衍生产品可以采取不同的还款期限，避免还款资金流过于集中。第三，大力推行"银行 +

信托"模式的房地产金融组合工具。"银行＋信托"模式的房地产金融组合工具是以信托为前端融资、银行为后端资金支持的金融组合工具,能在分散银行房贷风险的同时,起到增加房地产资金的供给渠道的作用。

(二)拓宽房地产融资渠道,分散金融创新风险

积极推进房地产投资权益证券化,加快推进住房抵押贷款二级市场的建设,将集中风险分散化。重点推出房地产投资信托基金,分流房地产市场的投资性需求,为房地产业提供稳定的直接融资,减少银行信贷风险。注重研究将保险资金引入房地产融资市场,实现资金来源主体的多元化。改善住房公积金制度,规范住房公积金使用投向,提高资金使用效率,扩大住房公积金的覆盖面。适当放宽房地产企业上市的条件,积极推进房地产企业股票和公司债券等融资方式,让更多符合条件的房地产企业实现从资本市场上的直接融资,扩大房地产企业直接融资渠道,通过股票交易市场上市发行和公司债券的发行,提高房地产企业从资本市场中直接融资的比重,降低其从银行间接融资的风险。

(三)建立多元化的房地产金融创新机构体系

借鉴国外成功经验,建立多元化房地产金融创新机构体系。一是由政府组建房地产贷款担保机构。目前,我国居民平均收入水平还不高,中低层群体的收入占较大比重,并且他们的收入情况是有波动性的,并不稳定,因此需要由政府组建房地产贷款担保机构,为其提供担保。二是成立专门的房地产保险公司。房地产保险公司可开展房地产抵押贷款保险、工程保险等相关的房地产金融保险业务,既可降低房地产企业的金融风险,又有利于增加房地产金融市场的资金来源。三是成立房地产投资基金管理公司。让房地产投资基金管理公司通过发行抵押贷款凭证等方式,为没有投资经验和没有管理精力的投资者提供金融投资服务,以此促进房地产市场的资金流通。四是成立房地产财务公司,为房地产金融、银

行及其他金融机构提供服务。

（四）完善房地产金融创新市场，促进金融资源优化配置

一个发达的房地产金融市场是由多层次的市场组成的，既要完善一级市场，也要大力发展二级市场。相对而言，我国房地产金融二级市场的发展还处于萌芽状态，两级市场发展很不平衡。为此，完善我国的房地产金融创新市场，要求一级市场必须加强住房抵押贷款市场、房地产开发信用借贷市场的建设；二级市场合理适度开发住房抵押贷款的相关证券，通过信用的再交易、再流通，将一级市场中的风险进行分散，对债权进行深加工和转移，并为房地产金融创新产品提供市场载体。通过房地产金融两级市场的创新，改善房地产金融资源的流向和配置效率，进一步优化房地产金融的量性扩张，同时促进对房地产金融行为主体的塑造，促进房地产金融的质性成长。

二、通过政策调控完善房地产市场，防止房地产泡沫

（一）推行土地市场透明化

土地是房地产的基本生产要素，是房地产开发的起点，在一定的社会经济前提下，土地供应情况将直接影响房地产市场的运行，土地调控应成为房地产市场调控的主要途径和环节。我国的土地资源是国家所有，由地方政府垄断，因此政府在土地供应方面具有规范性和前瞻性，才能促进房地产市场的健康发展。

首先，政府应设立土地信息共享平台，对一定时期的土地供应范围和规划有一个预先的公告，使市场充分了解土地供应情况，合理确定开发计划，避免开发商因担心拿不到地以高价竞拍土地，并最终通过市场将土地成本转嫁给消费者。这样的市场是一种不健康的市场，难以长期稳定的

发展。

其次,坚持土地招、挂、拍的公正性,增加交易过程的透明度,接受市场的监督和公众的意见。房地产业发展要以市场为基础,这是我国市场经济的要求,市场的前提是一个相对公平竞争的环境,在土地垄断的前提下,招、挂、拍的公平透明显得更为重要和突出,政府有能力有必要实现和维持土地公平竞争的市场环境。

再次,政府应具备灵活机动的土地供应调控能力,形成一系列的应对机制,加强对房地产市场的监管和控制,以促进和稳定房地产业的健康和可持续发展。

(二)加大建立多层次住房供应体系的力度

我国房地产业的健康发展牵动全局,是紧密联系各方利益、公众感情、社会和谐的大事。国家要抑制部分地区房价的不合理持续上涨,防止房地产泡沫的出现,需要加大政策力度,通过宏观调控强调建立多层次住房供应体系的具体措施,以确保人民生活需要。主要内容包括:首先,引导和鼓励开发商建设中低档小户型住宅,通过税收、土地供应和信贷政策引导市场的产品结构和消费需求,控制高档住房建设;其次,大规模推出经济适用房,确保广大中低收入家庭的住房需要;再次,加强城市廉租房建设,以解决低收入家庭的基本住房需要。从而形成梯次结构的住房保障体系,并最终实现国家住房制度改革的战略要求,即高收入者住商品房,中低收入者住经济适用房,低收入者住廉租房。

三、加强对房地产市场监管,严防投机现象和市场失灵现象

随着房地产业的发展,中国部分地区房地产价格持续上涨,出现投机现象。房地产市场失灵的状况,单靠市场机制不能自行解决,必须有政府

的介入。事实上,近年来政府推行了一系列宏观政策,包括前文所述的土地政策、金融政策、住房供应政策等,虽然取得了一定成效,但并不尽如人意。为了保证政策的有效实施,使宏观调控真正发挥作用,国家还需加强对房地产市场的直接监管,包括土地划拨、房地产开发成本、市场调节和政府各部门的监督。

(一)加强对土地资源的监管

土地由政府控制,是房地产开发的起点。从理论上讲,向土地市场适度增加土地供应量,对于稳定房地产价格和保护消费者的权益是非常有益的。但目前土地市场比较混乱,虽然政府对土地供应推出了一系列政策,包括土地增值税的清算、要求地方政府严格执行土地回收政策,以及扩大土地供应、提高土地利用率,这些都是针对房地产开发商囤积土地提出的,但效果并不显著,其根本原因就是由于监管不力,只有加强监管,才能确保政策的有效实施。政府应加强土地征用市场、土地出让市场和土地转让市场的管理,确保真正公开、透明;加强对房地产企业资质管理和房地产开发项目审批管理,土地交易价格应制定政府指导价或限制价。对于已经取得使用权的土地,土地管理部门、规划部门和房管部门等要加强信息沟通和协调,以确保开发商在指定的时间范围将土地投入开发,严厉打击开发商囤积土地的投机行为。此外,政府还可以设立土地交易信息共享平台,定期公开所有交易,这样可以减少市场不法行为,在一定程度上提高市场效率。

(二)加强对房地产开发成本的监管

房地产业具有鲜明的垄断特点,这不仅破坏了资源配置效率,而且会影响社会公平。借助价格调控手段来调整市场的不合理性,可以辅助市场实现供求均衡,虽然房地产调控的重点之一就是控制房价。对房地产成本进行监管是价格调控的途径之一,可以在一定程度上有效地稳定房价,有助于改善社会福利,保障消费者的切身利益。房地产开发商主要以虚报成本和税源的方式来作为抬高房价的理由。一方面,政府应加强对房地产开发成本的详细统计、评估;同时,相关职能部门应当定期公布行业平均成本,向消费者公开成本信息,从而降低市场信息的不对称性。另一方面,政府还要加强对房地产企业税源的监控,测算开发项目的平均土地成本和房屋建造成本,分析其上报的成本利润率、销售收入利润率和企业所得税是否合理,防止虚报,对于弄虚作假行为严格惩罚,起到威慑作用,这样才能实现对房地产价格的平抑。

(三)加强对价格操纵行为的监管

由于房地产的开发周期一般较长,具有异质性,这使得许多房地产开发商在销售过程中,利用其区位上的垄断优势或市场的变化,散布虚假信息、囤房惜售、恶意哄抬房价,使房价一涨再涨,引起市场混乱,对消费者造成很大损害。对于价格操纵行为,政府应该进一步明确开发成本和商品房销售价格结构,要求开发商必须对商品房明码标价,销售期间价格不能任意变更。对于制造、散布虚假价格信息,囤房惜售、哄抬房价的开发商,应受到严厉惩罚。对于虚假广告、购房合同欺诈、物业管理质价不符等,也必须严厉打击。

四、改革房地产税费制度,促进房地产市场健康发展

(一)财税政策应支撑住房保障体系

从目前我国与房地产有关的税收体系所涵盖的市场层级来看,它已经基本涵盖了房地产一级、二级、三级市场各层级,也涵盖了房地产开发投资、转让、取得、收益、保有各环节。但房地产税费结构不尽合理,缺少系统规划。突出表现为:房地产保有环节税负偏轻而流转环节税负偏重;

房地产税种设计缺乏系统性,税种之间、税费之间关系混乱;计税依据不尽科学合理;房地产税收不公平主要表现在对内外资企业实行不同的房地产税负;房地产税收与房地产价值变动缺少动态有机联系。在财税制度对房地产施加巨大压力的同时,公共财政对住房保障的投入长期以来却是严重不足。房地产宏观调控的一个重要方向就在于要为住房保障服务,财税政策应考虑如何适应、支撑住房保障体系。通过财税政策的设计,要在房地产市场中引入具有自动稳定器功能的规则机制,自动稳定器意味着财税政策对住房保障机制的一种扶持。

（二）房地产税费的归属应立法

发达市场经济国家的地方政府其实也是"土地财政",我国房地产税收的归属权和征管所有权也应是当地政府。包括物业税在内的房地产税收分配给地方政府并加以培育,将成为地方政府的主要收入来源,可以导向地方政府职能收缩到提供公共产品和公共服务上来,符合市场经济对当地政府职能基本定位的要求,而现有的土地出让金应当在中央和地方政府之间进行合理分配,对地方政府的短期行为进行约束。国家可通过立法的形式予以明确,包括如何确定税率、税基等,并确保一定的支持力度。

五、加强金融信贷监管,拓宽融资渠道

金融支持可以确保房地产业的健康发展,但也可能成为形成房地产泡沫的直接力量。富兰克林(Franklin)和道格拉斯(Douglas)基于信贷扩张的资产价格提出"泡沫模型",认为投资者用自有资金进行投资时所形成的资产价格是资产的基础价值,当投资者利用借来的资金进行投资且只负有限责任时,他们会表现出对风险资产的偏好并采取风险转移行为,而对风险资产的过度投资又会不断推高资产的价格,从而导致房地产泡沫的形成。理查德(Richard)和苏珊(Susan)从国际视角研究房地产繁荣与银行危机关系,通过构建信贷市场模型,并结合凯里(Carey)模型得出银行集中贷款导致房地产繁荣,房地产繁荣酝酿银行危机的结论。

如果房地产过热并形成泡沫,房地产泡沫的破裂会对房地产业和金融业导致严重的打击,那么如何实现房地产与金融的对接是问题的症结所在,这个问题的核心还是金融机构本身的问题。商业银行房地产信贷资产过度集中已成为一个非常危险的信号,如果房地产业出现问题,不仅使银行体系多年来改革的成果化为乌有,也将危及整个金融体系。20世纪90年代海南、北海房地产热就是一个很深刻的教训,不能重蹈覆辙。金融主管部门应加强对商业银行的信贷监督,严格按照"贷款条例"规范商业银行信贷资金流向,并采取预防措施,降低风险。金融机构应从基础设施建设着手,改善应对风险的能力,规范房地产信贷业务,加强对个人住房抵押贷款、房地产开发贷款、建筑企业流动贷款、土地储备贷款的严格审查,降低银行资金进入房地产市场的高风险,促使房地产业和金融业实现共同发展。

目前,我国房地产融资渠道相对保守,使银行业承担了巨大的风险。在我国加大城市化进程和经济高速增长的条件下,房地产业具有诱人的高回报,而社会闲散资金也有相当规模的积累。房地产业需要大量的资金,社会上的资金如果有合法途径进入房地产业,那么对房地产业的发展和资金所有者可以达到双赢的局面。让社会资金有序地进入房地产业,有利于行业提升到更高层次的阶段,也有利于行业形成良性竞争。拓宽融资渠道的措施包括实现房地产投资证券化、成立房地产基金发挥投资组合和分散风险的功能,以改变目前房地产市场融资过分依赖银行的现状。加快房地产金融创新,积极满足各个层次的金融产品需求是当务之急;相应地,还需要发展房地产金融中介市场,提供适当的资产评估、信用评估、风险评估、金融担保和法律咨询等专业化金融服务。另外,在房地产市场适当引进外资可以达到"鲶鱼效应",防止出现闭门造车的情况。在此过程中要避免过多的地方保护主义和对外国资本的过分优待,以确保竞争环境的公平。

六、建立房地产宏观预警制度,及时控制房地产市场风险

房地产业对国民经济有强势带动作用,但房地产过热对国民经济的危害也不可小视。1992 年房地产热引发的宏观调控使我国经济面临通货紧缩的困境。本轮以房地产投资为主的固定资产投资热,可能导致新的通货膨胀。更让人不安的是,房地产过热容易造成银行金融体系的风险。因此,必须探索房地产宏观预警机制,尽快通过多方协调,建立统一有效的房地产宏观预警机制。这个预警系统要考虑的指标体系包括:土地需求和供应、住房租金和价格的比率、信贷资金流向房地产业的比例、房价和居民收入比例、住房供应结构比例、房屋空置率、房地产投资与固定资产投资的比重、房价指数等。通过这些指标的有机结合建立一个全面综合的预警系统,及时观察和分析房地产业发展状况,进行科学的调控,实现预警在先,及时控制,避免大起大落。

参考书目:

1. 魏后凯、李景国、尚教蔚等编:《中国房地产发展报告 No.12(2015)》,社会科学文献出版社,2015 年。

2. 董金社、马建平:《中国房地产市场全息解读》,山东人民出版社,2010 年。

3. 吕萍等:《房地产开发与经营》,中国人民大学出版社,2002 年。

4. 钱国靖编:《房地产经济学》,中国建筑工业出版社,2010 年。

5. 徐滇庆、李昕:《房地产的供求与保障》,机械工业出版社,2014 年。

思考题:

1. 什么是房地产泡沫? 房地产泡沫的衡量指标包括哪些方面? 房地产泡沫的影响是什么?

2. 什么是支柱产业? 房地产业作为我国现阶段的支柱产业主要表现在哪些方面?

3. 我国房地产市场发展现状及存在的问题是什么?

4. 新常态下,怎样保持我国房地产市场健康发展?

第九章

资本市场发展研究

　　中国资本市场不单纯地是市场经济的产物,而是社会主义市场经济的产物,它是具有中国特色的资本市场。这也决定了我们对中国资本市场的解读不可能完全依赖传统理论,而是要从中国资本市场发展的实践中去探索规律。

第一节　资本市场是我国社会主义市场经济的重要组成部分

一、认识资本市场

　　(一)资本市场的概念

　　一般而言,人们拥有的财产可以分为两大类:一类是实际财产,也称为物质财产或实物财产,包括房地产、机器设备、原材料、各种产品、各种生活用品等一切具有实际使用价值的物品;另一类是金融资产,包括各种单纯以价值形式存在的财产,如货币、银行存款、各种债券、股票和其他有价证券等。与之相对应,市场也可划分为两类:一类是实物市场,以交易各种有形产品为主;另一类是金融市场,以交易各种金融资产为主。

严格来讲,金融市场是交易金融资产并确定金融资产价格的一种机制,是资金供应者和资金需求者双方通过信用工具进行交易而融通资金的场所。金融市场分为货币市场和资本市场两个部分,其中,货币市场指短期(期限在一年以内的)信贷市场,包括所有短期债券的交易和其他短期借贷活动。资本市场又称长期资金市场,通常指期限在一年以上的资本融通活动的总称,包括长期信贷市场、股票市场和债券市场。

在资本市场中,期限在一年以上的长期信贷市场主要是商业银行提供资金融通的渠道。商业银行通过吸纳存款而形成庞大的资金储备能力,可以向企业发放数额较大的贷款,是现代企业获得资本的主要来源。但是出于控制风险和货币稳定的考虑,银行提供资本的规模和用途受到严格限制,不能完全满足经济快速发展的需要。

相比较而言,股票市场和债券市场构成的证券市场作为直接融资的渠道,融资数量较大,资金使用限制较少,不影响货币稳定,是资本市场的重要组成部分。其中,债券市场是发行和买卖债券的场所,可以为投资者和筹资者提供低风险的投融资工具。债券市场的融资规模与长期信贷市场相似,同样要受到企业自有资本大小的限制。为了适应现代社会经济快速发展对大量资金的需求,股票市场应运而生,并快速成为资本市场中最具活力的组成部分。股票市场是股票发行和交易的场所,包括发行市场和流通市场两部分。股份公司通过面向社会发行股票,迅速集中大量资金,实现生产经营的规模化;而社会上分散的资金则通过股票市场寻求投资机会,谋求财富增值。股票市场是投资者和融资者双双活跃的地方,它常被看作是一个国家或地区的经济活动或金融活动的寒暑表。

为了能够更清楚地理解资本市场的构成及其与其他同类市场的相互

关系,在前文分析的基础上,构建资本市场从属关系图,如图9-1所示。

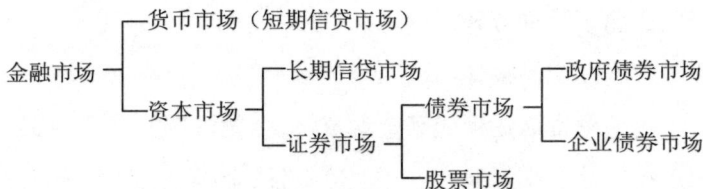

图9-1

图9-1　资本市场从属关系图

资本市场实质上是一种资源配置机制,社会经济主体(投资者与筹资者)借助一定的信用工具,通过一定的方式,来实现资本的转移。理解资本市场的实质,可以从以下四方面入手:

1. 资本市场参与者

资本市场参与者包括交易主体、交易客体、中介和管理机构三个方面。其中,交易主体可分为两类:一类是具有剩余资本、追求资本增殖的投资者,他们是资本供给者,包括个人、企业、政府部门、社会组织等;另一类是资本短缺、需要大量资金融通的筹资者,他们是资本需求者,大多是企业、政府部门和其他社会组织。交易客体就是金融资本,是交易主体资金融通的载体。中介和管理机构是资本市场的组织和管理机构,为资本市场活动提供平台和保障。

2. 资本融通的渠道

在现代金融体系中,资本融通的渠道包括直接融资和间接融资。间接融资是指通过银行等金融机构来进行资本融通,金融机构作为中介,一方面作为债务人通过吸收存款等方式集聚资本,另一方面作为债权人向资金需求者发放贷款,从而充当了资本供给者与需求者之间的中介。直接融资是没有金融机构参与的资金融通方式,资本供给者通过与资本需求者签订协议,或购买资本需求者发行的有价证券,而将货币资金直接融通给资本需求者使用。商业信用、股票和债券、企业之间,以及个人之间的直接贷款都属于这种方式。

3. 资本市场的交易载体

资本市场的融资活动形成了金融资产,金融资产又称金融工具,是资本市场的运行载体和基本要素。按照流动性,金融工具可以分为三类,货币、股票和债券。货币是一类特殊的金融资产,它具有完全的流动性或灵活性,但收益低。股票和债券合称有价证券,是资本市场的主要交易载体。债券包括各类借据,如本票、信用债券、抵押借据、公司债券、政府债券,以及其他期票、汇票等。债券能够为持有者带来利息收益,收益的大小与债券期限、违约危险、市场风险有关。股票是获得发行者一部分利润收入的凭证,它可以出售,其价格与股息收入正相关,与市场利息率反相关。此外,股票价格还受到公司信誉、市场前景、宏观经济预期等因素的影响。

此外,随着经济的发展和金融创新浪潮的不断涌现,资本市场的交易载体除了股票、债券等证券类金融工具,还出现了租赁、抵押贷款等非证券类交易工具,以及其他一些金融衍生工具。这些金融工具的出现,使资本市场的交易更加活跃和繁荣。

4. 资本市场是一种市场机制

首先,资本市场是市场经济高度发展的产物,是自然演进的结果,其产生和发展是经济发展规律的体现。其次,从本质上讲,资本市场并非狭义的"场所"概念,它是一系列资本交换关系的总和,它既包含有形的交易场所,也包含无形的交易网络。特别是随着现代信息技术的发展,有形场所的概念被逐渐弱化,交易资本的数量和质量成为衡量资本市场的最重要指标。最后,资本市场与经济中的其他市场一样,受市场运行机制的引导和制约,如交易机制、价格机制等,是依靠"看不见的手"的自发力量运行的。

（二）资本市场的功能

1.融资功能

融资功能是资本市场最原始、最基本的功能。企业、政府等资金需求者通过发行有价证券（股票和债券）,获得长期发展资本,用于扩大再生产或弥补财政赤字。而资本所有者则通过购买证券获得利息或权益,实现资本增殖的目的。与银行等金融机构相比,资本市场的资金融通功能更加强大。通过直接融资,资本市场能够快速、有效地集中大量资金,并尽快转化为投资,用于长期性、高风险的项目建设,促进了经济快速发展。

2.资源配置功能

通过市场的作用实现资源优化配置是市场经济的基本体征。资本市场的核心功能就是优化资源位置。资本市场通过公平、公开竞争,引导社会资本流向资本收益率高的行业、部门和企业,这意味着稀缺资源得到了合理配置。资本市场的资源配置功能主要体现在两个方面:一方面,资本市场改变了资本的数量结构,将大量分散的小资本集中成为大资本,来追求和获得规模收益;另一方面,资本市场的交易活动加快了资源配置的速度,提高了资源配置的效率。资本市场的资源配置功能是通过证券价格的自动调节实现的。

3.预示功能

纽约华尔街是美国经济的焦点,而道琼斯指数和纳斯达克指数又是华尔街的焦点,因为在成熟的资本市场上,股票、债券等的价格走势,能够充分反映国民经济的总体运行状况和发展趋势,因此被称为国民经济的"晴雨表"。另外,通过分析资本市场的交易规模和结构,人们还可以发现宏观经济结构及产业结构调整的某些趋势。

4. 分配功能

资本市场不仅是资金融通和资源配置的有效手段,还是初次分配的重要途径。资本市场的初次分配功能源于资本的内在特性,资本和劳动一样是价值创造的基本要素,因而必然要求按照贡献度参与价值分配。在资本市场上,通过金融工具的交易,资本所有者取得资本收益,实现了按生产要素分配。

5. 价值发现功能

不确定性或不完全信息的存在,是市场经济运行风险的源泉,影响了市场交易的正常进行。为了方便开展投资活动,投资者需要对市场风险进行衡量和评价。资本市场披露的大量信息,为投资者发现、判断融资企业的内在价值,作出理性投资决策提供了条件。正是通过价值发现和风险资产定价,资本市场才能够有效地引导资本的积累与重新分配。

(三)资本市场的特点

1. 非物质性

资本市场的交易对象与一般的商品市场不同,是单一的货币资本。货币资本是非物质的价值体,与一般商品相比,资本市场上进行交易的货币资本其本质是同质的价值,尽管金融产品各式各样,实际上都代表着一定数量的资金。无论金融创新如何活跃,金融产品的本质都不可能脱离价值属性。

2. 竞争性

资本市场实际上是一种多方参与博弈的竞局,从交易客体来看,资本市场上的各种金融产品具有一定的同质性,作为价值的代表而具有一定的相互替代性,这决定了金融产品之间存在激烈的竞争。从交易主体来看,资金的需求者之间、资金的供给者之间,以及需求者与供给者双方之间也存在着各种利益博弈和激烈的竞争。正是资本市场上各种竞争的存在,使得资本市场的"投机性"更为突出、更为明显。

3. 风险性

资本市场不仅是资本交换的场所,同时也是风险转移的场所。由于不确定性和信息不对称的存在,经济活动天然地存在风险。而资本市场更是风险交织的场所,除基本的经济风险外,金融资本的竞争性、金融产品价格的波动性等导致资本市场的风险比一般商品市场更为突出。风险的交换、分散、转移、规避、防范不仅是各方主体的内在要求,也是经济运行的必要机制。在资本市场上,企业通过发行股票或债券,将投资风险分散到每个股东身上,而投资者又通过在二级市场上的交易和买卖将投资风险转移给其他投资者。资本市场的风险性还来源于其对风险的放大作用。金融产品的杠杆作用使资本市场具有"以小博大"的特性,在放大资本收益的同时,也同等倍数地放大了投资风险。

4. 透明性

资本市场是一个公开透明的市场,表现在市场准入的透明性、市场规则的透明性、市场组织的透明性、市场信息的透明性等多个方面。市场准入的透明性指,任何机构和个人只要符合基本的资格、只要拥有一定数量的资本,都可以进入资本市场,自由地参与资本市场的各种交易活动,实现资本增殖目标。市场规则的透明性指资本市场的各项法律法规和规章制度都是明确和严格的,参与者能够清楚地了解各种权利义务关系、各种操作行为的合法性要求。公开透明的市场规则增加了资本市场交易的可信度,是资本市场安全和稳定的有效保障。市场组织的透明性表现在市场管理机构的合理设置,且各管理机构的权利义务清晰,能够及时有效地解决市场争端。市场信息的透明性依靠的是信息的强制公开,相关市场主体必须按照有关规定及时披露相关信息。信息披露制度是资本市场最基本的制度安排。

5. 公平性

资本市场的公平性表现在两个方面。一是货币资本的公平性，货币资本是一种价值体现，是"天生的平等派"，不会因投资者或筹资者的个体差异而表现出不同的价值属性，即价值面前人人平等。二是市场交易的公平性，表现在市场准入的自愿性、信息获取的平等性，以及金融资产所有权的不可剥夺性等。

6. 虚拟性

货币资本的运动既可以与实物资本的运动相结合，也可以脱离实物资本运动而独立运动，后者就成为虚拟资本。虚拟资本是信用制度发展的产物，是货币化和资本证券化的必然结果。在资本市场上，银行信贷和证券发行所筹集的资本一般都会进入现实生产过程，参与物质产品的生产和社会财富的创造，而二级市场上证券买卖所形成的证券资本的运动则可能完全与现实生产过程脱离，是一种典型的虚拟资本的运动。尽管虚拟资本的运动是以现实资本的运动为基础的，其价格是现实资本收益性和市场利率的反映。但是虚拟资本可以脱离现实资本而无限膨胀，加之现代交易手段的高科技化放大了资本市场的虚拟性，使得虚拟资本运动在活跃市场交易的同时，也极大地放大了资本市场风险，不可避免地形成"经济泡沫"。

二、资本市场是我国社会主义市场经济的重要组成部分

资本市场的发展在现代经济体系中具有举足轻重的地位。在许多发达国家，仅股票市场的资产价值就相当于甚至高于这些国家每年的 GDP 总量，可以说资本市场在各国的经济发展过程中发挥着不可替代的作用。中国资本市场是伴随着社会主义经济的发展而成长起来的，其定位也经

历了曲折的探索历程。

1. 排斥阶段

在计划经济时期,国家是社会生产和要素分配的组织者和实施者,以行政手段对经济资源进行统一调配。在融资体制方面,国家充当了资本流动的中介,承担着集中生产资本并将其分配给特定生产单位使用的角色。这种以国家为唯一中介的融资体制,完全排斥资本市场基本功能的发挥,虽然在某些方面发挥了"集中力量办大事"的积极作用,但是明显满足不了社会经济快速发展的需要。同时,资本和资本市场等相关概念被当作资本主义的特有范畴被排斥在社会主义之外。

2. 探索阶段

改革开放以后,社会主义经济快速发展,完全依靠财政机制无法实现市场发展对资本的需求,为缓解建设资金短缺问题,资本市场应运而生。同时,改革对传统观念的突破使市场经济得到承认,资本和资本市场的概念也被自然地引入市场经济当中。但是在资本市场出现的最初阶段,姓"社"姓"资"的争论限制了其功能的充分发挥。在整个 20 世纪 80 年代和 90 年代初期,资本市场虽然得以建立,但发展缓慢。直到 1993 年,中共中央十四届三中全会通过《中共中央关于建立社会主义市场经济体制若干问题的决定》,明确提出"个人收入分配要坚持按劳分配为主体、多种分配方式并存的制度","允许属于个人的资本等生产要素参与收益分配"。这是党的文件中第一次承认"资本"与其他生产要素具有同等地位,是一次历史性的突破。此后,历次中央文件对资本的认识和定位不断深化,促进了人们对资本和资本市场的不断了解。

一方面,资本作为生产要素参与价值创造和分配的地位得到认可;另一方面,社会经济快速发展对资本的需求日益增大,并且由单纯的数量需求逐渐向数量与质量的双重需求转变。在此背景下,中国资本市场不仅发挥了融资功能,还发挥了优化资源配置、加快产业结构调整、推进经济改革的重要作用,中国资本市场在市场经济和国民经济发展中的地位不断上升。

3. 深化阶段

随着社会经济的迅速发展,资本市场不断得到发展和完善,其在经济发展中的定位日益清晰。2003 年,中共中央十六届三中全会通过《中共中央关于建立社会主义市场经济体制若干问题的决定》,提出"大力发展资本市场和其他要素市场",明确了资本市场是我国社会主义市场经济的重要组成部分。2004 年,国务院发布《国务院关于推进资本市场改革开放和稳定发展的若干意见》,进一步提出"大力发展资本市场是一项重要的战略任务",将资本市场的发展提升到国家战略的高度。可见,至此资本市场作为我国市场经济重要组成部分的地位得到了深化。在此背景下,我国资本市场不断得到细化,并且创新地衍生出一些功能,如风险资本市场、产权交易市场等,推动了中国经济的转型和创新发展。

第二节 中国资本市场的发展及其作用

1990 年 12 月和 1991 年 7 月,上海、深圳证券交易所先后开始营业,这标志着集中交易的证券市场开始形成。二十多年来,中国资本市场从无到有、从小到大、快速发展,基础性制度建设不断加强,建立了较为完善的法律法规、市场组织和市场监管体系,服务国民经济发展全局,成为社会主义市场经济体系的重要组成部分,在经济社会发展中发挥着越来越重要的作用。

一、我国资本市场的发展历程

改革开放至今的三十多年间,资本市场从无到有,见证了中国改革的历史足迹,与中国社会经济共同成长起来。具体来讲,现代中国资本市场的发展经历了萌生、形成和初步发展、规范和完善三个阶段。[①]

（一）萌生阶段

在改革开放以前,与计划经济体制相适应的情况下,资金是通过行政手段进行调配和使用的。随着经济体制改革的推进,社会经济快速发展势不可挡,企业对于资金的需求越来越旺盛,成为中国资本市场萌生的经济和社会基础。

1978 年开始,随着中国农村家庭联产承包责任制的出现,一批由农民自发合资经营的股份制乡镇企业成为改革开放后中国股份制经济最早的雏形。国家经济体制改革委员会成立后,在《中共中央关于经济体制改革的决定》《国务院关于深化企业改革增强企业活力的若干规定》等文件的推动下,各地启动了企业股份制改革。一些小型国有和集体企业开始进行多种多样的股份制改革尝试,最初的股票开始出现。1992 年,邓小平"南方谈话"之后,《股份制企业试点办法》出台,全国兴起股份制改革热潮,诞生了一大批定向募集方式设立的股份有限公司,发行了法人股和内部职工股。同时,以 1981 年 7 月首期国库券的发行为标志,中国债券市场逐渐兴起,企业债、金融债相继出现,逐渐唤醒了公众的投资意识。1990 年,郑州粮食批发市场引入期货交易机制标志着中国期货交易市场的形成。

---

① 参见中国证券业监督管理委员会:《中国资本市场二十年》,中信出版社,2012 年。

随着证券发行的增多和投资者队伍的逐步扩大,证券流通的需求日益强烈,股票和债券的交易陆续在全国各地出现。1986 年开始,一些金融服务机构相继开展代客交易和柜台挂牌交易业务,标志着中国股票二级市场雏形的出现。1988 年 4 月起,54 个大中城市相继开展了个人持有国债的转让业务,全国性国债转让市场形成。1990 年,国家批准设立上海证券交易所、深圳证券交易所(简称上交所、深交所),两所于 1990 年 12 月先后开始营业。伴随着一、二级市场的初步形成,证券经营机构和行业自律组织相继出现。

尽管上海和深圳交易所成立后颁发了一些有关股票发行和交易的管理办法,但萌生初期的中国资本市场仍然处于一种自我演进、缺乏规范和监管的状态,在供求严重失衡的情况下,终于导致了深圳"八·一〇事件"的爆发。经济体制改革的深化和资本市场的发展,迫切需要规范的管理和集中统一的监管。

(二)形成和初步发展阶段

随着股票公开发行试点的推广,国有企业的改制上市稳步推进。监管部门成立后,初步建立了证券市场法规体系,规范股票发行,整顿股票期货市场初期出现的不规范行为,全国性资本市场由此形成并获得了初步发展。

1992 年 10 月,国务院设立证券委和中国证监会,随后发布《国务院关于进一步加强证券市场宏观管理的通知》,确立了中央政府对证券市场统一管理的体制。1997 年,中国证监会被确立为全国证券、期货市场的监管部门,实行跨区域监管体制,在全国设立了 36 个派出机构,建立了集中统一的证券期货市场监管体制。在统一的监管体制框架下,中国证监会推动了一系列证券期货市场法规和规章的建设,相继颁布《股票发行与交易管理暂行条例》《公开发行股票公司信息披露实施细则》《公司法》等一系列法律法规,对股票发行、交易、信息披露等活动作了较为具体的规定,使资本市场逐渐走上规范发展的道路。

随着资本市场全国统一监管体系的建立,证券交易所的建设与发展也日趋规范化。上海、深圳证券交易所逐步采取了无纸化交易平台,实行集中竞价交易、电脑配对、集中过户,在市场透明度和信息披露方面有了明显的进步,交易成本和风险大大降低。同时,为了降低价格波动,从1996年12月开始,上交所、深交所实行10%的涨跌停板制度。随着市场的发展,交易所交易品种逐步增加,上市公司数量、总市值和流通市值、股票发行筹资额、投资者开户数、交易量、中介机构数量等都进入一个较快发展的阶段。

在证券市场初步发展的基础上,从1991年开始,证券投资基金开始出现。最初的基金主要投资于证券、期货、房地产等市场的基金(统称为"老基金"),流动性较低,并时常成为投机炒作的对象,给市场造成了一定的混乱。1997年11月,《证券投资基金管理暂行办法》颁布后,证券投资基金的发展得到了规范,步入健康发展的轨道。

这一时期,在国内规范发展的背景下,中国资本市场开始了对外开放的探索。1991年,人民币特种股票(简称B股)开始试点,又称境内上市外资股,以人民币标明面值,以美元或港元认购和交易,投资者为境外法人或自然人。至1998年底,B股共筹集资金616.3亿元人民币,在一定程度上解决了企业的生产资金短缺问题,促进了B股公司按照国际惯例运作,也促进了中国资本市场在会计和法律制度,以及交易结算方面的改进和提高。随后,境内企业开始尝试在香港和国外上市,进一步拓宽了中国境内企业的融资渠道,而且加速了国有大型企业转换经营机制、提高国际知名度和竞争力,也使中国的证券界深入了解国际成熟资本市场的业务规则。在这一过程中,海外投资银行开始接触中国境内市场,国际投资者进一步了解了中国的状况,增强了投资中国的信心。

(三)规范和完善阶段

1999 年 7 月 1 日,《证券法》开始实施,标志我国资本市场进入规范发展的新阶段。此后,资本市场法律和执法体系逐步完善。2003 年起,全国人大着手对《证券法》《公司法》进行修订,并于 2006 年同时实施。随后,《刑法修正案(八)》《证券公司监督管理条例》《证券公司风险处置条例》等一系列法律法规相继出台,借此监管部门对市场运行领域和参与主体的法规制度进行了整体性重构,证券期货法治体系进一步健全。同时,为适应市场发展的需要,证券期货监管体制和执法体系逐步完善。2004 年,中国证监会改变跨区域监管体制,实行按行政区域设监管局,同时开始加强监管局的监管职责和对证券犯罪的查处力度,并于 2007 年确定了"查、审分离"模式。

由于资本市场发展过程中积累的遗留问题、制度性缺陷和结构性矛盾逐步显现,从 2001 年开始,市场步入持续 4 年的弱势调整阶段。为了消除阻碍资本市场发展的诸多制度性矛盾,2002 年党的十六大作出"推进资本市场改革开放和稳定发展"的战略部署,将大力发展资本市场提升到国家战略高度。此后,中国资本市场进行了一系列的综合改革、治理规范和制度重构,使诸多长期困扰市场发展的深层次矛盾和制度障碍得以逐步消除,市场化运行机制逐步强化,投资者信心得到恢复,资本市场出现转折性变化。

在一系列改革措施的推动下,中国资本市场开始了多层次市场体系和多样化产品结构的探索。为丰富资本市场层次,中小企业板市场、创业板市场和"新三板"相继出现,标志着中国在建设多层次资本市场体系方面迈出了重要的一步。与此同时,债券市场和期货市场也得到了进一步的规范发展,随着债权登记结算系统对接的推进,债券市场的统一互联取得积极进展;以《期货交易管理暂行条例》的颁布为标志,期货交易市场法规体系进一步健全,中国期货业协会和中国金融期货交易所先后成立,期货品种不断丰富。在这一阶段,中国资本市场陆续推出了可转换公司债券、银行信贷资产证券化产品、企业或证券公司发行的集合收益计划产品,以及权证等新品种,以适应投资者的不同需求。这些产品的出现丰富了资本市场的交易品种。

自2001年12月中国加入世界贸易组织后,中国资本市场对外开放步伐明显加快。截至2006年底,中国已全部履行了加入世界贸易组织时有关证券市场对外开放的承诺。对外开放推进了中国资本市场的市场化、国际化进程,促进了市场的成熟和发展壮大。合资证券期货经营机构的设立、合格境外机构投资者(QFII)与合格境内机构投资者(QDII)机制的建立,提高了中国资本市场的国际影响力;大型国有企业海外上市、外商投资股份公司境内发行上市和外资战略投资上市公司的步伐不断加快;证券监管国际合作进一步加强。

二、资本市场在中国经济发展中的作用

资本市场是我国社会主义市场经济的重要组成部分。中国经济和金融体制改革极大地推动了资本市场的发展,经济的持续增长为资本市场发展创造了良好的外部环境。资本市场的快速发展,也推动了中国经济和金融体制的改革,促进了国民经济的可持续增长。资本市场对中国经济和社会发展的作用日益增强。

(一)促进了经济和企业的发展

资本市场的建立和发展,提高了资源配置效率,促进了社会生产的极大发展,逐渐成为中国经济资源市场化配置的重要平台。

1. 上市公司日益成为中国经济体系的重要组成部分

2014 年底,中国资本市场 2592 家上市公司 A 股市值达 37.11 亿元,占当年国内生产总值的比重达到 58.3%;[①]一大批盈利能力强的企业日益成为资本市场的骨干力量;同时,上市公司的行业布局日趋丰富,产业结构由以传统工商业为主,转型至以制造业、电信、电子、能源、石化、金融、交通等基础和支柱产业为主的新格局,资本市场对国民经济的支撑作用逐步显现。

2. 资本市场资源配置功能逐步发挥,推动了企业做大做强

资本市场为企业拓宽了外部融资渠道,改变了其原来单纯依赖银行贷款和财政拨款的局面,在一定程度上降低了企业的负债率。同时,资本市场加速了资源向优势企业集中,增强了企业的核心竞争力,推动了一批企业的壮大,并且促进了机械制造、金融、电子、能源、钢铁、化工等行业的发展。此外,资本市场有力地推动了企业重组和产业结构调整,从而促进了国有资产的保值增殖,并为民营企业的发展提供了广阔的空间。

3. 促进了企业的价格发现和价值重估

在资本市场出现之前,中国企业缺乏有效的定价机制,估值通常基于企业的净资产;同时,国有企业股权和资产的转让过程不够透明,没有公开有效的平台让更广泛的投资者参与竞价,因而难以取得与企业价值基本相符的价格。在资本市场上,企业的价值主要由其未来盈利能力而非净资产决定,由此确定的企业价值往往数倍甚至数十倍于企业的净资产。同时,企业通过资本市场可以在各方参与者的不断博弈中形成相对公允的价格。过去十几年中,中国资本市场的发展使得大量中国企业得到了

---

① 《2014 年 A 股市值年度报告:A 股总规模 37.11 万亿全球第二》,http://www.askci.com/finance/2015/01/25/105827nkvd.shtml。

价格发现和价值重估,许多上市公司特别是上市国有企业的市场价值远远超出原先评估体系下的价值。

4. 推动了企业制度变革,促进了国有企业和国有资产管理模式的改变

中国资本市场在自身建设和发展过程中,促进了国有企业的股份制改革,推动了现代企业制度在中国的建立。资本市场还推动企业建立了公司治理机制,使公司治理从被忽视到被重视、从无章可循到日益完善。上市公司普遍建立了股东大会、董事会和监事会的框架,股东大会作用日益加强,董事会运作的独立性和有效性不断增强,监事会的监督作用也逐步发挥。同时,股权激励机制的引入,使管理层与股东间的利益更加趋于一致,有助于上市公司健全激励约束机制。此外,独立董事制度的引入,信息披露制度的逐步完善,强化了市场对于上市公司的外部监督机制。

5. 资本市场为国有资产资本化提供了平台和窗口

随着国有企业改制上市,资本运作理念逐渐被接受,国有资产管理开始从以企业监管为主向以资本运营为主的方向转变;同时,国有企业中逐步建立了风险管理机制和企业综合评价指标体系,特别是股权分置改革完成之后,股价表现和每股收益变化将逐步成为衡量国有资产运营管理水平的主要指标。

6. 丰富了吸引国际资本的方式,有助于中国经济更好地融入国际经济体系

资本市场的出现为企业提供了与国际资本更加有效、更加公平的对接平台。通过资本市场,企业不仅可以吸引到以控股和参股中国企业为目的的国际战略投资者,也可以吸引到大量以投资回报为目的的国际财务投资者。同时,企业的定价也更为公开透明。

7. 期货市场风险管理和套期保值功能初步发挥

期货市场为微观经济主体提供了风险管理工具,使众多企业通过参与期货交易或运用期货市场价格信息合理安排生产,有效管理企业经营风险。

(二)促进了金融体系改革

资本市场是我国金融体系中的新生力量。由于这一新生力量的不断增长,我国金融机构体系、金融市场体系和金融调控监管体系发生了深刻变化。证券公司、股票市场、证券监管机构成为金融体系的重要组成部分。资本市场的发展是金融体制改革的重要推动力。

1.改善了金融体系的结构

在 20 世纪 90 年代以前,中国金融体系主要依赖间接融资,金融结构严重失衡。资本市场的发展在一定程度上改变了这种局面,直接融资比重总体上升,社会的金融结构得到改善。统计显示,从 1993 年到股市大发展的 2007 年,直接融资占贷款的比重由 4.96% 跃升到 21.21%,增长了近四倍。

2.提高了商业银行的治理水平

近年来,中国主要的商业银行包括国有商业银行,通过股份制改造、引进战略投资者和上市,提高了资本充足率,实现了股权结构多元化,从而改善了公司治理结构。

3.拓宽了金融机构的业务范围,提高了其盈利能力

长期以来,存贷利差是中国商业银行利润的主要来源,商业银行已经从以存贷款业务为主的传统业务领域转向以中间业务为主的现代业务领域。资本市场的发展拓宽了商业银行中间业务的范围,如基金代销、基金托管、第三方存款托管等,这些中间业务收入逐年增加。

4.资本市场的发展为银行和保险等金融机构提供了多元化的资金运用渠道

银行通过投资于国债、企业债等固定收益产品,提高了资金使用效率。保险公司的资金运用结构也随着资本市场的发展发生了重大变化,银行存款在保险公司资金运用中的比重逐渐下降,证券投资基金和股票投资的比重逐渐上升,资本市场推动了保险公司盈利模式的转变。

(三)促进了社会发展

资本市场是一个庞大的组织体系,它的活动深入社会生活的各个领域,它所调动、调节的经济联系与经济关系,涉及社会生活的各个方面。二十多年来,资本市场不仅对中国经济和金融的改革发展起到了重要的推动作用,而且对社会发展的其他方面产生了深刻影响。

1. 丰富了居民理财的方式

资本市场的发展,使居民的投资品种由早期单一的储蓄,扩展到股票、国债、企业债、可转换公司债、证券投资基金、权证、期货等多种理财工具。同时,资本市场的发展,也为中国社会带来了投资理财的意识。居民通过投资于资本市场,更加关心企业和宏观经济的发展,提高了对国家经济发展的参与度。

2. 财富效应初步显现

虽然股票市场经历了数次起伏,但从总体来看,居民通过投资于股票市场仍获得了较大收益。随着大型优质企业纷纷登陆 A 股市场与上市公司开始重视分红,从 1992 年到 2013 年底,上市公司累计现金分红 15.89 亿元,居民通过投资于资本市场分享了中国经济增长的成果。资本市场也带动了消费及相关服务业的发展,财富效应初步显现。

3. 支持了社会保障体系的建设

随着资本市场的发展,保险公司、全国社保基金、企业年金逐步加大了对其投资的比例。截至 2014 年第一季度,全国社保基金持有上市流通

A 股市值达 987.97 亿元;①截至 2013 年底,基金公司所受托管理的企业年金规模达 2444.95 亿元。② 资本市场为这些机构提供了资产保值增殖的渠道,为社会保障体系的完善提供了有力支持。

4. 壮大了现代金融服务业并培养了大量专业人才

资本市场在中国的发展催生了证券公司、基金管理公司、期货公司等证券期货经理机构。资本市场的发展不仅通过帮助企业壮大而为中国社会提供了更多的就业机会,并且催生了投资银行、证券经纪和销售、资产管理、证券分析、证券咨询等服务业的兴起。这些行业和机构的发展引发了对金融专业人才需求的增长,包括高校、社会培训机构在内的教育部门都增设了金融、投资等相关专业,二十多年间培养了大量的金融专业人才,为资本市场的发展提供了强大的智力支持。

5. 推动了法律、会计制度的完善

资本市场在其发展过程中不仅自身建立了相对完备的法规体系,还推动了其他相关法规的建立,为我国法律体系的完善做出了贡献。如新的证券品种的不断出现,促使《物权法》将其作为新兴物权纳入保护范围;越来越多的国有企业上市,使得国有资产管理的相关法律法规不断完善。为了遏制与资本市场相关的各种犯罪行为,相关的刑事立法也不断完善。资本市场的发展对企业会计制度也提出了较高的要求,推动我国会计准则不断完善和标准化。

6. 构建了新的社会信用机制

在原有的以银行为代表的间接信用的基础上,资本市场创造了一个

---

① 《一季度全国社保基金持仓值达 987.97 亿》,http://www.chinairn.com/news/20140630/223438410.shtml。

② 《管理企业年金超 2400 亿基金借政策红利加速圈地》,http://www.amac.org.cn/xydt/xyxx/385729.shtml。

上市公司对于整个社会的直接信用,和一个证券发行人对于众多投资者的直接信用。资本市场为这种新型信用关系提供了一套运作机制,其中包括由会计师事务所、律师事务所、保荐机构等中间人提供鉴证,由发行人做出承诺并公开披露信息,等等。这种新的信用方式起了示范作用,推动了会计师事务所、律师事务所、保荐机构的发展,并且已经影响到社会的其他活动,有力地促进了社会信用体系的建设。

第三节 目前我国资本市场存在的问题

中国资本市场的发展速度是惊人的,在二十多年的时间里达到了许多国家几十年甚至上百年才能实现的发展目标。当前,中国资本市场已经初具规模,并且在中国改革和社会主义经济发展的过程中发挥了巨大的推动作用。但是作为一个非成熟的新兴市场,中国资本市场还处于不断的探索、调整与完善之中,期间出现的一系列问题还有待在进一步的探索中寻找答案。

一、资本市场的整体规模有待扩大、结构有待完善

(一)资本市场规模有待扩大

一个发育完善、有效率的资本市场必须具备的一个基本条件,那就是资本市场要达到一定的规模。世界上较发达国家的银行信贷融资与资本市场直接融资之比为1:1。而在我国,虽然改革开放以来"金融深化"的速度较快,但资本市场的规模发展较慢。一方面,企业直接融资占社会融资的比重低,截至2014年底,社会融资规模存量为122.86万亿,其中贷款余额为84.43万亿,而股票和企业债券的余额合计为15.49万亿,直接

融资金额仅为社会融资总量的 12.6%。另一方面,市场总量规模偏小,抵御外来风险的能力较弱。尽管 2014 年 A 股市场的总市值已突破 37 万亿元,但仍然很难与西方国家成熟完善的资本市场相比,这也是我国资本市场不发达的重要标志之一。这样的规模不仅不能满足发展直接融资的需要,也很难抵御市场投机行为和外来资本的冲击及其导致的风险。

(二)资本市场结构有待完善

目前,中国资本市场结构不合理、市场分割的现象很明显,主要表现在三个方面:

1. 工具结构不合理

一是政府债券和金融债券比重过大,股票(尤其是优先股和社会公众股)和企业债券(尤其是可转换债券)所占比重较小;二是国债的发行规模虽然很大,但持有者结构、期限结构、利率结构和流通结构很不合理;三是企业债券尤其是可转换债券的发行规模不仅小,而且流通性能较差;四是上市公司股权结构当中,占市值三分之二的国家股和法人股的流通功能严重不足;五是派生工具如优先股、期权及认股权证等发展缓慢。

2. 资本的交易市场结构发展畸形

一般而言,交易市场是由交易所、自动报价系统和 OTC 市场构成。从我国的资本市场来看,一是仅有沪深两大证券交易所,且集中在东南沿海开放城市,呈现明显的区域性特征;二是自动报价系统,即 STAQ 和 NET 系统仅限于少量的法人股交易;三是 OTC 市场的发展尚未得到重视。交易市场发展的不平衡形成两大交易所的垄断地位,从而降低了市场效率。

3. 投资者结构不合理

资本市场的投资者包括机构投资者和个人投资者。机构投资者由于拥有资金、设备、信息、技术、人才方面的优势,其投资决策的科学性、准确性、收益性远远高于个人投资者。我国资本市场是一个以广大中小散户投资者为主体的市场,严重缺乏证券投资基金等机构投资者的引导,从而导致证券市场投机盛行,缺乏理性投资理念。

二、市场机制有待进一步健全,效率有待进一步提高

成熟的资本市场具有一整套完善的市场运行机制,通过价格调节、信息调节等实现资源的有效配置。中国资本市场正在发展进程中,各种机制的完善需要一个过程。目前,中国资本市场运行机制存在的主要问题表现在以下四个方面:

（一）资源配置功能没有充分发挥

资本市场的资源优化配置功能没有充分发挥出来。主要表现在:一是目前上市公司的股票还是传统工业、加工业和商业占多数,而交通、能源、农业及原材料等"瓶颈"产业的股票占少数;二是低效企业同样在搞"圈钱运动",股价高低并不能反映企业经营状况的好坏,投资者的投资选择并不以经营绩效为标准;三是股票市场的风险更多地体现为系统性风险,即受政策、消息的影响,股价齐涨齐跌,而能体现资源配置功能的非系统性风险则没有充分体现出来,从而导致资本无法向回报率高的公司流动;四是债券市场上,"借债还钱"的信用规则被抛弃,随意拖欠似有"合理化"趋势。

（二）信息监控机制有待完善

信息披露制度是资本市场制度建设中的一项重要内容。近年来,资本市场管理部门已经建立了一套较为完善的信息披露制度,但是信息披露的质量及其动态监控机制建设仍有待加强。在信息披露以后的一个有效期内,监管部门应对上市公司所披露信息的有效性、真实性进行监管和

跟踪核查,防止少数上市公司利用其掌握信息源的特殊条件操纵市场,误导投资者。在实践中,少数上市公司发布虚假信息、隐瞒重大信息等现象屡见不鲜,严重干扰了资本市场的正常秩序。

（三）缺乏有效退出机制

市场退出制度和市场准入制度是维系资本市场正常运转的两个基础。通过动态调整,不断吸纳优质公司上市,淘汰劣质公司,提高上市公司整体素质,既是市场自然新陈代谢的过程,也是保持资本市场活力的有效手段。中国资本市场于2001年正式开始实施市场退出制度,经多次改革后逐步完善。但是目前的市场退出制度在执行中仍然存在着一些缺陷,衡量标准有待进一步细化,具体的实施细则需要提高可操作性,退市的规范化、制度化有待加强。

（四）股票定价机制不合理

股票定价的准确性,直接关系到资本市场最重要的功能——优化资源配置功能的发挥程度。目前,在中国股票交易的二级市场上,股票价格受各种因素影响波动较大,与企业经营业绩严重脱离。而在股票发行的一级市场上,股票发行价格受行政干预、人为操纵等因素的影响,定价不能真实反映股票价值。虽然《证券法》实施以来,管理层在改革股票发行制度方面采取了许多措施,但都没有触及新股发行的定价机制。

三、上市公司整体实力有待提高,内部治理和外部约束机制有待完善

（一）上市公司质量参差不齐

上市公司的质量直接决定资本市场的质量和稳定程度。当前,我国股市中存在的不稳定因素,主要表现为上市公司质量不高。

一是上市公司良莠不齐。政府最初决定对企业进行股份制改造，主要是利用证券市场为国有企业筹资和解困服务，过分注重证券市场的筹资功能，而没有对企业进行根本性的改制。股份制改革上的误区使很多上市公司认为股市是一种"圈钱"的场所，一些企业经营状况差，为达融资目的，通过作假包装上市，导致上市的公司按市场标准衡量不一定是最优秀的。这种包装上市，不仅导致了寻租和权力腐败，同时也增加了经济运行风险。

二是上市公司股票质量低。多数上市公司不具备投资价值，净资产收益率呈逐年下降趋势，每年收益也不断降低，而且上市公司多年不分红，股价上行缺少公司有力的业绩支撑。

三是资本市场中上市公司诚信度差。在资本市场上，一些上市公司为追逐利益财务作假，信息披露不真实，与其他机构联手操纵股价等诸多现象层出不穷，使中小投资者损失惨重，大多数投资者处于亏损状态，市场信心严重受损。2005年中国上市公司信任度指数为37.7%，2014年2月发布的上市公司信任度为84%。调查显示，过半数上市公司会计报表存在信任度问题。

（二）上市公司业绩堪忧

中国上市公司整体业绩不理想，突出表现在以下三个方面：一是净资产收益率和每股收益呈现总体下降趋势。1993年沪市上市公司整体净资产收益率为15%，而2014年上半年为7.45%，虽然二十多年间有波动，但整体呈下降趋势。1993年上市公司平均每股收益为0.35元，2014年上半年为0.33元。二是亏损面正在扩大。1995年有17家上市公司亏损，占上市公司总数的5.26%；2014年，在披露年报的723家上市公司中，55家亏损，占总数的7.6%。三是从主营业务收入和主营业务利润收入两个指标来看，上市公司整体营运状态不理想。

（三）内部治理结构不合理

一方面,中国上市公司难以形成有效的法人治理结构。与西方国家的上市公司相比,中国的上市公司具有独特的股权结构。国有控股公司不仅在上市公司中占有很大比重,而且国家股、法人股等非流通股本占到公司股本的70%左右。由于国有股一般由国资部门行使股东权,其对公司享有的权力并非个人出资形成的经济授权而是一种行政授权,公司经营业绩与其个人经济利益没有直接的联系,他们只行使"廉价股票权",却对公司经营不承担任何责任。在国有资产缺少真正意义上的人格化代表,产权主体虚置的情况下,上市公司控股股东本身就存在着激励不足、政企不分、政资不分、不受产权约束等体制弊端,难以保证有足够的动机与能力对公司管理层实行有效的激励与约束,从而公司也难以形成有效的法人治理结构。

另一方面,一些上市公司的决策与监督机制不规范,董事长"一只手否定一片手",股东大会、监事会形同虚设,"内部人控制"现象严重。由于国内没有职业经理人市场,公司经理层主要由政府委派而非股东自由选择,这样就使得政府和公司经理之间的委托代理关系难以符合市场化要求,公司经理更多的是对作为控股股东的政府负责。政府凭借控股股东地位对公司施加干预和控制,使经理层不能站在企业家的立场上考虑和处理问题,公司的运行轨迹往往与实现利润最大化的经营目标相悖。由于上市公司法人治理结构不规范,公司经理层感受不到市场约束力和资本所有者的压力,以致一些公司股票上市后"一年绩优、二年绩差、三年亏损、四年 ST",成为市场风险的一个重要策源地。

四、中介机构有待发展和完善

资本市场上的中介机构不仅能够沟通资金供求双方,而且还可以参与投资。中介机构主要指商业银行、投资银行、证券经营机构、证券服务机构(会计师事务所、律师事务所、各种评估机构和咨询机构等),等等。目前,在我国资本市场上,中介机构存在的主要问题表现在两个方面:一是中介机构数量少、规模小,业务雷同,服务质量差,专业化素质不高、业务水平较差,等等,导致资本市场金融资产的流动性差、交易性差,市场效率低下,不能充分发挥资本市场的融资、风险定价、资源配置的功能。二是中介机构行为不规范。有些中介机构行为扭曲,形象很差,少数中介机构甚至还有恶性违规行为。这些问题的存在极大地破坏了正常的市场秩序,扭曲甚至颠倒市场信用关系,使整个市场的运行处于灰色状态。

五、证券公司综合竞争力较弱

随着中国资本市场的发展和对证券交易活动需求的增加,近年来证券公司快速发展起来,但与国际大型金融服务机构相比,规模仍然普遍偏小,核心竞争力仍然有待提高。具体表现在三个方面:一是整体规模偏小,总股本、总资产、总收入、盈利能力和资产管理总值等重要指标与国际大型投资银行相比,存在很大差距。目前中国全部证券公司及管理资产总额尚不及一些国际大型投资银行的资产规模。二是盈利模式同质。中国证券公司现有业务中经纪业务在盈利中占比过高,直接投资、并购咨询等业务尚未有效开展,大部分证券公司经营模式单一。三是行业集中度不足。目前中国证券行业仍然高度分散。

六、法律、诚信环境有待完善,监管有效性和执法效率有待提高

资本市场是市场经济发展到高级阶段的产物,它需要严密有效的法律环境的制约和保护,也需要高效合理的市场管理机制。目前,中国资本市场在法律环境、诚信环境的建设方面还存在许多不足,对市场及其主体的监管存在缺陷,市场管理部门的执法效率也有待提高。

(一)法律环境有待完善

中国资本市场的法律环境和管理体制一直处在不断的完善当中,但与成熟的资本市场相比,还存在一些明显的不足。一是存在一定的法律空隙,无法可依。在我国,规范资本市场运行的法律法规长期滞后,成文法律不多,主要是管理部门的相关法规和条例,与快速发展的市场需求极不相称。特别是,法律的制定在某些领域存在空白,例如,国际上比较普遍的投资者权益保护法规,在我国几乎没有。二是现有法律法规的可操作性被弱化,有法不依、有法难依的问题严重存在。例如,资本市场两部最重要的法律——《证券法》和《公司法》,已经实施多年,但在约束某些市场行为方面还是不能完全发挥作用,特别是《公司法》中关于公司治理的有关法律法规在实际操作中很难切实执行。

(二)监管体系有待完善

首先,对市场的管理在一定程度上仍依赖行政手段。长期以来,发行人、投资者和中介服务机构对政府和政策的依赖程度较高。随着市场化改革的深入,这种状况有了较大改善,但是市场本身的资本约束机制尚不健全,对市场的管理在一定程度上仍依赖行政手段。同时,市场的外部处罚机制如民事赔偿制度和刑事责任追究机制等,也没有充分发挥作用。这种过于依赖行政监管的局面已经不能适应资本市场发展的要求。

其次,监管体制和监管队伍的建设落后于资本市场的发展。随着中国资本市场的快速发展和对外开放程度的不断提高,市场运行不确定因素增多,监管难度不断增加,对监管人员素质的要求日益提高。但是由于体制和机制的约束,监管工作的效率尚不能完全适应市场发展的需求。

最后,监管协调机制有待进一步完善。资本市场上跨行业交叉产品的不断涌现,使各监管机构的监管难度不断增加,对监管机构的协调监管能力也提出了更高的要求。目前,中国资本市场的一些领域内仍然存在多头监管、监管缺位,以及监管标准不一等情况,整体监管架构尚不完善,缺乏良好的金融监管协调机制和危机处理机制。

（三）执法效率有待提高

证监会有关部门是中国资本市场的主要执法机构,行使调查与处罚职能,对资本市场的违法违规行为进行惩处,保护了投资者的合法权益,维护了资本市场秩序。但是随着资本市场的迅速发展与股权分置改革的基本完成,中国资本市场的变化日益迅速,特别是在现代数字信息等技术高度发达的背景下,违法违规行为出现了新特点,现有的制定法、执法力量和执法方式已经不能适应市场发展的需要。一方面,对一些新型违法违规行为的查处不力;另一方面,在执法过程中出现的一些冲突也影响了执法的效率甚至是监管部门的公信力。

（四）诚信环境建设亟须加强

资本市场的诚信水平,直接关系到市场的运行效率和健康发展。在资本市场的快速发展和演变过程中各种相关的法律法规逐步不能适应市场发展的要求,需要不断完善和修订,执法和惩戒的环节中也存在许多疏漏之处;同时,市场对于不诚信行为的惩罚力度也远远小于成熟市场,虚假信息披露等失信行为时有发生,破坏了资本市场的正常秩序,损害了投资者合法权益和投资信心,影响了资本市场的长期稳定发展。资本市场评级机构的运作尚未对市场参与主体的行为形成有效的约束,还有待进一步规范。

第四节 健全我国资本市场发展的对策与措施

一、我国资本市场的发展目标和基本原则

中国资本市场发展的战略目标是:成为公正透明、高效的市场,为中国经济资源的有效配置做出重要贡献;成为更加开放和具有国际竞争力的市场,在国际金融体系中发挥应有作用。

为了实现这一战略目标,必须遵循以下五个基本原则:

(1)把发展资本市场作为一项重要的战略任务,不断深化全社会对资本市场重要性的认识。金融是现代经济的核心,而资本市场是金融市场的重要组成部分,各国的经济发展水平都与资本市场的发达程度密切相关。大力发展资本市场将有助于实现金融资源的有效配置,健全金融体系,维护金融安全,完善市场经济体制,加快国民经济发展,提高综合国力,推动和谐社会的建设。因此,应该充分认识资本市场的重要意义,把发展资本市场作为一项重要的战略任务,不断深化全社会对资本市场重要性的认识。

(2)立足于为国民经济服务,实现资本市场与中国经济和社会的协调发展。发展资本市场的目的在于促进中国经济的可持续发展。改革开放以来,中国经济在取得巨大成就的同时,也存在经济结构不尽合理、经济增长方式较为粗放等主要问题,迫切需要调整产业结构、转变发展方式。资本市场应该紧密服务于中国经济现实和未来发展的需要,充分发挥各项功能,推动自主创新体系和可持续发展机制的完善,与实体经济形成良性互动。同时,促进中国社会保障体系的完善,实现资本市场与中国经济和社会的协调发展。

(3)坚持市场化改革方向,充分调动市场各参与主体的积极性。中国资本市场是在计划经济体制向市场经济体制转型过程中发展起来的,目前市场经济体制尚不完善,资本市场本身运行的各种机制尚不健全。因此,发展中国资本市场,必须坚持市场化改革方向;正确处理政府与市场的关系,合理界定政府职能边界,推动政府职能转变;进一步减少行政审批和管制,逐步构建以市场为主导的创新机制,营造有利于创新的市场环境,充分调动市场各参与主体的积极性,推动资本市场可持续发展。

(4)大力加强法制建设,不断提高资本市场的规范化程度。中国资本市场是一个新兴市场,法制和监管体系不完善,规范化程度较低,因此必须进一步加强资本市场的法治建设,完善法律框架和监管体系,明确市场参与主体的行为规范,提高市场运行的规范化程度,降低潜在的风险;同时,要坚持依法治市,倡导合规经营、诚实守信,维护市场秩序,坚决打击违法犯罪,保护投资者合法权益。

(5)稳步推进对外开放,提高中国资本市场的国际竞争力。随着中国经济日益成为世界经济的重要组成部分,中国资本市场将更加直接地面对境外成熟市场的竞争,这对中国资本市场的国际竞争力提出了严峻的挑战。在全球金融市场加速整合的趋势下,中国资本市场的改革和发展必须从全球竞争的视角来制定相应的战略。因此,应稳步推进中国资本市场对外开放的进程,不断提高其在开放环境下的综合竞争实力,并使中国资本市场在国际金融体系中日益发挥其应有的作用。

二、健全我国资本市场的对策措施

推动资本市场发展的对策,应该是一套系统的、可操作的战略举措的组合,基本框架如图9-2所示。

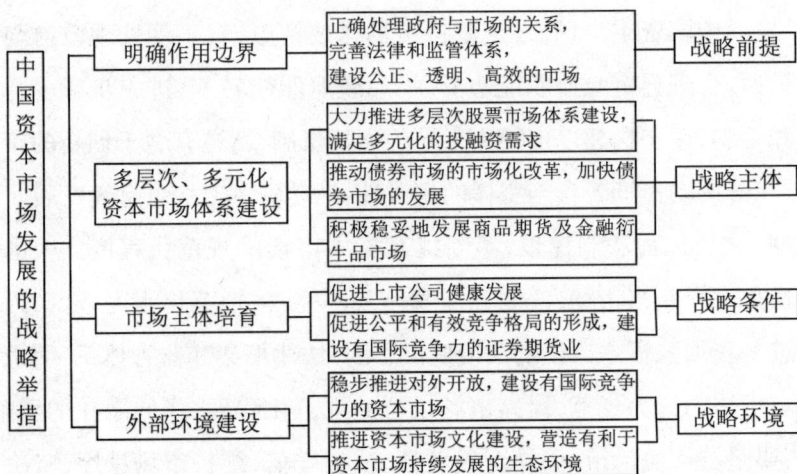

图9-2 资本市场发展的战略体系

(一)正确处理政府与市场的关系,完善法律和监管体系,建设公正、透明、高效的市场

在新兴市场的发展过程中,政府往往同时担任市场监管者和推动者的双重角色。正确处理政府与市场的关系,合理界定政府职能边界,推动政府职能转变,成为决定市场能否健康、可持续发展的重要因素之一。

1.进一步简化行政审批,培育市场化发行和创新机制

随着市场的发展,政府应着力转变职能、理顺关系、优化结构、提高效能进一步减少行政审批,充分调动市场各参与主体的积极性,释放市场的

潜能。继续深化股票发行体制市场化改革,逐步实现由核准制向注册制转变;构建以市场为主导的创新机制,使服务于中国经济发展需求的各种金融品种顺利推出,以推动资本市场的持续发展。

2. 完善法律体系,加大执法力度

不断完善现有法律法规,推进资本市场法律体系建设;建立健全有中国特色的资本市场执法体制,进一步加强并合理配置稽查力量,统一使用执法资源,优化案件查处程序,不断提高快速反应能力,做到及时发现、及时制止、及时查处;进一步加大资本市场的执法力度,提高违规成本;加强与公安、工商、其他金融监管部门等相关行政执法机构,以及检察院、法院等司法机关的协调合作,建立有效的执法协作体系;逐步建立并完善资本市场仲裁机制,发挥仲裁机构在资本市场中的争议解决功能。

3. 加强监管队伍建设,提高监管效率

借鉴国际市场的监管经验,不断深化监管机构自身改革,加强监管的独立性,不断调整和优化内部机构设置,建立更加富有吸引力和灵活性的人才管理机制,使监管机构的设置和人员构成更好地服务于资本市场的发展。同时,不断改进资本市场的监管理念、监管模式和监管内容;推动监管重点从以审批为主向以信息披露为主转变,监管模式逐步实现从机构监管向功能监管转变;加强对市场发展前瞻性问题的研究,建立科学的风险预警和防范机制;逐步完善由监管机构、自律组织、交易所共同组成的多层次监管体系,提高监管效率。

4. 加强监管协调,防范金融风险

不断加强各监管机构间的协调与合作,建立和完善针对各种金融风险和外部冲击的快速决策和反应机制,维护资本市场的稳健运行和国家金融安全。

(二)大力推进多层次股票市场体系建设,满足多元化的投融资需求随着中国经济的持续发展和创新型经济体系的逐步建立,企业的融资及其他金融服务需求将是持续和多元化的。同时,随着各类投资者的进一步成熟和壮大,投资需求也会日益显现多样化的趋势。因此,建设多层次股票市场是一项长期的重要任务。

1. 大力发展主板市场

继续鼓励和支持主板上市公司做优做强,推动更多代表中国经济的大盘蓝筹公司上市,吸引境外上市中国企业和红筹公司回归,推动境外企业到境内上市,扩大市场的规模;探索多种并购重组方式,推动上市公司的整合;建立和完善上市公司股权激励机制,完善内控机制和公司治理结构,提高上市公司规范运作水平;以信息披露和打击违法违规行为为重点,强化对控股股东、实际控制人、高管人员及董事的监管,加强对违规信息披露行为的惩罚力度。

2. 继续推进中小企业板建设

完善中小企业板的各项制度,不断扩大规模;建立适应中小企业特点的快捷融资机制,提高中小企业板公司再融资的灵活性;不断丰富上市公司行业结构;完善适应中小企业特点的交易制度,提高市场的流动性,增强市场的广度和深度。

3. 加快推动创业板建设

积极推进创业板市场建设,为创新型和高成长性企业提供融资渠道,为创业资本提供退出渠道;借鉴国际经验,在创业板实行更加市场化的发行上市制度,以适应创新型企业成长的需求;建立相应的交易制度和信息披露监管制度,防范风险,保护投资者合法权益。

4. 构建统一监管下的全国性场外交易市场

推进场外交易市场建设,进一步拓展代办股份转让系统的功能,为非上市公众公司股份的转让和流通提供必要的途径,形成统一监管下的非上市公众公司股份报价转让平台。

5.建立适应不同层次市场的交易制度和转板机制

根据企业和投资者的不同特点,实施差异化的交易制度,实现风险分层管理提高市场效率。建立不同层次市场间的转板机制,逐步形成各层次市场间有机联系的市场体系。

6.完善登记、托管和结算体系

加强相关法规制度建设,以保护投资人权益为核心,进一步明确各相关主体的权利义务关系;健全风险控制机制,维护市场安全运行,不断提高市场运行效率;借鉴国际经验,在安全、效率和创新方面逐步达到国际一流水平。

(三)推动债券市场的市场化改革,加快债券市场的发展

作为资本市场的重要组成部分,债券市场丰富了企业的融资渠道,为投资者提供了风险相对较低、收益相对稳定的投资产品。大力发展债券市场,有利于提高直接融资比例,对改善中国金融市场结构具有重要意义。

1.完善监管体制,改革发行制

应建立职责明确、集中统一的监管体制,制定债券发行、交易和信息披露的有关监管规则;加快推进公司债券发行制度改革,提高发行效率,逐步建立发行利率、期限、品种的市场化选择机制。

2.建立健全债券市场主体的信用责任机制

建立发债主体的信息披露制度,确保投资者及时、准确获得信息;规范债券市场中介服务机构,提高其管理和服务质量;健全债券信用评级制度,建立债券市场的市场化约束机制;建立诚信档案公示制度和有效的行政、民事和刑事责任追究机制;增强投资者对债券投资的风险意识,保障债券持有人的合法权益。

3. 建立统一互联的债券交易结算体制

积极推进交易所债券市场和银行间债券市场的相互联通,建立安全、高效、统一互联的债券市场;积极推进相关技术系统改造,提高不同登记结算机构间的转存管效率;逐步形成由交易所市场和场外交易平台共同组成的多层次债券市场,为不同类型的投资者提供最优交易场所和平台。

4. 丰富债券品种,完善债券投资者结构

逐步建立健全以市场为主导的创新体制,推动债券市场产品发展;在稳步发展国债、公司债、可转换债券等产品的同时,积极推动其他固定收益类和结构化金融产品的创新;扩大具有风险识别能力和承担能力的机构投资者队伍,创造有利于债券市场发展的外部环境。

(四)积极稳妥地发展商品期货及金融衍生品市场

期货市场对各种商品市场的成熟和中国经济的稳定发展具有重要意义,因此要稳步推进期货市场发展,强化制度建设,丰富品种,扩大规模,使期货市场在国民经济发展中发挥应有的作用。

1. 完善期货品种体系,稳步发展金融衍生品

逐步推出一批对国民经济有重大影响的大宗商品期货品种,以满足相关企业日益增长的风险管理需要,并完善能源、金属、农畜产品等期货品种系列;逐步发展商品期权交易;稳步发展各类金融衍生品。

2. 健全期货市场交易机制

完善期货保证金监控机制和期货公司净资本安全监管制度,继续推进期货交易所建设,完善期货交易结算制度,维护市场稳定运行。

3. 优化投资者结构

促进以机构投资者为主的投资者队伍的形成;在风险可控的前提下,推动各类机构合规运用金融衍生品进行风险管理;推动相关企业在期货市场套期保值;推动各类金融机构参与金融衍生品业务。

（五）促进上市公司健康发展

上市公司质量是资本市场的基石。应不断完善上市公司监管体系和市场约束机制，提高公司治理水平和整体质量，推动上市公司做优做强。

1. 加强公司信息披露

改进信息披露的内容、格式和程序，强化信息披露监管手段，不断提高信息披露监管的有效性和权威性，加大违规披露的成本，提高信息披露的质量；不断借鉴国际先进经验，完善信息披露的电子化平台，提高信息披露的及时性。

2. 完善公司治理结构

不断完善公司治理结构，提高公司治理水平；进一步完善独立董事制度；督促上市公司加强内控制度建设、加强公司自我评估和外部审计检查，提高风险防范能力；建立有效的激励约束机制；鼓励机构投资者参与公司治理。

3. 推动并购重组市场规范发展

不断完善公司并购重组法律法规体系，建立活跃与规范的并购重组市场，形成对公司有效的外部约束机制，促进上市公司做优做强，完善市场化的优胜劣汰机制。

4. 完善上市公司退市制度

增加退市制度的灵活性，以适应不断变化的市场情况；建立对有重大违法违规行为的退市公司高管人员的责任追究制度；建立有效的赔偿制度，保护退市公司投资者及相关债权人的合法权益；根据《企业破产法》，建立有效的破产公司接管制度。

（六）促进公平和有效竞争格局的形成，建设有国际竞争力的证券期货业

资本市场的效率和健康发展有赖于证券公司、证券投资基金管理公

司、期货公司和其他证券期货经营机构的规范运作,资本市场的国际竞争力也取决于这些机构的核心竞争力。因此,营造鼓励创新和公平竞争的环境,促进证券期货业的发展,具有重要意义

1. 进一步放松管制,营造有利于创新和公平竞争的环境

进一步简化审批,放松管制,把经营决策权更多地交给市场参与主体继续探索并完善有利于创新的市场环境,形成监管机构与市场参与主体定位明确、各司其职、共同推动的创新协调机制;推动证券期货经营机构在风险可测、可控、可承受前提下,进行各种创新和业务探索,使证券期货经营机构成为推动创新和发展的主体;积极营造公平有效的竞争环境,完善优胜劣汰机制,使证券期货经营机构在竞争中不断增强核心竞争力。

2. 完善证券期货经营机构的治理结构

积极推动证券公司、基金公司和期货公司等证券期货经营机构的规范发展,不断提升公司治理水平;立足于国情,借鉴国际经验,不断提高证券期货经营机构的管理水平;建立健全股权激励机制,促进以人力资本为核心竞争力的证券期货经营机构做大做强。

3. 完善风险管理制度,拓宽业务范围,推动证券公司提高核心竞争力

不断完善证券公司的风险控制制度,建立风险预警指标体系,完善内控制度;积极探索多元化经营的模式,拓宽业务范围;完善兼并收购和退出机制,促进行业整合,实现优胜劣汰;推动证券公司不断提高其国际竞争力。

4. 继续大力发展机构投资者

继续发展证券投资基金,扩大基金规模,拓展基金公司的业务范围和业务模式,推动基金业的产品创新、业务创新、组织创新和制度创新;继续创造条件,吸引保险资金、社会保障资金和其他机构投资者逐步增加在资本市场的参与程度;稳妥发展具有私募性质的投资基金,形成多元化、多

层次的专业机构投资者队伍。

5. 培养资本市场专业人才

通过从业人员专业培训、执业资格考试等多种手段，以及市场竞争和筛选，培养一大批既懂得国际通行运作规则，又熟悉中国国情的资本市场专业人才。

（七）稳步推进对外开放，建设有国际竞争力的资本市场

遵循"积极稳妥、循序渐进、兼收并蓄、为我所用、公平竞争、互利共赢"的基本原则，扩大开放领域，优化开放结构，提高开放质量，安全、高效地继续推进资本市场对外开放，以不断增强开放条件下中国资本市场的国际竞争力为主要政策目标来构筑对外开放路径。

1. 坚持对外开放，把握好对外开放的节奏

选择符合中国国情的对外开放路径，把握好开放的"度"和节奏；在循序渐进、防范风险、保障金融安全的前提下，根据市场发展的需要逐步提高合资证券期货经营机构外资持股的比例，扩大经营业务的范围，创造有效的竞争格局，以提高证券期货经营机构的国际竞争力；吸引国际资本，逐步加大外资投资于中国资本市场的比例和范围；推动境外企业在境内证券交易所上市，使证券交易所逐步向全球企业开放，提升中国资本市场的全球竞争力。继续推进内地与香港、澳门和台湾的金融合作。

2. 在风险可控的前提下，有选择性地探索"走出去"的路径

积极创造条件推动境内证券期货经营机构和机构投资者参与国际市场。鼓励更多符合条件的境内证券公司、基金公司、期货公司等在境外设立分支机构或合资公司，有选择性地在一些领域开展国际业务，推动内控制度良好的机构投资者投资于国际市场，通过参与国际竞争与合作，熟悉和掌握国际资本市场的规则和技术，积累管理经验，提高国际竞争力。

3. 加强国际监管合作

加强与境外证券期货监管机构、国际证监会组织（IOSCO），以及其他国际组织的交流与合作，加强国际金融市场的监管协调，共同防范金融风险。

（八）推进资本市场文化建设，营造有利于资本市场持续发展的生态环境

良好的生态环境对于资本市场的发展至关重要，因此要促进健康的资本市场文化的形成，营造有利于资本市场发展的外部环境。

1. 加强投资者教育

注重针对中小投资者的风险教育，不断强化风险防范意识和价值投资理念，培育理性的个人投资者和规范运作的机构投资者。提高投资者对资本市场的认知和理解程度，为资本市场产品创新奠定基础；增强投资者"买者自负"的风险自担意识；不断提高投资者的维权意识，加强对投资者的法制教育，使投资者学会保护自身的合法权益。

2. 建设健康的股权文化和诚信环境

健康的股权文化和诚信环境的建设是一个系统工程，涉及多方面因素，既需要通过加强法制建设、强化执法手段、完善市场资本约束机制等措施来增加违规成本，也需要通过宣传教育等手段推动全社会逐步认同维护股东权益等一系列良好的价值观念。

参考书目：

1. 中国证券监督管理委员会：《中国资本市场二十年》，中信出版社，2012 年。

2. 刘义圣：《中国资本市场的多功能定位与发展方略：制度和政策层面的思考与探讨》，社会科学文献出版社，2006 年。

3. 邹德文、张家峰、陈要军：《中国资本市场的多层次选择与创新》，人民出版社，2006 年。

4. 刘纪鹏:《路径选择:中国资本市场发展之路》,中国经济出版社,2009 年。

5. 王国刚:《建立和完善多层次资本市场体系》,《经济理论和经济管理》,2004 年第 3 期。

6. 伍宗琦、希洛:《多元化、多层次、多样化的现代资本市场体系及问题初析》,《云南财经大学学报(社会科学版)》,2008 年第 4 期。

7. 肖新成:《我国资本市场改革发展中的问题与对策》,《经济师》,2005 年第 3 期。

8. 何军香:《我国资本市场中存在的问题及对策》,《改革与战略》,2004 年第 2 期。

9. 徐进、叶学平、汪亚妮:《我国资本市场存在的主要问题及对策》,《中国地质大学学报(社会科学版)》,2003 年第 3 期。

10. 赵中杰、王皓:《关于中国资本市场的缺陷与发展对策》,《理论月刊》,1998 年第 1 期。

11. 马雪峰:《中国资本市场:问题与对策》,《经济问题》,1998 年第 9 期。

12. 刘义圣:《中国资本市场功能变迁与制度完善》,《当代经济研究》,2004 年第 7 期。

13. 苑德军、任志宏:《强化中国资本市场功能的理论思考》,《财贸经济》,2002 年第 3 期。

14. 黄剑彰:《关于中国资本市场功能的评价与思考》,《中共南宁市委党校学报》,2003 年第 4 期。

15. http://www.csrc.gov.cn/pub/newsite/yjzx/cbwxz/ebook/index.htm。

思考题:

1. 资本市场的功能。

2. 中国资本市场发展的主要阶段。

3. 中国资本市场存在的主要问题。

4. 中国资本市场发展的目标、原则和基本战略架构。

第十章

人民币离国际化还有多远

全球金融危机生动地说明了发展中经济体在全球贸易体系中过度依赖美元的危险。随着中国经济快速发展和综合国力不断提升,国际地位与日俱增,人民币在履行货币基本职能方面与某些国际货币之间的差距迅速缩小,国际化面临新的机遇。

第一节　人民币国际化的历史使命

一、货币国际化的内涵

(一)国际货币与货币国际化

国际货币是指在国际经济交易中被普遍接受,发挥国际交易媒介、价值尺度、支付手段和储藏手段职能的货币。一国货币的国际化就是该国的主权货币可以在国际上流通和使用,即可以在国际市场上履行其作为价值储藏、交易媒介和记账单位等货币的一般职能,成为国际上通用的工具货币。人民币国际化既是一个目标,也是一种手段,更是一个逐步演进的过程。

人民币国际化是指人民币获得国际市场的广泛认可和接受,并发挥计价单位、交换媒介和价值储藏的功能,即成为国际结算货币、投资货币和储备货币。人民币国际化的本质含义应包括以下三个层次:第一层次是本币在一般国际经济交易中被广泛地用来计价结算;第二层次是本币在外汇市场上被广泛用作交易货币;第三层次是成为各国外汇储备中的主要货币之一。

(二)货币国际化的条件

一般而言,一国货币国际化必须具备以下四个先决条件:

1. 币值稳定

作为国际货币,其目前及未来的价值都应保持稳定。币值稳定的货币,人们对其价值往往有一个基本稳定的认识,而且对其也会有足够的信心。在国际交易中使用这种货币,可以减少人们获取和传递信息的时间和费用。而一国货币如果币值变化大,通胀率高,或通胀率变化大,凡此种种带来的不确定性,都使该币很难成为国际货币。一种货币要在国际货币职能的各领域发挥作用,占据有利地位,都要求该货币币值稳定。一种货币成为被他国钉住货币的重要原因,除了两国经济关系密切外,该货币的稳定性是重要条件。只有一国货币稳定,钉住该国货币才有助于增强钉住国货币的信誉和稳定性,起到稳定钉住国贸易与投资,促进其经济发展的目的。进出口商在选择贸易结算货币时,该货币的稳定性也是需考虑的重要因素,币值不稳的货币不利于进出口商核算成本与收益,也增加了为防止外汇风险的套期保值成本。

另外,被用于金融资产标价的投资货币,或被他国居民持有、在货币发行国之外流通使用的替代货币,都需具有币值稳定的特征。如果一国货币价值不稳,其通货膨胀率比较高,那么就会导致名义汇率的贬值和不确定。这就增加了获得信息和对贸易商品及资本资产进行有效计算的成本,从而影响该国货币作为国际记账单位、价值贮藏手段和交换媒介的职能。此外,通货膨胀通过减少一种货币的购买力而增加了持有该种货币的代价,因而影响了该国货币作为国际价值贮藏手段和交换媒介的职能。

2. 政治稳定

就政治条件来说,一是该国的政治必须保持长期的稳定。一国政治如果不稳定,会引起经济的不稳定,货币的不稳定,甚至对国内外居民持有的以该国货币形式表示的金融资产安全构成威胁。可见,一国政治的稳定性乃是其货币国际化的前提和基础。二是该国必须在世界政治中具有较强的地位。关于这一点美国经济学家蒙代尔曾指出:"最强的货币是由最强的政治实力提供的,这是一个具有历史传统的事实。"一国具有较强的世界政治地位,就能较好地保护本国利益免于来自他国的可能伤害,就能较好地保障国内外居民以本国货币形式持有的金融资产的安全性。同时,一国在全球政治事务中的广泛参与,还可以带动和促进该国经济、投资、贸易、金融等的进一步国际化和货币的国际化。

3. 完善的金融体系与金融市场

稳定健全的金融体系是货币国际化的有力保证。在稳定的金融体系状态下,宏观经济健康运行,货币和财政政策稳健有效,金融生态环境不断改善,金融机构、金融市场和金融基础设施能够发挥资源配置、风险管理、支付结算等关键功能,而且在受到内外部因素冲击时,金融体系整体上仍然能够平稳运行。而健全、发达的金融体系则具体包括多元化、国际化的金融机构和功能齐全的金融市场。一个高度开放和发达的金融市场和金融中心将使一个国家,包括其货币成为国际金融业的核心,它是一个国家货币进行国际兑换和调节的重要载体和渠道,同时也是一国货币转换成国际清偿力的重要机制。如果一国金融体系不健全,金融机构结构单一,数量有限,业务狭窄,那么各种外汇交易就不能顺利进行,进出口贸易和国内外投资而引起的货币兑换也不能够很好地得到满足,货币的国际化也就无从谈起。

4.外贸出口在世界总出口中占有较高的比重

一国出口在世界总出口中所占的比重越大,其与发展中国家的贸易联系越广泛,其出口商品结构中差异性制成品(或称专门性制成品)所占的比例越高,该国货币国际化的程度也就越高。因为在国际贸易中存在着以下报价惯例:在发达国家之间的贸易往来中,主要以出口方的货币来报价;在发达国家与发展中国家的贸易往来中,主要以发达国家的货币来报价;在差异性制成品的贸易中,主要以出口方的货币来报价。这些报价惯例的形成主要是由于贸易产品本身所具有的特点的不同,以及进出口商规避风险的条件和方法的不同所致。具体说,原因如下:

进口商通常不进行货币套头交易,因为期货市场与现货市场相比,前者一般没有后者发达,买卖双方之间的价格差额比较大。进口商通常可以将其汇率风险通过在国内市场上加价而转嫁到消费者身上。这种做法在小型的、开放的经济体中最为常见。因为在这些国家中,国内尚无大的、与进口相竞争的工业。这有助于解释为什么在发达国家与发展中国家之间的贸易中通常以发达国家的货币来计价。

就出口商方面来说,由于差异性制成品的生产厂商拥有某种程度的垄断势力,出口商因而也具有比进口商更强的市场力量。另一方面,由于出口商不能轻易取消在合同上签订的支付条款,特别是关于具有较长生产滞后期的差异性制成品的出口条款,因此出口商承担着更大的汇率风险。在这种情况下,出口商当然可以通过期货市场来避开风险,但是这将增加他们的费用。因此,对于出口商来说,最有效、最方便的办法是通过在出口合同中规定以出口方的货币来计价而将汇率风险与价格风险转嫁给进口商。

二、人民币国际化是大国崛起的要求

虽然在 2010 年中国经济总量超过日本而成为世界第二大经济体,在全球政治经济中的影响力不断扩展。但长期以来,人民币仍然游离于主要国际货币体系之外,大宗商品国际贸易无一使用人民币定价,人民币在国际结算的市场份额与泰铢相当,在各国官方外汇储备中占据的份额微乎。任何一个大国都不能接受本国货币长期处于这样的边缘化地位,随着国际经济金融格局的变化,人民币走出去的必要性和迫切性越来越强烈。

(一)人民币国际化是我国参与国际货币体系改革的战略出发点

布雷顿森林体系崩溃后,国际货币体系进入牙买加体系。这一体系的缺陷在于,国际货币发行当局各自为政,没有动力和义务去维持国际货币的稳定,容易导致市场无序;优点在于,该体系是开放竞争的,包括人民币在内的任何一种货币都可以着眼于自身实际,通过货币竞争提升国际地位,实现某种程度的国际化。

国际金融危机之后,国际社会围绕国际货币体系改革的争论如火如荼,在改革国际货币体系的理论研究和舆论准备中,我国的角色引人瞩目。2009 年 3 月,人民银行网站出人意料地发表了题为"改革国际货币体系、创造超主权储备货币"的署名文章,提出了在国际货币基金组织(IMF)特别提款权(SDR)基础上构建超主权储备货币的设想,一时间广为流传。对此我们认为,作为职能完善的货币,超主权储备货币缺乏可持续的发行基础,摆脱不了主权货币的竞争,类似"特里芬难题"依然存在,因而不构成国际货币体系改革的主要方向。作为理论探讨，我国提出超主权储备货币这一观点的原因，一是不涉及人民币的国际地位问题，更容易为国际社会所接受；二是没有直接针对美元，回避了与美元的正面冲突；三是如能将我国外汇储备中的美元资产部分转为超主权储备货币，可降低我国外汇储备贬值风险，同时减少对国际金融市场的冲击。站在我国立场看，人民币国际化有利于实现国际货币格局与经济格局更好的匹配；有利于强化国际货币竞争、抑制原主导国家滥用货币政策的冲动；有利于为国际市场提供更为多样化的选择，降低全球交易费用，应该成为我国推进国际货币体系改革的基本战略出发点。

（二）人民币国际化有利于增强我国货币政策调控的主动权

本国货币具备国际化地位将强化货币发行当局政策调控的主动权。当发行国货币政策进入扩张时期，其他经济体货币当局会在一定程度上追随货币扩张政策，从而放大政策效应；反之，当货币政策进入收缩期，其他经济体也不得不采取相应举措顺势操作，避免受到紧缩效应影响。如国际金融危机期间，全球主要经济体货币政策在一定程度上都受到美联储量化宽松货币政策影响，都不得不在某种程度上做出反应，以避免热钱流入和货币被动升值。

从我国情况看，多年来，外汇储备快速增加不断形成新增外汇占款，虽经央票冲销环节，但仍构成货币被动投放的主要来源，货币政策独立性深受影响。境内外利差和流动性状况变化引发的热钱流出入，更是构成影响国内金融市场稳定的重要因素。由于发展阶段、经济周期、金融市场结构差异等方面原因，我国货币政策的政策目标、机制和要求不同于其他国家，需要自己的政策节奏和力度。虽然人民币国际化解决不了我们货币金融调控面临的所有问题，但货币国际化后，我国货币当局将获得新的工具和渠道，可以通过灵活组合利率、汇率政策及资本项目流出入监管措施,灵活管理境内流动性,从而更好地满足货币政策调控的需要。

(三)人民币国际化有利于部分对冲外汇储备损失

理论上,布雷顿森林体系之后,非储备货币发行国一方面可以通过经常项目顺差渠道积累储备,另一方面也可以通过资本项目渠道获得融资,因此积累国际储备的必要性应该有所降低。然而,自20世纪70年代以来,全球储备总量不但没有下降,反而大幅度上升,基于国际储备的全球金融利益再分配规模越来越大、格局越来越不公平。

作为全球最大外汇储备国,储备货币不稳定对我国利益的侵害尤为严重。一是美元通胀导致我国储备资产的实际购买力不断下降;二是在央行资产负债表中,外汇储备资产对应本币负债,人民币长期升值必然带来央行资产负债账面损失;三是被动持有主权债务高风险国家债务,存在违约风险;四是主要储备货币之间比价关系无序变动,外汇储备资产管理中的币种选择面临困难。从国内看,这一损失的根源在于资本管制和汇率形成机制,正是这些管制措施使得市场主体将外汇资产损失的包袱甩给货币当局,政府替市场承担了损失。但从国际看,过度依赖美元储备地位,仍是问题的根源。人民币国际化不能从根本上解决我国外汇储备问题,但人民币大量为境外持有,同样可能获得铸币税收入;围绕铸币税及其他收益,我国可以形成新的对外货币金融利益格局,部分对冲美元储备带来的损失。

(四)国际货币乱局要求我们适时推动人民币走出去

2008年的金融危机充分暴露了发达经济体金融体系的内在缺陷和美元"一股独大"蕴含的风险。发达经济体货币当局完全着眼于国内经济,连续推出多轮量化宽松政策,引起国际社会对国际货币体系稳定性的普遍担忧。国际金融危机以来,虽然改革国际货币体系的呼声异常强烈,但基本没有取得值得关注的进展。国际货币基金组织原主导国家股权投票权让渡非常有限,各经济体货币政策的国际协调依旧是纸上谈兵。尽管"世界元"之类超主权货币观点一度流行,但国际货币体系短期内难以突破主权信用货币充当国际储备货币的格局;未来通过大国主权信用货币竞争、实现国际货币多元化,仍是国际货币体系最主要的改革方向。面对国际货币乱局,俄罗斯、印度等金砖国家纷纷提出本国货币国际化命题,某些国际能源矿产资源出口大国,纷纷提出贸易非美元结算的设想,人民币作为全球第二大经济体货币,没有理由置身事外,国际化应该适时推进。

三、人民币国际化的收益与成本

发行国际货币相当于向国际社会提供公共用品,其中有收益,包括获得铸币税收入、节约交易费用、推动国内金融领域改革等;同时也有成本,包括加大宏观政策调控的复杂性、被动金融开放、或多或少承担国际货币稳定责任等。一国在作出是否推动本国货币国际化决策之前,需要对这些成本与收益加总权衡,基于国内经济金融状况,评估本国金融体系与国际货币金融体系的相容相斥状况,同时结合外部环境变化,确定相关战略和实施路径。

(一)人民币国际化的收益

1. 国际铸币税收益

如果中国的人民币是海外持有且从不流回中国大陆,那么中国人民银行将会获得国际铸币税收益。在国际货币体系进入信用货币时代以后,货币国际化的本质就是用成本低廉的纸币换取实际资源。任何国家发行纸币都是借助货币发行权向纸币持有者筹集资金的过程,是对纸币持有者财富的一种无偿占有。

国际铸币税收益可以分为基础的铸币税收益和扩展的铸币税收益两部分。基础的铸币税收益，是指当局发行货币在国外流动的量。扩展的铸币税收益除了基础的铸币税收益之外，还包括三部分：

一是节省利息费用。海外流通本币可以为本国免费使用资金节省利息。一国货币超额发行会引发通货膨胀，因此在国内通过货币发行获取铸币税收益的规模要受到货币流通需要量的限制。当政府发生财政赤字时，一般通过发行国债等有偿方式来筹集资金。国际铸币税的存在，等于是国际货币的所有国向发行国免费提供了一笔资金，货币发行国可以获得节省利息支出的收益。

二是来自于国外的净收益。非本国居民所持有的国际货币，除了少量的现金之外，大多是留在货币发行国，这部分资金就是货币发行国的商业银行存款或国债的来源。货币发行可以通过国家银行系统的资金使用和财政支出机制，从而享有这部分资金转换成可贷资金后所创造的收益机会。另外，货币发行国的银行体系也可以凭借其提供的结算和支付服务，获得不菲的佣金收入。

三是减少国际储备的使用。在国际支付体系出现严重的漏洞后，货币发行国一方面可以增发本国货币清偿，另一方面也可以以相对较低的成本在市场上筹集到其他国际货币进行清偿，因而就可以把更多的资金投入到扩大生产经营规模等经营活动中去。因而人民币国际化之后，中国可以直接使用本国货币购买国外的资源，也节省了换取外汇的成本，这样就可以增加我国的资金，有效地改善国内市场资金不足的局面。

2. 获取更多的国际话语权

货币的话语权是一个国家在国际政治经济结构中相当重要的一部分，它的大小就意味着各个国家在世界的政治经济中权力的分配。例如英国和英镑、美国和美元，不但掠夺着巨额的世界资源，而且获得极高的国际地位。目前的 IMF 与世界银行等国际金融组织都是由美国与欧盟控制的,这也鲜明地证明了国际话语权的重要性。大部分的国家在进行对外贸易时,都会首选美元为交易的货币,因而美元充斥全球范围内。如果世界上的国家在交易时更多地选择人民币为交易货币,中国就会有发行和调节国际货币的权利。在某种程度上,使用人民币的国家会对中国经济产生依赖,从而他们对中国的经济状况和经济政策的敏感度增加,也就会提高中国在国际上的话语权。

3. 有利于促进国内金融市场发展

人民币国际化会增加本币的国际需求,为本国金融机构提供更多本币海外业务机会,本国金融机构的业务范围将会伴随人民币国际化的进程不断扩大,同时本国金融机构可以不必考虑持有以本币计价的资产或负债的汇率风险,进而增加金融机构的利润。

人民币国际化后由于范围经济的存在和央行作为最后贷款人提供的流动保护使得本国商业银行的竞争力得到提高。目前由于人民币在国际市场上没有被广泛使用,我国商业银行在国际市场上只能经营以外币为主的信贷业务,而央行并不能提供外币流动性,这使我国商业银行在国际市场上经营信贷业务时面临外币流动性风险。人民币实现国际化以后,央行作为我国商业银行的最后借款人,可以为商业银行提供流动性保护,降低其外汇风险。

人民币国际化会促进金融工具的创新,并促进人民币衍生品市场发展。目前由于人民币资产账户不可兑换,人民币衍生品的种类和交易量都很少。随着人民币国际化,我国金融工具的创新和人民币衍生品市场的发展要经过三个阶段:第一阶段,境外与中国有贸易关系的企业出于预防汇率风险的动机对人民币衍生品进行对冲操作。第二阶段,境外金融机构为保证借贷币种的匹配进行人民币衍生品交易。第三阶段,随着金融工具的创新和人民币衍生品市场的进一步发展,人民币衍生品交易范围不断扩大,成本逐渐降低,专门从事衍生品交易的投资者参与到人民币衍生品交易中,从而使人民币衍生品市场达到一定的深度和广度。

除此之外,人民币国际化还可以促进中国汇率制度改革、利率市场化改革、中国商业银行改革、中国资本市场改革,增强中国货币政策的灵活性和自主性。同时提高中国金融监管的水平,以应对国际资本流动风险。

(二)人民币国际化的成本

1. 削弱我国宏观经济政策独立性

美国经济学家蒙代尔曾提出著名的"不可能三角"的理论,即一个国家不可能同时实现固定汇率政策、无限制国际资本流动,以及以本国为中心的货币政策这三种政策目标。因而人民币国际化之后我国的经济将会具有人民币可自由兑换性、汇率的浮动性、资本自由流动的特点。实现国际化之后我国的金融市场将会呈现完全开放的状态。巨大的资金流动将在一定程度上削弱央行对货币发行量的控制力,进而使得货币政策效果大打折扣。因而就会出现许多难以预料的困境,随着调控力度的降低,中央就很难把握中国的发展时态,从而在制定各种货币政策与财政政策时就会出现偏差,继而就会降低国家宏观调控的权力。

2. 面临"特里芬难题"

美国耶鲁大学的特里芬教授最早提出了"特里芬难题"这一概念,它最初的含义就是:美国为了提供国际结算和储备货币,需要长期的贸易逆差;而作为国际货币,出于稳定币值的要求又需要长期保持贸易的顺差。任何货币国际化国家都会面临这一相互矛盾的难题,"特里芬难题"实际上是清偿力与信心之间的两难的问题。一旦人民币成为国际货币,我国就必须通过国际收支逆差来满足其他国家增加人民币作为国际储备资产的这一需求。随着越来越多的国家储备人民币,我国的国际收支逆差就会变得越来越大,过多的逆差将会引起人民币的贬值,如果人民币一直处于逆差阶段,那么持有人民币作为储备资产的国家将不愿持有更多的人民币,这样就会严重削弱人民币在国际上的地位。目前我国巨额的外汇储备使得在人民币国际化的初期遇到"特里芬难题"概率还是比较小的,但是随着人民币国际化的逐步加深,这个问题是无法回避的。

3. 容易遭受国际游资的冲击

游资又称热钱(hot money),是指为追逐高额利润而经常在各市场之间移动的短期资本,包括现金、银行活期和短期存款、短期政府债券、商业票据、各种衍生产品、各种基金,以及其他流动性很强的资产。游资带有极强的趋利性质,它没有固定的投资领域和场所,哪里的投资回报率高,它便流向哪里。一国实现货币国际化后,其国内自由开放的金融市场为国际游资的兴风作浪提供了机会。一国货币国际化后,由于货币壁垒的消失,游资的频繁而大量地流入与流出就会畅通无阻,会造成由市场力量决定的汇率水平的大起大落,导致一国外汇储备的骤然波动,还会推动股市的暴涨暴跌。当一国经济处于上升时期时,游资的流入会加剧股票、债券、房地产等市场上泡沫的形成,引发金融危机和经济衰退。因此,各国在推进货币国际化时必须慎重考虑游资带来的这些冲击。

第二节　人民币国际化现状①

人民币国际使用持续较快发展,2014 年人民币跨境收支占本外币跨境收支的比重上升至 23.6%,离岸人民币市场进一步拓展,人民币国际合作不断深化。据环球银行金融电信协会(SWIFT)统计,2014 年 12 月,

① 数据来源:中国人民银行公布的《人民币国际化报告 2015》。

人民币成为全球第 2 大贸易融资货币、第 5 大支付货币、第 6 大外汇交易货币。

人民币国际使用逐步扩大。截至 2014 年末,中国境内(不含港澳台地区,下同)银行的非居民人民币存款余额为 22830 亿元,主要离岸市场人民币存款余额约 19867 亿元,人民币国际债券未偿余额 5351.1 亿元。据不完全统计,截至 2015 年 4 月末,境外中央银行或货币当局持有人民币资产余额约 6667 亿元。

人民币资本项目可兑换取得明显进展。2014 年,沪港股票市场交易互联互通机制(沪港通)顺利推出,境外机构在境内发行人民币债券更加便利,资本项目外汇管理进一步简化。中国距实现人民币资本项目可兑换的目标并不遥远。

人民币国际合作成效显著。截至 2015 年 5 月末,人民银行与 32 个国家和地区的中央银行或货币当局签署了双边本币互换协议,协议总规模约 3.1 万亿元人民币,本币互换协议的实质性动用明显增加;在 15 个国家和地区建立了人民币清算安排,覆盖东南亚、西欧、中东、北美、南美和大洋洲等地,支持人民币成为区域计价结算货币。

展望未来,国内外环境整体有利于人民币国际使用。中国改革开放不断深化,"一带一路"等国家战略实施将激发更多市场需求,人民币资本项目可兑换有序推进,人民币国际使用的范围和规模有望继续稳步发展。

一、人民币在跨境贸易与直接投资中的使用

早在 20 世纪 90 年代,我国与不少邻国就已开始在边境贸易中使用人民币进行结算,人民币从那时起就已走出国门。2009 年 7 月,我国正式启动了跨境贸易人民币结算试点工作。自此以来,跨境人民币业务从无到有,规模从小到大,人民币结算规模保持较快增长。2014 年,经常项目人民币结算金额达到 6.55 万亿元,同比增长 41.6%。其中:货物贸易人民币结算金额 5.9 万亿元,同比增长 42.6%,占同期货物贸易本外币跨境结算金额的比重接近 20%;服务贸易及其他经常项目结算金额 6565 亿元,同比增长 31.3%。全年经常项目人民币实收 2.73 万亿元,实付 3.83万亿元,净流出 1.1 万亿元,收付比为 1:1.4。

人民币境外使用地域范围进一步扩大。截至 2014 年末,与我国发生跨境人民币收付的国家达 189 个。① 2014 年,与香港地区的跨境人民币收付量占比为 52.7%,同比下降 4.4 个百分点。与新加坡、日本、德国、英国等的跨境人民币收付量比重与 2013 年同期相比均有所上升。

境内各地区经常项目人民币跨境结算金额较快增长。2014 年,经常项目人民币跨境结算地区前 3 名是广东省、上海市和浙江省,占比分别为26.7%、15.5% 和 11.4%;全国共有 9 个地区经常项目人民币跨境结算金额超过 1000 亿元;8 个边境省(自治区)的结算金额合计约 4006.6 亿元,占比为 6.1%。

货物贸易项下人民币购售业务呈现净买入态势。2014 年,境内代理银行共办理跨境人民币购售业务 1925 亿元,其中自境外参加行买入人民币 1022.8 亿元,向境外参加行售出人民币 902.2 亿元,净买入人民币120.6 亿元。境外人民币清算行共办理人民币购售业务 609 亿元,其中自境外参加行买入人民币 294 亿元,向境外参加行售出人民币 315 亿元,净售出人民币 21 亿元。

人民币在直接投资中的使用规模稳步上升。2014 年,对外直接投资

---

① 不含港澳台等境外地区。

（ODI）人民币结算金额为 1865.6 亿元,同比增长 117.9%。截至 2014 年末,ODI 人民币结算金额累计 3320.5 亿元。外商来华直接投资（FDI）人民币结算金额 8620.2 亿元,同比增长 92.4%。人民币开始成为中国政府部门涉外经济统计、核算、管理中的计价货币。

二、人民币作为储备货币

国际货币基金组织将官方外汇储备分为“可划分币种”（allocated reserves）和“不可划分币种”（unallocated reserves）两个部分:截至 2012 年第 4 季度,“可划分币种的外汇储备”为 6.08 万亿美元,占全球官方外汇储备总额的 55.62%,“不可划分币种的外汇绪备”为 4.85 亿美元,占全球官方外汇储备总额的 44.38%。2012 年,在可划分币种的外汇储备中,美元仍然是最主要的储备货币,全球美元储备 3.76 万亿美元,占 61.8%;其次是欧元,欧元储备 1.46 万亿美元,占 24%;英镑储备 0.24 万亿美元,占 3.9%;日元储备 0.24 万亿美元,占 3.9%。2012 年欧债危机的持续发酵,美国量化宽松政策 QE3 及 QE4 的相继推出,打击了国际社会对美元和欧元的信心,使得美元和欧元储备份额较上年有所下降,而日元和英镑储备份额小幅上升。2012 年,亚洲的马来西亚、韩国、柬埔寨、菲律宾,拉丁美洲的玻利维亚等国已将人民币作为外汇储备的一部分。据不完全统计,截至 2015 年 4 月末,境外中央银行或货币当局在境内外持有债券、股票和存款等人民币资产余额约 6667 亿元。

三、人民币国际债券

2014 年中国债券市场共发行人民币债券 11 万亿元,同比增长

22.3%；截至 2014 年末，债券托管余额 35 万亿元，同比增长 18%；全市场共成交结算 396 万亿元，同比增长 30.6%，其中，现券交易 43.2 万亿元，交易活跃度稳步回升。截至 2015 年 4 月末，共有 232 家境外机构获准进入中国境内银行间债券市场，债券托管余额为 6346.1 亿元。

按照国际清算银行（BIS）狭义口径，截至 2014 年末，以人民币标价的国际债券余额 5351.18 亿元，其中境外机构在离岸市场上发行的人民币债券余额 5304.8 亿元，在中国境内发行的人民币债券（熊猫债）余额 46.3 亿元。

四、非居民持有人民币资产

截至 2015 年 4 月末，非居民（境外机构和个人）持有境内人民币金融资产 44065 亿元，其中：境外机构持有的股票市值和债券托管余额分别为 6444 亿元和 7352 亿元；境外机构对境内机构的贷款余额为 8739 亿元；非居民在境内银行的人民币存款余额为 21530 亿元，包括境外参加行同业往来账户存款、境外机构和境外个人存款。

据不完全统计，截至 2014 年末，港澳台地区和新加坡、卢森堡等主要离岸市场人民币存款余额约 19867 亿元（不含存款证）。

五、人民币外汇交易

2014 年，中国境内人民币外汇市场（含银行间市场和银行代客市场）日均交易量 550 亿美元。全年银行间市场人民币外汇即期成交折合 4.12 万亿美元，同比增长 1.2%；人民币外汇掉期交易成交折合 4.49 万亿美元，同比增长 32.1%；人民币外汇远期市场成交折合 529 亿美元，同比增长 63.5%。

据不完全统计,2014 年中国香港、新加坡、伦敦等主要离岸市场人民币外汇交易量日均超过 2300 亿美元。

六、人民币现钞境外流通

目前人民币现钞跨境流动主要有个人携带现钞出入境和银行跨境调运现钞两个渠道。自 2005 年 1 月 1 日起,中国公民出入境、外国人入出境每人每次携带人民币限额调整为 2 万元。银行有两个人民币现钞跨境调运渠道,一是以我国和毗邻国家中央银行签订的边贸本币结算协定为基础,边境地区商业银行与对方国家商业银行合作跨境调运人民币现钞。二是人民银行授权中国香港、中国台湾等境外人民币清算行负责跨境调运人民币现钞。2007 年,人民银行启用首个境外人民币现钞代保管库——中银香港代保管库,并以其为基础向海外其他国家和地区提供人民币现钞供应和回流服务。

人民币现钞跨境供应回流机制运行稳定,供应回流渠道已覆盖港澳台地区及周边国家,并向全球延伸。银行人民币现钞跨境调运总量稳步上升,2014 年人民币现钞调入金额为 399 亿元,调出金额为 117 亿元,合计 516 亿元,同比增加 23.2%。

第三节　人民币国际化相关金融改革

完善的金融体系是人民币国际化的基础和条件,没有完善的金融体系,一切推进人民币国际化的政策措施都难以实行。目前,人民币在资本项目下还不能自由兑换,国内金融市场的发展还不够健全,金融机构的市场竞争力还相对较低,金融体制的开放度也不够充分,国内企业应对汇率变动的准备仍然不足,资本项目可兑换的条件还不成熟,金融体系尚不完善。如果在短期内盲目地加快人民币国际化的步伐,尽管短期内可能会获得一些"红利",但最终很可能会过犹不及。所以人民币国际化的进程必须配合中国金融改革的稳步推进,才会使人民币国际化不偏离中国的经济利益。目前,中国金融改革的当务之急就是加快人民币利率市场化和汇率形成机制改革,稳步推进人民币资本项目可自由兑换,这是当前阻碍人民币进一步国际化的主要因素。

一、资本项目开放相关改革

资本项目开放是指不对资本跨国交易进行限制或对其采取可能影响其交易成本的相关措施,是一个逐渐放松资本管制、实现货币自由兑换、允许居民与非居民持有跨境资产及从事跨境资本交易的过程。资本项目开放并不是指资本项目下每一个子项目都完全取消管制,而是一个相对的整体走向开放的渐进过程。资本账户开放是人民币国际化的先决条件之一,然而人民币国际化进程并不一定要在资本账户完全开放时才去推进,中国完全可以在适当的资本账户管制之下推进人民币的不完全国际化,从而获得国际化的部分收益。

资本项目开放有利于资本在全球范围内自由流动和优化配置,便于中国利用广阔的市场、稳定的经济环境、质优价廉的人力资源,以及良好的基础设施吸引境外投资者,特别是战略投资者,从资金市场管理等方面增加中国企业的价值,从而促进中国经济增长;有利于中国企业走出去,通过对外投资获得市场和资源,提升技术和管理水平,在全球范围内分散风险;有利于中国调整经济结构,通过产业国际转移优化产业结构促进产业升级。

中国于 1996 年实现经常项目可兑换后即开始稳步推进资本项目可兑换。目前中国距实现人民币资本项目可兑换的目标并不遥远。2014年,顺利推出沪港股票市场交易互联互通机制,便利境外机构在境内发行人民币债券,进一步简化资本项目外汇管理,人民币资本项目可兑换继续稳步推进。

中国将进一步推动人民币资本项目可兑换改革:一是打通个人跨境投资的渠道,考虑推出合格境内个人投资者(QDII2)境外投资试点。二是完善"沪港通"和推出"深港通",允许非居民在境内发行除衍生品外的金融产品。三是修订外汇管理条例,取消大部分事前审批,建立有效的事后监测和宏观审慎管理制度。四是提高境外机构投资者投资我国资本市场便利性。五是继续便利人民币国际化,消除不必要的政策壁垒和提供必要的基础设施。六是做好风险防范。

二、利率市场化改革

利率市场化是中国金融改革的关键环节之一,其逻辑起点是利率管制或限制,而利率管制是金融抑制的重要构成。我国的利率制度改革是伴随着市场经济的发展和经济对外开放而逐步发展的,利率市场化是经济市场化改革和对外开放深化到一定程度的必然选择和内在要求。1996年,我国放开银行间同业拆借市场利率,由拆借双方自主定价,标志着利率市场化正式起航。目前,我国的利率市场化改革已经到了最后一步,完全放开存款利率上限的时机、条件已经成熟。

一是存贷款利率管制有序放开。2013 年 7 月,取消贷款利率下限管理,全面放开金融机构贷款利率管制,由金融机构根据商业原则自主确定贷款利率水平,贷款利率市场化完成。贷款利率的市场化,提高了金融机构的贷款利率定价权,发挥市场对金融资源配置的决定性作用,提高了资金使用效率。存款利率方面,存款利率浮动区间上限不断扩大。2012年6月调整为基准利率的1.1倍,2014年11月调整为基准的1.2倍,2015年3月调整为基准的1.3倍,2015年5月进一步调整为基准的1.5倍。金融机构自主定价空间进一步扩大,分层有序、差异化竞争的存款利率定价格局基本形成。接下来,存款利率调整有可能完全打开浮动区间,完成利率市场化最后一跃。

二是市场利率定价自律机制不断健全。自律机制成员范围逐步扩大,新增93家金融机构作为自律机制成员,对促进金融机构完善法人治理、强化财务硬约束、提高自主定价能力并维护公平有序的市场定价秩序都发挥了重要的激励约束作用。

三是同业存单发行和交易稳步推进。2014年,共有89家金融机构在银行间市场发行同业存单998期,发行总量为8986亿元,二级市场交易总量为4231亿元。同业存单发行交易全部参照上海银行间同业拆借利率(SHIBOR)定价。同业存单市场的较快发展不仅有效提升了银行主动管理负债和自主定价的能力,为提高中长端SHIBOR的基准性奠定了较好基础,也为推出面向企业和个人发行大额存单积累了宝贵经验。2015年6月,人民银行发布《大额存单管理暂行办法》,银行业存款类金融机构可发行面向非金融机构投资人的大额存单。

三、人民币汇率形成机制改革

在人民币的汇率决定机制方面来看,新中国成立初期的单一浮动汇率制,汇率是依据物价水平而决定的,这是一种比较市场化的汇率安排。

此后的单一固定汇率制,人民币汇率的决定主要以美元为中心,实行稳定政策,逐渐同物价脱离。"布雷顿森林体系"崩溃后,确定人民币汇率采用钉住加权的"一篮子"货币的办法,以在我国对外贸易计价货币中所占比重较大的外币的加权平均汇率来计算人民币汇率,目标仍是维持人民币的基本稳定。但是因为美元在我国对外贸易计价货币中占据绝对优势地位,而美元持续跃值,导致人民币汇率随之频繁波动,并呈升值趋势。改革开放以后,汇率实行双轨制,官方汇率与市场汇率并存,两者的差异越来越大。1994 年汇率并轨,建立银行间外汇交易市场,人民币汇率单一钉住美元,汇率的决定以市场供求为基础。2005 年进一步改革,汇率转变为参考"一篮子"货币进行调节,但仍然以市场供求为基础。

人民币汇制改革的另一重要内容是增强人民币汇率弹性,不断扩大汇率浮动区间。从 1994 年 3‰的人民币汇率浮动区间,到 2007 年 5 月扩大至 5‰,再到 2012 年 4 月扩大至 1% ,2014 年 3 月 14 日,又扩大到 2%。这意味着长期以来中央银行被动式干预汇率调整方式的一个重大改变,弹性的扩大有利于更好地发现市场供求关系,市场的作用被进一步突出,在汇率决定中起决定性作用。波动幅度扩大,拉大了人民币汇率向下的空间,人民币汇率双向变动的概率增加。但是弹性的加大只是量变而非质变,虽然有助于人民币汇率接近均衡汇率水平,却并未摆脱中央银行掌控中间价的制定的限制。

2014 年,人民银行继续按主动性、可控性和渐进性原则,进一步完善人民币汇率形成机制,保持人民币汇率在合理均衡水平上的基本稳定。3月 15 日,银行间即期外汇市场人民币兑美元交易价浮动幅度由 1% 扩大至 2%。7 月 2 日,取消银行对客户美元挂牌买卖价差管理。市场供求在汇率形成中发挥更大作用,人民币汇率弹性增强,汇率预期分化,中央银行基本退出常态外汇干预。

随着境内汇率形成机制改革的进展,境内人民币对美元汇率与离岸人民币对美元汇率形成了良性互动。自2009年以来,离岸人民币外汇市场平稳较快发展,香港财资市场公会于2011年正式推出美元兑人民币(香港)即期汇率定盘价(CNH)。自2011年以来,CNH围绕CNY上下波动,点差大幅收窄。为增强人民币兑美元汇率中间价的市场化程度和基准性,我国决定完善人民币兑美元汇率中间价报价。自2015年8月11日起,做市商在每日银行间外汇市场开盘前,参考上日银行间外汇市场收盘汇率,综合考虑外汇供求情况和国际主要货币汇率变化向中国外汇交易中心提供中间价报价。

为促进双边贸易和投资,2014年银行间外汇市场先后推出人民币对新西兰元、英镑、欧元和新加坡元直接交易,以及对哈萨克斯坦坚戈等货币的区域交易,形成不经美元套算的直接汇率。银行间外汇市场人民币直接交易成交活跃,流动性明显提升,降低了微观经济主体的汇兑成本。2014年,人民币对外币(不含美元)直接交易共成交10482亿元人民币,在银行间外汇市场即期交易中占比为4.7%,而2010年前银行间外汇市场人民币对外币(不含美元)直接交易成交量占比不到0.5%。开展多币种直接交易以来至2014年末,人民币对外币(不含美元)直接交易日均成交102.22亿元人民币,与各币种推出直接交易前一年日均成交12.12亿元人民币相比,提升了8.4倍。

下一阶段,人民银行将继续推进人民币汇率市场化改革,加大市场决定汇率的力度,增强人民币汇率双向浮动弹性,保持人民币汇率在合理均衡水平上的基本稳定,建立以市场供求为基础、有管理的浮动汇率制度。

第四节　人民币国际化实现路径与风险防范

一、人民币国际化的实现路径

人民币国际化是我国主权货币使用的国际化,即人民币在国际贸易、国际金融市场进行交易,并且成为国际储备货币的过程。

关于时间进度,当前讨论人民币挑战美元,或以某一比例成为主要国际货币还为时尚早。人民币国际化涉及的国内改革和国际货币环境非常复杂。条件具备了,当快则快;条件不具备,当慢则慢。不必规划十年或三十年的国际化时间表,也不必就每一个时间段、每一种货币职能占据国际市场的份额提出具体目标。此外,人民币国际化进程不可能一帆风顺、单向发展,随着市场情况的变化,某些市场环境下可能会出现倒退,对此应有所预见。

此前流行的人民币"先周边化、区域化,最后国际化"推进路径的国际收支基础已经发生变化。与我国金融关系最为密切、最愿意接受我国金融影响力的国家未必是本区域国家;通过贸易、投资渠道流出的人民币也不会全部集中在周边离岸中心;人民币可以通过通常市场化国际收支渠道之外的渠道流出。因此,人民币走出去可以跨越周边化、区域化阶段,直接面向全球扩展。一种货币充当国际流通和支付手段的同时,往往伴随着国际贮藏手段职能的履行。人民币可以通过一般国际贸易与投资以外的官方途径流出,因此流通与支付手段、贮藏手段职能的国际化应协同推进。

应加快转变增长方式,树立较为严格的货币纪律观念,不断完善人民币价值基础;加快国内金融领域的发展和改革,审慎、渐进、可控地推进资本账户开放,为境外人民币持有者提供更多人民币金融产品;多渠道促进资本项下人民币流出,同时建立规范的人民币回流渠道;继续鼓励人民币离岸市场发展,推动不同离岸市场实现合理分工;多领域齐头并进,推动国际货币体系改革,同时进一步强化与各国货币当局的合作。

从交易媒介看,应有步骤地推进人民币国际交易,使依附实体经济的交易量不断上升,交易内容和范围不断扩大,人民币全球清算比例显著提升,并逐步实现对外直接输出以本币计价的资本、货物、劳务和技术,提升人民币信用。此外,不应盲目追求人民币在国际大宗商品定价上的影响力,以回避正面冲突与竞争。

从价值尺度看,由于贸易结算量和境外人民币存量增加,离岸资金池建设应推动以香港为代表的离岸市场发展,离岸股市、债市和汇市的人民币投资计价产品出现。可在防范风险前提下有选择地发展离岸市场业务。中期需要进一步打通回流渠道,推动国内金融市场的深化和发展,同时以经济和外交手段推动富有和富用资源在国际市场上的人民币计价,如属供给方的稀土资源,属需求方的铜和铁矿砂资源。这一阶段对外投资和跨国实业的发展将推动投资成果的回流,建立良性的跨国经济循环。

从价值储藏看,目前已与个别国家和地区展开双边本币互换,以满足贸易结算币种不平衡需求,东南亚、非洲和南美部分国家已将人民币作为储备货币,中期是推动人民币成为特别提款权(SDR)计价货币,树立人民币的稳健形象,推动人民币进入更多国家,特别是发达国家的储备篮子。

二、人民币国际化的潜在风险

货币国际化是一种权利和义务的国际化,它对该国际货币发行国是一把"双刃剑",在带来收益的同时必然产生相应的风险。随着中国对外开放程度的提高,综合经济实力的逐渐提升,人民币在国际上的声誉日渐提高,人民币已经在中国周边国家和地区获得了广泛的使用,其国际化进程已经开始。人民币在国际化的进程中,必然会实现自由兑换,外汇管制、贸易保护会逐渐减少,我们在获得人民币国际化带来的各种收益的同时,也会面临着由人民币国际化带来的风险,如何防范、处理这些随着人民币国际化而产生的风险是人民币国际化面临的巨大挑战。一般而言,一国货币国际化进程中所面临的风险有以下三个方面:

（一）资本大规模进出风险

人民币国际化势必加速资本账户开放的进程,资本账户开放后,资本在我国境内外的流动更为便利,资本大规模流入将加大我国的对外负债。一旦内外市场的均衡机制发生改变,立即会引起大规模的资本转移,这无疑会对我国经济和金融安全运行造成巨大的冲击,加剧我国经济衰退。

对于货币国际化的国家而言,货币国际化必定开放本国的资本项目可兑换,货币国际化是一个本币在境外流通数量逐渐增多的过程。但是当不受约束的境外货币达到一定的规模时,以国际游资形态存在的境外货币投机能力随之增大,从而对该国货币的对外价格和全球外汇市场的货币交换造成巨大的冲击,形成汇率的高估和低估,不仅直接影响该国的外部经济,甚至对该国乃至全球的经济稳定和金融安全造成威胁。

随着人民币国际化的进行,中国的资本管制壁垒会越来越少,资本最终将实现自由流动。一定量的资本流动有益于中国经济的发展,投资资本的流入,可以满足中国经济发展资金的需求,又会为中国带来先进的技术和管理经验。但任何事物都有两面性,人民币国际化在带来中国需要的好处同时,必然带来一定的负效应,从某种意义上看,如果中国金融体系不能与国际真正接轨,或者不能达到足以自我抗击金融带来的风险,那么货币国际化出现的风险对中国经济的冲击或者破坏就很大。例如,大量、频繁的资本流动,特别是投机资本的流入会给中国经济稳定带来巨大的风险,尤其是由于货币管制壁垒的撤除,国际上的经济危机、金融危机、通货膨胀等可以通过货币兑换直接传导到国内。中国当前面临后金融危机出现的国际游资冲击,对中国经济的影响就不容忽视。具体来说,资本大规模进出导致的风险有以下五个方面:

一是国际收支平衡风险。二是资本流动会对人民币的汇率产生大幅偏离的压力。三是资本大规模流动会对中国的市场利率产生影响。四是市场价格波动风险。五是大规模的资本流动会导致金融市场的风险,甚至是金融危机。

(二)经济政策效力与独立性风险

人民币国际化后,中国人民银行在货币发行和管理方面面临着巨大的挑战,人民币在境外流通的数量不断加大,这就意味着不受中国人民银行货币政策控制的人民币数量在增大。当境外人民币达到一定数量时,会在一定程度上弱化中国人民银行货币政策的效力。中国的宏观经济政策的制定,不仅要考虑中国国内经济的运行,还要考虑对其他国家的影响,特别是当人民币成为国际货币后,中国有责任考虑其他国家国内的情况。这样,中国的宏观经济政策的执行,会受到国际生产要素流动和其他国家宏观经济政策的冲击,使得宏观经济政策的效力大打折扣,甚至是逆宏观经济政策的目标而行,给国内经济运行带来一定的风险。

对于开放经济体而言,"蒙代尔—弗莱明"模型的一个重要结论是:在浮动汇率制度下,货币政策有效,财政政策无效;在固定汇率制度下,财政政策有效,货币政策无效。而且,根据克鲁格曼"三元悖论"理论,各国充其量只能实现汇率稳定、资本自由流动、独立的货币政策三个目标中的两个。对于货币国际化的国家来说,只能有一种选择,即汇率稳定和资本自由流动的组合,因为一个高度开放不受管制的金融市场和货币价值的稳定是国际货币的重要前提。因此,资本自由流动和汇率稳定是一个国际货币发行唯一既定的政策组合,在此政策组合下,该国的货币政策独立性必然受到限制,尽管根据资本流动程度和汇率稳定程度不同还会有其他不同形式的政策组合,但政策自主性肯定会受到限制。一国货币国际化常常导致汇率的自由化,这种情况会使该国宏观经济政策的独立性与汇率的稳定性受到约束,甚至会导致单一国家宏观经济政策失效。人民币国际化进程中,最终会实现汇率的自由浮动和资本的自由流动,汇率和资本流动状况成为改变经济传导机制的重要变量,国家运用宏观经济政策进行宏观调控时,具有更大的不确定性。人民币国际化将减弱中国人民银行货币政策的效力和独立性。

(三)市场进入阻挠风险

市场进入阻挠是来自于产业经济学的概念,倘若一个垄断厂商在市场上(称为"在位者"),另一个厂商想进入(称为"进入者"),那么"在位者"想保持自己的垄断地位就势必要阻挠"进入者"进入。货币市场是一个不完全竞争的市场,新的市场主体("进入者")在进入时,往往不是一帆风顺,它要受到来自"在位者"的阻击和干扰,"在位者"不会轻易将既得利益拱手让出,这种市场进入阻挠是必然要存在的。

美国作为美元的"生产厂商",必然会采取某种策略阻止人民币进入国际货币市场。人民币国际化的市场进入阻挠是现有国际货币对人民币成为一种国际货币进入国际市场的阻挠行为。目前的国际货币体系可以被称为"世界美元本位",因为从很多方面看,美元在国际货币体系中占据着主导地位。美元既是重要的价值储藏手段,也是外汇市场的主要交易货币,在以外币标价的银行间跨国头寸中,美元占据绝对优势,在以外币标价的银行本国头寸中,美元依然占据主导地位,而且美元还是国际贸易的主要计价货币,同时很多国家货币显性或隐性的钉住美元,以及美元化现象客观上巩固了美元的国际货币地位。

日本提出日元国际化到目前已近三十年时间,但是日元的国际化程度并未有显著的提高;欧元自 1999 年诞生以来,并未如人们乐观地预期那样会击败美元成为国际主导货币,而且其近几年的走势并不理想。因为一种新的国际货币的诞生会影响到原有国际货币的利益,这种原有国际货币就会对新的国际货币产生"市场进入阻挠"。虽然布雷顿森林体系解体以来,国际货币体系不断出现新的变化,并且主要集中在货币本位制、汇率制度和国际收支调节机制等方面,国际货币体系由单极化格局向多极化方向发展,但是美国凭借其雄厚的经济实力,通过挤压、排挤等非正当竞争手段阻挠其他竞争对手进入国际货币市场,美元仍居主导地位,美元独霸国际货币体系的局面依然没有改变。可见,与日元、欧元等货币一样,人民币国际化必然会遭受美元的"驱逐"。

三、人民币国际化风险控制与防范

(一)人民币国际化风险监测

为监测国际化进程中可能遭遇的风险,避免大规模的经济动荡甚至发生衰退,可酌情选择某些与经济金融运行情况相关性较高的经济指标作为检测对象,对可能发生的各类风险情况进行动态监测,配合一系列经济金融政策措施的使用,规避国际化进程中的风险,将不利影响降至最低。

人民币国际化风险监测关注指标的选取。首先对经济金融风险进行量化,然后根据往年数据中成功预警的频率,选择某些经济金融运行指标进行连续动态监测。假设关注指标的时间序列是按照某种规律而变化,那么如果实际数据违背规律,则应视为异常变动情况,随即发出预警。选取关注指标应遵循的原则:①明确性,指标体系涵盖的指标应做到概念明确,计算范围清晰;②相关性,选择与人民币国际化风险衡量紧密关联又意义重要的指标;③可比性,既在统计数据、时间、范围等方面可比,又应和国际惯例接轨,得到的数据在国际上可进行比对;④灵动性,指标的微动能直接反映出人民币国际化过程中风险程度的波动;⑤互补性,各指标能相连互补,能全面反映人民币国际化进程中风险程度的变化。

基于此,借鉴亚洲开发银行的早期预警系统模型,人民币国际化风险监测中应包含的主要关注指标有:

● 经济总量指标:本国国内生产总值在当年世界总产值中所占比例和国内生产总值增长率;

● 货币供应指标:广义货币供应量(M2)的平均增长率、狭义货币供应量(M1)的平均增长率,以及 M2 与 M1 两者的差额;

● 货币境外流通规模指标:货币供应量减除国内需求;

● 人民币汇率指标:人民币有效汇率指数,人民币与主要货币的实际汇率,人民币与主要货币名义汇率,实际汇率偏离均衡汇率的幅度;

● 财政收支弹性系数:财政收入弹性系数 = 财政收入增长率/国内生产总值增长率,财政支出弹性系数 = 财政支出增长率/国内生产总值增长率;

● 财政赤字指标:财政赤字的规模、财政赤字占国民生产总值的比重;

● 经常项目逆差指标:经常项目赤字占国内生产总值比重;

● 利率指标:国内外名义利率,国内外实际利率;

● 外债规模指标:外债占国内生产总值比重,短期外债占外汇储备的比例。

（二）人民币国际化风险监测指标的使用

随着人民币从区域化到国际化的不断深入，人民币面临的主要风险，即货币政策约束风险、财政政策约束风险和经济金融冲击风险会悄然增加。在进行人民币国际化风险研究时，可根据这三类风险的特征进行相关指标的跟踪和监测。

1. 货币政策约束风险监测指标

货币国际化会加大货币发行国央行对本国货币存量的统计难度，影响央行对基础货币供应量的掌控能力，弱化本国货币政策的独立执行效果。从监测指标选择的明确性、相关性角度考虑，M2 作为广义货币，反映的是整体经济社会的购买力，可较好体现货币供给的变化，是判断货币政策效果的良好指标。M1 作为现实的购买力，与零售业物价密切相关，且波动比较平缓，是短期监测的主要指标。人民币国际化进程中，可选用M2 作为监控重点，短期兼顾 M1，同时将两者差额作为辅助观测指标。此外，在开放经济和货币国际化情况下，人民币的需求分为居民需求和非居民需求。在衡量货币供应量时要兼顾非居民的货币需求量，并对人民币境外流通规模进行合理测定。

2. 财政政策约束风险监测指标

政府财政基本不出现大规模、不可持续的赤字，是国际化货币币值稳定的基本特征。因此，财政赤字规模及其扩张趋势可作为衡量财政政策约束风险程度的指标。此外，还应监测：①财政收入弹性系数和财政支出弹性系数。两者分别反映国民生产总值（GNP）的变化对财政收入和财政支出变化的影响程度，可作为分析国家财政政策调控有效性的参考依据。②财政赤字占 GNP 比重。该指标反映了国民经济发展基本面的稳定程度和国家使用财政政策的空间。财政赤字占 GNP 比重变化也应作为衡量风险的预警指标之一。③财政支出中军方开支和经济援助支出的比重。货币国际化条件中,政治因素不可忽视。通过提高军事实力和对外提供经济援助来提升本国在国际事务中的影响力,以此巩固和提升货币的国际化地位是货币发行国的常用手段。通过此数据可考察国家军费开支和经济援助支出增长的水平与保持国家财政收支可控性之间的关系。

3. 经济金融冲击风险监测指标

人民币实现国际化后,对本国经济金融的影响主要体现在非居民持有的人民币资产大规模流出流入逆转对国内消费、投资、国际收支和金融体系稳定等方面产生的冲击。因此,可把以下四项指标综合起来考虑,用来衡量人民币国际化后将会面临的经济金融冲击风险程度。

一是国内资产价格水平和利率水平。在资本自由流动的情况下,一旦国内市场利率水平高于国际利率水平,就会引发大量资金快速涌入国内,迅速抬升国内资产价格水平。一旦出现短期资产收益率与中长期资产收益率"倒挂"现象,就会预示着资产价格泡沫即将破裂,大量资金将从国内撤离,经济危机爆发的可能性陡增。

二是经常项目逆差水平。作为国际化货币,人民币的供应不仅要满足经济发展和国际贸易增长的需要,而且要满足作为国际储备货币的需要。从国际收支的角度来衡量,人民币实现国际化以后,我国的国际收支状态将会保持一定的经常项目逆差。根据国际标准,经常项目的赤字占国内生产总值比重要低于5%,否则随着该数值的增大,国家的经济承受能力将会大幅下降。

三是本国国内生产总值在世界总产值中所占比例及国内生产总值增长率。货币国际化是本国整体经济实力在货币形态上的反映,经济规模决定了一国货币在国际市场上的潜在实力。国内生产总值增长率是进行宏观经济形势监测和经济走势分析的最基础性指标,可以客观反映当前经济运行的基本状况,是衡量人民币国际化程度的一个重要指标。

四是债务规模,即债务占国内生产总值比重和短期债务占外汇储备的比例。一国债务规模尤其是短期外债与外汇储备的比例是由资本外逃引发金融危机的先兆。回顾亚洲金融危机时,尽管印度尼西亚和韩国的经常项目逆差占国内生产总值的比率极低,分别为 2% 和 3% ,但这些国家仍然发生了金融危机,究其原因就是这两个国家用以调节逆差的短期借款占外汇储备的比例分别高达 177% 和 203% ,短期借款占其银行向私人部门贷款的 25% ,对其货币供应量分别构成了 146% 和 141% 的冲击,因此通过监测债务规模的大小和比重对于识别风险大小是有必要的。

由于人民币国际化风险监测指标中,不同指标在衡量人民币国际化风险方面所反映和体现的侧重点不同,在运用时,需将这些指标与政治、经济、国际国内环境和国家的宏观政策调控目标综合在一起进行考虑,从而适时主动地采取有针对性的经济调控手段进行调整干预,防止或控制风险发生对我国经济运行和社会稳定产生的不利影响。

(三)人民币国际化风险防范和应对

做好人民币国际化风险防范工作至关重要,应从风险发生前和风险发生后两个方面分别做好应对。

1. 风险发生前的防范手段

人民币国际化的实现既要求我国具有稳定的宏观经济状况、可持续的经济发展实力,又要求国内金融体系建设、金融监管能力提升、汇率制度建设和国际收支结构优化等多个方面加以完善,实现国家经济发展的内外均衡,从而切实增强抗御各类风险考验的能力。具体措施如下:

(1)加强国内金融体系建设。一是全面快速推进我国金融体制改革,切实提高银行业、证券业、保险业的竞争能力,化解融资结构性矛盾,实现金融资源的均衡配置。二是大力发展国内金融市场。一个大国的主权货币是最有条件发展成为储备货币的,人民币应向国际储备货币的方向努力,这是中国的国家利益所在。但这有赖于加快中国金融市场的改革,建立一个有足够深度和广度的金融市场。其中首先应做的是尽快建设完善的人民币债券市场。人民币国际化过程中,境外滞留人民币的大量回流,除了成熟的股票市场外,还需要开放的人民币债券市场来支撑。如果没有开放的债券市场或人民币债券市场规模不大,人民币国际化的规模就很难做大,国际化很可能在小货币的地位上止步,人民币就不会成为主要国际储备货币。只有境内外巨大的人民币债券市场和金融市场才能支撑得住人民币的主要国际储备货币地位。三是积极培育具有较强国际竞争力的金融机构主体,提升金融机构的创新能力。应该指出,政府对人民币存贷款基准利率的管制是导致金融市场欠发达的重要原因之一。显著的存贷款利差的存在使得中国商业银行能够坐享其成,缺乏进行中间业务创新的激励。创新能力是金融机构竞争能力的核心要素,是金融业发展的动力。人民币国际化后对我国的金融机构提出了更高的要求,因此必须加大力度促进金融机构创新能力的实质性提升。四是尽快建设相互协调、分工合作、层次分明、功能各异、开放发达的国际化金融中心,满足人民币国际化后经济金融发展的需要。

(2)提升金融监管能力。人民币实现国际化后,国际资本流动加快,国内金融市场与国际金融市场联系更加密切,风险的传导也将更加迅速。有效的金融监管可有效减少市场信息不对称、规范市场主体行为、协调供求双方、增强市场信心,实现市场的高效率运行。同时,合理的监管机构组织结构和制度可以进一步提升国内金融市场的竞争力。因此要借鉴国外先进的经验,加强国际金融监管合作,积极进行监管体制改革,明确职责和职能地位,创新监管模式,增强监管手段和能力,促进金融行业竞争力的提升。

(3)确保汇率政策有效性。一是要完善汇率制度,增加汇率弹性,减少投机资金大规模跨境流动对汇率的冲击;二是要加大我国对人民币汇率的管理能力。将人民币外汇交易市场的主交易市场建立在国内,特别是人民币期权、期货等衍生工具交易市场,并培育我国自己的外汇投资机构,使其成为维护人民币货币稳定的主要市场力量。

(4)促进国际收支平衡。宏观经济得以持续健康发展的重要条件是内外经济的均衡。作为国际化货币的主权国家,我国的经常项目将很可能不再保持顺差,取而代之的是一定规模的逆差。因此,在人民币实现国际化后,应积极促进对外贸易的平衡发展和贸易结构的合理调整,保持国际收支项目和结构上的合理匹配与平衡。

(5)加强宏观经济政策的国际协调和配合。通过与世界主要国际化货币国家央行在货币政策等方面的深入合作,建立多层次的国家间货币合作机制和危机应对合作办法,共同控制国际资本流动的系统性风险,有效防范金融危机的出现。

2.人民币国际化风险发生后的应对策略

亚洲金融危机事例说明,在金融危机面前,紧缩的货币政策和财政政策虽然可以暂时地抑制资本外流,但是也很有可能引发国内实体经济的衰退。因此,一旦人民币国际化风险发生,最优应对策略是采取稳定的宏观经济政策,辅以短期暂时的资本控制举措遏制资本大规模流出。具体安排如下:

(1)保持基础货币供应量的稳定。当由于大规模资本涌入引发流动性大幅增加时,根据不同资本的流动期限,可以通过公开市场操作对期限不同的债券进行回购,及时吸收因外汇占款导致的基础货币增量。通过央行提高商业银行准备金率来紧缩国内信贷规模,降低商业银行放贷意愿,防止国内经济出现过度膨胀。

(2)实施合理的利率政策,适度提高利率水平。尽管高利率是有效防止货币替代的有效手段之一,可以起到抑制通货膨胀率攀升、提升本币真实收益率的效果,但是若长期使用会抑制国内投资和消费的增长,引发产出和就业率下滑,影响经济发展,甚至会引起经济低迷乃至衰退,因此在使用前要充分进行有效的权衡。

(3)协调使用财政政策与货币政策,巩固国际货币的地位。要从目前使用宽松财政政策的常态中,有意识地建立适度从紧的财政政策,来化解扩张性财政支出对社会投资的挤出效应,降低对社会总需求的消极影响。控制财政赤字规模的扩张,保持适度的财政赤字水平,促进国际化货币地位的稳定。

(4)采取选择性的外汇管制,有效防止短期投机资金跨境流动。针对短期性、投机性资金跨境流动采取严格的管制措施,依法对没有实际交易背景和虚报出口交易额的外汇流入进行查处,控制短期投机性资金的流动速度和规模。

参考书目:

1. 聂利君:《货币国际化问题研究——兼论人民币国际化》,光明日报出版社,2009 年。

2. 张岸元:《人民币国际化战略和实施路径初探》,《经济研究参考》,2014 年第 9 期。

3. 郑木清:《论人民币国际化的道路》,《复旦学报》,1995 年第 2 期。

4. 王大树、房飞:《关于人民币国际化风险及防范的思考》,《金融与经济》,2012 年第 4 期。

5. 邱晟晏:《人民币国际化路径设计及政策建议》,东北师范大学博士论文,2014 年。

思考题：

1. 人民币国际化进程与美元、欧元等货币国际化进程有何差异？

2. 我国应如何借助"一带一路"倡议的推进，加快人民币国际化进程？

第十一章

低碳经济的发展与未来

第一节　我国发展低碳经济的背景

一、全球发展低碳经济的形势

2008 年的金融危机以后,全球进入经济复苏和结构调整阶段,低碳经济成为新一轮经济增长的推动力量。发达国家先后通过政策支持、技术创新、开发新能源等方式积极推动本国的低碳经济发展与转型,成为全球经济发展的大势所趋。

（一）主要国家低碳经济发展现状及趋势

1. 英国

18 世纪 50 年代,煤炭作为英国工业革命中最重要的能源为蒸汽机提供原动力。但是伴随煤炭的大规模、广泛地使用,英国爆发了其历史上最严重的大气污染,伦敦成为世界上有名的"雾都"。此外,英国还有其他严重的环境问题,煤炭、石油等能源浪费严重,大气、河流污染明显、自然环境和城市居住环境恶化等。

进入 20 世纪后,英国吸取工业革命环境污染的教训,成为低碳经济积极倡导者和践行者。2003 年英国发布能源白皮书《我们未来的能源:创建低碳经济》,首次提出"低碳经济"概念,宣布英国能源发展的总体目标是 2050 年转变为一个低碳国家。同时,英国表示愿意在《京都议定书》要求欧盟平均减排 8% 的基础上,承诺承担更多的责任,减排 12.5%。不仅如此,英国还计划到 2020 年二氧化碳排放量比 1990 年减少 20%,到 2050 年减少 60%。

英国绿色产业发展迅速。2008 年金融危机后,为了应对经济下滑,并增加就业机会,英国加大力度发展绿色产业。近几年,2011 年绿色产业新增加了 2.5 万个就业岗位,其产业规模超过了汽车制造、航空航天和电信业,成为英国金融危机后经济发展中新的增长点,涉及生物燃料、风力发电机安装等多个领域。2012 年英国低碳和环保产业已经占 GDP 的 8%,对英国经济增长率的贡献率达到了 30%。

英国充分利用可再生资源,尽量减少资源消耗和对环境的影响,将产品的循环再利用作为生产主线。英国的可再生产品主要包括建筑产品、户外用品和家具等,回收利用率基本上达到 100%。可再生产品提高了能源安全性,促进废物循环利用,减少碳排放,通过可持续的采购方式优化资源配置。

近些年,英国出台了一系列应对气候变化、发展低碳经济的政策法规和配套措施。2008 年 11 月,英国颁布《气候变化法案》使英国成为世界上首个以法律形式规定温室气体减排目标的国家。2009 年 4 月,英国启动"绿色振兴计划",推广使用电动车、混合燃料车和环保汽车,旨在推动英国环保产品和服务收益大幅增加。同年 7 月,英国颁布《英国低碳转换计划》,内容涉及能源、工业、交通、住房等多个领域,规定 2020 年英国碳排放量在 1990 年的基础上减少 34%。与此同时,英国还公布了《英国可再生能源战略》《英国低碳工业战略》和《低碳交通战略》等一系列配套文件。2012 年 11 月,英国出台《能源法案》明确提出要调整能源结构,发展低碳经济。

英国建立包括碳税收、碳信托基金、碳排放交易机制等较为全面的低碳政策有机体系。2001 年 4 月 1 日,英国开始征收气候变化税(Climate Change Levy, CCL),其本质是"能源使用税",是英国在"气候变化计划"中提出的一项实质性的政策手段。英国一年大约可以征收气候变化税 11 亿~12 亿英镑,其中,8.76 亿英镑返还企业,1 亿英镑用于节能投资补贴,0.66 亿英镑作为碳信托基金。2001 年英国政府投资设立企业运作的碳基金。经过十多年的发展,碳基金为年能源成本在 300 万英镑以上的大企业免费提供碳管理,有利于增强企业的节能减排意识,增加低碳技术投资,提高能源效率,而且为企业提供更多的投资机会,增加企业投资收益。2002 年 3 月,英国建立了温室气体排放交易制度(UK Emissions Trading Scheme, UK ETS),成为世界上最早实施温室气体排放交易机制的国家,并取得显著的成效。2002—2005 年,英国 CO_2 减排量分别达到 46 万吨、53 万吨、600 万吨,以及 700 万吨。2005 年欧盟碳排放交易体系启动后,为了避免双重规则,2006 年 12 月 31 日英国结束碳排放交易体系。

2. 美国

19 世纪,美国抓住第二次工业革命的机遇,经济发展突飞猛进,同时其环境也面临前所未有的危机。工业的迅速发展导致了森林等自然资源的破坏和浪费十分严重,水土流失和生态环境恶化等一系列严重后果。1998 年美国签署了《京都议定书》(2001 年出现布什政府拒绝批准《京都议定书》的事件），积极采取措施，综合运用法律和经济手段，全面推进低碳经济发展。

20 世纪中期，煤炭作为美国主要的发电能源，其使用量不断增加。70 年代石油危机以后，美国石油和天然气消费量逐渐增长，这种能源消费结构一直保持到 20 世纪末。虽然美国化石燃料的使用结构发生了一些变化，但石油、天然气、煤炭仍是三大主导能源。美国是 CO_2 排放量最大的国家之一，为了减少碳排放量，美国加大政策引导，扶持可再生能源产业发展，在研发投入、税收优惠和补贴等方面给予支持，大力发展风能、太阳能、生物质能等可再生能源。美国旨在通过发展可再生能源，保障美国能源安全，引领美国经济发展。

美国注重法律、政策引导低碳经济的发展。2007 年美国颁布《低碳经济法案》确立温室气体减排的战略目标；2009 年 1 月，奥巴马宣布"美国复兴和再投资计划"将投资重点转向新能源；同年 6 月，美国出台《美国复苏与再投资法案》，投资 7870 亿美元，用于新能源的开发和利用；同时，众议院通过了奥巴马能源与气候新政中的一项重要政策——《美国清洁能源与安全法案》。美国提出清洁煤计划，旨在充分利用低碳技术，提高能源效率，减少碳排放。美国财政用于发展低碳经济、减少温室气体排放、发展可再生新能源的分量极高，并且产业政策极大倾向新能源，围绕清洁能源所形成的产业群成为美国下一轮经济繁荣的支撑点。为了促进能源产业的发展，美国主要加强了太阳能、风能、生物质能、地热能，水电等方面的技术创新，并大力发展智能电网节能建筑、节能型交通工具，以及碳处理等技术，在低碳能源技术创新上，走全面且有重点的发展路线。

早在 20 世纪 70 年代，美国就开始探索排污权交易制度，在排污削减信用的排放权交易制度基础上，建立了"补偿"（Offset）、"气泡"（Bubble）、"银行储备"（Banking）和"容量结余"（Netting）四项碳排放权交易政策。美国《清洁空气法案》修正案中的"酸雨计划"确立了排污权总量控制与交易模式,成为美国历史上最成功的排污权交易实践。2005 年美国制定了以清洁空气州际规划为核心的综合性规划,2008 年美国区域温室气体行动(RGGI)正式启动。

3. 日本

日本的经济发展深受 2008 年国际金融危机的影响,为了尽快消除金融危机的不利影响,复苏经济,日本加快了构建低碳社会的步伐。日本接连出台侧重点于低碳经济,尤其重视清洁能源和低碳技术开发的重大政策。

2009 年 4 月,日本提出一项经济刺激计划,把发展太阳能产业列入计划,投资"低碳革命"作为经济增长的支柱之一,日本将开发新能源作为振兴经济的根本战略之一。日本新能源在一次能源消费结构中的比例不断提高。据官方预测,到 2030 年日本对传统能源的对外依存度由当前的 81% 降至 40%,实现由"耗能大国"向"新能源大国"的转变。同时,日本十分注重节能技术的开发与应用,其垃圾处理技术处于世界一流水平,能将生活垃圾和电子垃圾变废为宝,最大程度地实现回收和循环再利用。此外,日本的太阳能发电技术、污水处理技术、隔热材料应用等节能环保技术等都处于世界领先地位。

2004 年 4 月,日本发起"面向 2050 年的日本低碳社会情景"研究计划,规划了日本 2050 年低碳社会发展路线图。2006 年 6 月,出台《新国家能源战略》运用法律推动节能减排的实施。2007 年 6 月,《世纪环境立国战略》提出全面推进低碳社会和循环型社会建设。2008 年 6 月,提出"低碳社会是日本发展的目标",强调大力发展太阳能、风能、水力和生物能等可再生能源。同年 7 月,又提出《构建低碳社会行动计划》,明确了日本实现低碳社会的目标以及所需要采取的具体行动。日本将技术创新作为保持"新能源大国"地位的根本保障。2008 年,日本将 21 项技术列为低碳技术创新的重点。同年,日本"低碳技术计划"提出了超燃烧系统技术、超时空能源利用技术、交通技术等构建低碳社会的技术创新战略。2009 年 4 月,公布《绿色经济与社会变革》旨在减少温室气体排放,推动低碳经济发展。2010 年 3 月,日本成立"低碳研究推进中心",主要开展低碳方面的技术示范和实践研究。

20 世纪 80 年代,日本重视风电、太阳能、地热能、垃圾发电、海洋能、生物能、燃料电池等新能源的开发利用,并且以太阳能的开发利用为核心,计划到 2020 年将太阳能发电比现在增加 20 倍。2012 年 7 月日本实施《可再生能源法案》,掀起了发展清洁能源的热潮,太阳能发电、风力发电、地热发电等可再生能源发电事业得到大力发展。从 2014 年 4 月 1 日起,日本可再生能源投入将达到 1981 亿日元(约 20 亿美元),用来扩大清洁能源安装量,以实现能源结构的多元化。

(二)低碳经济对全球经济发展的影响

发展低碳经济成为各国应对气候变暖的基本途径,成为金融危机后各国经济转型的新方向。随着低碳经济理念和实践的迅速推广,低碳经济对全球经济产生了重大而深远的影响。

1. 低碳经济促进全球经济发展方式转变

能源消费成本的提高将在一定程度上改变生产要素的构成,从而影响产业结构。节能减排的推行使能源消费结构不断优化,化石能源消费减少,清洁能源消费增加。随着化石能源与清洁能源之间比例的变化,能源消费成本也出现了变化,进而能源消费结构也出现调整。

多数发达国家已经完成(或正在进行)从高碳经济向低碳经济的转变,尤其是英国、美国、日本等主要发达国家,在低碳法律制度、能源政策、资金投入、技术研发等方面处于领先地位。同时,煤炭、石油、天然气等化石能源在全球能源消费结构中占有很大比重。如果能源消费结构不调整，发生能源危机的可能性极大。虽然煤炭储量较为丰富，但煤炭属于不可再生资源，并且煤炭的使用带来严重的环境问题。可见，化石能源使用的经济、环境成本越来越高，同时对于使用的技术要求也越来越高。各国在考虑能源的可持续利用的同时，应对气候变化的要求愈显突出，鉴于此，开放利用可再生能源成为发展的趋势和重点。

长远来看，以投资规模的扩大和能源消耗的增加为特点的粗放型经济增长方式通常造成资源浪费严重、经济效益低下、生态环境恶化等问题，人与自然、人与社会、经济增长与经济发展之间矛盾重重，社会为此付出较大代价。因此，走低碳经济发展道路，转变经济发展方式，有利于解决气候变化、环境污染等问题，是实现经济可持续发展的必然选择。

发展低碳经济是经济增长方式的变革，其推动经济向低碳能源转变；使经济增长向主要依赖科技创新和提高能效的增长方式转变；使经济向高附加值、高质量的方向转变；使能源结构向更加清洁、可再生的方向转变。在全球气候变暖的背景下，转变经济发展方式是加快低碳经济转型的必要途径，也是实现经济可持续发展的必然要求。

2. 低碳经济发展构筑全球竞争新格局

经济全球化时代，发展低碳经济的大趋势下，国际贸易也必然凸显低碳化特点。贸易低碳化是指发展低碳经济，以建立低耗能、低污染、低排放的贸易增长模式。一方面，新能源在国际贸易中的比重将日趋上升，高能耗、高污染、高排放商品在国际贸易中的比重将不断下降，而低碳产品的比重将日趋上升。另一方面，发达国家凭借已经完成低碳经济模式转变的优势，运用先进的节能技术生产出在国际贸易竞争中十分有利的低碳环保产品，这对正处于高碳经济的发展中国家形成巨大冲击，将导致国际贸易格局的重塑和调整。同时，低碳经济的发展将推动低碳技术在全球范围内的转让,进而推动全球社会生产力的巨大进步。

低碳经济的发展将改变国际分工中原有的资本、劳动力、技术,以及自然资源等要素结构,使各国的比较优势在国际分工中发生变化。发达国家凭借信息、金融等服务业方面的优势致力于发展虚拟经济,而将实体经济的核心逐渐转移到发展中国家,进而逐步丧失发展实体经济的优势。同时,发展中国家充分发挥后发优势,其经济实力不断增强,明显冲击着发达国家的经济发展。为了应对这种趋势的发展,大多数发达国家可能凭借已在低碳经济和低碳技术等方面所取得的优势,抢占未来经济发展的制高点,进而达到限制发展中国家高碳商品的目的,使得发展"高碳经济"的发展中国家一直处于落后的地位。发达国家发展低碳经济的能源战略是将重点转向高效利用和清洁能源的开发,主要目的是降低对石油、煤炭的依赖,减弱能源出口大国的竞争优势,进而减少其在国际政治、经济舞台的话语权。同时,发达国家有可能通过提升全球贸易的环境标准,使其低碳产业处于垄断地位,重新拉大与发展中国家的经济差差距。

发达国家开始利用减排指标、碳市场、碳信用等工具主导全球低碳经济革命,建立低碳经济的全球规则,力图主导低碳经济的发展方向。欧盟最先建立起严格的碳排放管理政策体系,试图主导低碳经济"游戏规则"。美国则宣布要成为应对气候变化的"领导者",成为低碳经济规则的制定者。同时,日本也将发展低碳经济作为提升综合国际竞争力的重要途径。中国等发展中国家也希望通过发展低碳经济获得该领域的话语权,为本国经济发展争取更多的机遇。

3. 低碳经济推动全球碳交易发展

真正实现减排目标需要引入市场机制,而不能仅仅依靠强制性政策和企业、个人的自觉行为。市场机制是解决温室气体减排问题的新路径,其实质在于视二氧化碳排放权为商品,在碳市场(Carbon Market)上进行交易。不同国家在能源结构、技术、效率等方面存在差异,致使同一减排量在不同国家的减排空间和成本不同,这促使市场机制发挥作用,即合同的一方通过支付另一方而获得温室气体的减排额度。碳交易分为配额交易和自愿交易,配额交易是强制性减排手段,规定国家或地区的碳排放总量不得超过配额,一旦超过标准,需要通过碳交易市场购买配额;而碳排放较少的国家或地区可以出售自己的剩余配额。自愿交易不是强制性减排,其具有较大的灵活性,但缺乏统一的管理。

随着《京都议定书》的正式生效,越来越多的投资银行、私募基金,以及证券公司等金融机构参与碳排放权商品交易,与之相关的远期、期货产品及期权产品大量涌现,全球碳排放交易进入快速发展阶段。世界银行公布2011年全球碳排放交易市场规模达到1760亿美元,比2005年正式引入碳排放权交易制度时的108亿美元增长了15倍以上。目前,欧盟的碳交易市场规模最大、发展最快。

碳交易把气候变化、减少碳排放技术和可持续发展紧密联系起来,利用市场机制尝试解决环境、技术、经济这一复杂的综合性问题,实现了虚拟经济与实体经济的有机结合,是未来经济的发展方向。

4. 低碳经济使发展中国家面临更大挑战

发达国家早已完成了工业化和城市化,步入了低消耗、低排放、低污染的经济发展阶段。目前发达国家来自电力部门和居民消费部门占据了碳排放的主要部分,而生产部门的碳排放总量和强度不高。发达国家减排的主要对象在于居民生活消费中的碳排放,实现低碳消费和低碳生活。而发展中国家处于大力发展生产,进行经济建设的阶段,工业尤其是重化工业在国民经济占有较高的比重,伴随经济社会的发展,其能源消费和碳排放必然呈现增加态势。可见,发展中国家的减排压力要远大于发达国家。

　　首先,先进生产力、科学技术、资金、信息、人才等均主要集中在发达国家,发达国家拥有充分的条件大力发展新能源、环保节能等低碳产业。而发展中国家自身经济实力和科技水平较为落后,为了发展经济而常常忽视环境问题。发展中国家大规模的节能减排会受到资金短缺、技术落后等制约,难度较大。其次,发展中国家较低的收入水平决定了其对环境的支付意愿和能力均较为有限。这种情况下,政府实施清洁能源政策和环境规则具有较大的难度。再次,经济的全球化使得发达国家可以通过投资、并购等方式将高能耗、高污染、高排放的项目转移到发展中国家,进而实现了污染的转移。而处于产业链分工低端的发展中国家则背负高碳经济、高碳排放的沉重包袱。

　　低碳经济的发展造成低碳贸易壁垒的出现。发达国家凭借自身的经济实力和科技优势,以环境保护为借口,采取计算碳足迹、征收碳关税、制定低碳认证标准等措施设置出口的"绿色"障碍。可见,低碳贸易壁垒的实施背景是发达国家与发展中国家在经济发展、技术水平、生产成本等方面均存在巨大差异。这大大地削弱了发展中国家出口贸易的比较优势,发达国家无视发展中国家的实际情况,以环境保护为借口设置单边环境贸易措施,会加剧国际贸易的不平衡发展。

二、我国面临的低碳经济发展形势

（一）我国能源消费变化趋势

　　随着我国经济的飞速发展和工业化、城市化进程的不断推进,能源消耗也快速增长。数据显示,2001 年至 2010 年我国能源消耗总量年均增长 8.4%,接近同期 GDP 的增长幅度。① 由表 11 - 1 可见,2010 年我国能源消耗总量为 32.5 亿吨标煤,是仅次于美国的世界第二大能源消耗国。从增长趋势看,2013 年我国能源消耗总量是 1978 年的 6.56 倍,但 2012 年万元 GDP 综合能耗下降为 0.76 吨标煤/万元,比 2010 年下降了 0.05 个百分点,节能减排措施成效显著。从能源消耗结构看,2010 年至 2013 年煤炭在能源消费的占比虽然由 68% 下降到 66%,但我国能源消费仍以煤炭为主;石油消费比重也出现下降的趋势,目前天然气消费占比最小,却呈现逐步增长的态势,已经增至 5.8%;我国水电、核电及其他能源所占比重虽然不大,但也呈现明显的上升趋势,从 2010 年的 8.6% 上升到 2013 年的 9.8%,提高了 1.2 个百分点。总体而言,化石能源仍然在我国能源消费中占据很高的比重。

表 11 - 1 我国能源消费结构变化

单位:万吨标准煤;%;吨标准煤/万元

年份	能源消费总量	占能源消费总量的比重				万元国内生产总值能源消费量
		煤炭	石油	天然气	水电、核电、风电	
2010	324939	68.0	19.0	4.4	8.6	0.81
2011	348002	68.4	18.6	5.0	8.0	0.79
2012	361732	66.6	18.8	5.2	9.4	0.76
2013	375000	66.0	18.4	5.8	9.8	NA

数据来源:中国统计年鉴 2014。注:国内生产总值按 2010 年可比价格计算;NA 代表数据不可得。

由我国 2020 年实现全面小康社会和 2050 年达到中等发达国家水平的经济社会发展的目标,决定未来一段时期我国工业化、城市化进程将进

---

① 数据来源:依据 2014 年中国统计年鉴计算所得。

一步加快推进,同时对能源消费需求也将保持高速增长的态势。可见,我国的经济增长的高能耗还将持续一段时间,能源、资源和环境将是经济增长的最大制约因素。依据经验来看,能源消费将伴随经济发展而呈现先升后降的态势,人均能源消费将在进入后工业化时期趋于稳定水平。表11-2展示国际能源署(International Energy Agency,IEA)对我国能源消耗的预测结果。

表 11-2 我国能源消耗预测

单位:百万吨油当量;%

能源类别	1990 年	2005 年	2015 年	2030 年	2005—2015 年年均增长率	2005—2030 年年均增长率
煤炭	534	1094	1869	2399	5.50	3.20
石油	116	327	543	808	5.20	3.70
天然气	13	42	109	199	10.00	6.40
核电	0	14	32	67	8.80	6.50
水电	11	34	62	86	6.10	3.80
生物质	200	227	225	227	-0.10	0.00
其他可再生能源	-	3	12	33	14.40	9.90
总计	874	1742	2851	3819	5.10	3.20

数据来源:IEA. World Energy Outlook, 2007.

预计 2030 年能源消费将达到 3819 百万吨油当量,是 2005 年的 2.2 倍,年均增长速率达 3.20%。虽然煤炭在我国能源消费中的比重会有所下降,但还是会超过 60%,将仍是我国最主要的消费能源。

(二)我国碳排放趋势及特征

我国能源消费的大幅度增长必然导致温室气体排放量的高速增长。据国际能源机构(IEA)统计,1971 年我国 CO_2 排放量只有 8 亿吨,自此一直保持稳步增长,1998 年至 2001 年 CO_2 排放量出现下降,但此后几乎是直线上升的趋势,由 2001 年的 30.8 亿吨增长到 2008 年的 65 亿吨,超过所有发达国家的增长速度,我国的碳排放量超过了美国,成为世界上最大的温室气体排放国。虽然我国碳排放总量增长迅速,但碳排放强度(碳排放量/GDP)却由 1971 年的 7.5 千克 CO_2/美元(2000 年不变价)快速下降到 2008 年的 2.5 千克 CO_2/美元,是碳排放强度下降最快的国家。

我国的碳排放总量的 50% 以上集中在电力和热力的生产、供应部门,其次碳排放集中在制造业和建筑业,约占 30%。当前我国碳排放来源的部门结构与当前的经济发展阶段和技术水平存在着紧密的联系,第二产业占国民经济比重保持在 44% 以上,制造业和建筑业仍然在拉动我国经济增长方面发展重要的作用,使得我国工业部门的温室气体排放量和排放比重远高于世界平均水平。我国农业的碳排放量所占比重并不高,但农业生态系统能够在一定程度上吸收碳,降低温室气体的浓度。近年来我国积极实施退耕还林,减少了土地开发利用的碳排放量,同时还增加了吸收碳的能力。随着我国人民生活水平的逐步提高,家电、汽车等耐用品将会随之快速增长,生活方面消费的能源会迅速增长,进而交通、生活领域在碳排放总量中的比重将会有较大幅度的提升。

表 11−3　2020—2030 年我国碳排放预测的国际比较　单位:百万吨 CO_2

国家/地区	预测	
	2020 年	2030 年
美国	6384	6851
加拿大	727	784
欧盟 15 国	4760	4834
日本	1195	1170
中国	9475	12007

续表

印度	2614	3237
世界	37035	42325

数据来源：IEA. World Energy Outlook, 2008.

对于我国未来的碳排放增长趋势，IEA 预测在基准情景（Business As Usual，BAU）假设下 2030 年我国 CO_2 排放量增长到 120 亿吨，超过美国和欧盟 15 国排放量之和。当然，未来存在诸多的不确定因素，实际结果会受众多综合因素的影响，但我国碳排放量将出现高速增长是不争的事实，将会在相当长的一段时间成为全球碳排放量最多的国家。

我国应对气候变化和碳减排压力的出路就在于积极发展低碳经济，在低碳发展模式下参与国际竞争，只有不断提升低碳经济竞争力，才能获得更大的发展空间。

（三）我国发展低碳经济面临的挑战

我国应对气候变化的决心和节能减排的力度都很大，近几年也取得了一些成绩，但是我国发展低碳经济仍然面临着十分明显的困难，主要包括环境、能源、技术、体制四个方面。

1. 资源短缺与环境污染问题严重

我国目前正处在经济快速发展阶段，能源的消耗量大，对资源的需求量也明显增加。据预测，2020 年，我国经济发展所需的 45 种矿产资源中可以保证的只有 24 种，基本保证的 2 种，短缺的 10 种，严重短缺的有 9 种；石油、铁、铜等重要矿产资源均将主要依靠进口，资源短缺问题将成为阻碍经济发展的重要因素。[①]

---

① 数据来源：国务院发展研究中心课题组. "'十一五'期间至 2020 年我国经济社会发展的突出矛盾、基本任务、前景展望和政策取向"报告。

随着我国城市化和现代化建设的不断深入,环境污染问题也日趋严重,治理方面成本逐步增高,发展低碳经济紧迫性也逐步提高。目前,我国的煤炭、钢铁、化工等行业是导致污染的主要部门。二氧化硫和烟尘污染不断加深,1/3 的土地遭受酸雨破坏,城市空气和地下水污染更加严重。特别值得注意的是,治理环境的速度远无法超过破坏的速度,环境污染已呈现从陆地向海域蔓延的态势,还呈现生活污染与工业污染、新旧污染相交叉的复杂态势,严重威胁我国的可持续发展。

2. 以煤为主的能源结构难以改变

我国国民经济的高速发展仍然需要高能耗工业部门的基础性支持,因此对能源的需求必将持续增长。煤炭一直是我国最主要的能源,虽然近几年煤炭在我国能源消费结构中所占的比重略有下降,但对煤炭的依赖程度并未产生根本性转变。单位煤炭燃烧产生的碳排放要远远高于其他化石燃料,其分别比石油、天然气高出约36%和61%,这也决定了我国碳排放必然总量较大。

3. 低碳技术发展困难

为了适应低碳经济发展,有效控制温室气体的排放,需要大力发展低碳技术,包括节能技术、可再生能源技术、新型发电技术、碳捕获与封存技术,等等。发展低碳技术是发展低碳经济的根本和关键。目前我国在低碳技术创新、转让和应用等方面均存在困难。

我国的创新能力和低碳技术的整体发展水平相对落后,在热电多联产技术、高性价比太阳能光伏电池技术、生物质能技术等方面与发达国家均存在较大落差,同时在有效激励和资金支持方面也存在不足。其次,目前投入的基础设施、机器设备等都是依据传统技术而设立的,并且无法实现短期内全部废弃,可见技术和投资均已长期"锁定",再进行新技术的投入非常困难。再次,虽然《京都议定书》强调了发达国家对发展中国家的技术转让,但是发达国家担心转出技术会削弱本国竞争力,这种技术限制使我国的低碳技术研发更加艰难。

4.体制障碍依然存在

面对越来越严峻的气候变化,我国直到 2008 年才正式设立气候变化司,拟定战略规划,出台相关政策。可见,我国正式的管理机构成立时间较短,不免在人员编制、宏观管理能力等方面存在一些不足,造成其处理广泛复杂的气候变化问题时可能会存在一些问题。并且,我国减缓气候变化的政策、法律体系等均不够完善,还存在很多空白领域,这必然给低碳经济的发展带来体制障碍。此外,我国在产品的强制能效标准、节能产品的标准与标识、行业能效的管理、政府节能减排产品采购等方面的政策、制度还存在很多尚不明确的问题,影响企业向低碳转型的实际运作。

第二节　我国低碳经济发展现状

一、我国低碳产业发展现状

(一)传统电力产业低碳化趋势明显

"十一五"期间,我国的发电和输变电能源效率得到了显著提高,碳排放强度出现了下降,传统的电力行业低碳化趋势十分显著。我国发电总量的80%是燃煤发电,提高燃煤发电效率和推进低碳能源、新能源发电的比例是电力行业推动低碳化的主要方式。

相对于"十五"期间,发电煤耗和供电煤耗在"十一五"期间出现了大幅下降。我国火力发电煤耗与先进国家的差距也在迅速缩小。2000 年我国供电煤耗为 392gce/(kW·h),[①]即每生产一度电(kW·h)需要 392 克标准煤,高于日本供电煤耗 76gce/(kW·h);而 2008 年差距缩小到 35.1gce/(kW·h)。[②] 火力发电能源效率的提高使发电碳排放强度有了较大幅度的下降。同时,我国非化石能源发电的发展也十分迅速。表 11-4 显示了 2010 年至 2013 年我国电力行业装机容量的结构构成。可见,2013 年,水电、风电、核电和太阳能发电,以及其他方式五类发电量之和是 2010 年的 1.5 倍,非化石能源发电量的增速呈现逐渐增长的态势,而火力发电的增速却呈现逐渐减小的趋势。2010 年我国非化石能源发电量占总发电量的 26.57%,2013 年该比重上升为 30.82%。各类非化石能源中,水电装机容量增加最多,平均每年增加一千多万千瓦,2010 年,水电总装机容量突破了 2 亿千瓦。而风电装机容量发展最快,2010 年至 2013 年的 4 年中年均增长率为百分之三十左右。

表 11-4　2010 年至 2013 年我国电力行业装机容量　单位:万千瓦

年份	发电设备总装机容量	火电	水电	核电	风电	太阳能发电	其他
2010	96641	70967	21606	1082	2958	26	3
2011	106253	76834	23298	1257	4623	212	19
2012	114676	81968	24947	1257	6142	341	20
2013	125768	87009	28044	1466	7652	1589	8

数据来源:中国统计年鉴 2014。

　　火力发电能源效率的提高与非化石能源的利用推动电力行业的碳排放强度快速下降,其低碳化趋势十分明显。

---

① gce/(kW·h)代表发电标准煤耗;gce,代表克标准煤;kW·h 代表千瓦时。

② 数据来源:能源观察网 http://www.chinaero.com.cn/,值得注意的是,日本的数据 2000 年以前为 9 大电力公司供电热效率,2001 年以后为 10 大电力公司发电热效率。

（二）新型的低碳农林业发展迅速

新兴低碳农林业是发展低碳经济的战略性产业部门。2012 年,我国农林业的化石能源消耗总量为 6784.43 万吨标准煤,约占社会能源消耗总量的 1.86% 左右,但该部门的 GDP 却占到全国的 10% 左右。[①] 农业是国民经济各主要部门中唯一实现能源消费量绝对值下降的部门。我国农业的现代化水平较低,2006 年我国单位农业增加值的能耗强度,仅为经济合作和发展组织（OECD）成员国平价水平的 19.0%；是澳大利亚、美国、日本的 24.4%、22.1% 和 36.5%。[②] 我国实施的大规模植树造林项目达到了吸收大量的 CO_2 的目标。德国智库慕尼黑伊弗经济研究所资料显示,我国人工造林面积占全世界人工造林面积的 73%,大规模的人工造林对我国的低碳经济发展和 CO_2 减排发挥着重要的作用。

二、我国低碳消费发展现状

首先,生产性领域高能源消费问题突出。"富煤、少气、缺油"的现实资源条件,使得我国以煤为主的能源消费形式短时间内很难得到较大改善。2012 年我国煤炭开采和洗选业消耗的能源为 12339.12 万吨标准煤,石油和天然气开采业所消耗的能源为 3807.89 万吨标准煤,橡胶制品业消耗的能源为 3897.14 万吨标准煤,化学制品及化学原料制造业消耗的能源为 36995.54 万吨标准煤,石油加工、炼焦及核燃料加工业消耗的能源为 18115.44 万吨标准煤,以上 5 项共计消耗能源 75155.13 万吨标准煤,占据全国工业耗能总量的 29%,若加上水泥、汽车、钢铁等行业,占总

---

① 数据来源:中国统计年鉴 2014。
② 数据来源:BP Statitstical Review of World Energy。

能耗的比重可能在40%左右。① 虽然近年来我国在太阳能、风能、核能等低碳能源领域发展迅速，但重复建设导致的产能过剩不仅浪费了资源还影响了新能源产业的发展，而且新能源成本偏高。以发电技术为例，设燃煤发电的成本为1个单位，则小水电的成本是1.2个单位，沼气发电的成本为1.5个单位，风力发电的成本为2.3个单位，光伏发电的成本最高，为4个单位。生产性领域的高能源消费给我国发展低碳经济带来了巨大的压力。

其次，生活性能源消费呈现高碳模式。随着生活质量的提高，人们的消费观念发生了很大变化，高碳消费模式普遍存在。尚可以使用的衣服、家具等消费品被随意丢弃的现象十分严重；食物的浪费程度也十分惊人，据我国央视的报道称每年中国人在餐桌上浪费的粮食的价值高达2000亿元，其中被倒掉的食物能够满足2亿人一年的口粮；家庭用电中的浪费问题突出，我国每年电器关机后不拔插头所浪费的待机电量达到180亿度，相当于3个大亚湾核电站的年产量；一次性杯子、筷子、拖鞋等一次性物品使用量惊人，我国内地对一次性筷子的消费需求量折合成木材大约是四十亿立方米；同时"炫耀性消费""面子消费"等与环境保护背道而驰的观念，造成了资源的大量浪费，给环境造成了巨大压力。

再次，低碳消费的发展受到缺乏低碳消费品的限制。由于低碳产品的生产具有高投资和回收周期长等特点，使得低碳企业的规模化发展难度较大，节能产品，如环保建材、节能汽车等产品的生产市场处于初级阶段。由于政府在低碳消费方面的制度不够完善和资金支持力度的限制，低碳技术得不到良好的发展，很多制度也难以贯彻执行，导致我国低碳消费品的质量和数量远远未能满足消费的需求，消费者对低碳产品的选择

---

① 数据来源：中国统计年鉴2014。

余地相当有限。《2050 中国能源和碳排放报告》指出："计划到 2020 年，我国在能源方面的投资需要 18 万亿，在生产和消费方面的环保、新能源和节能需要 7 万亿，根据这些需要来计算，每年的节能减排市场规模大约为三千亿到四千亿，但是从目前的情况来看我国每年在节能减排市场上的投资却不到一千亿，到 2020 年，在新能源、节能行业和其他环保行业的资金缺口至少有二万亿左右。"

当然，我国正致力于改善环境、促进经济社会的可持续发展，制定的一系列政策法规有利于我国消费模式向低碳型转型。2005 年，国务院颁布《关于落实科学发展观，加强环境保护的决定》，提出在消费环节上大力提倡对环境有益的消费方式，实行政府绿色采购制度，发展绿色建筑。2007 年颁布《节能减排全民行动实施方案》指出，全面开展"节能减排全民行动"，重塑家庭消费模式，增强全民节能减排意识。2008 年 3 月，国家发改委印发《可再生能源发展"十一五"规划》，4 月颁布《节约能源法》，均对调整能源消费结构具有重要的作用与意义。2010 年，国务院发布《关于加快培育和发展战略性新兴产业的决定》，指出鼓励绿色消费、信息消费和循环消费，创新消费模式，促进我国消费结构的优化升级。2011 年，国务院发表《中国应对气候变化的政策与行动（2011）》白皮书，组织试点省市加快低碳产业体系建立。同年，国家"十二五"规划纲要提出推广绿色消费模式，提倡绿色、文明的低碳消费理念。2013 年，国务院印发《大气污染防治行动计划》，从能源结构调整、技术改造、优化产业结构等多个角度阐述了对环境综合治理的要求，对我国低碳消费模式的构建起到巨大的促进作用。

三、我国低碳城市建设现状

2010 年,为应对气候变化,我国启动了低碳城市试点工作,率先将广东、湖北、辽宁、陕西、云南、天津、重庆、杭州、厦门、深圳、贵阳、南昌、保定等地定为低碳试点省市,要求上述试点加快形成以低碳排放为特征的产业体系和消费模式,努力建设成低碳发展的先行区,在应对气候变化方面发挥示范作用。

尽管建设低碳城市已成为大势所趋,但由于我国各省市差异较大,同时又要兼顾经济发展,建设低碳城市在实践中很难实现,甚至有沦为一个口号的可能。在我国,明确将建设低碳城市作为发展目标的城市有二百多个,占我国城市总数的 1/3。这些城市中,把低碳等同于简单的节能,甚至为迎合发展的大趋势而大搞"节能形象工程"的并不在少数。值得注意的是,经济发达的城市为了追求低碳指标而将重污染工业转移到欠发达地区,其污染指标的下降是以欠发达地区的环境不断恶化为代价的。这样我们必须承担产生新的污染城市的恶果。目前我国在建设低碳城市,推行节能减排方面仍存在很多现实问题:

第一,国家和地方的数据统计结果不尽相同,容易造成地方政府对工作成效盲目乐观,而对节能减排工作持懈怠放松态度,而国家真正掌握地方的实际情况的难点较大,很难进行正确及时的宏观政策调控。同时,地方和国家数据的不衔接直接导致节能压力难以有效传递到地方政府和企业,节能工作重视程度会普遍下降,降低地方的节能压力和动力。

同时,随着东部地区低碳经济的发展和低碳城市的建设,高污染、难治理的重工业企业被某些西部地方政府在经济指标增长的诱惑之下,盲目地加以引进,有的地方甚至出台优惠政策,提供便利条件。在某种程度上，我国东部地区节能减排成绩的取得，是以牺牲西部地区的资源和环境为代价的，而这种消耗和破坏的速度远远高于东部发达地区治理和整治的速度。

第二，能源结构不合理。由于西部地区能源结构的特殊性，其能源开发使用存在一些弊端。西部地区是我国能源储备相对丰富的地区，但目前却只有个别种类的能源被大面积开发利用，能源结构极不合理。这种能源结构不仅消耗大量能源，而且还造成了大面积的环境污染。以太阳能为例，我国西部许多地区的日照时间超过两千小时，特别是乌鲁木齐、西宁等城市甚至超过两千五百小时，太阳能在应用技术上已经相对成熟，但这些地区并没有广泛应用太阳能。这种一边浪费、一边闲置、一边污染的能源结构造成我国多数西部地区低碳城市的发展较为缓慢。

第三，我国建设低碳城市的持续性差，后劲不足。低碳城市的建设是一个持之以恒的长期过程，短期的整治和一次性的投入很难从根本上改变经济模式和能源结构。当前经济下行压力较大，工业增加值增速同比回落，但工业结构趋重，工业能耗、用电量、高耗能产品产量均同比上升，这对单位 GDP 能耗的降低非常不利。如果在稳增长过程中放松节能减排要求，势必造成能源消费大幅增长。另外，面对经济下行的局势，各地方财政增支减收明显，甚至有些地区会出现财政困难的局面，这直接影响政府对节能减排的投入。同时，不少企业经济效益下滑，出现生产经营和融资困难等问题，在节能减排方面投入的积极性减少，节能技术研究资金支持缩水，治污设施运行效率出现滑坡。

四、我国低碳技术现状

尽管我国低碳技术与发达国家相比存在一定差距，但在某些领域还是取得不少成就。太阳能热水器,农村的小沼气运用逐渐普及;太阳能光伏发电、光热发电两种技术现在都在运行。

我国太阳能热利用技术创立了具有完全自主知识产权的太阳能工业体系,其利用市场化发展的模式,已经成为世界可再生能源技术发展的典范。太阳能光热技术在城市中的规模化应用已经得到广泛的认可,我国大部分城市均已出台关于太阳能光热应用的实施意见、配套技术和规范标准。

以光热技术为主,光伏和其他节能技术为辅与建筑全方位结合的技术,将对传统建筑行业,特别是建材及建筑构件带来的一次彻底的革新。生态城市建设中,新能源、低碳建筑、节能减排、环境治理等一批核心技术目前已经有所突破,可以进入产业化推广。

但我国低碳技术发展仍然存在一些问题。发达国家的综合能效,即一次能源投入经济体的转换效率达到45%,而我国仅为35%。① 虽然经历了几年的发展有了很大的提高,但整体还是很落后,而且发展十分不平衡。分领域来看:

电力行业中煤电的整体煤气化联合循环技术(IGCC)、高参数超临界机组技术、热电多联产技术等,我国已经初步掌握,但仍不太成熟,产业化还有一定问题。

可再生能源和新能源技术方面,大型风力发电设备、高性价比太阳能光伏电池技术、燃料电池技术、生物质能技术及氢能技术等与发达国家相比,存在不小的差距。

交通领域,汽车的燃油经济性问题、混合动力汽车的相关技术等,我国虽然掌握一些,但短时间内无法实现产业化。而对于冶金、化工、建筑

---

① 数据来源:《国际金融报》,2010 年 9 月 15 日,第 9 版。

等领域的节能和提高能效技术,我们还无法达到发达国家的水平。

　　能源基础设施建设对长期温室气体排放具有较大影响。对于大规模的基础设施建设,如果只使用当前的非低碳技术,对于环境的伤害是不可逆转的。我国的技术还达不到发达国家的先进水平,意味着我们的基础设施建设是使用落后技术建成的固定资产,不可能在短期内推倒重建。这就形成一个能源基础设施的资金和技术"锁定",解决由此造成的高排放问题具有较大的难度。

第三节　我国低碳经济发展的制度保障和政策支持

一、我国发展低碳经济的制度建设情况

　　当前,我国低碳经济发展的相关制度保障已经建立并日趋完善,主要涵盖我国能源法律体系、清洁生产促进法、循环经济促进法和碳金融法。

　　(一)能源法

　　在能源勘探、开发、利用与保护等活动中形成的社会关系需要法律规范进行调整,法律规范由此构成相互联系、相互补充、内部协调一致的统一整体,即为能源法律体系。

　　1.《电力法》中与低碳经济相关的法律制度

　　第一,可再生能源和清洁能源发电激励制度。为改变我国以煤炭为主的能源结构,在现有的技术条件下,通过土地、税收等积极的财政手段支持可再生能源和清洁能源发电的制度设计。

　　《电力法》奠定了《可再生能源法》《清洁生产促进法》和《循环经济法》的法律基础,也为我国以水电、风电和太阳能等为代表的可再生能源

的发展提供了法律依据。据此,发改委制定了《可再生能源发电价格和费用分摊管理试行办法》和《再生能源发电有关管理规定》等制度框架性。该制度有利于促进能源结构的多元化,并且有利于我国更灵活地发展低碳经济。

第二,电力发展规划制度。电力发展规划主要指导未来电力行业的发展,其中有关电源结构多元发展的原则为我国应对气候变化和发展低碳经济发挥了重要的支持作用。

电力发展规划已经成为我国一个重要的能源政策工具。根据电力"十二五"发展规划,"十二五"期间我国电力发展的原则是:优先开发水电、优化发展煤电、高效发展核电、积极推进新能源发电、适度发展天然气集中发电,以及因地制宜发展分布式发电。可见,电力发展规划对于促进我国可再生能源的发展起到了非常重要的作用。

第三,分类电价制度,即对不同的能源发电规定不同的电价。这有利于扶持可再生能源和新能源发电项目,为国家补贴可再生能源发电项目上网电价奠定了基础。

第四,节约用电和计划用电制度。节能减排是密切联系的,能源节约必然引致电力使用减少,进而电力的生产也会相应减少,碳排放量就随之减少。鉴于此,近年来我国大力提倡居民使用节能产品。

2.《煤炭法》中与低碳经济相关的法律制度

第一,煤炭资源规划制度。煤炭资源的勘探、开发、利用和保护规划与我国未来 CO_2 的排放与控制有着密切的关系。煤炭资源规划特别需要与我国有关节能减排和应对气候变化的政策法律保持高度一致,应鼓励新的清洁煤技术、煤气层开发利用技术,以及其他与应对气候变化的技术的研发与应用,以达到减少 CO_2 排放量的目的。

第二,煤炭生产许可制度。生产许可证的设定对于高碳行业企业必须遵守的某些条件给予明确规定，一方面获得生产许可证的企业必然已经满足了相关规定，特别是对 CO_2 等气体排放的要求，能够有效控制温室气体的排放；另一方面，可以通过限制煤炭生产许可证的签发而在很大程度上减少碳排放。

第三，煤炭综合开发利用制度，即将关于煤炭产品的开发、加工转化和综合利用的方针政策制度化。煤炭在我国一次能源利用中所占份额极大，因此煤炭的综合开发利用应鼓励煤炭的精加工，深加工，以及综合利用，十分有利于煤炭的节约和 CO_2 的减排。

第四，煤炭环境保护制度。要求合理开发利用煤炭及与煤共生、伴生的矿产资源，推行清洁生产，防治矿区生态破坏和环境污染，发展洁净煤技术，提供清洁能源。

3.《节约能源法》中与低碳经济相关的法律制度

第一，节能标准体系制度。该制度是节能法律制度的基础，国家通过建立节能标准体系规范企业的能源使用和能源产品的生产、进出口，有利于能源效率的提高，从而减少 CO_2 的排放。

第二，高耗能项目、产品、设备和工艺淘汰制度。目前我国已经出台了众多的高耗能项目、产品、设备和工业淘汰名录，如第一、第二、第三批《煤矿设备目录》，第一、第二批《高耗能机电设备淘汰名录》等。

除上述制度外，《节约能源法》还对节能技术创新、能效标识、节能产品认证、重点用能单位节能、建筑节能、交通运输节能、公共机构节能和节能经济激励、节能目标责任制和节能考核评价制度进行了规定，对我国应对气候变化和发展低碳经济起到了重要的推动作用。

此外，2009 年 12 月全国人大常委会通过的《可再生能源法修正案》涉及可再生能源总量目标、可再生能源并网发电审批和全额保障性收购、可再生能源上网电价与费用分摊、可再生能源发展基金、可再生能源经济激励等相关法律制度。修订后的《可再生能源法》十分有利于促进低碳经济的发展。

（二）清洁生产促进法

清洁生产促进法与发展低碳经济相关的制度主要涉及清洁生产制定和推广政策、规划制度、清洁产品环境标志制度、清洁生产教育宣传制度、环境信息公开制度，以及清洁生产审核制度，等等。通过严格清洁生产审核和评价，在重点区域和领域实施清洁生产工程，进而带动企业的清洁生产改造，实现资源能源消耗降低、污染物排放减少的综合效益。

2011 年 5 月，国家发改委、环境保护部会同有关部门决定，为了进一步推动节能减排和降低 CO_2 排放强度，完善法律法规，强化政策支持，加快技术创新，发挥市场作用，形成有效激励和约束机制，加快构建企业为主、政府指导、市场驱动、全民参与的清洁生产工作格局。

（三）循环经济促进法

我国高度重视发展循环经济，积极推进资源利用减量化和再利用，从源头和生产过程减少温室气体排放。为此，我国建立了循环经济规划制度、循环经济评价考核制度、以生产者为主的责任延伸等制度；制定了《循环经济促进法》《城市生活垃圾管理办法》《废弃电器电子产品回收处理管理条例》等法律法规，就此我国逐步建立起循环经济制度体系。

《循环经济促进法》对于循环经济的各主要环节、各主要方面提出了原则性要求，但对于违反惩罚和追求责任等问题却没有明确，同时，法律、法规或者部门规章之间也存在着衔接协调的问题。这导致监督执行乏力，破除地方保护主义难度较大。这表明我国在发展循环经济的基础制度方面仍然存在问题，不适应发展循环经济的要求。

（四）碳金融法

为了减少温室气体排放，应对气候变化的市场机制和金融方法统称为"碳金融",包括低碳项目直接投融资、温室气体排放权及其衍生品的交易等金融制度安排和交易活动。碳金融法是指调整减少温室气体排放的金融监管关系和交易关系的法律规范的总称。目前我国金融法和财税法中有关的成文法律法规较少,大多是以规范性法律文件形式制定的"通知""指导意见",以及政策。

2005年我国颁布《清洁发展机制项目管理办法》,2006年国务院批准成立中国清洁发展机制基金。2010年出台的《中国清洁发展机制基金管理办法》,确立环境协议、申报许可等法律制度对于适应国际气候变化,以及发展低碳经济具有重大意义。

二、我国发展低碳经济的主要措施

第一,制定相关法律、政策。早在1994年我国就制定和发布了《中国21世纪议程——中国21世纪人口、环境与发展白皮书》;1996年首次将可持续发展作为经济社会发展的重要指导方针和战略目标。此外,我国根据《联合国气候变化框架公约》制定了《应对气候变化国家方案》,用以指导应对气候变化的政策措施。

我国把应对气候变化纳入经济社会发展中长期规划。2006年,我国提出了2010年单位国内生产总值能耗比2005年下降20%的目标,2007年我国成为发展中国家中第一个制定并实施应对气候变化方案的国家,2009年确定了到2020年单位国内生产总值温室气体排放比2005年下降40%~45%的行动目标。

我国先后制定或修订《可再生能源法》《循环经济促进法》《节约能源法》《清洁生产促进法》等相关法律,出台《固定资产投资节能评估和审查暂行办法》《高耗能特种设备节能监督管理办法》等规章,发布《可再生能源中长期发展规划》《核电中长期发展规划》《可再生能源发展"十一五"规划》《关于加快发展循环经济的若干意见》等重要文件。

第二,推进技术进步,改造提升传统产业。提高高耗能行业准入门槛,加强对固定资产投资项目的节能评估和审查,推动传统产业进行技术改造和升级,调整高耗能、高排放和资源性产品的出口退税政策,对煤炭、部分有色金属、钢坯和化肥等产品征收出口关税。壮大战略性新兴产业,加快淘汰落后产能。2013 年,我国高技术制造业的增加值比上年增长12.3%,占规模以上工业增加值的比重为 10.6%。2010—2013 年,我国服务业增加值年均增长 13.3%,比国内生产总值年均增速高 3.7 个百分点,服务业增加值占国内生产总值比重由 43% 提高到 48.2%。①

第三,发展低碳能源和可持续再生能源。在政策引导和资金投入的支持下,水能、核能、风能的开发和利用得到大力发展,农村、边远地区和条件适宜的地区的生物质能、太阳能、地热、风能等新型可再生能源的开发利用得到发展。

由表 11 – 4 可见,截至 2013 年底,水电装机容量达到 28044 万千瓦,比 2010 年增长了 22.96%;核电装机容量 1466 万千瓦,比 2010 年增长了26.17%。2013 年,风电装机容量从 2010 年的 2958 万千瓦增长到 7652万千瓦,太阳能发电装机容量达到 1589 万千瓦,是 2010 年的 62 倍。

第四,开展植树造林,增加碳汇。为了推动碳汇造林试点的发展,加强林业经营及可持续管理,提高森林蓄积量,我国提高了造林投入补助标准,建立了中国绿色碳汇基金会。2013 年,我国造林保存面积 693338 平方千米,全国森林面积达到 208 万平方千米,森林覆盖率由 2005 年的

---

① 数据来源:中国统计年鉴 2014。

18.21%提高到 2013 年的 21.63%,森林蓄积量达到 151.37 亿立方米。①

第六,加强教育培训和公众参与。各级政府及有关部门举办气候变化、可持续发展和环境管理培训班。中、高等院校加强低碳和气候变化教育,陆续建立环境和气候变化相关专业,将低碳经济和气候变化等内容逐步纳入教育体系。充分利用电视、广播、报纸、杂志等传统媒体和互联网、手机等新媒体,同时注意利用民间公益组织深入居民生活的特点,加强自备购物袋、双面使用纸张、控制空调温度、购买节能产品,低碳出行、饮食、居住等节能低碳活动的宣传教育,提高全民低碳生活的意识,引导居民从衣、食、住、行等细微之处参与低碳生活。

第七,积极参与国际合作。我国积极参与和拓展与国际组织的合作,加强、深化与发达国家和发展中国家的务实合作。我国已与世界银行和全球环境基金合作开展了全球规模最大的可再生能源国际合作项目;与美国、欧盟、德国、英国、法国、澳大利亚、加拿大、日本等国家和地区建立了气候变化领域的对话和合作机制,签署了相关联合声明、谅解备忘录和合作协议等;为发展中国家援建 200 个清洁能源和环保项目,实施了 100个中非联合科技研究示范项目。

第四节　我国发展低碳经济的前景

一、我国推进低碳经济发展的政策动向

我国低碳经济政策体系包括循环经济促进法律政策、清洁生产法律

---

① 数据来源:中国统计年鉴 2014。

政策、产业结构转型促进政策等政策系统,涵盖农业、制造业、电力行业、交通运输、建筑、消费等领域。

(一)探索推进低碳经济发展的政策新动向

构建资源节约型、环境友好型工业体系。充分利用现有工业基础,加快构建结构优化、产业链完备、科技含量高、资源消耗低、污染排放少、可持续发展的工业体系。实现从依靠规模扩张、过度消耗能源的粗放发展模式向注重效率、质量和效益的可持续发展方式转变。继续加大企业技术改造的支持力度,积极开展"两型"企业的试点建设工作,探索钢铁、化工、有色金属等重点行业资源节约型、环境友好型模式。

调整产业结构,促进产业结构升级。"十二五"规划已明确指出:"严格控制高耗能、高排放和产能过剩行业新上项目,进一步提高行业准入门槛,强化节能、环保、土地、安全等指标约束,依法严格节能评估审查、环境影响评价、建设用地审查、严格贷款审批。建立健全项目审批、核准、备案责任制,严肃查处越权审批、分拆审批、未批先建、边批边建等行为,依法追究有关人员责任。严格控制高能耗、高排放产品出口。中西部地区承接产业转移必须坚持高标准,严禁污染产业和落后生产能力转入。"促进工业信息化深入发展,对运用高新技术对产业升级带动作用较大的重点项目和重污染企业的升级改造政府应给予重点支持。注意淘汰落后产能,完善落后产能退出机制。提高加工贸易准入门槛,促进其转型升级。

发展循环经济、减排温室气体。推进资源综合利用,我国先后发布的有关资源节约综合利用和环境保护的技术多达二百六十多项,为循环经济的发展提供了技术支持。加大发展循环经济的投融资政策支持,促进循环经济规模化发展,建设资源节约型和环境友好型社会。国家发改委、人民银行和证监会等部门制定的《支持循环经济发展的投融资政策措施意见》要求全面改进和提升支持循环经济发展的金融服务,通过拓展融资途径,加大利用国际资本等措施支持循环经济的发展。

加快节能减排技术的开发和应用。"十二五"规划要求加快节能减排共性和关键技术研发,各级政府和有关部门加大对节能减排研发的支持;注意加强节能减排技术的产业化,实施节能关键技术与设备的产业化,加快产业化基地建设;建立节能减排技术遴选、评定及推广机制;加强与有关国际组织或政府在节能环保领域的交流与合作,积极引进、吸收国外先进节能环保技术。

大力培育战略性新兴产业。着重从突破核心技术、完善产业链、创新商业模式等多方面努力,发展节能环保的新信息技术、新材料、高端装备制造、新能源汽车等战略性新兴产业,把节能减排目标的完成转化为对低碳产业的市场需求。

(二)政府行为的新动向

强化节能减排目标责任。依据"十二五"规划提出的合理分解节能减排指标的要求,将经济水平、产业结构、节能潜力、环境容量等因素进行综合考虑,把我国的节能减排目标合理分解到不同地区、不同行业。各地区的各级政府、有关部门要依据国家下达的节能减排指标层层分解落实,明确重点用能单位和排污单位的责任。

健全节能减排统计、监测和考核体系,统一统计口径和分析方法。加强能源生产、流通、消费统计,建立建筑、交通运输、公共机构能耗统计制度,建立各个地区单位国内生产总值能耗指标的季度统计制度,提高能源统计的准确性和及时性。完善节能减排考核办法,加强氨氮、氮氧化物排放统计监测,做好全国和各地区单位国内生产总值能耗、主要污染物排放指标公报工作。加强目标责任评价考核。建立各省级政府和有关部门对国务院报告节能减排目标完成情况的年度汇报制度和年度节能减排目标责任评价考核制度,并且将考核结果向社会公告。在一定程度强化考核结果的运用,将节能减排目标完成情况作为综合考核领导干部的重要内容,实行"问责制"和"一票否决"制,对成绩突出的地区、单位和个人给予表彰奖励。

加强节能减排管理,合理控制能源消费总量。建立能源消费总量控制、目标分解落实到各级地方政府的机制。强化重点用能单位节能管理,落实目标责任制。建立健全企业能源管理体系,扩大能源管理试点。节能主管部门每年对企业节能目标完成情况进行考核,公告考核结果。对未完成年度节能任务的企业,强制进行能源审计,限期整改。中央企业要自觉接受所在地区节能主管部门的监管。促进农业和农村节能减排,加强工业节能,推动建筑、交通运输节能减排,加强公共机构节能减排。

完善有利于节能减排的税收政策体系。主要分为鼓励类和限制类两大类,通过税收等激励措施鼓励能源的节约,或是通过惩罚性的措施限制高污染、高能耗产业的发展。例如,节能减排的限制类政策中,高污染、高能耗、资源型产品的出口退税将逐步被取消,最终实现零退税。进而加工贸易禁止类目录或限制类目录的设置也会与取消出口退税商品清单相结合。我国的税收政策逐渐由以区域为主向以产业为主转变,节能减排的税收政策正是产业政策的重要组成部分。

(三)我国低碳经济法制前景

我国以一个负责任大国的态度积极采取各种措施发展低碳经济,并积极应对气候变化这一全人类面临的长期性问题。我国低碳经济法制的发展会随着应对气候变化的形势而更高效。

第一,注意构建符合我国国情的低碳经济法律体系。全球性的气候变化问题因各国的实际情况各有差异,因此我国进行应对气候变化的法制建设时特别需要紧密结合我国的国情。同时,注意维护我国环境利益中的核心利益——国家环境安全,防止与气候变化紧密关联的自然灾害等问题造成社会动荡,主要表现为碳循环异常导致水循环异常,进而导致旱涝灾害和水土流失问题。

第二,完善我国气候变化立法体系。在既有的法律框架下,通过完善大气污染防治法构建我国应对气候变化的法律体系。尽快出台综合性的能源基本法,进而统率能源立法。我国虽已出台《节约能源法》《煤炭法》《可再生能源法》等单行法,但这些单行法都只是对能源问题的某些方面加以规定,不是综合性的能源基本法。

第三,建立健全与发展低碳经济相关的主要法律制度。创建"碳排放的总量管制与交易"制度,发挥市场在调节温室气体排放中的作用。同时,我国法律还需要为低碳技术研发及其所需资金提供制度性保障。

二、我国发展低碳经济的政策支持构想

(一)政策策略

第一,提高碳减排技术的战略地位,将其置于与提高能源效率和改善能源结构相同的高度。实现温室气体减排和发展低碳经济的两大战略分别是提高能源效率和改善能源结构。随着我国经济的发展,温室气体排放总量的增加使得我国面临降低温室气体排放强度的巨大压力。因此,我国需要加大促进低碳技术发展的力度。此外,我国现实的能源结构决定了煤炭将在相当长的一段时期内在能源消费中占据较大的比重,因此煤炭的低碳化利用技术对我国温室气体减排具有重要意义。我国需要建立反映温室气体减排成本的制度体系,进而刺激低碳技术的发展,并建立专门的基金支持碳吸收和碳封存技术的研究与推广。低碳技术促进政策与提高能源效率和改善能源结构的政策具有相关性,甚至存在交叉,但后二者并不能包含全部低碳技术促进政策。

　　第二，注重发展低碳经济政策与其他经济社会政策的有效统一。在温室气体减排与其他公共政策目标之间建立紧密的联系，通过加强政策之间的一体化规制实现最佳的政策效果。例如，可以将节能减排指标的地区分配与我国地区和个人之间发展和收入不平衡的问题结合起来，坚持"确保生存排放，限制奢侈排放"的原则，将减排向欠发达地区倾斜。对于消费领域，应当以碳足迹测算为依据，对碳足迹高的产品征收较高的环境税，进而有利于保障基本的碳排放需求。再如，提高建筑质量、注重长远规划、谨慎拆迁的社会政策，一方面可以避免许多社会矛盾，另一方面还可以避免因重复建设而导致的气体排放增长问题。此外，可以尝试将温室气体排放社会成本内部化的基本政策，这对长期温室气体减排和低碳技术的发展具有至关重要的意义，然而目前，这个方面在我国尚为空白领域。

　　(二)政策手段

　　我国在构筑减排温室气体、发展低碳经济的宏观政策体系方面取得了重要的成绩，但是可操作性较强的具体实践政策、措施却相对滞后。当前，我国的温室气体减排措施主要集中在行政调控手段，诸如节能目标的责任考核、温室气体排放量的考核、能效标识和限额等，以及税费等市场调控措施。但是调动企业自愿报告、自愿减排温室气体的鼓励性措施、社会性合作的调控、监督措施却几乎空白。

　　因此，政策手段上，需要注重对命令强制式控制手段进行改造，引入引导温室气体减排的经济手段和社会手段，把命令式政策与自愿性政策、控制式手段与经济手段进行组合，在保障政策手段效能的同时，使其更具有弹性和灵活性。

　　(三)政策领域

　　低碳经济的发展和温室气体减排目标的实现，需要各个重要领域的积极配合,可见促进低碳经济发展的政策是一个涉及各领域、各行业的综合性政策体系。我国目前促进低碳经济发展的政策已经涉及农业、工业、交通、建筑等诸多领域,但是仍然有一些领域处于政策缺位状态。例如,社会领域的低碳政策仍不到位,林业碳汇交易和补偿制度的缺位等。

低碳经济的发展不仅是生产领域的问题,更涉及消费领域和社会领域。我国居民根深蒂固的消费习惯和低碳消费、低碳生活意识的缺失使得我国有必要在消费领域出台更具体性的规则或政策。应该让社会公众了解并认识应对气候变化的重要性和发展低碳经济的紧迫性,增强全社会应对气候变化的意识,形成低碳绿色的生活方式和消费模式,倡导健康、文明的消费观念,抑制奢侈消费。我国需要构建社会领域的低碳发展理念——存量型社会,即在基础设施和建筑修建等资源消耗较高的领域充分考虑几代人的可持续利用。强调企业的社会责任感,引导企业生产方式的转变,逐渐形成全民应对气候变化的体制和机制。

(四)政策执行保障和监督

发展低碳经济和节能减排政策的执行需要组织保障和监督。目前我国已经在国家层面建立了节能减排气候变化应对领导小组和专门应对气候变化的机构。相对而言,地方层面的组织保障仍存在不配套和不规范的情况,需要不断补充、构建和完善。

近年来,在推行低碳经济发展和节能减排相关政策的过程中,我国已形成限批制度、挂牌督办制度、考核及问责制度、约谈制度等一系列相对成熟的制度体系。然而,我国低碳经济发展和节能减排相关政策的外部监督体系的构建并不完善,例如信息公开制度、公开听证制度、公益诉讼制度等尚处于缺位状态。为了提高低碳经济政策的实施效果,应当在温室气体减排信息的公开、重大项目立项的公开听证、允许公民或环保团体就行政不作为提起公益诉讼等方面积极构建外部监督体系。

参考书目：

1. 蔡林海：《低碳经济大格局》，经济科学出版社，2009 年。

2. 中国城市科学研究会：《中国低碳生态城市发展战略》，中国城市出版社，2009 年。

3. 陶良虎：《中国低碳经济面向未来的绿色产业革命》，研究出版社，2010 年。

4. 中国人民大学气候变化与低碳经济研究所：《低碳经济——中国用行动告诉哥本哈根》，石油工业出版社，2010 年。

5. 中国人民大学气候变化与低碳经济研究所：《中国低碳经济年度发展报告（2012）》，石油工业出版社，2012 年。

6. 国务院发展研究中心课题组：《"十一五"期间至 2020 年我国经济社会发展的突出矛盾、基本任务、前景展望和政策取向》，《经济学动态》，2005 年第 11 期。

7. 冯相昭、邹骥：《中国 CO_2 排放趋势的经济分析》，《中国人口资源与环境》，2008 年第 3 期。

8. 周宏春：《当前发展低碳经济的重点与政策建议》，《中国发展观察》，2009 年第 8 期。

9. 于林：《我国发展低碳经济的制约因素研究》，《山西财经大学学报》，2011 年第 4 期。

10. 景思江、张露：《中国经济低碳发展的现实考量和发展方向》，《湖北工业大学学报》，2015 年第 6 期。

11. 刘兰翠：《我国二氧化碳减排问题的政策建模与实证研究》，中国科技大学博士论文，2006 年。

12. 曹德明等：《"中国已有相关法律与应对气候变化内容分析"课题中期报告：中国已有相关法律与应对气候变化内容分析》，2011 年。

思考题：

1. 谈谈我国能源消费结构与发展低碳经济的关系。

2. 简述我国低碳经济的发展现状。

3. 分析我国发展低碳经济面临的主要挑战。

4. 促进我国低碳经济发展的对策。

第十二章

区域发展的格局与走向

第一节　我国区域发展总体战略

我国幅员辽阔,各地自然条件和资源禀赋差异巨大,呈现明显的地域差异,因此区域发展不平衡一直以来是我国发展中存在的突出问题。自1949年新中国成立以来,伴随不同时期历史背景我国制定了不同的区域经济发展路线。

一、平衡发展思路

旧中国70%以上的工业和近代交通设施都偏集于东部沿海几个城市,地区发展严重失衡。鉴于此,新中国在相当长的一段时期内,高度重视沿海和内地的合理布局,从平衡工业布局和国防安全的角度出发,向经济落后地区规划布局生产力,通过行政手段把许多工业生产活动安置在内陆区域,实行大区协作的区域均衡发展战略。

　　突出表现在国家投资布局的两次大规模的"西进"和各地区建立独立工业体系。第一次大规模"西进"是从 1949 年到 1965 年国家"三五"计划时期,中国开始了以重工业为主的大规模基本建设,对西部地区进行的大规模投资使得西部经济得以发展,城市化进程也渐上轨道。第二次大规模"西进"是 1966 年开始的延续近十年的"三线建设"时期。沿海地带的工业、投资、人才持续转向西部地区和处于过渡地带的中部地区,"三线"工业企业和城市迅速崛起。

　　大规模"西进"和各地建立的独立工业体系,形成了一批工业基地,奠定了内地工业化的基础。区域均衡发展战略改善了我国工业极端薄弱的状况,使我国能源、机械等重工业初具雏形。这一时期的区域经济发展思路虽然改善了边远地区的落后状况,开发了自然资源的同时建成大量的基础工业,但是具有显著的国防和政治导向,经济运转效率低下,过分追求区域平衡发展,忽视了沿海地区工业的发展,使得上海、华北等老工业基地的作用和潜力远未得到发挥和加强,严重制约了沿海地区的经济增长,再加上各地区盲目追求经济自成体系,使得这一时期工业布局部分严重脱离现实条件,经济效率明显偏低。

二、非平衡发展战略

　　在党的十一届三中全会把工作重点转移到社会主义现代化建设上来的指导下,我国区域经济发展战略也由平衡发展转向了不平衡发展,突出表现在效率目标取代公平目标得到优先考虑上。这一过程,从 1978 年开始,经过几十年不断地摸索逐渐形成,至今还在影响我国区域经济的大格局。

　　随着不均衡发展战略的实施,我国采取了"东倾"的区域政策,在投资布局、对外开放及政策优惠等方面,优先支持区位和经济条件较好的沿海地区,梯度推移理论成为决策部门划分东、中、西三大经济地带的依据。东部拥有明显的区位优势和较好的经济发展条件,获得中央倾斜的优惠政策。借此,东部地区利用资源要素的极化效应,经济活动快速发展和集聚。在区域非均衡发展思路的推动下,东、中、西三大地带政策梯度差距逐渐显现。东部的深圳、珠海、汕头、厦门、海南等经济特区由于自然禀赋和社会经济条件较好,有广阔的经济腹地,率先利用对外开放的优惠政策,引进先进的技术和管理,城乡多种类型的民营经济和外资经济迅速崛起,经济和社会面貌都发生了深刻而广泛的改善,对内陆地区也有强大的示范和带动作用。

由于市场的自发作用和体制政策的不完善,我国区域经济发展存在一些问题。第一,地区差距不断扩大。虽然改革开放以来,东部、中部和西部三大经济地带经济实力均有较大幅度的提高,但"东倾"的区域发展思路使得地区差距不断扩大尤其是东、西部的差距。由于传统制度和自身条件的限制,中、西部地区的市场发育缓慢,外部资金进入受到规模限制等因素都造成中、西部的发展缓慢。同时,为支持"东倾"的区域发展政策,中、西部地区的资源不断被输送到东部,承担了较重的区域发展成本。

第二,地区市场分割加剧。随着地方政府经济权限的扩大和地方财政包干体制的实施,地方政府为了增加当地财政收入,建立自成系统的工业体系,采取种种手段和设置壁垒,对本地市场进行保护。这造成区域之间结构趋同和重复建设问题严重,加剧了地区之间的摩擦,区际分工合作难以实现,产生过度的竞争内耗,进一步影响全国统一市场的形成,阻碍生产要素的合理流动,导致区域市场分割与混乱。

三、区域协调发展

伴随改革开放的深入,我国的经济社会结构发生了深刻变化,城乡差距、地区差距持续拉大、生态环境不断恶化等问题涌现,我国正式把促进区域经济协调发展提到了战略高度。开始强调引导地区经济协调发展,促进全国经济布局合理化;并强调加快开放步伐,发展对外经济合作,促进中、西部地区的开发和振兴,以"西部大开发"战略的实施为标志,我国开始实施第三次区域发展战略调整。

"八五"计划提出"正确处理发挥地区优势与全国统筹规划、沿海与内地、经济发达地区与较不发达地区之间的关系,促进地区经济朝着合理分工、各展其长、优势互补、协调发展的方向前进";"九五"计划要求"坚持区域经济协调发展,逐步缩小地区发展差距";"十五"计划指出"实施西部大开发战略,加快中西部地区发展,合理调整地区经济布局,促进地区经济协调发展";"十一五"规划进一步强调了区域协调发展的指导思想,提出"根据资源环境承载能力、发展基础和潜力,按照发挥比较优势、加强薄弱环节、享受均等化基本公共服务的要求,逐步形成主体功能定位清晰,东中西良性互动,公共服务和人民生活水平差距趋向缩小的区域协调发展格局";"十二五"规划指出"推进新一轮西部大开发,全面振兴东北地区等老工业基地,大力促进中部地区崛起,积极支持东部地区率先发展,加大对革命老区、民族地区、边疆地区和贫困地区扶持力度……按照全国经济合理布局的要求,规范开发秩序,控制开发强度,形成高效、协调、可持续的国土空间开发格局。"

自 2000 年以来,我国先后启动实施"西部大开发、振兴东北老工业基地、促进中部地区崛起和鼓励东部地区率先发展"的区域发展总体战略。

根据各区域的特点和问题,形成了各有侧重的区域发展格局。在区域协调发展战略下,我国经济规划逐渐从东、中、西部的三区划分过渡到东部、中部、西部和东北的四大区域规划。以经济联系性、地域同质性,以及历史承接性为基本框架的主体功能区规划大体形成。区域发展总体战略建立在"四大板块"的区域划分基础之上,主要针对各地资源禀赋和经济发展水平的差异,中西部地区解决贫困落后问题,东北地区解决萧条问题,东部地区解决膨胀问题。可以说,东、中、西部地区良性互动,区域协调发展的区域发展格局已基本形成。

但是这种区域发展思路存在一定的问题:首先,它难以解决区域间产业结构同质化问题。我国区域发展出现了忽略区域差异和各自优势的问题,纷纷发展相似甚至相同的产业结构,重复引进、重复建设情况突出。其次,它难以解决区域之间的经济冲突。"四大板块"的区域划分没有突破行政区划,区域管理仍以行政区管理为基础,各地自然会为追求政绩尽力维护本地区企业的利益。再次,它难以发挥区域政策的有效性。"四大板块"的划分过于宽泛,板块内部经济社会发展差异较大,区域政策的实施针对性较差,难以发挥应有的作用。

四、主体功能区发展思路

"十一五"规划提出将国土空间划分为优化开发、重点开发、限制开发和禁止开发四类主体功能区。党的十七大报告进一步把优化国土开发格局、推进形成主体功能区作为未来经济发展的一项重要战略任务加以部署。

优化开发区域是指国土开发密度已经较高、资源环境承载能力开始减弱的区域。这类区域一般是中国经济发展的主体区域,一方面需要继续保持带动全国经济社会发展的"龙头"的地位;另一方面需要转变经济增长方式、培育发展新优势,改变高污染、高消耗的经济增长方式。

重点开发区域是指资源环境承载能力较强、经济和人口集聚条件较好的区域,这类区域将来会逐步成为接续全国经济发展和人口集聚的重要载体,在不破坏生态环境的前提下,承接优化开发区域的产业转移和限制开发、禁止开发区域的人口转移。

限制开发区域是指资源环境承载能力较弱、大规模集聚经济和人口条件不够好,并关系到全国或较大区域范围生态安全的区域,还包括一些保障国家食物安全的农业区等,这类区域以生态修复和环境保护为主,同时也允许因地制宜地发展资源环境可承载的特色产业。

禁止开发区域是指依法设立的各类自然保护区域,主要包括国家级自然保护区、世界文化自然遗产、国家重点风景名胜区、国家森林公园、国家地质公园等,这类区域要依据法律法规规定和相关规划实行强制性保护,控制人为因素对自然生态的干扰。

主体功能区源于西方国家空间规划的思想,是在区域资源环境承载能力和发展空间基础上提出的区域划分与发展方案。根据不同区域的资源环境承载能力、现有开发密度和发展潜力等条件,统筹考虑我国的经济布局、人口分布、国土利用和城镇化格局,按照主体功能的定位调整规范开发秩序,形成合理的空间开发结构。

五、现行区域战略框架

党的十七届五中全会提出:"实施区域发展总体战略和主体功能区战略,构筑区域经济优势互补、主体功能定位清晰、国土空间高效利用、人与自然和谐相处的区域发展格局,逐步实现不同区域基本公共服务均等化,促进区域协调发展。"

　　将主体功能区建设与区域经济发展总体战略相结合,有利于解决"四大板块"在区域划分上的问题,同时可以对不同地区制定针对性较强的政策,是我国促进区域协调发展的重大举措。主体功能区战略强调按照资源环境承载能力在"四大板块"的基础上进行细分,以区域自身特点为前提进行差别化发展,同时各个板块仍享受国家的区域优惠政策,这有利于更好地协调空间发展格局、构建和谐区域关系、实施更有效的区域调控。

　　自党的十八大以来,我国提出和推动一系列全新区域发展战略和举措,从推动丝绸之路经济带和21世纪海上丝绸之路建设,到京津冀协同发展,再到建设长江经济带,再加上上海、天津、福建、广东自由贸易实验区的建设,这些战略举措正在推动形成我国经济社会发展新区域经济带。这一轮的区域经济发展思路重视跨区域规划,注重优势区域的带动作用,提高区域政策精准性。"一带一路"和"长江经济带"战略是向更大的空间拓展,并兼顾进一步开放的考虑;丝绸之路经济带,汇聚东、中、西部各地区协同发展、共同繁荣;京津冀协同发展和自由贸易区是区域经济协调深化发展,更好发挥市场在资源配置中的决定性作用,带来区域经济发展组织和方式的深化。

　　总之,新一轮区域经济发展的机遇正在到来,东、中、西、东北地区有着各自不同的发展机会,发挥各地区独特优势,积极开展区域经济合作,是每一个地区都应积极而又审慎努力的方向。

第二节 典型区域情况分析

一、长江三角洲地区

长江三角洲(简称长三角)是我国最大的河口三角洲,覆盖江苏省东南部、上海市及浙江省杭嘉地区。从行政区划的角度来看,长三角经济区包括两种含义:一是广义的长三角经济区,包括江、浙、沪两省一市;另一个是狭义的长三角经济区,包括江、浙、沪三地的 25 个城市,即上海市,江苏省的南京、苏州、无锡、常州、扬州、徐州、连云港、淮安、盐城、宿迁、镇江、泰州、南通等 13 个城市和浙江省的杭州、宁波、湖州、嘉兴、舟山、绍兴、温州、金华、衢州、丽水、台州 11 个城市。长三角地区已成为我国经济发展的一个重要增长极,同时对推动我国其他地区的发展发挥着较强的辐射作用。本部分讨论的长三角城市群是指 25 个城市构成的狭义的长三角。

(一)长三角地区经济兴起的背景

新中国成立后,基于当时国民经济状况,我国区域发展战略和思路更多地考虑国防和经济安全的需要,投资建设的重点集中在内地工业,致使长三角地区经济发展放缓,但其经济发展仍高于全国平均水平。"四五"时期(1971—1975 年),根据经济发展状况和战备的要求,南京和上海等地开始建设大型钢铁、石油化工企业等。"四五"后期,我国投资重点开始向东转移,长三角再次获得发展的机会。特别是改革开放之后,我国先后制定了空间"T"型布局的沿海、沿江开发开放战略。长三角凭借位于"T"型区核心的优势,在基础设施建设、经济布局、项目投资、对外开放等方面获得了许多倾斜性政策。20世纪90年代,我国实施开发开放上海浦东的战略,促使长三角的经济发展又一次腾飞,现已发展成为中国经济持续增长的强大"引擎"之一。

(二)长三角地区经济发展的现状

1. 综合经济实力强

长三角地区经济在全国占有重要地位。2011年长三角地区的国内生产总值为81982.42亿元,占全国的比重达到17.09%。之后,长三角地区的GDP绝对值一直保持逐渐增加,到2014年该地区的GDP增长为106011.04亿元,是2011年的1.2倍。但是长三角地区GDP的增长率出现不断下降的趋势,由2011年的14.77%下降到2014年7.78%。同时,长三角GDP占全国的比重也一直小幅下降,2011年长三角占到全国的17.09%,发展到2014年该比例下降到16.71%。

表12-1　长三角地区GDP及占全国的比重　　　　单位:亿元,%

年份	长三角GDP	增长率	长三角占比
2011	81982.42	14.77	17.09
2012	89984.95	8.89	16.89
2013	97760.29	7.95	16.76
2014	106011.04	7.78	16.71

数据来源:依据2011—2014年长三角地区城市历年统计年鉴和中国统计年鉴计算得到。

2. 对外经济合作活跃

贸易方面,长三角地区的贸易总额呈现波动中逐渐增长的趋势,2011年增长率为37.05%,达到12204.60亿美元;2012年出现小幅下降,负增长率为0.07%,进出口额达到12196.08亿美元。之后,2013和2014年又逐渐回升并超过2011年的水平,增长率分别为1.68%和3.58%,进出口额达到 12404.17 和 12865.03 亿美元。长三角地区是我国对外贸易比较活跃的地区,其贸易额占全国的比重一直保持在百分之三十左右,但有小幅下降。同时,长三角地区对外贸依存度也出现小幅下降,由 2011 年的 17.47% 下降到 2014 年的 13.16%。这说明,长三角地区的经济发展对外贸的依赖程度有所下降。

表12-2 长三角地区贸易额、占比及外贸依存度　单位:亿美元,%

年份	进出口额	增长率	长三角占比	外贸依存度
2011	12204.60	37.05	33.51	14.89
2012	12196.08	-0.07	31.54	13.55
2013	12404.17	1.68	29.82	12.69
2014	12865.03	3.58	29.90	12.14

数据来源:依据2011—2014年长三角地区城市历年统计年鉴和中国统计年鉴计算得到。

　　外商直接投资方面,长三角地区的外商直接投资实际到位金额呈现逐渐增长的趋势,由 2011 年的 510.70 亿美元增长到 2013 年的 585.83 亿美元,但是其增长率却是逐渐减小的,由 18.10% 下降到 8.95% 和 3.76%。2014 年实际利用外商直接投资金额出现了下降,仅为566.87 亿美元,负增长 2.82%。长三角地区的实际利用外商直接投资金额占全国的比重一直保持在44%至50%左右,说明长三角地区是我国吸引、利用外资的重要集聚地区。但是从外资依存度的指标来考虑,从 0.62% 下降到0.53%,说明长三角地区经济发展对外资的依赖程度呈现逐渐下降的趋势。

表 12 -3　长三角地区外商直接投资额、占比及外资依存度

单位:亿美元,%

年份	外商直接投资额	增长率	长三角占比	外资依存度
2011	510.70	18.10	44.02	0.62
2012	560.89	8.95	50.21	0.62
2013	582.83	3.76	49.57	0.59
2014	566.87	-2.82	47.41	0.53

数据来源:依据2011—2014年长三角地区城市历年统计年鉴和中国统计年鉴计算得到。

3.产业结构不断优化

2011 年至 2014 年,长三角地区的第一、二、三产业的增加值均呈现逐渐增长的态势。第一产业增加值由 2011 年的 2639.39 亿元逐渐增长到 2014 年的 3144.34 亿元。第二产业增加值由 41186.56 亿元增加到 48506.02 亿元。第三产业增加值由 38156.69 亿元增加到 53260.68 亿元。由表 12 -4 可见,第一、二、三产业增加值的增长率却均呈现逐渐下降的趋势,同时,增加值增长的速度第三产业一直高于第二产业,第二产业一直高于第一产业。2013 年,长三角地区一改之前"二、三、一"的产业结构,第三产业增加值超过第二产业增加值,实现了产业结构向"三、二、一"结构的转变。

表 12 -4　长三角地区产业结构情况　　单位:亿元,%

年份	第一产业增加值	增长率	第二产业增加值	增长率	第三产业增加值	增长率
2011	2639.39	12.97	41186.56	12.81	38156.69	17.01
2012	2870.71	8.06	43958.01	6.30	43156.26	11.58
2013	3065.32	6.35	46340.42	5.14	48354.62	10.75
2014	3144.34	2.51	48506.02	4.46	53260.68	9.21

数据来源:依据2011—2014年长三角地区城市历年统计年鉴和中国统计年鉴计算得到。

二、珠江三角洲地区

珠江三角洲地区位于我国广东省的中南部,濒临南海,地处珠江下游和出海口。1994 年广东省委在七届三次全会上首次正式提出"珠三角"概念;2008 年底,国务院下发《珠江三角洲地区改革发展规划纲要》,标志着珠三角一体化上升为国家发展战略。本部分所讨论的珠江三角洲地区是经济意义上所讲的"小珠三角",经过多年的发展其所涵盖的范围也发生了一些调整,扩大为广州、深圳、佛山、珠海、东莞、肇庆、江门、中山、惠州 9 个城市和香港、澳门 2 个特区。

(一)珠三角地区的发展历史

新中国成立初期推行重工业化战略,由于珠三角地区煤炭、铁矿等资源的缺乏,并且地处东部南海,基于国际政治形势的考虑,其工业发展并未得到重视。改革开放以后,珠三角地区利用濒临世界环球航道的区位优势和我国调整的相关区域政策,凭借地理和资源优势拥有推动经济、社会发展的有利条件。1979 年 1 月,深圳市和珠海市开始试办出口特区,同年 7 月我国批转了广东省委和福建省委《关于对外经济活动实行特殊政策和灵活措施的两个报告》,赋予地方更多的自主权。1980 年,批准设立深圳、珠海、汕头和厦门经济特区,并公布了《广东省经济特区条例》,标志着我国经济特区正式诞生。珠三角地区把握机遇,充分利用国家给予的"特殊政策、灵活措施",经济社会发展进入新的快速发展阶段,成为我国经济最有活力的地区之一。

(二)珠三角地区经济发展的现状

1.经济快速增长

2011 年珠三角地区 GDP 为 43966.15 亿元,之后,该地区 GDP 绝对值逐渐增加,到 2014 年该地区的国内生产总值增长为 57802.16 亿元,是 2011 年的 1.3 倍。但是珠三角地区 GDP 的增长率却呈现波动中不断下降的趋势,2011 年 GDP 增长率为 14.96%,2012 年下降 6 个百分点,仅为 8.22%,但是 2013 年增长率回升 1.5 个百分点左右,达到 9.71%,然而 2014 年增长率又出现下降,基本回到 2012 年的水平。同时,珠三角地区 GDP 占全国的比重呈现波动中维持在 9.0% 不断调整的态势,2011 年珠三角占到全国的 9.17%,2013 年占比出现小幅下降,达到 8.99%,2013、 2014 年珠三角所占比重有小幅回升,2014 年珠三角 GDP 占全国的比重达到 9.11%,基本恢复 2011 年的水平。

表 12 –5　珠三角地区 GDP 及占全国的比重　　　　单位:亿元,%

年份	珠三角 GDP	增长率	珠三角占比
2011	43966.15	14.96	9.17
2012	47905.76	8.22	8.99
2013	53060.52	9.71	9.10
2014	57802.16	8.20	9.11

数据来源:依据 2011—2014 年珠三角地区城市历年统计年鉴和中国统计年鉴计算得到。

2. 外向型特点显著

珠三角地区不仅是广东省进出口的集中区域,也是我国重要的贸易地区。2011 年至 2013 年该地区的进出口总额绝对值并保持不断增长的态势,由 8744.48 亿美元增长到 10471.89 亿美元。但是珠三角地区进出口的增长率却是不断上下波动的,2011、2012 和 2013 年的增长率分别为 14.11%、7.29% 和 9.93%。在 2014 年珠三角进出口额出现下降,负增长率为 1.74%,进出口额为 10293.06 亿美元。同样,珠三角贸易额占全国的比重呈现同样的变化,2011 年至 2013 年占全国的比例先出现逐渐上涨的趋势,由 24.01% 上涨到 25.18%,但在 2014 年出现下降,占到全国贸易额的 23.92%。另外,珠三角地区的外贸依存度虽然有小幅波动,但是一直保持在 20% 左右,这说明对外贸易对珠三角地区的经济发展基本维持在一个比较稳定的水平。

表 12 - 6　珠三角地区贸易额、占比及外贸依存度　单位:亿美元,%

年份	进出口额	增长率	珠三角占比	外贸依存度
2011	8744.48	14.11	24.01	20.09
2012	9432.37	7.29	24.39	19.89
2013	10471.89	9.93	25.18	19.69
2014	10293.06	-1.74	23.92	19.74

数据来源:依据 2011—2014 年珠三角地区城市历年统计年鉴和中国统计年鉴计算得到。

外商直接投资方面,珠三角地区的外商直接投资实际到位金额绝对值呈现一直增长的趋势,由 2011 年的 193.99 亿美元增长到 2014 年的 248.64 亿美元。但是其增长率却是不断波动的:2011 年其增长率是 5.10%,2012 年增长率快速上涨到 10.04%,但 2013 年增长率转而迅速下降到 6.48%,2014 年又回升到 7.26%。珠三角地区的实际利用外商直接投资金额占全国的比重一直保持小幅上涨的态势,由 2011 年的 16.7% 上涨到 2014 年的 20.80%,这说明珠三角地区吸引利用外资的能力在不断提升。但是珠三角地区的外资依存度的指标基本维持在 0.44% 左右,说明珠三角地区经济发展对外资的依赖程度保持一个平稳的状态。

表 12 - 7　珠三角地区外商直接投资额、占比及外资依存度

单位:亿美元,%

年份	外商直接投资额	增长率	珠三角占比	外资依存度
2011	193.99	5.10	16.72	0.44
2012	215.64	10.04	19.30	0.45
2013	230.58	6.48	19.61	0.43
2014	248.64	7.26	20.80	0.43

数据来源:依据 2011—2014 年珠三角地区城市历年统计年鉴和中国统计年鉴计算得到。

3. 产业结构合理

珠三角地区早已实现"三、二、一"的产业结构,其第一、二、三产业的增加值逐渐增长,但是三次产业的增速存在明显差异。第一产业增加值由 2011 年的 920.06 亿元逐渐增长到 2014 年的 1108.89 亿元,但是其增速是不断下降的,由 12.98% 一直下降到 4.86%,可见,第一产业对珠三角地区的经济发展的贡献程度在逐渐减小。第二产业增加值由 21287.07 亿元增加到 25958.22 亿元。在经历了 2011 年以 13.59% 的速度快速增长后,其增速在 2012 年突然出现剧烈下降,仅为 4.11%。之后的 2013 和 2014 年第二产业增加值的增速又出现回升,保持在 7.50% 左右。而第三产业增加值由 21759.02 亿元增加到 30735.05 亿元,但是其增长率却呈现逐年递减的态势,由 2011 年的 16.39% 下降到 2014 年的 9.08%。值得注意的是,第一、二、三产业增加值的增长率虽然整体上呈现逐渐下降的趋势,但增加值的增速一直保持第三产业高于第二产业,第二产业高于第一产业的状态。

表 12 - 8 珠三角地区产业结构情况 单位:亿元,%

年份	第一产业增加值	增长率	第二产业增加值	增长率	第三产业增加值	增长率
2011	920.06	12.98	21287.07	13.59	21759.02	16.39
2012	994.20	7.46	22198.36	4.11	24704.77	11.92
2013	1055.03	5.77	24020.35	7.59	27942.78	11.59
2014	1108.89	4.86	25958.22	7.47	30735.05	9.08

数据来源:依据 2011—2014 年珠三角地区城市历年统计年鉴和中国统计年鉴计算得到。

三、京津冀地区

京津冀地区是我国的首都所在地,以北京市、天津市为双核心,辐射河北省。该地区处于环渤海区域,是东北、华北经济区的交汇处,是我国特大城市最集中、科技和教育最发达的区域之一。京津冀地区具有雄厚的发展基础和广阔的发展前景,是我国经济最发达的地区之一。

(一)京津冀地区的经济发展历程

改革开放最初 10 年,京津冀地区经济处于不稳定的增长阶段。党的十一届三中全会后,京津冀经济发展较快的主要是高投资、低附加值的生产部门。三次产业增加值占 GDP 的比重变动不大,整体保持"二、三、一"的产业结构。1990 年之后,该地区第二、三产业的增速明显超出第一产业,第一产业比重稳定下降,第三产业比重快速提升。2002 年底,京津冀地区第三产业产值首次超过第二产业。"十一五"规划明确指出把天津滨海新区的开放和发展放在与上海浦东新区同等重要的位置,通过滨海新区的龙头作用带动整个京津冀地区的经济腾飞。

(二)京津冀地区经济发展现状

1.经济总量增长

2011年至2014年,京津冀地区GDP的绝对值呈现逐渐增加的趋势,由51419.59亿元增加到2014年的66474.47亿元,约是2011年的1.3倍。但是京津冀地区GDP的增长率却呈现不断下降的趋势,2011年增长率为16.21%,2014年的增长率比2011年下降了10个百分点,仅为6.47%。然而,京津冀地区GDP占全国的比重却呈现波动中不断调整的态势,2011年京津冀占到全国的10.72%,2012年该比值微幅上升0.03个百分点,为10.75%。2013、2014年京津冀GDP所占比重出现小幅下降,2014年京津冀GDP占全国的比重达到10.48%。尽管该比值出现微小的波动,但其基本保持在10%以上,这说明京津冀地区对全国GDP的贡献率保持在一个比较稳定的水平。

表12-9 京津冀地区GDP及占全国的比重　　　　单位:亿元,%

年份	京津冀GDP	增长率	京津冀占比
2011	51419.59	16.21	10.72
2012	57261.18	10.20	10.75
2013	62172.16	7.90	10.66
2014	66474.47	6.47	10.48

数据来源:依据2011—2014年京津冀地区历年统计年鉴和中国统计年鉴计算得到。

2.对外经济联系紧密

贸易方面,2011年京津冀地区的进出口总额绝对值为5464.81亿美元,2012年下降到5235.43亿美元,2013年出现明显上升,达到6125.08亿美元,2014年却下降为6094.42亿美元,整体呈现先下降再上升又下降的波动态势。这一点可以从京津冀地区GDP增长率指标看出,增长率自2011年的22.13%快速转变为负增长,之后以14.52%的增长率回升,2014年又出现负增长。同时,京津冀地区进出口贸易额占全国的比重呈现同样的变化,占比表现为先下降、再上升,最后又下降的规律,但整体上京津冀地区的贸易额在全国的比重是下降的态势,由 2011 年的 22.13% 下降到 14.16%。另外,京津冀地区的外贸依存度有所波动,由 2011 年的 10.63% 下降到 2012 年的 9.14%,之后上升为 9.85%,2014 年又出现下降,恢复为 2012 年的水平。这说明京津冀地区对外贸易在经济发展中的贡献有所下降。

表 12-10　京津冀地区贸易额、占比及外贸依存度　单位:亿美元,%

年份	进出口额	增长率	京津冀占比	外贸依存度
2011	5464.81	22.13	15.01	10.63
2012	5235.43	-4.38	13.54	9.14
2013	6125.08	14.52	14.73	9.85
2014	6094.42	-0.50	14.16	9.17

数据来源:依据 2011—2014 年京津冀地区历年统计年鉴和中国统计年鉴计算得到。

2011 年至 2013 年京津冀地区的外商直接投资实际到位金额绝对值呈现一直增长的趋势,由 247.86 亿美元增长到 317.99 亿美元,但是 2014 年却出现了明显的下降,达到 279.07 亿美元。同时,其增长率由 2011 年的 12.94% 先上升到 2012 年的 14.10%,之后一路下降,2013 年下降到 9.26%,2014 年甚至出现了负增长,为 13.95%。另外,京津冀地区实际利用外商直接投资金额占全国的比重却呈现先上升后下降的趋势,由 2011 年的 21.37% 上涨到 2013 年的 27.04%,在 2014 年又下降到 23.34%。这说明京津冀地区吸引、利用外资的能力在发生变化,基本呈现波动中不断上升的态势。同时,京津冀地区的外资依存度也是先上升再下降的趋势,由 0.48% 上升到 0.51%,又下降到 0.42%,整体来看京津冀地区经济发展对外资的依赖程度有所下降。

表12 −11　京津冀地区外商直接投资额、占比及外资依存度

单位:亿美元,%

年份	外商直接投资额	增长率	京津冀占比	外资依存度
2011	247.86	12.94	21.37	0.48
2012	288.56	14.10	25.83	0.50
2013	317.99	9.26	27.04	0.51
2014	279.07	−13.95	23.34	0.42

数据来源:依据2011—2014年京津冀地区历年统计年鉴和中国统计年鉴计算得到。

3. 产业结构明显优化

京津冀地区的产业结构早已实现"三、二、一"的布局。除了2014年第一产业增长值有所下降外,2011年至2014年京津冀地区的第一、二、三产业增加值均逐渐增长。第一产业增加值由2011年的3200.99亿元逐渐增长到2013年的3850.65亿元,2014年却是以1.12%的速度实现负增长,仅为3808.03亿元。同时其增速呈现整体不断下降的趋势,由2011年的11.38%下降到2012年的8.77%,2013年增速又有小幅上升,达到8.88%,但2014年出现急速下降,使得第一产业增加值出现负增长。第二产业增加值由2011年的22720.52亿元一直增加到2014年的27331.61亿元。但是其增速却是一直在递减,由16.96%一路下降13个百分点,2014年第二产业增加值的增速仅为3.44%。可见,第一、二产业对京津冀地区GDP的贡献度在逐渐下降。同时,第三产业增加值由25498.08亿元增加到35334.83亿元,同样其增长率整体上也呈现逐年递减的态势,由2011年的16.15%下降到2013年的9.08%,在2014年出现回升,增长率恢复到9.63%。值得注意的是,京津冀地区第一、二、三产业增加值的增长率虽然整体上均呈现下降的趋势,但一直保持第三产业的增速高于第二产业,第二产业高于第一产业,这再次说明京津冀地区三

次产业结构较为合理并且不断优化的特点。

表 12 - 12　京津冀地区产业结构情况　　　　　单位:亿元,%

年份	第一产业增加值	增长率	第二产业增加值	增长率	第三产业增加值	增长率
2011	3200.99	11.38	22720.52	16.96	25498.08	16.15
2012	3508.54	8.77	24722.98	8.10	29029.66	12.17
2013	3850.65	8.88	26391.08	6.32	31930.43	9.08
2014	3808.03	-1.12	27331.61	3.44	35334.83	9.63

数据来源:依据2011—2014年京津冀地区历年统计年鉴和中国统计年鉴计算得到。

四、三大经济区的对比分析

(一)生产总值分析

由表 12 - 13 可见,自 2011 年以来,三个地区的 GDP 均呈现增长趋势,但是长三角地区的生产总值远远大于珠三角和京津冀,具有绝对数量优势。京津冀地区的 GDP 总量一直位居第二,但是由图 12 - 1 可见,其与长三角地区的 GDP 绝对值之差却呈现不断扩大的态势,由 2011 年的30562.83 亿元增长到 2014 年的 39536.57 亿元,这说明京津冀地区的经济发展整体慢于长三角地区。而珠三角地区 GDP 总量一直保持在第三位,但是其与京津冀地区的生产总值的差距却有缩小的趋势,由 2011 年的 7453.44 亿元增长到 2012 年的 9355.42 亿元,之后又出现下降趋势,2013 年差距为 9111.64 亿元,2014 年差距缩小为 8672.31 亿元,这表明珠三角地区的整体经济发展速度较快。

表 12 −13　三个地区生产总值　　　　　　　　　　　　单位:亿元

年份	长三角	珠三角	京津冀
2011	81,982.42	43,966.15	51,419.59
2012	89,984.95	47,905.76	57,261.18
2013	97,760.29	53,060.52	62,172.16
2014	106,011.04	57,802.16	66,474.47

数据来源:依据长三角、珠三角,以及京津冀地区城市历年统计年鉴计算得到。

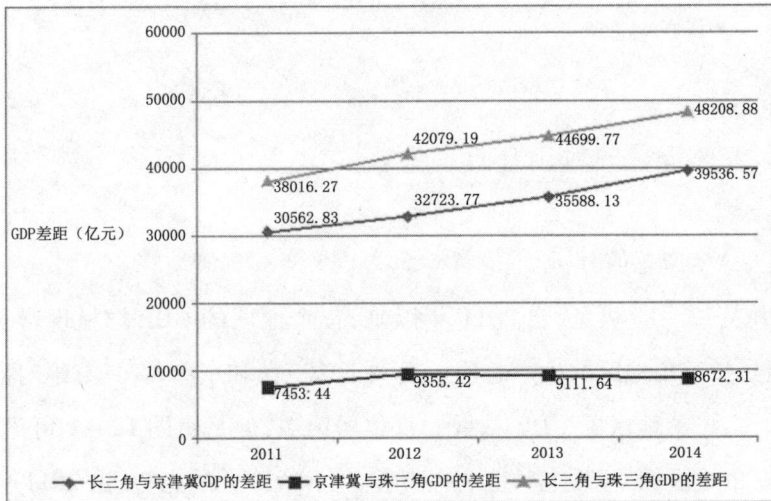

图 12 −1　三个地区生产总值的差距情况

数据来源:依据表 12 −13 数据绘制。

表 12 −14 展示了三个经济区的三次产业增加值占全国 GDP 比重的情况。京津冀地区的第一产业占生产总值的比重一直高于长三角地区和珠三角地区,说明第一产业对京津冀地区的 GDP 贡献大于其他两个地区。但是京津冀第一产业占比呈现减少的趋势,由 2011 年的 6.23% 下降到 2014 年的 5.73%,表明京津冀的产业结构正在作出调整。值得注意的

是,京津冀地区第三产业增加值的占比一直高于第二产业,并且伴随第一产业和第二产业增加值占比的缩小而不断扩大,2014 年已经达到53.16%,表明京津冀地区产业结构趋于合理。

长三角地区 2011—2012 年,第二产业增加值一直是生产总值增长的最重要组成部分,但是自 2013 年起,第三产业增加值占比开始超过第二产业,并且 2014 年在 GDP 中的占比上升为。

而珠三角地区在 2011 年第二产业增加值占比与第三产业几乎保持同一水平,到 2012 年已经实现第三产业增加值占比大于第二产业,并且第三产业占比不断扩大,说明珠三角地区的产业结构较为合理。

截至 2014 年,京津冀地区与珠三角地区的第三产业增加值占比基本持平,均高于长三角两个百分点左右。

表 12 - 14 　三个地区三次产业增加值占 GDP 比重 　　　单位:%

年份		2011	2012	2013	2014
长三角	第一产业	3.22	3.19	3.14	2.97
	第二产业	50.24	48.85	47.40	45.76
	第三产业	46.54	47.96	49.46	50.24
珠三角	第一产业	2.09	2.08	1.99	1.92
	第二产业	48.42	46.34	45.27	44.91
	第三产业	49.49	51.57	52.66	53.17
京津冀	第一产业	6.23	6.13	6.19	5.73
	第二产业	44.19	43.18	42.45	41.12
	第三产业	49.59	50.70	51.36	53.16

数据来源:依据长三角、珠三角,以及京津冀地区城市历年统计年鉴计算得到。

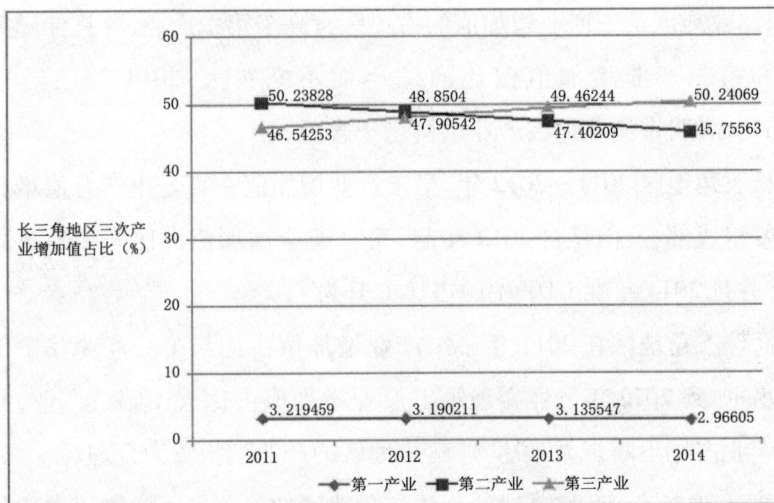

图 12 - 2　长三角地区三次产业增加值占比情况

数据来源:依据表 12 - 14 数据绘制。

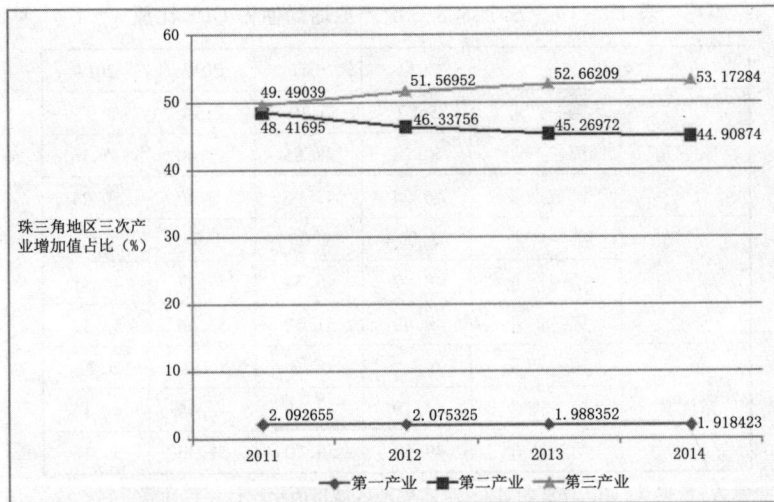

图 12 - 3　珠三角地区三次产业增加值占比情况

数据来源:依据表 12 - 14 数据绘制。

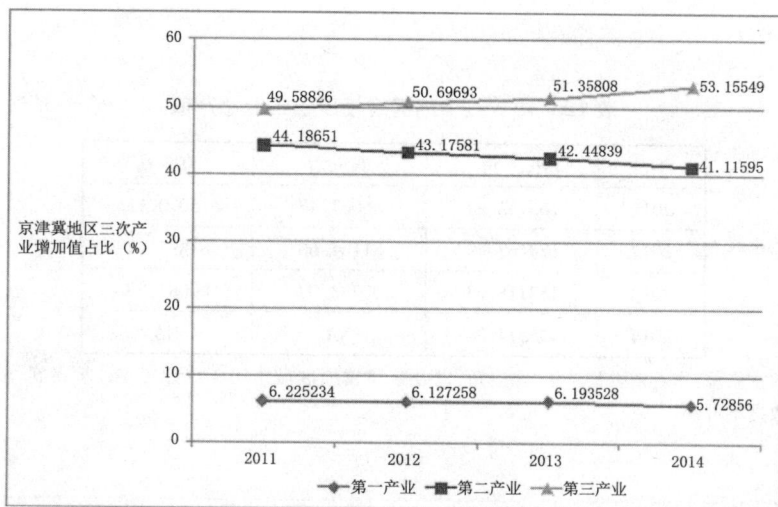

图 12 - 4 京津冀地区三次产业增加值占比情况

数据来源:依据表 12 - 14 数据绘制。

(二)工业情况分析

以年产量作为衡量企业规模的标准,国家对不同行业的企业都制定了规模要求,达到规模要求的企业就称为规模以上企业。本文只对规模以上企业产值作出统计与计算。由表 12 - 15 可见,长三角地区规模以上工业总产值远远大于珠三角和京津冀地区,在绝对数值上具有明显优势,并且呈现不断增加的趋势。

由图 12 - 5 可见,2011 年和 2013 年京津冀地区规模以上工业总产值均低于珠三角地区,但在 2012 年,京津冀地区规模以上工业总产值超过珠三角。可见,京津冀地区规模以上工业总产值保持一个快速增长的态势,但是其与长三角地区的差距仍然是巨大的,并且差距呈现逐年越来越大的态势,由 2011 年的 90672.82 亿元上升到 2014 年的 97030.10 亿元,这说明虽然京津冀地区规模以上工业总产值的增长幅度小于长三角地区。

表 12 –15　三个地区规模以上工业总产值　　　　　单位:亿元

年份	长三角	珠三角	京津冀
2011	165742.94	80067.47	75070.12
2012	173467.79	81164.60	81895.44
2013	187118.03	90733.07	90087.93
2014	195514.37	NA	NA

数据来源:作者依据长三角、珠三角,以及京津冀地区城市历年统计年鉴计算得到,注:NA代表数据不可得。

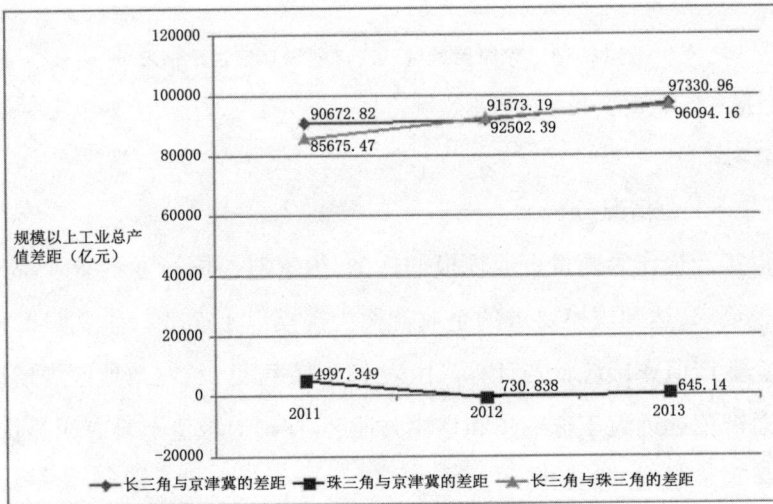

图 12 –5　三个地区规模以上工业总产值差距情况

数据来源:依据表 12 –15 数据绘制。

(三)固定资产投资分析

固定资产投资是建造和购置固定资产的经济活动,即固定资产再生产活动,包括固定资产更新(局部和全部更新)、改建、扩建、新建等活动。

固定资产投资是社会固定资产再生产的主要手段。固定资产投资额是以货币表现的建造和购置固定资产活动的工作量,它是反映固定资产投资规模、速度、比例关系和使用方向的综合性指标。

由表 12－16 可见,"十二五"以来,三大地区的固定资产投资均呈现不断增长的趋势。但是在总量上,长三角地区固定资产投资额明显高于珠三角和京津冀地区。京津冀地区固定资产投资额一直位居第二位,由图 12－6 可见,但是其与长三角地区的差距却呈现小幅增加的态势,由2011 年的 6282.08 亿元上升到 2014 年的 7856.65 亿元;与珠三角地区的固定资产投资差距也逐渐拉开,由 17377.24 亿元增长到 28346.02 亿元。可见近年来京津冀地区的投资力度在不断加大,但仍然落后于长三角。

表 12－16　三个地区固定资产投资额　　　　单位:亿元

年份	长三角	珠三角	京津冀
2011	36107.65	12448.33	29825.57
2012	42011.05	13974.46	34995.41
2013	47602.03	16056.89	40347.61
2014	53744.94	17542.27	45888.29

数据来源:依据长三角、珠三角,以及京津冀地区城市历年统计年鉴计算得到。

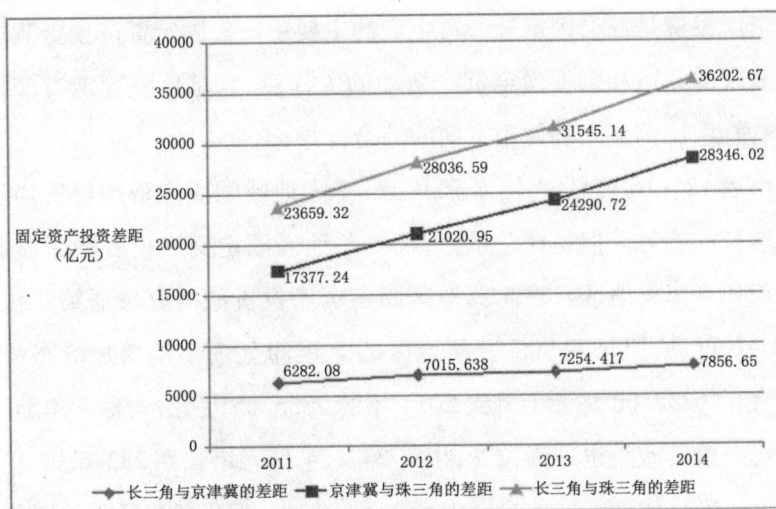

图 12 − 6 三个地区固定资产投资差距情况

数据来源:依据表 12 − 16 数据绘制。

（四）社会消费品零售总额分析

在各类与消费有关的统计数据中,社会消费品零售总额是最直接表现消费需求的数据。社会消费品零售总额是国民经济各行业直接售给城乡居民和社会集团的消费品总额,它反映各行业通过多种商品流通渠道向居民和社会集团供应的生活消费品总量,是研究国内零售市场变动情况、反映经济景气程度的重要指标。

表 12 − 17 展示了自"十二五"以来,三大地区的社会消费品零售总额均不断增长。但是在绝对数值上,长三角地区的社会消费品零售总额远远高于珠三角和京津冀地区,说明消费对经济发展的拉动作用在长三角地区发挥了更为重要的作用。

京津冀地区社会消费品零售总额一直位居三者中的第二位,由图 12 − 7 可见,但是其与珠三角地区更为接近,之间的差距较其与长三角地区更小,并呈现小幅增加的态势,由 2011 年的 3224.91 亿元上升到 2014 年的 4479.67 亿元。京津冀地区社会消费品零售总额与长三角之间的差距也逐年加大,由 9450.75 亿元增长到 14137.21 亿元。可见,虽然近年来京津冀地区的社会消费品零售总额在不断扩大,但仍然与长三角地区拥有较明显的差距。

表 12 -17　三个地区社会消费品零售总额　　　　　　单位:亿元

年份	长三角	珠三角	京津冀
2011	27781.61	15105.95	18330.86
2012	31532.22	16799.43	20878.23
2013	35448.69	18932.99	23362.23
2014	39664.06	21047.18	25526.85

数据来源:依据长三角、珠三角,以及京津冀地区城市历年统计年鉴计算得到。

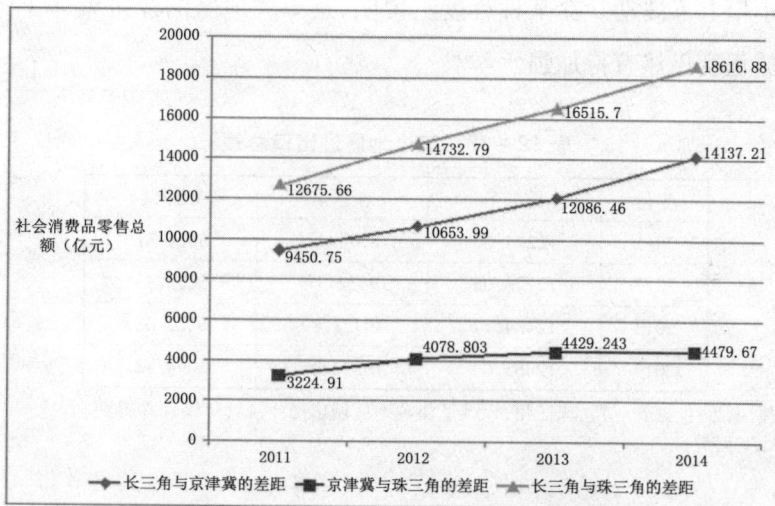

图 12 -7　三个地区社会消费品零售总额差距情况

数据来源:依据表 12 - 17 数据绘制。

（五）对外经济联系分析

由表 12 - 18 可见,自"十二五"以来,长三角地区的进出口总额是在 2012 年下降之后不断增长,由 2012 年的 12196.08 亿美元上升到 2014 年的 12865.03 亿美元;珠三角地区的进出口总额前三年一直增长,2013 年达到 10471.89 亿美元,在 2014 年又下降到 10293.06 亿美元;而京津冀地区的进出口总额则波动得较为频繁,在 2012 年和 2014 年前后两次出现下降,但整体上仍然保持不断上涨的态势。京津冀进出口总额在三个城市群中一直保持最少,稳居第三位。同时,珠三角地区位居第二位,而长三角地区则一直保持在第一位。

图 12 - 8 所示,长三角与京津冀地区进出口总额的差距呈现波动中不断上升的态势,说明京津冀的进出口总额增长速度慢于长三角地区。而珠三角地区的进出口总额与京津冀地区的差距在 2012 年上升之后,又出现小幅上下波动。在某种程度上说明,京津冀地区的经济整体上的对外开放程度仍然有待加强。

表 12 - 18　三个地区进出口总额　　　　单位:亿美元

年份	长三角	珠三角	京津冀
2011	12204.60	8744.48	5464.81
2012	12196.08	9432.37	5235.43
2013	12404.17	10471.89	6125.08
2014	12865.03	10293.06	6094.42

数据来源:依据长三角、珠三角,以及京津冀地区城市历年统计年鉴计算得到。

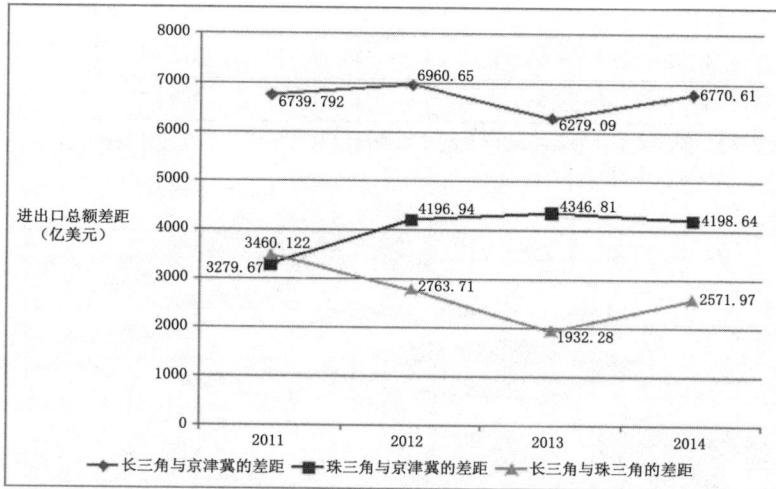

图 12 - 8 三个地区进出口总额差距情况

数据来源:依据表 12 - 18 数据绘制。

表 12 - 19 显示了三大地区外商直接投资实际到位金额,也是说明地区经济开放程度的一项具体指标。整体上,长三角的外商直接投资实际到位金额一直在三个城市群中保持第一位,但金额出现波动,自 2011 年的 510.70 亿美元上升至 2013 年的 582.83 亿美元,但 2014 年又下降为566.87 亿美元;珠三角地区的外商直接投资实际到位金额最少,但呈现一直上升的趋势,由 193.99 亿美元上涨到 248.64 亿美元;而京津冀地区的外商直接投资实际到位金额保持在第二位,先上升到 317.99 亿美元,在 2014 年又下降到 279.07 亿美元。

表 12 -19 三个地区外商直接投资实际到位金额 单位:亿美元

年份	长三角	珠三角	京津冀
2011	510.70	193.99	247.86
2012	560.89	215.64	288.56

续表

| 2013 | 582.83 | 230.58 | 317.99 |
| 2014 | 566.87 | 248.64 | 279.07 |

数据来源:依据长三角、珠三角,以及京津冀地区城市历年统计年鉴计算得到。

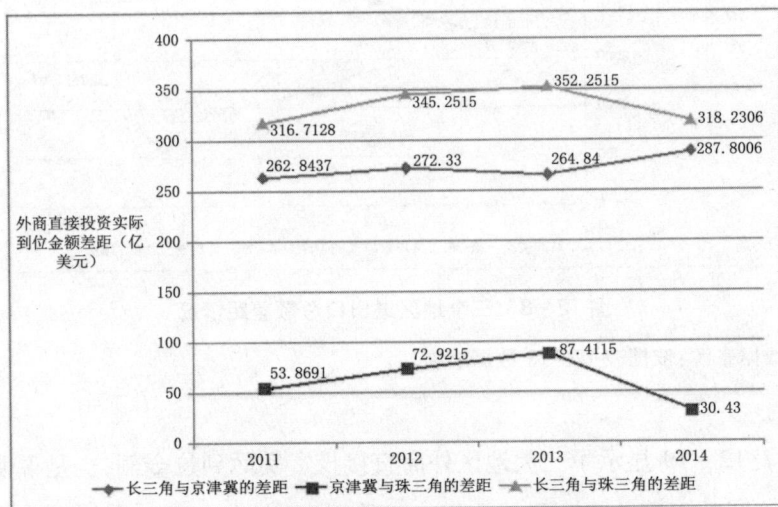

图12-9　三大地区外商直接投资实际到位金额差距情况

数据来源:依据表12-19数据绘制。

图12-9表明长三角与京津冀地区的外商直接投资实际到位金额之间的差距有小幅上涨的趋势,说明京津冀加快利用外资的力度和加强对外开放的水平仍然慢于长三角地区,两者具有一定的差距。而京津冀地区与珠三角地区之间外商直接投资实际到位金额的差距相对较小,但差距却呈现先上升后下降的趋势,表明珠三角地区利用外商直接投资的金额增速快于京津冀地区。

(六)金融机构本外币存款余额分析

表12-20显示了三个地区金融机构本外币存款余额情况。整体上,

长三角地区的金融机构本外币存款余额排在第一位,京津冀地区排在第二位,而珠三角地区排在第三位。自2011年以来,长三角和珠三角地区的金融机构本外币存款余额均呈现上升趋势,分别从162908.38亿元和79359.08亿元上升到218036.69亿元和110674.14亿元;而只有京津冀地区的金融机构本外币存款余额由2011年的122152.61亿元上升到2013年的154198.36亿元后,在2014年又下降为124873.25亿元。

表12-20　三个地区金融机构本外币存款余额　　　单位:亿元

年份	长三角	珠三角	京津冀
2011	162908.38	79359.08	122152.61
2012	182078.95	91191.64	139144.09
2013	201679.20	103829.17	154198.36
2014	218036.69	110674.14	124873.25

数据来源:依据长三角、珠三角,以及京津冀地区城市历年统计年鉴计算得到。

　　由图12-10表明,长三角金融机构本外币存款余额与京津冀地区之间的差距出现迅猛增长,这说明虽然京津冀地区的金融机构本外币存款余额也有增加,但是与长三角地区相比却远远落后,并且增速较慢。京津冀地区的金融机构本外币存款余额与珠三角地区之间的差距出现了下降,表明京津冀地区的金融机构本外币存款余额的增速慢于珠三角地区。综上,京津冀地区的金融活跃程度在很大程度上受到来自长三角和珠三角的双重压力。

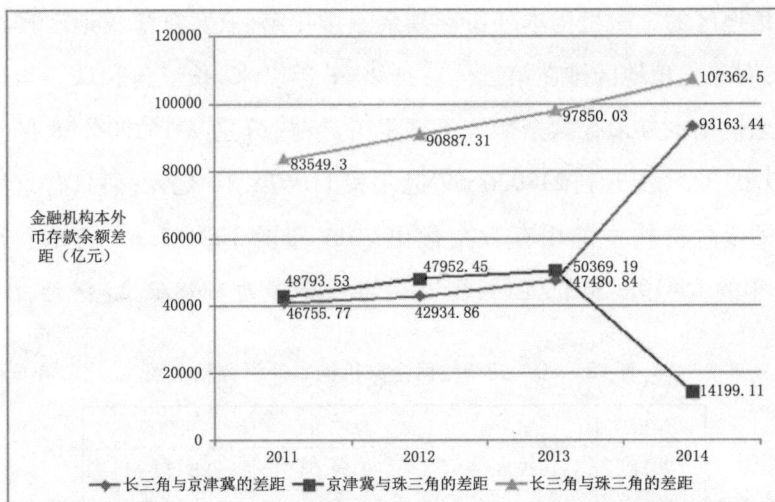

图 12 - 10　三大地区金融机构本外币存款余额差距情况

数据来源:依据表 12 - 20 数据绘制。

(七)地方财政一般预算收入分析

如表 12 - 21 所示,三个地区的地方财政一般预算收入自 2011 年到 2014 年均呈现一路增长的态势。但整体上,长三角地区的地方财政一般预算收入金额最大,并且一直排在第一位,由 9430.77 亿元上涨到 12587.04 亿元;京津冀地区则排在第二位,由 6198.57 亿元增长到 8863.82 亿元,尽管上涨速度较快,但是 2014 年京津冀地区的地方财政一般预算收入还不及 2011 年的长三角地区,可见,京津冀地区与长三角地区之间的差距之巨大;珠三角地区的地方财政一般预算收入由 3674.67 亿元上涨到 5372.70 亿元。

表 12 - 21　三个地区地方财政一般预算收入　　　　单位:亿元

年份	长三角	珠三角	京津冀
2011	9430.77	3674.67	6198.57
2012	10365.04	4128.96	7159.12
2013	11458.97	4768.15	8032.90
2014	12587.04	5372.70	8863.82

数据来源:依据长三角、珠三角,以及京津冀地区城市历年统计年鉴计算得到。

（八）常住人口分析

表 12 - 22 显示自 2011 年以来三个地区的常住人口变化情况。整体上,人口数都呈现逐渐增加的趋势。2011 年至 2013 年,集聚人口最多的地区是长三角,但 2014 年京津冀地区的常住人口达到 11052.16 万人,超过长三角的 10999.01 万人,成为三个城市群中人口最多的地区。而珠三角地区的常住人口数量一致保持最少。这说明京津冀地区的常住人口集聚速度非常迅速。

表 12 - 22　三个地区常住人口　　　　单位:万人

年份	长三角	珠三角	京津冀
2011	10845.39	5641.55	10613.69
2012	10921.32	5697.99	10769.96
2013	10973.46	5715.19	10919.62
2014	10999.01	5763.38	11052.16

数据来源:依据长三角、珠三角,以及京津冀地区城市历年统计年鉴计算得到。

上文对长三角、珠三角和京津冀地区的经济发展情况从不同角度进行了分析。综上,京津冀地区的经济发展在三大城市群的比较中一般是优于珠三角地区而落后于长三角地区。并且,京津冀地区与长三角地区之间的差距有整体上扩大的趋势,而与珠三角地区的差距却呈现缩小的态势,这说明京津冀地区的经济发展正受到来自长三角的挤压和珠三角的追赶的双重压力。

第三节 我国区域经济发展的特点与存在问题

一、我国区域经济发展的特点

(一)区域间差距逐渐缩小

自 2008 年,持续了多年的"东高西低"的经济增长格局开始出现变化,中部、西部和东北地区的增速开始全面超越东部地区。这种态势 2010 年以后表现地更为明显,中西部、东北地区与东部地区的经济总量差距也逐渐缩小。

以人均可支配收入来衡量,近年来我国区域间的差异逐步缩小。由表 12 - 23 显示,2010 年至 2013 年,东、中、西部及东北地区的城镇居民人均可支配收入均呈现逐渐增加态势。值得注意的是,如果说 2010 年中部、西部和东北部的城镇居民人均可支配收入的增速刚刚追平东部地区,那么,2011 年至 2013 年,中部、西部和东北部的增速均已经超过东部地区的增速。虽然从绝对值的角度来看,仍然是东部地区的城镇居民人均可支配收入保持在较高水平,但是可以发现,中部、西部和东北部与东部的差距在明显缩小。

表 12-23　东、中、西部及东北地区城镇居民人均可支配收入　单位:元,%

年份	东部地区	增长率	中部地区	增长率	西部地区	增长率	东北地区	增长率
2010	23272.8	11.1	15962.0	11.1	15806.5	11.2	15941.0	11.3
2011	26406.0	13.5	18323.2	14.8	18159.4	14.9	18301.3	14.8
2012	29621.6	12.2	20697.2	13.0	20600.2	13.4	20759.3	13.4
2013	32472.0	9.6	22736.1	9.9	22710.1	10.2	22874.6	10.2

数据来源:2014 年中国统计年鉴。

（二）区域间产业转移明显

依据 2010 年印发的《国务院关于中西部地区承接产业转移的指导意见》,我国给予中西部承接产业转移在财税、金融、投资、土地等共 6 方面的支持,力争把中西部地区打造成产业转移的首选地。当前我国产业分工已经进入深度调整期,东部沿海地区产业向中西部地区转移的步伐在逐步加快。相对而言,中部地区资源丰富、要素成本低、市场潜力大,具有承接产业转移的优势。中部各省市围绕皖江城市带、武汉城市圈、中原城市群、长株潭城市群、环鄱阳湖城市群等具有较大经济发展潜力的城市群进一步改善基础。这样,一方面中部各省市拥有了承接产业转移的指导意见,同时又拥有了坚实的基础。中部正成为新的投资热点地区和产业集聚地区。

目前我国中西部地区城镇化率相对较低,工业化也尚有较大的发展空间。因此,相当长时间内,我国工业化、城镇化的重点将向中西部转移,这同样有利于中西部地区继续保持经济快速增长,和承接产业的快速转移。

（三）城市群的地位突出

随着城市户籍和社会保障等制度的逐步完善,新增城市人口主要向能够提供更多就业机会和生存空间的城市群集聚。以主要城市群为支点,通过核心城市的引领与示范,形成整个城市群共同发展的新格局,城市群在区域协调发展中的地位进一步突出。国家发改委下发的《关于促进中部地区城市群发展的指导意见》和《〈促进中部地区崛起规划〉实施意见》,特别明确了中部地区的发展蓝图,并提出了加速一体化建设的概念,着眼于如何落实武汉城市圈、中原城市群、长株潭城市群、皖江城市带、环鄱阳湖城市群和太原城市圈六大城市群发展上,有效推动城市群的发展,从而进一步带动我国区域经济的发展。

（四）密集出台区域规划

2009 年至 2014 年,中央密集出台了一系列促进区域经济协调发展的政策,针对长三角、珠三角、海峡西岸、东北地区、京津冀等多个区域的经济发展规划。可见,区域发展已成为继 4 万亿元投资和 10 大产业规划后,我国经济赖以复苏和发展转型的又一重要战略。一系列区域规划的实施,必将推动区域经济结构不断优化,形成区域联动发展的新格局。这将有助于克服思想桎梏,加大与周边地区合作,带动我国经济的整体发展。

二、我国区域经济发展存在的问题

随着区域经济发展战略的推进和国家战略层面区域发展规划的具体实施,我国区域经济发展的协调性不断增强,但仍然存在着一些亟待解决的问题。

第一,跨区域管理体制机制建设相对滞后。迄今为止,我国尚未出台一部促进区域经济协调发展的基本法,没有制定针对国土空间开发管理治理的相关法律。中央政府没有相当于国务院部委级别的专门机构负责统一管理和组织协调全国区域经济发展、国土空间开发工作。同时,现有的区域协调发展涉及的各个部委之间、各个区域的行政管理部门之间尚未建立沟通及时、效果明显且良性运行的体制机制。许多国家战略层面（特别是跨行政区）的区域协调发展规划在完成审批后，由于相关法律的不明确和管理体制的不健全，实施和监督等后续工作很难推进和展开，其实施效果往往取决于各个地方政府的行政意志，难以发挥国家战略层面区域协调发展规划应有的作用。

第二，区域规划遍地开花，开发无序。自2009年以来，我国密集出台了三十多个战略性区域发展规划。区域规划如此短时间地"遍地开花"，虽然有利于细分和优化我国区域经济版图，但是也有一定的不利因素：一方面支持如此多的规划需要巨额资金，而财政支持却是有限的；另一方面，如此众多的区域规划存在发展定位相似、区位特色淡化等问题，容易造成区域经济政策失灵、各个地方政府恶性竞争、地方债务膨胀等负面效应。同时，区域产业布局缺乏全国统筹，容易造成地方政府的保护主义抬头和片面追求GDP，诱发区域间的重复建设和低水平竞争。

第三，当前我国区域之间、城乡之间的绝对差距仍然比较明显。从表12-24可以看到，从区域之间的城乡差距来看，城镇居民人均可支配收入与农民人均纯收入之间的差距最大的是西部地区，之后依次是中部地区、东部地区，以及东北地区。这说明2010年至2013年在四大区域中，西部地区的城乡差距最为明显。从区域内部的城乡差距来看，2010年，东部、中部、西部、东北地区的城镇居民可支配收入分别是本地区农民纯收入的2.86倍、2.90倍、3.58倍、2.48倍。2013年，该比值变化为2.69倍、2.71倍、3.32倍和2.31倍。可见，各区域内部城乡差距呈现缩小的趋势。但是考虑到城乡居民享受的基本公共服务在数量和质量上均尚未均等化，因此，城乡居民收入的实际差距还要在现有差距的基础上有所扩大。

表 12 -24　东、中、西部及东北地区城镇居民与农民收入比较

年份	东部地区比值	中部地区比值	西部地区比值	东北地区比值
2010	2.86	2.90	3.58	2.48
2011	2.75	2.81	3.46	2.35
2012	2.74	2.78	3.42	2.35
2013	2.69	2.71	3.32	2.31

数据来源:依据 2014 年中国统计年鉴计算得到,注:"比值"代表城镇居民人均可支配收入/农民人均纯收入。

第四,地方割据严重。在利益的驱动下,许多地区的地方政府常以公开或者隐蔽的方式实行地方保护,采取行政手段封锁市场,控制人才、资源、技术等要素在区域之间的自由流动。为了保护本地企业而否定了平等竞争、优胜劣汰的原则,这必将导致市场竞争规律和价值规律作用得不到充分发挥。这割断了区域间的市场联系,扭曲了正常的商品要素流通,扰乱了区域经济秩序,造成严重的区域摩擦和利益冲突,阻碍了全国统一大市场的形成和国民经济布局战略。

第五,产业结构趋同化明显。区域产业结构趋同,重复建设严重,区域经济特色不明显是我国区域经济发展中存在的极为突出的问题,究其原因仍是区域经济发展的不平衡,加上地方政府面临经济发展和政绩考核压力而进行盲目投资。各个区域之间在市场封闭的条件下争夺有限的原材料,结果在盲目追求经济发展的同时出现了十分严重的区域产业结构趋同化,产业分工不明确,导致同质竞争越演越烈。这样一方面抑制了地区经济比较优势的发挥,另一方面也失去了地区间的分工效益和规模经济效益,资源配置效率降低。

第四节　未来我国区域经济发展的思考

改革开放,打破了我国原有的区域经济格局,并使其越来越具有开放型经济的特征。全球化背景下,我国区域经济发展一方面受国内经济发展、相关政策和当地的资源禀赋结构、经济结构等因素的影响外,另一方面还受到全球经济运行及治理等因素的影响。基于开放型经济的特征来思考,影响我国区域经济发展的因素必然是多重的。

一、影响我国区域经济发展的因素

（一）技术的进步

技术进步是促进经济发展的最主要因素之一。一般来说,那些具有良好发展基础和条件的区域（如技术储备雄厚、交通便利的沿海地区）会率先享受技术革命的成果。另外,通常情况下,当主导产业具有显著的规模经济特征时,那些拥有巨大需求潜力的区域或具有开拓周边市场优越条件的区域就有获得大量的产业活动进而经济快速发展的可能性。

同时,以交通和通信技术为代表的"时空压缩"技术迅猛发展,使得产品、要素、信息流动的时空障碍得到有效的破除。新的运输工具和运输方式的改变使得空运、航运、陆运得到了发展,极大地改变了人与物的流动方式,大大减少了运输的时间和金钱成本。卫星、光纤和互联网技术的发展,使得思想、形象等形式的信息传播范围得到了扩大,同时传播时间大大缩短,改变了信息的传递方式。可见,随着"时空压缩"技术的进步,世界变得更加"扁平化",这为区域经济的发展创造了更多的机会。

但是"时空压缩"技术的发展具有非均衡的特点,"时空压缩"对某些区域的影响大于另一些区域,由此发展机会就会不公平。交通运输技术的改进使得某些本来就拥有较好交通运输基础的区域之间的联系更加方便和紧密,相比之下,也使得一些本来就落后的区域的运输条件更加不利。同样,在市场导向的背景下,通信技术的进步会带动新投资流向回报率较高的区域,强化某些通信路径,使得本来就重要的地方变得更加重要,进而获得更多的收益。

(二)全球经济的运行

全球市场贸易越景气越活跃,拥有外向型经济特点的地区越可能得到快速发展,若是贸易保护主义盛行,这些区域的发展很有可能受到较大程度的负面影响。

经济全球化的深入,带来全球产业结构的不断调整,服务业逐渐成为最重要的对外投资领域。服务业的国际转移,为欠发达区域服务业的跨越式发展创造了新的机遇。同时,技术的创新使服务产品的生产在空间上更加集中,从而使产业的空间布局发生变化。服务市场越开放,服务贸易越发展,智力密集、对外信息联络便利条件的地区因为具有发展服务外包的优势而越有可能得到发展。

全球资本、劳动等要素流动的障碍越少,拥有较好的承接国际产业转移条件的地区就越拥有快速发展的可能。资本来源和流向的多元化,为欠发达区域利用国际资本提供了更多的机会,同时也使欠发达区域为争取更多的外资而付出更大的成本,例如以降低环保标准为代价就是很好的示例。全球贸易规则和技术标准越统一,产业技术和产品工艺越先进的地区越有可能较快地融入国际市场,进而得到较快发展。

(三)跨国公司的区域布局

跨国公司有能力协调和控制国家内部及国家之间的生产与交易,甚至能够对全球不同区域之间资源和经营活动进行转换,跨国公司能够更加充分地利用全球范围内的自然资源、资本、人力资源等生产要素,和各个国家或者区域的税收、贸易壁垒、财政等政策。因此跨国公司可以凭借区域之间的差异条件而优化其全球生产和营销网络。可见,跨国公司投资区位的选择必然对一个区域经济空间的布局有着重要的影响。可以说,跨国公司已在全球经济发展中发挥着十分重要的作用。那么,地理区位优越、政治风险较小、生产成本较低、文化和语言亲和力较强的区域对跨国公司有着较大的吸引力,这些区域往往会拥有更多的发展机会。

（四）国家之间的竞争

在经济社会发展中,政府均通过对贸易、外资和产业的管理不同程度地干预着市场的运作,国家越来越以经济发展竞争者的身份出现,其目标是为了社会物质利益的最大化。为了实现这一目标,在经济全球化和一体化日益深化的世界经济中,国家之间展开了日益激烈的竞争。国家为了在国际贸易中处于优势地位而竞争,为吸引更多的生产性投资而竞争。可见,国家不仅参与了竞争,而且越来越多地参与创造竞争优势。同时,为了实现社会物质利益最大化的目标,各种各样区域合作组织不断涌现,国家作为合作者出现的趋势越来越明显。

国家之间竞合关系的强化使得区域经济格局形成和改变的过程更具复杂性。在这种背景下,区域的发展不仅受企业发展、国家政策的影响,也受企业之间、政府之间,以及政府与公司之间博弈的影响。

（五）国家经济的发展及相关政策

国家经济社会所处的发展阶段越高,其劳动者的技能越娴熟,劳动力价格也越高,发展劳动密集型产业越不具有优势。但同时阶段越高其创新能力越强,就越具有发展知识密集型产业的条件。

国家越富裕,资本供给越充裕,资本价格越有竞争力,越有利于发展资本密集型产业。国家越富裕,越有能力改善基础设施,产品、要素、信息的流动越便利,区域之间越容易形成合理的产业分工格局。

国家经济社会发展战略和政策,包括战略规划、宏观政策、产业及投资政策、区域政策等均影响区域发展的软环境。实施优先发展战略,那么拥有较好发展条件的区域会有较好的发展机会;实施进口替代战略,拥有较好的制造业基础的区域会有较好的发展机会;实施出口导向战略,拥有较好的外向区位优势的区域会有较好的发展机会;实施扩大内需的政策,产品主要面对国内市场的区域会有较好的发展机会;实施鼓励高新技术产业发展的政策,拥有人力资源和信息资源优势的区域会有较好的发展机会。

二、新时期我国区域经济协调发展的新要求

(一)提高区域创新能力

做大、做强区域经济首先要做的就是切实认识到技术创新的重要性,增强创新实力。创新和技术进步可以提高资源的利用效率,进而能够在一定程度上缓解资源稀缺的情况。重视提高区域的创新能力在我国区域经济的发展中尤为重要。创新带动的技术进步是推动区域经济增长最主要的动力之一,随着经济社会的不断发展,创新和技术进步对区域经济发展的推动作用越来越强,已成为支持区域经济持续快速发展的重要因素,是区域经济持续增长的有力保障。

(二)促进区域间产业梯度转移

产业梯度转移主要是由我国东部沿海发达地区向中、西部地区和东北部地区进行的产业转移。随着经济结构战略性调整的不断拓展和深入,我国"区域落差"所蕴藏的能量将得到加速释放,引导产业梯度转移的潮流。实现区域经济协调发展,就要在各个梯度的区域之间形成长期

有效的良性合作和互动,而产业梯度转移正是由市场经济规律决定的、发生在不同梯度区域之间的一种现象,加强政策引导促进产业梯度的转移,无论对转出地区还是对转入地区都将产生较好的经济效益。

（三）注重经济发展与自然环境的和谐

我国经济快速发展过程中出现了忽略如资源浪费、生态破坏、环境污染等问题,为此我国也付出了一定的代价。多年粗放的经济发展方式在很大程度上使得我国本来就比较脆弱的生态环境承载力更加薄弱。2004年以来,我国每年的能源消耗总量都在 20 亿吨标准煤以上,并且增势迅猛。如果这些问题不能得到有效解决,我国的经济社会发展将会受到严重的制约。鉴于此,"十一五"规划提出在该五年之内单位国内生产总值能源消耗降低 20% 左右,主要污染物排放总量减少 10% 的目标。党的十八大把生态文明建设纳入中国特色社会主义事业五位一体总体布局,要求大力推进生态文明建设,努力建设美丽中国,实现中华民族永续发展。未来的区域经济发展必须注重人与自然的和谐。

（四）转变政府职能,加强宏观调控

目前我国正处在经济转型、体制转轨的特殊时期,虽然我国已经初步建成了社会主义市场经济体系,但是其市场发育还不够充分,各个区域的市场化水平差距较大,可以说在某种程度上,全国统一的市场尚未形成,我国政府的行为在很大程度上影响甚至决定着我国经济的发展。鉴于此,新时期我国区域经济的协调发展需要着重通过政府转变自身职能,来改善政府的纵向、横向权力结构网络,把握好上、下级政府分权和集权的分寸,继续减少政府对微观经济的管理,而强化宏观调控职能,更加强调和突出市场在配置资源方面的决定性作用,促进市场发育,为区域经济发展创造比较宽松的市场环境。

（五）发挥区域内优势,加强区域间合作

推动区域经济的协调发展,不但要充分发挥区域内的优势,更要加强区域间的合作。东部地区在整体经济发展水平和创新技术等方面都比中、西部和东北部地区拥有更多的优势。所以,东部地区应当充分利用自身的比较优势,着力于吸引国外资源、资金、人才等要素,依靠高新技术,重点发展资源消耗少、附加价值高、技术含量高的产品和产业。而中、西部和东北部地区更应充分利用经济技术,将自身的资源、土地、劳动力等优势条件逐渐转变为经济优势。加强区域间的合作意味着积极推动生产要素在各区域之间的顺畅流通和合理配置,要淡化在各个区域的行政区划色彩,消除地方保护主义,着重表现在东部地区的先进生产要素能够顺利流入中、西部和东北部地区。加强东、中、西部和东北部地区之间的交流与合作,形成各区域合作的新型区域经济关系,在四大区域相互协作的过程中逐步缩小相互之间的差距,最终实现区域经济协调发展。

三、促进我国区域经济协调发展的政策建议

(一)改革区域管理体制

目前,我国主要是通过制定区域发展规划和区域经济政策对区域经济发展进行宏观调控,尚未出台一部以实现区域总体战略、缩小区域差距为目标的促进区域协调发展的基本法。这意味着中央对区域经济的调控方向、范围、权限等重大问题不能以法律形式得到明确规定,使得区域管理工作因缺乏法律依据而出现职能模糊、体制不健全等问题。同时,这也造成各区域因缺乏法律统领而在发展中产生无序竞争。因此,首先要加快区域立法步伐。尽快在国家基本法层面出台促进区域协调发展的法律,阐明国家在区域发展方面的指导思想、基本原则、总体战略、主要思路等重大原则性问题;明确区域规划应有的法律地位,明确各级政府在区域

发展管理中的职责和权限。其次,要依法改革区域管理体制。成立国家层面专门负责区域发展的部门,其主要职能在于组织、制定和实施国家级区域发展战略、规划和政策,指导国家层面的区域经济工作,协调跨行政区的区域经济合作。各行政区成立专门的对应机构,负责国家区域发展总体战略和重大规划在本区域的实施,并指导和协调本地区内部的区域经济发展。再次,创造条件让省级以下政府参与区域发展管理,将区域发展管理体制由等级式管理转向参与式管理。目前,我国实行的等级式区域发展管理体制不允许省级以下政府参与国家区域政策的制定,而国家的区域政策也只有通过省级政府才能得以落实,这使得切合实际的区域政策难以制定和有效执行。因此,要让省级以下政府更多地参与区域政策的制定和实施。

(二)细分优化区域格局

"十二五"期间,我国继续按照"西部开发、东北振兴、中部崛起、东部率先"四大板块的总体战略来推进区域发展。但是各个板块内部差异巨大,空间范围广阔,导致具体的区域发展规划和政策针对性较差,这要求对现有的区域经济发展格局进行细分优化,根据各个区域内部的实际情况,有针对性地培育区域内部增长极。根据我国各个区域的地理位置、交通条件、资源优势、功能定位、发展规模等因素将四大板块进行细分,统筹内部人口分布、产业布局、资源开发、城乡发展,形成各具特色、协调发展的区域经济发展新格局。遵循市场经济规律,突破行政区划界限,继续推进京津冀、珠三角、长三角地区区域经济一体化进程,推动经济区、城市群(带)等重点区域的发展,促进我国区域经济发展逐步从增长极集聚向增长轴扩散,实现区域经济协调发展。

(三)恰当发挥政府作用

促进区域经济又好又快发展,必将愈来愈多地发挥市场机制的作用。

但是仅靠市场并不足以保证区域经济又好又快发展,需要充分发挥政府的推动作用。第一,要集中区域政策的作用对象。区域政策虽然作用重要,但是其也存在一定的限制,即其作用范围并非无限的。现阶段,我国区域政策尚未形成体系,较为凌乱,目标不够集中。未来,要根据"十三五"规划和党的十八大要求,明确区域政策的作用范围,集中区域政策的作用对象。第二,着力营造良好的发展环境。有效的交通系统、高速的通信网络和稳定的能源供给等条件是良好发展环境的必然要求。投资于基础设施的建设,对于促进经济增长存在显著的直接效应和不可忽视的间接效应。交通基础设施的建设,拉近了区域之间的距离,加剧了区域之间在产业和劳动力市场上的竞争,进而创造了提高区域经济运行效率的可能性。应把基础设施建设作为支持欠发达区域发展的优先领域,将有限的资源用在最能带来发展绩效的地方。第三,增强区域发展规划的可行性。发展规划是推动区域协调发展的基础性文件。我国向来重视发展规划在区域经济发展中的作用。但需要进一步扩大参与规划制定的涉及面,制定更具可操作性的规划。

(四)系统设计区域政策

区域政策必须兼顾各利益攸关方的利益,否则难以得到有效的落实,因此区域政策必须进行系统地设计。第一,系统设计区域政策必须正确处理政策的统一性和差异性的关系。经济的健康发展需要政策的统一,否则容易造成发展环境的不公,引致各地竞相争取相关优惠政策,进而损害政策的权威性和有效性。但同时各个区域具体情况的差异和发展的不平衡要求政策具有差异性,否则就会抑制各区域发展的积极性,难以形成各具特色的区域经济。可见,我国的区域政策必须满足统一性和差异性的辩证关系。第二,系统设计区域政策必须处理好政策的稳定性和灵活性的关系。政策应当在相当时期内保持稳定,否则会打乱经济预期,诱发短期行为,不利于各区域的长远发展。同时,为了应对不断变化的新形势,解决不断出现的新问题,政策必须具有灵活性。稳定性和灵活性是区域政策效力得以发挥的重要前提。第三,系统设计区域政策必须处理好政策的继承和发展的关系。系统设计区域政策要在以往经验和教训的基础上,根据区域经济运行环境的新变化和区域经济发展的新形势,制定新的政策。处理好区域政策继承和发展的关系,也有助于区域经济的稳定运行和持续发展。

(五)完善体制机制建设

市场经济条件下,市场是推动区域经济发展的基本力量,但是市场作用的发挥是以一定的体制框架为前提的。我国区域经济发展出现一些问题,很大一部分原因在于体制机制的不健全,使得市场作用发生了扭曲。在新的历史时期,要更加注重基础性制度的建设,为市场正确发挥作用奠定基础。第一,要理顺中央和地方的财政关系。健全公共财政体制,明确各级政府的财政支出责任,完善中央和省级政府间的财政转移支付制度,理顺省级以下财政管理体制。第二,完善资源管理体制,推进资源价格改革。明确资源要素的产权归属,健全资源有偿使用制度。加快建立反映资源稀缺性、市场供求状况和环境代价的资源价格体系与价格形成机制,逐渐排除各级政府对资源性产品价格形成的不合理干预。完善征地制度,切实保障农民的土地权益。同时,充分发挥市场配置土地资源的作用,通过价格机制,提高土地资源的利用效率。第三,解除制度障碍,为生产要素的流动创造更加便利的条件。改革户籍制度,扩大教育、医疗等公共服务的覆盖范围;打破劳动力市场分割,废止各地对外地劳动力就业的各种歧视性规定,为劳动者提供公平的就业机会;废止妨碍资本流动的各种行政性规定,促使资本流向追求更高的回报率。第四,打破现有体制机制障碍,探索区域经济利益共享机制,打造区域合作平台,建立强有力的推进机构,逐步形成制度性的区域合作协调机制,健全区域中介服务体系,完善区域合作机制,推动国内区域经济的协调发展。

参考书目:

1. 王一鸣:《中国区域经济政策研究》,中国计划出版社,1998 年。

2. 王绍光、胡鞍钢:《中国:不平衡发展的政治经济学》,中国计划出版社,1999 年。

3. 国务院发展研究中心发展战略和区域经济研究部课题组:《中国区域科学发展研究》,中国发展出版社,2007 年。

4. 陈秀山、张可云:《区域经济理论》,商务印书馆,2010 年。

5. 张军扩、侯永志:《中国区域政策与区域发展》,中国发展出版社,2010 年。

6. 张学良:《2014 中国区域经济发展报告——中国城市群资源环境承载力》,人民出版社,2014 年。

7. 刘乃全、刘学华、赵丽岗:《中国区域经济发展与空间结构的演变——基于改革开放 30 年时序变动的特征分析》,《财经研究》,2008 年第 11 期。

8. 潘文卿、李子奈:《三大增长极对中国内陆地区经济的外溢性影响研究》,《经济研究》,2008 年第 6 期。

9. 俞建群:《"十二五"时期我国区域经济发展问题探析》,《福建师范大学学报》,2012 年第 2 期。

10. 丁任重、陈姝兴:《大区域协调:新时期我国区域经济政策的趋向分析——兼论区域经济政策"碎片化"现象》,《经济学动态》,2015 年第 5 期。

11. 祁京梅:《我国区域经济发展特征及面临问题》,《财经界》,2015 年第 5 期。

思考题:

1. 我国区域经济发展总体战略的演变过程。

2. 我国区域经济发展的特点。

3. 我国区域经济发展中存在的问题及对策。

4. 新时期我国区域经济发展的新要求。

5. 谈谈对我国区域经济发展趋势的认识。

后 记

　　改革开放以来,我国取得的经济发展成就令世界瞩目,人民生活质量得到改善、国家综合实力明显增强。然而,作为最大的发展中国家,我国幅员辽阔、区域类型复杂多样,经济社会发展极不平衡,我们的发展面临巨大挑战。发展方式转变举步维艰、经济差距较大、产业结构转型艰难、资源环境矛盾突出等一系列关乎国计民生的重要话题受到广泛关注,成为当前中国经济的热点问题。回答社会关切、探索有中国特色的发展之路,推动我国经济社会可持续健康发展,是理论工作者的任务和职责。

　　我和我的教师团队长期奋战在教研工作的前线和前沿,具有多年的教研经验,理论功底深厚,对上述问题进行过深入研究,形成了一批具有独到见解的研究成果,汇成此书,具有一定的学术研究价值。撰写本书的目的是为研究生和同等学力者提供教材,为同行研究人员提供参考。

　　本书试图对我国现阶段经济建设和改革开放的热点问题的最新进展进行梳理和总结,运用经济学基本原理进行理论分析,在此基础上,重点探讨可供解决问题的路径。本书的创新在于结合新形势,发现新问题,从经济学的视角、运用经济学的方法,审视中国发展问题,并力图本土化、体系化。

　　本书共分十二章,囊括了当前关注度比较高的经济发展方式转变、就业矛盾、收入分配问题、新型城镇化问题、房地产市场、新型工业化、低碳发展,以及人民币国际化等问题。

　　本书的作者分工如下:

　　第一章、第二章、第五章:王得新;第三章、第七章:罗琼;第四章:王得新、罗琼;第六章、第十章:于明言;第八章:王坤岩;第九章:刘波;第十一章、十二章:孙媛。